개정판

실무자를 위한

마케팅리서치 매뉴얼

Marketing Research Manual

이은수 · 강현철 공저

자유아카데미

머리말

본서는 철저하게 실무적 관점에서 저술하였다. 기존의 마케팅리서치와 관련해서 시중에 출판되어 있는 서적들을 살펴보면 실무에 필요한 실질적인 가이드와는 다소 동떨어진 개념적인 이론들과 교과서적인 통계학 지식들을 엮어 놓은 책들이 대부분이고, 마케팅리서치 실무에 바로 적용할 수 있는 구체적이고 실질적인 리서치 매뉴얼이 부족한 점이 없지 않다.

본서는 기존의 통계학이나 마케팅 교과서와 마케팅리서치 관련 서적에 수록되어 있는 기초적인 내용들에 대한 설명은 지양하고, 저자들의 오랜 기간 동안 대학과 실무 현장에서 마케팅리서치 업무와 강의 경험을 토대로 조사설계, 자료수집 유형에 따른 진행방법 및 자료처리 그리고 통계적 분석을 통한 마케팅리서치 보고서 작성에 이르는 일련의 과정에서 실질적으로 필요한 지식과 경험을 최대한 기술하려고 노력하였다.

학교에서 연구 프로젝트를 진행하는 연구자나 마케팅리서치를 공부하는 학생들은 물론 리서치 기관의 실무자와 기업에서 마케팅리서치 관련 업무를 담당하는 실무자들을 위한 가이드를 제공하려는 관점에서 저술하였다.

본서의 특징 중 하나는 각 장이 본문과 부록으로 구성되어 있고, 부록은 해당 장의 본문 내용을 이해하기 위한 간단한 이론적 소개와 통계처리를 하기 위한 SPSS 사용방법에 대한 설명을 하였다. 본문과 부록을 이렇게 분리한 이유는 복잡한 통계적 내용에 익숙하지 않은 독자들이 본문을 읽다가 난해한 수리적 표현에 책을 덮어버리지 않고 편안하게 읽을 수 있도록 하기 위함이다. 그러나 마케팅리서치라는 것이 데이터를 분석하는 과정을 배제할 수는 없으므로, 필요한 통계처리 및 분석방법을 부록에 참고로 설명하여 이를 찾아서 읽을 수 있도록 구성하였다.

본서의 1부에서는 마케팅리서치의 개요 및 진행방법에 대한 전반적인 설명을 하였다. 그리고 2부에서는 주요 리서치 이슈별로 조사진행방법, 주요 조사항목, 그리고 분석방법 등에 대하여 결과물에 대한 예시를 제시하면서 설명하였다.

먼저 1부의 마케팅리서치 개요에서는, 1장에 기본 개념으로서 표본조사의 개념, 표본추출 및 표본구성표의 작성방법, 그리고 표본오차와 비표본오차에 대해서 설명하고, 2장에서는 자료를 수집하는 방법으로서 정량조사와 정성조사의 각 유형 및 특징에 대해서 설명하였으며, 3장에서는 제안서 작성, 설문지 작성, 자료수집 및 자료처리, 분석 및 보고서 작성 시 주의사항에 대해서 설명하였다.

다음 2부의 주요 이슈별 마케팅리서치 진행 및 분석 방법에서는, 4장에서 제품개발 및 제품수명 주기별로 각 단계에서 진행해야 하는 마케팅리서치의 내용에 대해서 전반적으로 설명하고, 좀 더 구체적으로 5장에서는 제품 테스트 방법, 6장에서는 시장세분화, 표적시장 선정, 포지셔닝 조사의 진행방법, 7장에서는 마케팅리서치에 중요하게 사용되는 반면 쉽게 접근하지 못하는 경향이 있는 컨조인트조사, 8장에서는 광고를 집행하기 전후에 각각 필요한 사전/사후 광고효과 측정조사에 대한 일반적인 내용, 9장에서는 고객만족도 조사의 전반에 걸쳐서 설명을 하였다. 마지막으로 10장에서는 소비자 조사 기반의 리서치 자료와 고객의 거래 데이터베이스를 통합하여 보다 구체적이고 실질적인 고객관계관리(CRM)를 지원할 수 있는 관점에서의 마케팅리서치 접근방안을 제시하였다.

본서는 대부분 정량적 조사방법에 대해서 설명을 하였으며, 정성적 조사방법에 대해서는 거의 설명되지 않았다. 이는 통계적 방법과 마케팅리서치를 이용한 마케팅 의사결정 지원의 관점에서 주로 설명하기 위하여 저술되었기 때문이다. 그러나 감성 마케팅이 점차로 중요하게 대두되고 있는 현대 마케팅에서 정성조사 또한 크게 연구되고 활용되어야 한다는 점을 잊지 말아야 할 것이다.

오랜 기간 리서치 관련 교육과 실무를 진행하면서 학계와 현업의 많은 분들과 다양한 프로젝트를 진행하는 과정을 통해서 느낀 점과 권고하고 싶은 내용, 그리고 반드시 알아두어야 할 내용 등을 빠뜨리지 않고 설명하려고 노력하였다.

정확한 리서치, 효율적인 리서치, 도움이 되는 리서치를 공부하고 진행하려는 분들에게 자그마한 도움이 되기를 바라는 저자들의 진솔한 소망으로 이 책을 소개한다.

2011년 5월

저자들

차례

● 머리말 iii

Part 1 마케팅리서치 개요

CHAPTER 1 표본조사 3

1.1 표본조사의 기본용어 ··· 5
- 1.1.1 모집단과 표본 ··· 5
- 1.1.2 추정 ··· 6
- 1.1.3 표본오차와 표본크기 ··· 7

1.2 표본추출방법 ··· 11

1.3 비표본오차 발생 및 관리 ··· 13
- 1.3.1 조사설계 단계에서의 비표본오차 ··· 14
- 1.3.2 자료수집 과정에서의 비표본오차 ··· 17
- 1.3.3 자료처리 과정에서의 비표본오차 ··· 18
- 1.3.4 분석과정에서의 비표본오차 ··· 19

CHAPTER 2 조사방법의 종류 21

2.1 정량조사 ··· 23
- 2.1.1 일대일 개별 면접조사 ··· 23
- 2.1.2 전화조사 ··· 29
- 2.1.3 CLT(Central Location Test) ··· 33
- 2.1.4 HUT(Home Used Test) ··· 35
- 2.1.5 홀테스트(Hall Test)/갱서베이(Gang Survey) ··· 36

2.2 정성조사 ············ 38
2.2.1 그룹 심층 좌담회(FGD: Focus Group Discussion/FGI, Focus Group Interview) ············ 38
2.2.2 심층면접(In-depth Interview) ············ 43
2.2.3 델파이(Delphi) ············ 44
2.2.4 일기조사(Diary Study) ············ 44
2.2.5 동행조사 ············ 45
2.3 기타 조사방법 ············ 46
2.3.1 우편조사 ············ 47
2.3.2 온라인조사 ············ 48
2.3.3 패널조사 ············ 52
2.3.4 트래킹조사 ············ 52

CHAPTER 3 마케팅리서치 진행절차 55

3.1 문제 인식 ············ 58
3.2 조사배경 및 목적 정의 ············ 59
3.3 조사계획서 작성 ············ 60
3.3.1 조사배경 및 목적 ············ 61
3.3.2 조사설계 ············ 62
3.3.3 실사진행 관리 ············ 69
3.3.4 조사항목 및 분석방안 ············ 70
3.3.5 기타 사항 ············ 71
3.4 설문지 작성 ············ 72
3.4.1 설문지 작성 순서 ············ 72
3.4.2 설문지 작성 시 주의사항 ············ 76
3.5 실사진행 및 관리 ············ 85
3.6 자료처리 ············ 92
3.7 분석 및 보고서 작성 ············ 94

Part 2 주요 이슈별 마케팅리서치 진행 및 분석방법

CHAPTER 4 제품 수명주기별 마케팅리서치 101

4.1 마케팅리서치를 통한 제품개발 및 관리 ············ 103

4.2 제품 수명주기 단계별 마케팅리서치 ······ 107
4.2.1 도입 이전 단계 ······ 107
4.2.2 제품 도입기 ······ 116
4.2.3 제품 성장기 ······ 119
4.2.4 제품 성숙기 ······ 122
4.2.5 제품 쇠퇴기 ······ 124

CHAPTER 5 제품 테스트 127

5.1 제품 테스트의 목적 ······ 129
5.2 제품 테스트의 유형 ······ 130
5.2.1 눈가림 테스트와 상표명 테스트 ······ 131
5.2.2 모나딕 테스트와 대응비교 테스트 ······ 132
5.3 제품 테스트 진행 및 유의사항 ······ 135
5.3.1 자료수집 방법 및 고려사항 ······ 135
5.3.2 표본구성 및 진행 ······ 144

CHAPTER 6 시장세분화, 표적시장 선정, 포지셔닝 157

6.1 시장세분화(Segmentation) ······ 159
6.1.1 시장세분화의 개념 ······ 159
6.1.2 시장세분화 사례 ······ 166
6.2 포지셔닝(Positioning) ······ 172

CHAPTER 7 컨조인트(Conjoint) 조사 187

7.1 컨조인트조사의 개요 ······ 189
7.1.1 컨조인트분석의 기본원리 ······ 190
7.1.2 컨조인트분석의 마케팅 활용 ······ 195
7.2 컨조인트조사의 진행 및 유의사항 ······ 198
7.2.1 조사준비 ······ 198
7.3 설문지 작성 ······ 201
7.4 컨조인트조사 사례 ······ 203

CHAPTER 8 광고효과 측정조사 221

8.1 광고효과 측정조사의 개요 ······ 223

8.2 사전 광고효과 조사 ······ 227

8.2.1 광고 컨셉 테스트 ······ 227

8.2.2 애니매틱 테스트 ······ 229

8.2.3 광고 시안 테스트 ······ 230

8.3 단기적 사후 광고효과 조사 ······ 233

8.3.1 전반적 프레임웍 ······ 233

8.3.2 단기적 사후 광고효과 조사의 한계 ······ 235

8.4 장기적 사후 광고효과 조사 ······ 236

8.4.1 총괄적 데이터베이스 관리 ······ 236

8.4.2 정보처리 단계별 효과 측정 ······ 238

8.4.3 브랜드 연결을 위한 광고 크리에이티브 ······ 245

8.4.4 이월 및 누적효과를 고려한 매출효과 추정 ······ 248

CHAPTER 9 고객만족도 조사 257

9.1 고객만족도 조사의 개요 ······ 259

9.2 고객만족도 조사의 종류 ······ 261

9.2.1 외부고객만족도 조사(CSI; Customer Satisfaction Index) ······ 261

9.2.2 내부고객만족도 조사(ESI; Employee Satisfaction Index) ······ 262

9.2.3 협력업체 만족도 조사(FSI; Family Satisfaction Index) ······ 263

9.2.4 지점 만족도 조사(BSI; Branch Satisfaction Index) ······ 264

9.2.5 유통업체 만족도 조사(DSI; Dealer/Distributor Satisfaction Index) ······ 264

9.2.6 부서간 만족도 조사(ICSI; Internal Customer Satisfaction Index) ······ 264

9.2.7 고객중심지수 조사(COI; Customer Oriented Index) ······ 265

9.3 고객만족지수의 산출 유형 ······ 266

9.3.1 고객만족지수 평가항목 ······ 266

9.3.2 척도 및 환산 ······ 273

9.3.3 중요도 산출의 유형 ······ 275

9.4 고객만족도 조사진행 및 활용 시 유의사항 ······ 282

9.4.1 보고서 작성 시 유의사항 ······ 282

9.4.2 조사진행의 주기 ······ 284

9.5 수익률 극대화를 위한 고객만족도 조사 ······ 287

CHAPTER 10 CRM의 한계와 리서치 통합 295

10.1 CRM의 한계와 리서치 통합 ···297
10.2 이탈고객 조기진단 및 방지 ···301
10.3 우수고객 관리 ···303
10.4 교차판매 ···305

• 찾아보기 ··· 309

PART 1
마케팅리서치 개요

France +33 1 41 43 93 85
Asia +603 2166 6650
CROSSWORD
Across
1 Entreaty to a subscriber
6 TV watcher's seat
10 Assignment
14 Stood
15 Linda of "Jekyll & Hyde"
36 Waiter's hand-out
37 Song in Disney's "Pinocchio"
41 Architect Saarinen
42 Actor/humorist Shriner
Rentals
Paris Area Furnished

1

CHAPTER

표본조사

통계학은 크게 기술통계학과 추측통계학으로 구분할 수 있다. 기술(descriptive)통계학은 방대한 자료를 그래프나 표 또는 몇 개의 숫자로 요약하여 주어진 자료의 내용을 쉽고 빠르게 파악할 수 있는 기법을 다루는 통계학을 말하며, 국가를 의미하는 라틴어 status(state)에서 statistics(통계학)의 어원이 유래한다. 추측(inferential)통계학은 관심의 대상이 되는 전체집단(모집단)으로부터 일부(표본)를 추출하고 표본으로부터 관측된 내용(통계량)을 근거로 하여 모집단의 특성(모수)을 추정하고 검증하는 방법을 다루는 통계학을 말한다.

마케팅리서치는 기본적으로 표본조사에 기초하는 경우가 대부분이기 때문에(물론 규모가 작은 모집단의 경우나 특별한 목적이 있을 때는 모집단 전체를 조사하는 전수조사를 진행하는 경우도 있다) 우선 표본조사 및 표본추출의 기본적인 용어에 대한 설명을 한 뒤에 마케팅리서치 방법에 대하여 본격적인 설명을 하도록 하겠다.

마케팅리서치 개요

1.1 표본조사의 기본용어

1.1.1 모집단과 표본

여기서는 먼저 모집단, 모수, 표본, 통계량 등 표본조사의 기본적인 용어들을 간단히 설명한다.

| **모집단 Population** **표본을 통하여 추정 또는 검증하고자 하는 대상의 전체 집단**이다. 예를 들어, 한국 전체 가구의 보험 가입률을 파악하려고 서울에서 1,000가구를 추출하여 조사를 진행하였다면 한국의 전체 가구가 모집단이 된다. 모집단을 목표모집단(target population)과 표집모집단(sampled population)으로 구별하기도 하는데, 이에 대해서는 〈제3장. 마케팅리서치 진행절차〉에서 다시 설명한다. 한편, 전체 모집단의 크기를 셀 수 있는 유한모집단과 셀 수 없는 무한모집단(모집단의 크기가 매우 큰 경우 무한모집단으로 간주될 수 있다)으로 구분할 수도 있는데, 마케팅리서치에서 고려되는 모집단은 대부분 무한모집단으로 간주될 수 있는 경우가 많다.

| **모수 Parameter** **모집단에 대해서 알고 싶어 하는 특성값**으로서, 위 예에서 한국 전체 가구의 보험 가입률이 모수가 된다. 모수는 기본적으로 미지의 상수이다. 즉, 전수조사를 하지 않는 한 알 수 없는 미지의 수이지만, 결정되어 있어 변하지 않는 정해진 상수인 것이다.

| **표본 Sample** **모집단의 특성(모수)을 추정하기 위해서 조사의 대상으로 추출하는 모집단의 일부분**으로서, 앞의 예에서는 서울의 1,000가구가 표본이 된다. 전체 모집단이 아닌 일부를 추출하는 과정에서 표본오차가 발생하는데, 표본을 추출하는 방법에 따라서 표본오차의 크기가 달라지므로 주의를 요한다. 기본적으로 모집단의 특성을 정확히 반영할 수 있는 대표성 있는 표본을 추출하여야 한다.

| **통계량 Statistics** **표본조사 결과 산출된 표본의 특성값**으로서, 위의 예에서는 표본인 서울의 1,000가구를 대상으로 조사된 보험 가입률이다. 즉, 표본의 특성인 통계량으로서 모집단의 특성인 모수를 추정하는 것이다. 모수가 미지의 상수인 반면 통계량은 측정이 가능한 변수이다. 즉, 표본조사를 통하여 구체적인 수치를 파악할 수 있지만 표본마다 각각 통계량의 값이 다를 수 있다. 앞의 예에서 두 개의 표본을 추출한다고 할 때 통계량의 값이 각각 다르게 측정될 수 있는 것이다.

1.1.2 추정

앞서 언급한 것처럼 설문조사는 표본조사를 통한 통계량으로서, 모집단의 특성을 추정하거나 모집단에 대해서 설정한 가설(hypothesis)을 검증하는 과정이다. 예를 들면, 전국 보험 가입자의 고객만족도 점수를 추정하거나, 출시를 예정하고 있는 신제품에 대한 고객의 평가가 기존 제품에 대한 평가보다 좋을 것이라는 가설을 검증하는 과정이다.

예를 들어, A 보험회사의 전체 고객이 모집단이고 그들의 전체 고객만족도 점수가 모집단의 특성이라고 할 때, 전체 고객집단의 고객만족도 평균점수, 또는 전체 고객들의 점수가 어느 정도 흩어져 있는지의 척도인 분산, 그리고 전체 고객 중에서 A 보험사에 만족하고 있는 사람의 비율 등이 모집단의 특성인 모수라 할 수 있는데, 모집단의 평균, 분산, 비율 등은 마케팅리서치뿐 아니라 통계학에서 대단히 중요하게 자주 다루어지는 모집단의 특성인 모수이다.

일반적으로 모평균의 추정값으로 표본평균을 사용하고, 모비율의 추정값으로 표본비율을 사용한다. 이와 같이 하나의 값으로 모수를 추정하는 것을 **점추정(point estimation)**이라고 한다. 그런데 이와 같은 점추정은 오차의 정도에 관하여 신뢰성 있는 정보를 제공하지 못한

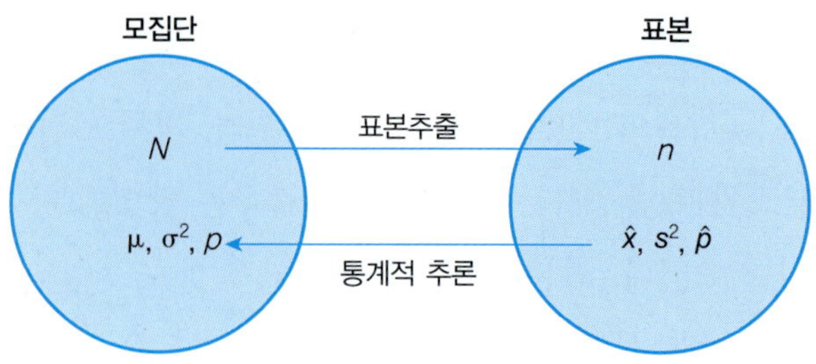

| 그림 1.1 | 모집단과 표본의 관계

다. 왜냐하면 점추정은 모수의 값과 가까울 것으로 생각되는 표본의 추정값이지만, 이 값이 어느 정도 옳을 것인지(표본으로부터 구한 추정값이 미지인 모수와 어느 정도 차이가 나는지) 알 수가 없기 때문이다.

이에 반해 미지인 모수가 속할 구간(추정하고자 하는 모수의 추측에 대해 확률(신뢰성)을 가지고 모수가 포함될 구간)으로 모수를 추정하는 것을 구간추정(interval estimation)이라고 한다. 예컨대, A 보험사 고객의 표본조사를 통하여 얻어진 고객만족도 점수를 이용하여 전체 고객의 고객만족도 점수의 평균(모수)이 포함될 것으로 추정되는 하한(lower level)과 상한(upper level)의 범위를 추정하는 것이다. 이때 하한과 상한의 추정량으로 사용되는 표본의 함수를 구간추정량(interval estimator) 또는 신뢰구간(confidence interval)이라 하고, 표본으로부터 얻어지는 구간추정량의 구체적인 관측값을 구간추정값(interval estimate)이라고 한다.

한편, A 보험사의 전체 고객으로부터 표본을 여러 번 반복적으로 추출하여, 각 표본으로 얻은 신뢰구간의 상한과 하한 사이에 전체 고객의 고객만족도 점수 평균(모수)이 포함될 확률이 미리 정해진 수준 이상이 되도록 해야 하는데, 이때 사전에 정의된 수준을 신뢰수준(confidence level)이라고 한다. 즉, 95% 신뢰수준하에서 고객만족도 점수의 평균에 대한 신뢰구간이 (T1, T2)라면 100번의 표본추출과 각각의 표본에 의한 신뢰구간을 구했을 때 최소한 95개 이상의 신뢰구간 (T1, T2)이 모수인 전체 고객만족도 점수의 평균을 포함하고 있어야 한다는 것이다. 또한 오차한계(margin of error)는 모집단의 참값과 표본에서 산출되는 통계값과의 차이에 관한 경계값이다. 예를 들어, "A 보험사의 고객만족도에 대하여 표본조사를 실시한 결과 평균이 74점이었다. 이번 조사의 오차한계는 95% 신뢰수준하에서 ±4점이다"라는 보고가 있다고 하자. 이 경우 모평균에 대한 점추정값은 74점으로서, A 보험사 전체 고객만족도 점수의 평균을 하나의 수치로 추정한다면 74점이라고 할 수 있다는 것이다. 또한 신뢰구간은 (74−4, 74+4)로서, 이번 표본조사 결과를 이용하여 미지인 모평균에 대한 구간추정값은 (74, 78)이라고 할 수 있다는 것을 의미한다.

1.1.3 표본오차와 표본크기

표본조사로부터 발생할 수 있는 오차는 표본오차와 비표본오차의 두 가지가 있다. **표본오차는 전수조사가 아닌 모집단의 일부인 표본을 추출하여 표본의 특성값으로 모집단의 특성을 진단하는**

과정에서 발생하는 오차로서, 표본크기, 표본의 특성, 표본추출방법 등에 의해서 영향을 받는다. 실제로는 일정 정도 크기 이상의 표본이 된다면 표본크기보다는 표본추출 과정과 방법에 의해서 표본오차가 더 큰 영향을 받을 수 있다. 한편, 비표본오차는 표본추출 과정이 아닌 조사단계에서 발생하는 오차로서, 설문지의 객관성과 논리적 구조, 응답자 특성의 정의, 조사자의 숙련 정도와 조사태도, 응답자의 불성실한 자세, 자료입력 및 분석과정 등에서 야기되는 오차로, 실험실 관찰 중심의 자연과학에서 표본오차가 주로 문제가 된다면 설문조사가 중심인 사회과학에서는 표본오차와 비표본오차가 모두 발생하는데, 비표본오차는 그 크기를 계량적으로 측정할 수가 없어 특히 주의가 필요하다. 비표본오차에 대해서는 1.3절에서 다시 설명하도록 한다.

표본추출방법과 과정에 따라서 표본오차의 크기가 영향을 받기는 하지만, 아무리 정교하게 표본추출을 한다고 해도 표본크기에 의해서 표본오차가 영향을 받으며, 표본크기와 표본오차의 크기는 그림 3.2에서 보는 것과 같이 반비례한다. 즉, 표본크기가 크면 클수록 표본오차의 크기는 줄어든다. 그러나 비용과 시간 등의 현실적 요인을 고려할 때 무한정 표본크기를 크게 할 수도 없으며, 표본크기가 아무리 커진다고 해도 표본오차가 0이 되는 것은 아니고 일정 정도 표본크기가 커지면 표본크기의 증가에 따른 표본오차의 감소폭도 상대적으로 떨어진다. 따라서 연구의 목적과 특성, 응답 대상자의 특성, 현실적 요인 등을 종합적으로 감안하여 효율적인 표본크기를 연구자가 결정하여야 한다.

그러나 아무런 기준도 없이 오로지 연구자의 판단에 표본크기를 결정한다면 너무 막연할 수 있다. 따라서 통계학에서 사용되는 이론적 산술식에 의해서 표본크기와 오차한계의 관계를 제시하면, 모평균 μ를 추정하는 과정에서 95% 신뢰수준하에서 오차한계를 e 이하로 하기 위한 표본크기는 최소한 $\{(1.96 \times \text{모집단의 표준편차})/\text{오차한계}(e)\}^2$보다 커야 한다. 여기에서 1.96의 상수는 신뢰수준의 정도에 따라 변경되며, 신뢰수준이 높아지면 상수도 커진다(95% 신뢰수준과 1.96이라는 상수의 관계는 대부분의 기초통계학 서적에 잘 정리되어 있으니 참고하기 바란다). 즉, 모수를 추정하는 통계량의 신뢰수준을 높이려면 표본크기를 증가시켜야 한다. 따라서 어느 정도의 신뢰수준에서 조사를 진행할 것인가에 대한 연구자의 의사결정이 있어야 하고, 이에 의해서 이론적인 표본크기가 결정된다. 단, 이때 모집단의 분산(σ^2; 즉 표준편차 σ의 제곱)을 모르는 경우가 대부분이므로, 과거의 유사한 조사로부터 얻어진 분산을 이용하거나, 예비조사단계로 일정 정도의 표본조사를 진행하여 여기에서 측정되는 표본의 분산을 모집단 분산의 추정값으로 대신 사용한다.

| 표 1.1 | 모평균의 추정에 있어서 표본크기와 표본오차

n \ σ	1	3	5	7	10	13	15	17	20	25	30
10	0.620	1.859	3.099	4.339	6.198	8.057	9.297	10.537	12.396	15.495	18.594
20	0.438	1.315	2.191	3.068	4.383	5.697	6.574	7.450	8.765	10.957	13.148
30	0.358	1.074	1.789	2.505	3.578	4.652	5.368	6.083	7.157	8.946	10.735
40	0.310	0.930	1.549	2.169	3.099	4.029	4.648	5.268	6.198	7.747	9.297
50	0.277	0.832	1.386	1.940	2.772	3.603	4.158	4.712	5.544	6.930	8.315
60	0.253	0.759	1.265	1.771	2.530	3.289	3.795	4.302	5.061	6.326	7.591
70	0.234	0.703	1.171	1.640	2.343	3.045	3.514	3.982	4.685	5.857	7.028
80	0.219	0.657	1.096	1.534	2.191	2.849	3.287	3.725	4.383	5.478	6.574
90	0.207	0.620	1.033	1.446	2.066	2.686	3.099	3.512	4.132	5.165	6.198
100	0.196	0.588	0.980	1.372	1.960	2.548	2.940	3.332	3.920	4.900	5.880
200	0.139	0.416	0.693	0.970	1.386	1.802	2.079	2.356	2.772	3.465	4.158
300	0.113	0.339	0.566	0.792	1.132	1.471	1.697	1.924	2.263	2.829	3.395
400	0.098	0.294	0.490	0.686	0.980	1.274	1.470	1.666	1.960	2.450	2.940
500	0.088	0.263	0.438	0.614	0.877	1.139	1.315	1.490	1.753	2.191	2.630
600	0.080	0.240	0.400	0.560	0.800	1.040	1.200	1.360	1.600	2.000	2.400
700	0.074	0.222	0.370	0.519	0.741	0.963	1.111	1.259	1.482	1.852	2.222
800	0.069	0.208	0.346	0.485	0.693	0.901	1.039	1.178	1.386	1.732	2.079
900	0.065	0.196	0.327	0.457	0.653	0.849	0.980	1.111	1.307	1.633	1.960
1000	0.062	0.186	0.310	0.434	0.620	0.806	0.930	1.054	1.240	1.549	1.859
1500	0.051	0.152	0.253	0.354	0.506	0.658	0.759	0.860	1.012	1.265	1.518
2000	0.044	0.131	0.219	0.307	0.438	0.570	0.657	0.745	0.877	1.096	1.315
2500	0.039	0.118	0.196	0.274	0.392	0.510	0.588	0.666	0.784	0.980	1.176
3000	0.036	0.107	0.179	0.250	0.358	0.465	0.537	0.608	0.716	0.895	1.074
3500	0.033	0.099	0.166	0.232	0.331	0.431	0.497	0.563	0.663	0.828	0.994
4000	0.031	0.093	0.155	0.217	0.310	0.403	0.465	0.527	0.620	0.775	0.930
4500	0.029	0.088	0.146	0.205	0.292	0.380	0.438	0.497	0.584	0.730	0.877
5000	0.028	0.083	0.139	0.194	0.277	0.360	0.416	0.471	0.554	0.693	0.832
6000	0.025	0.076	0.127	0.177	0.253	0.329	0.380	0.430	0.506	0.633	0.759
7000	0.023	0.070	0.117	0.164	0.234	0.305	0.351	0.398	0.469	0.586	0.703
9000	0.021	0.062	0.103	0.145	0.207	0.269	0.310	0.351	0.413	0.516	0.620
10000	0.020	0.059	0.098	0.137	0.196	0.255	0.294	0.333	0.392	0.490	0.588

- 단순임의추출의 경우, 95% 신뢰수준하에서
- n : 표본크기(sample size), σ : 표준편차(standard deviation)

$$n \geq \left(\frac{1.96 \times \sigma}{e}\right)^2$$

| 표 1.2 | 모비율의 추정에 있어서 표본크기와 표본오차

n \ p	0.1	0.2	0.3	0.4	0.5	0.6	0.7	0.8	0.9
10	0.186	0.248	0.284	0.304	0.310	0.304	0.284	0.248	0.186
20	0.131	0.175	0.201	0.215	0.219	0.215	0.201	0.175	0.131
30	0.107	0.143	0.164	0.175	0.179	0.175	0.164	0.143	0.107
40	0.093	0.124	0.142	0.152	0.155	0.152	0.142	0.124	0.093
50	0.083	0.111	0.127	0.136	0.139	0.136	0.127	0.111	0.083
60	0.076	0.101	0.116	0.124	0.127	0.124	0.116	0.101	0.076
70	0.070	0.094	0.107	0.115	0.117	0.115	0.107	0.094	0.070
80	0.066	0.088	0.100	0.107	0.110	0.107	0.100	0.088	0.066
90	0.062	0.083	0.095	0.101	0.103	0.101	0.095	0.083	0.062
100	0.059	0.078	0.090	0.096	0.098	0.096	0.090	0.078	0.059
200	0.042	0.055	0.064	0.068	0.069	0.068	0.064	0.055	0.042
300	0.034	0.045	0.052	0.055	0.057	0.055	0.052	0.045	0.034
400	0.029	0.039	0.045	0.048	0.049	0.048	0.045	0.039	0.029
500	0.026	0.035	0.040	0.043	0.044	0.043	0.040	0.035	0.026
600	0.024	0.032	0.037	0.039	0.040	0.039	0.037	0.032	0.024
700	0.022	0.030	0.034	0.036	0.037	0.036	0.034	0.030	0.022
800	0.021	0.028	0.032	0.034	0.035	0.034	0.032	0.028	0.021
900	0.020	0.026	0.030	0.032	0.033	0.032	0.030	0.026	0.020
1000	0.019	0.025	0.028	0.030	0.031	0.030	0.028	0.025	0.019
1500	0.015	0.020	0.023	0.025	0.025	0.025	0.023	0.020	0.015
2000	0.013	0.018	0.020	0.021	0.022	0.021	0.020	0.018	0.013
2500	0.012	0.016	0.018	0.019	0.020	0.019	0.018	0.016	0.012
3000	0.011	0.014	0.016	0.018	0.018	0.018	0.016	0.014	0.011
3500	0.010	0.013	0.015	0.016	0.017	0.016	0.015	0.013	0.010
4000	0.009	0.012	0.014	0.015	0.015	0.015	0.014	0.012	0.009
4500	0.009	0.012	0.013	0.014	0.015	0.014	0.013	0.012	0.009
5000	0.008	0.011	0.013	0.014	0.014	0.014	0.013	0.011	0.008
6000	0.008	0.010	0.012	0.012	0.013	0.012	0.012	0.010	0.008
7000	0.007	0.009	0.011	0.011	0.012	0.011	0.011	0.009	0.007
9000	0.006	0.008	0.009	0.010	0.010	0.010	0.009	0.008	0.006
10000	0.006	0.008	0.009	0.010	0.010	0.010	0.009	0.008	0.006

- 단순임의추출의 경우, 95% 신뢰수준하에서
- n : 표본크기, p : 모비율

$$n \geq p(1-p)\left(\frac{1.96}{e}\right)^2$$

예를 들면, 표 1.1에서 볼 수 있듯이, A 보험회사의 고객만족도 점수에 관한 조사에서 표준편차(σ)가 20으로 추측되는 경우 95% 신뢰수준하에서 평균에 대한 오차한계를 2점 이하로 하고자 한다면, 대략 400 정도의 표본크기(n)가 필요하다.

한편, **모비율 p를 추정하는 과정에서 95% 신뢰수준하에서의 오차한계를 e 이하로 하기 위해서는 표본크기를 $\{p(1-p)\}\times\{1.96/\text{오차한계}(e)\}^2$**보다 크게 하여야 한다. 바꾸어 말하면 **95% 신뢰수준하에서 모비율 p를 추정하는 오차한계는 $1.96\times\{p(1-p)/\text{표본크기}\}^{1/2}$**로 주어진다. 물론 평균의 추정에서와 마찬가지로 신뢰수준의 정도에 따라 1.96이라는 수치는 변하게 된다. 여기서도 대부분 모비율은 모르는 상황이다. 따라서 과거의 유사한 조사로부터 얻어진 비율을 이용하거나, 예비조사단계로 일정 정도의 표본조사를 진행하여 여기에서 측정되는 비율을 모비율의 추정값으로 대신 사용한다. 다른 대안으로는 $p(1-p)$를 가장 크게 하는(즉, 보수적으로 오차한계를 가장 크게 하는) p를 사용하는데, 이것은 $p=1/2$이 된다. 따라서 95% 신뢰수준하에서 오차한계를 e 이하로 하기 위한 표본크기는 $(1/4)\times\{1.96/\text{오차한계}\ (e)\}^2$ 보다 커야 하며, 95% 신뢰수준하에서 모비율을 추정하기 위한 오차한계는 $1.96\times\{0.25/\text{표본크기}\}^{1/2}=1.96\times\{1/(4\times\text{표본크기})\}^{1/2}$으로 주어진다.

예를 들면, 표 1.2에서 볼 수 있듯이, A 회사의 광고를 인지하고 있는 사람의 비율에 관한 조사에서 모비율(p)이 0.5(50%)로 추측되는 경우 95% 신뢰수준하에서 비율에 대한 오차한계를 0.05(5%) 이하로 하고자 한다면, 대략 400 정도의 표본크기(n)가 필요하다.

1.2 마케팅리서치 개요 표본추출방법

모집단으로부터 표본을 추출하는 방법은 여러 가지 방법이 있으나, 그중 마케팅리서치에서 주로 사용되는 대표적인 몇 가지만 소개한다.

| 단순임의추출 Simple Random Sampling 단순임의추출은 가장 간단한 확률추출법으로 다른

여러 확률추출법의 기초가 되는 추출방법이다. 전체 크기가 N인 모집단에서 크기 n인 표본을 추출할 때 모든 표본이 추출될 확률이 동일하게 추출하는 방법을 **단순임의추출법**이라고 하며, 이에 의해 추출된 표본을 **단순임의표본**이라고 한다. 예를 들어, A 제품에 대한 소비자 만족도 조사를 한다고 할 때, 소비자 각각에 대해 일련번호를 부여한 후 난수(random number)를 발생하여 500명의 소비자를 추출하는 경우가 이에 해당된다. 다른 예로는 전체 모집단의 전화번호 중에서 무작위로 표본을 추출하여 진행하는 전화조사방법이 여기에 해당한다.

| 계통추출 Systematic Sampling 계통추출은 전체 모집단에서 일정한 간격으로 표본을 추출하는 방법으로서, 전체 모집단에서 골고루 표본이 추출된다. 즉, 모집단의 크기가 N이고 표본의 크기를 n이라 할 때, 처음 $k(=N/n)$개의 모집단에서 첫 번째 표본을 추출하고 다음 k번째마다 한 개씩의 표본을 추출하는 방법이다. 선거 출구조사에서 가장 흔하게 사용하는 방법으로서, 특정 투표소에서 선거가 시작되고 투표를 하고 나온 사람 중에서 처음 조사를 성공하고 나서 다음 k번째 투표를 하고 나온 사람에게 조사를 진행하는 방식이다. 또는 전화번호부를 가지고 조사를 진행할 때 일정 간격마다 접촉을 시도하는 방법도 전형적인 계통추출방법이지만, 최근에는 CATI 시스템(〈제2장. 조사방법의 종류〉를 참고)을 이용한 무작위추출법이 많이 사용된다.

| 층화추출 Stratified Sampling 전체 모집단의 구성 요소들을 중복되지 않도록 동질적인 몇 개의 세부집단(sub-group)이나 층(strata)으로 나눈 다음, 각 층(세부집단)으로부터 단순임의추출법에 의해서 표본을 추출하는 방법이다. 이때 동일한 층 내에 속한 구성 요소들은 최대한 성격이 유사한 동질성을 유지하여야 하고, 층 간에는 가능한 성격이 다른 이질성을 최대한 유지하도록 한다. 일반적으로 효과적인 층화추출을 사용함으로써 단순임의추출에 비하여 추정의 정도(precision)를 높일 수(즉, 표본오차를 줄일 수) 있다. 층화추출은 마케팅리서치에서 고객의 특성별로 표본크기를 할당하는 표본 구성을 할 때 많이 사용한다. 예를 들어, 보험회사 고객의 고객만족도 조사를 진행하려 하고, 고객만족도에 가장 영향을 미치거나 또는 연구자가 분석단위로 보고자 하는 것이 가입상품이라고 가정하자. 이때 A, B, C, D 등의 보험상품이 있고 전체 고객을 가입 상품에 따라 N_a, N_b, N_c, N_d개 크기의 층으로 나눈 다음, 각 층으로부터 n_a, n_b, n_c, n_d 크기의 표본을 무작위로 추출하는 것

이다. 이때 각 층으로부터 추출하는 표본크기는 전체 모집단의 크기 대비 각 층의 상대적 구성 비율이나 분석목적, 고객의 특성 등 마케팅 관리 관점에서 고려하여 결정한다.

| **집락추출** Cluster Sampling 전체 모집단을 여러 개의 집락으로 나눈 다음에 이 중에서 소수 몇 개의 집락을 임의로 추출하고 추출된 집락 내에서 전수조사(혹은 표본조사)를 진행하는 방식이다. 조사하고자 하는 구성원의 특성이 층 내에서는 동질적이고 층 간에는 이질적인 경우 층화추출의 효율이 높은 반면, 구성원의 특성이 층 내에서는 이질적이고 층 간에는 동질적인 경우 집락추출의 효율이 높다. 일반적으로 집락추출은 추정의 정도보다는 조사의 편의성을 위해 사용하는 경우가 많다.

이와 같이 여러 가지 표본추출방법이 있기는 하지만 실질적으로 **현업에서는 모집단의 특성과 비용, 기간 등을 고려하여 여러 개의 표본추출방법을 섞어서 사용하는 경우가 많다.** 예를 들면, 전국의 행정구역을 인구수, 가구수, 기타 기준에 의해서 '시' 단위의 집락으로 나눈 다음 몇 개의 집락을 임의추출한 뒤, 추출된 각 집락에서 무작위로 '시'를 임의추출하고 추출된 '시' 단위 내에서 다시 '동' 단위로 집락을 나누고, 임의의 '동' 단위 집락을 임의추출하여 '동' 단위에서 조사를 진행하는 다단계 비례할당 집락추출 등과 같이, 집락추출과 임의추출을 반복적으로 섞어서 사용할 수도 있다.

1.3 마케팅리서치 개요 비표본오차 발생 및 관리

앞에서 간략하게 언급한 것처럼 설문조사에서는 표본오차뿐 아니라 비표본오차가 발생하며, 계량적으로 측정할 수는 없지만 저자의 경험과 생각으로는 전체 조사결과에 표본오차보다 결코 적지 않은 영향을 준다. 따라서 조사방법, 조사 대상자 선정, 질문방법, 조사도구 등의 조사설계 및 진행 과정에서 최대한 객관적이고 정확한 결과를 얻을 수 있도록 주의를 기울여야 하며, 본 절에서는 이러한 조사진행 과정에서 발생할 수 있는 비표본오차의 사례를 몇 가지 소개함으로써 그 중요성을 다시 한 번 강조하고자 한다.

마케팅리서치는 "조사설계 → 자료수집 → 자료처리 → 분석 및 보고서 작성"의 단계로 이루어 지는데, 각각의 단계에서 비표본오차가 최소화되도록 이제 조사설계 및 진행/관리하는 것이 연구자의 과제이다. 이제 각각의 단계에서 발생할 수 있는 비표본오차의 사례를 제시하도록 하겠다.

1.3.1 조사설계 단계에서의 비표본오차

조사설계 단계에서는 표본구성 및 표본추출, 질문지 작성, 자료수집 방법의 결정, 분석설계 및 조사도구를 준비하게 되는데, 이러한 조사설계 과정에서 표본선정의 적합성이나 질문지 작성 및 표현(wording), 조사도구 등에 의한 비표본오차가 발생하게 된다.

| 조사방법과 질문방법에 의한 오차 가정에서 흔히 사용하는 세안 비누의 브랜드를 파악하는 전화조사 설문지에서 ① "귀하의 가정에서 현재 사용하고 계신 비누를 모두 말씀하여 주십시오"하고 질문하는 것이 일반적이다. 그러나 ② "귀하의 가정에서 현재 사용하고 계신 비누를 죄송하지만 욕실에 가셔서 눈으로 확인하고 모두 말씀하여 주십시오"하고 질문하면 더욱 구체적이고 정확한 결과를 얻을 수 있을 것이다. 다만 전화조사의 방법을 통해서 후자처럼 질문하면 거절당할 가능성이 높아진다. 어찌되었든 같은 전화조사이지만 어떻게 질문하는가에 따라 결과가 다르게 나타날 수 있는 것이다. 또한 같은 목적의 질문을 이번에는 가구방문을 통한 개별 면접조사를 통해서 진행한다고 가정하자. 시중에 유통되고 있는 비누의 브랜드를 모두 기록한 상표 보기카드를 응답자에게 제시하고, ③ "다음의 브랜드 중에서 귀하의 가구에서 사용하고 계시는 브랜드를 모두 말씀하여 주십시오"하고 질문하면 앞의 전화조사와는 또 다른 결과가 나타날 것이다. 이처럼 조사방법에 따라 그리고 설문지의 질문 방법에 따라 동일한 질문도 그 결과가 다르게 나타날 수 있다.

| 조사 시간대에 따른 오차 일반 소비자 집단을 대상으로 하는 전화조사의 경우 전화번호부의 인명편에 등록되어 있는 전화번호부를 많이 이용한다. 이때 시간, 성별, 연령별, 기타 응답자 특성별로 특정 성향을 가진 집단이 과다 또는 과소 추출되는 오차가 발생할 수

있다. 예를 들어, 평일 주간에 조사를 진행하고 성별/연령별로 표본크기를 할당하여 조사를 진행한다고 하자. 그렇다면 평일 주간에 집에 있는 성인 남자들과 전체 성인 남자들의 성향은 분명이 다른 특성을 가질 것이다. 밤에 조사를 진행한다고 해도 전화조사의 특성상 대부분 오후 10시 이전에 조사를 마무리하는 것이 일반적이다. 그렇다면 오후 10시 이전 성인 남자의 재택률이 과연 모집단을 대표할 수 있는 것인가에 대한 점도 확인되어야 할 것이다.

이처럼 표본구성과 조사시간에 의해서도 비표본오차가 발생할 수 있으며, 이에 대한 대안으로 시간대별 균형 추출 등의 표본추출방법이 사용될 수 있다. 이에 대해서는 〈제2장. 조사방법의 종류〉에서 다시 설명한다.

| 설문지 길이에 의한 오차 적정한 길이를 넘어서는 설문지의 길이와 수집되는 데이터의 신뢰성은 정확히 반비례한다고 보아도 크게 무리는 없을 것이다. 갱서베이(Gang Survey), CLT, HUT, 개별 면접조사 등의 조사방법에 따라서 수용할 수 있는 설문지의 길이가 조금씩 다르기는 하지만, 기본적으로 일정 정도를 넘어서면 응답자의 성실성이 떨어지며 심지어는 응답자 짜증에 의한 응답자 오차까지 발생할 수 있다. 설문지를 작성하는 연구자는 항상 응답 대상자의 입장에서 생각하고 설문 항목의 길이를 조정하여야 한다.

| 설문지 표현에 의한 오차 'A 식품회사에서 새롭게 출시하는 신제품'의 구매의향을 묻는 질문과 'A 식품회사에서 웰빙 추세에 따라 건강을 고려하여 개발한 신제품'의 구매의향을 질문한다면 결과가 어떻게 달라질 것인가? 또는 '참신하고 개혁적인 대통령 후보 A'와 '정치인 출신의 B 후보' 중 누구를 지지하시겠습니까? 하고 질문하면 결과가 어떻게 나타날 것인가? 이처럼 동일한 내용의 질문도 어떻게 표현(wording)을 하여 질문을 하는가에 따라 오차가 발생할 수 있으며, 따라서 연구자는 항상 모집단의 실태를 정확히 측정할 수 있도록 설문을 작성하여야 한다. 설문지 표현에 의한 오차 발생에 대해서는 〈제3장. 마케팅리서치 진행 절차〉에서 자세히 설명하겠다.

| 조사 보조도구에 의한 오차 설문조사를 진행할 때 사용하는 보기카드, 컨셉(concept)카드 등의 보조도구에 의해서도 응답의 편향(bias)이 발생할 수 있다. 개발하려는 신제품의 컨셉을 보여 주고 구매의향을 묻는 질문에서, 제시하는 컨셉에 신제품의 설명만 제시하는

것과 설명과 제품의 사진을 함께 제시할 때의 응답 결과가 다르게 나타날 수 있다. 고급 대형차 광고의 적합한 모델을 평가하는 조사에서 몇몇 모델의 사진을 보여 주고 적합한 모델을 선택하는 질문 항목이 있다고 할 때, 동일한 모델이라고 해도 어떤 옷을 입고 있는가에 따라 응답이 달라진다. 또는 제작된 광고를 방송(on-air)하기 전에 사전 효과를 측정하기 위해서 광고를 보여 주고 의견을 묻는 조사를 진행할 때는, 해당 광고뿐 아니라 다른 광고물과 섞어서 제시하는 것이 일반적인 방법이다. 이때 같이 보여 주는 다른 광고의 크리에이티브(creative)에 따라서도 해당 광고의 평가가 달라질 수 있다.

| **조사진행 과정에 의한 오차** 동일한 조사도구를 가지고 동일한 조사자가 진행을 하는데도 불구하고 진행 과정의 사소한 요인에 의하여 오차가 발생할 수 있다. 예를 들면, 된장국에 대한 맛 테스트를 한다고 하자. 이때 처음의 응답자와 나중에 조사에 응하는 응답자가 음용하는 된장국을 같이 조리한 것이 아니라면 마늘, 두부 등의 첨가물의 양과 가열 시간 등의 요인에 의해서 맛이 변할 수 있으며, 따라서 평가에 오차가 개입될 수 있는 것이다. 또한, 앞에서 진행한 된장국에 대한 냄새가 완전하게 환기되지 않은 상태에서 다른 응답자에게 평가를 받는다면 냄새에 의해서 맛에 대한 평가에 오차를 야기할 수도 있다. 이렇게 사소한 조사환경이나 진행 과정에 의해서 발생할 수 있는 것이 비표본오차인 것이다.

| **진행 상황에 의한 오차** 여러 사람을 모아 놓고 진행하는 갱서베이(Gang Survey)를 진행한다고 할 때, 옆자리 다른 응답자의 작성된 설문지에 의해서 영향을 받을 수 있으며, 조사를 진행하는 장소의 위치와 환경에 의해서도 응답에 영향을 받을수 있어서 주의를 요해야 한다.

이처럼 응답자의 추출방법, 설문지, 조사를 진행하면서 사용하는 보조도구, 세부 진행방법이나 환경에 의해서 비표본오차의 개입 가능성이 있으므로, 조사설계를 하는 연구자는 응답에 영향을 줄 수 있는 다양한 요인들을 사전에 예측하고 가능한 객관적인 조사가 진행될 수 있도록 치밀하고 꼼꼼하게 조사설계를 하여야 한다.

1.3.2 자료수집 과정에서의 비표본오차

자료수집 과정에서는 조사자와 응답자에 의해서 오차가 주로 발생하므로 조사원에 대한 철저한 교육을 통하여 자료의 신뢰성을 확보하여야 한다.

| 무응답의 문제 특정 제품군의 기억나는 브랜드를 주관식으로 질문할 때 가장 먼저 응답되는 브랜드를 최초상기 브랜드라 하고, 개별 응답자가 기억하여 응답하는 모든 브랜드를 비보조상기 브랜드라고 한다. 특히 비보조상기는 소비자가 구매를 하기 위해 정보를 탐색하는 과정에서 구매를 고려하는 대안 브랜드군에 포함된다고 하여 중요한 브랜드 지표로 다루어진다.

그런데 이렇게 중요한 비보조상기가 조사를 진행하는 조사원의 태도나 자세에 따라서 달라진다는 것이 심각한 문제이다. 예를 들어, A 리서치 기관에서 진행한 브랜드상기 조사에서 한 명의 응답자에게 평균 3개의 브랜드를 응답받고, B 리서치 기관에서 진행한 동일한 조사에서 한 명의 응답자에게 평균 6개의 브랜드를 응답받았다고 하자. 조사원이 조사 대상자에게 얼마나 적극적으로 질문하는가에 따라서 조사 대상자가 응답하는 브랜드의 수는 이렇게 달라질 수 있다. 비보조상기는 전체 응답자 중에서 해당 브랜드가 중복적으로 모두 몇 번 응답되었는가를 나타내는 지표이므로, 결과적으로 동일한 브랜드의 비보조상기가 조사진행 기관에 따라서 2배 또는 그 이상까지 달라질 수 있는 것이다.

| 조사원의 비표본오차 마케팅리서치에서 야기되는 비표본오차 중에서 가장 정도가 크고 다양한 오차로서 조사원의 철저한 교육과 감독이 절대 요구되는 항목이다. 예를 들면, 유치 조사에서 어려운 문제 중의 하나가 아직 출시가 안된 시제품을 응답자가 사용하도록 해야 한다는 것이다. 특히, 화장품이나 유제품과 같이 부작용이 우려되는 제품을 유치시키기는 더욱 어렵다. 한편 유치하고자 하는 제품의 유사 제품이나 관련 제품의 조사에 최근 응답한 경험이 있는 응답자는 조사 참여에 배제하는 것이 원칙이다. 학습효과에 의한 브랜드의 편견 등이 개입되기 때문이다. 이러한 상황에서 조사자가 새로운 응답자를 계속 모집(recruiting)하기가 어려워서 동일한 응답자에게 제품을 계속 유치하고 조사를 진행하는 오류를 종종 일으킨다.

또는 특정 장소에서 응답자를 모집하여 데려와서 진행하는 CLT 조사방법의 경우(〈제2장. 조사방법의 종류〉 참고) 각각 한 명의 조사자와 응답자가 일대일로 조사를 진행해야 하는데, 여러 명의 응답자를 동시에 진행하는 경우 다른 응답자에 의해서 응답에 편향(bias)이 발생한다. 또는 설문지에 제시된 질문항목을 그대로 읽지 않고 조사원이 임의대로 요약하여 질문하거나 표현을 수정하여 질문함으로써 조사원에 따라서 오차가 발생할 수도 있으며, 조사원의 외모에 의해서도 응답내용이 영향을 받을 수도 있다. 그밖에 조사자의 조사태도에 의해서 다양한 비표본오차가 발생할 수 있는 여건은 수없이 많다. 기본적으로 조사자에 의한 비표본오차를 완전하게 배제하는 것은 불가능하다고 보는 것이 현실적이다. 다만, 최소한으로 줄이기 위해서 꼼꼼한 조사진행의 원칙과 철저한 조사자의 교육에 최선의 노력을 해야 한다.

| **응답자에 의한 오차** 응답자에 의해서 야기되는 오차는 불성실한 응대태도로부터 발생하는 오차가 가장 중요하다. 조사에 응하겠다고 하여 조사를 시작하였으나 설문지가 길어지거나 응답하고 싶지 않은 질문 항목에 의해서 거짓으로 대답을 하거나, 신경쓰지 않고 건성으로 대충 대답하는 과정에서 발생하는 오차이다.

1.3.3 자료처리 과정에서의 비표본오차

조사설계와 자료수집 과정뿐 아니라 에디팅, 코딩, 펀칭, 자료입력, 데이터 정제(cleaning) 등의 자료를 처리하는 과정에서도 오류가 발생할 수 있다.

에디팅(editing) 과정은 자료수집의 마지막 과정이자 자료처리의 시작단계라 할 수 있는데, 논리적으로 맞지 않는 응답을 발견하고 확인하는 과정이다. 마케팅리서치에 사용되는 설문지는 종종 너무 복잡하여 설문지를 직접 작성한 사람도 앞 문항과 뒷 문항의 논리구조가 혼동스러울 때가 있어 논리적 연관관계를 확인하는 에디팅 가이드를 작성하여 사용하는데, 에디팅 가이드에 미처 포함시키지 못하여 간과되는 부분들에 의해서 오차가 발생할 수 있다.

코딩(coding)은 주관식 문항을 분류하여 부호화하기 위한 수치를 할당하거나 기록하는 단계인데, 응답내용의 번호를 잘못 할당하거나 연구자의 주관이 과도하게 개입되면서 코딩 에러가 발생하게 된다. 코딩의 자세한 내용에 대해서는 〈제3장. 마케팅리서치의 진행 절차〉를 참고하기 바란다.

자료입력은 설문지에 기록되거나 체크된 응답 번호를 바로 입력하는 방법과 코딩 용지에 작성된 데이터를 입력하는 방법, CATI나 CAPI 등의 자동화된 조사진행 프로그램을 이용하여 입력하는 방법이 있는데, 설문조사 현업에서 코딩 용지는 특별한 경우를 제외하고는 거의 사용하지 않으며 대부분 설문지에 기록된 데이터를 바로 입력하는 방식이다. 그런데 자료를 입력하는 과정에서 아무리 전문가들이 입력을 한다고 해도 5% 내외의 펀칭 에러가 발생한다. 펀칭 에러를 줄이기 위해서는 자료를 입력하는 사람의 눈에 잘 들어오게 설문지의 형태를 조정하고 코딩하는 단계에서 명확하게 기록하는 등 사전 작업도 중요하며, 자료입력 전문 프로그램을 이용해서 에러를 줄이는 방법도 사용된다. 자료입력 전문 프로그램은 논리적으로 맞지 않거나 응답의 범위를 벗어나는 자료가 입력되지 않도록 통제하는 시스템인데, 이러한 프로그램도 자료입력 오차를 줄일 수 있기는 하지만 원천적으로 방지할 수는 없다. 가장 안전한 방법은 동일한 데이터를 이중으로 반복 입력해서 비교하는 방법인데 비용과 시간이 소요된다.

1.3.4 분석과정에서의 비표본오차

자료입력이 끝나면 본격적으로 분석을 하고 보고서를 작성하게 되는데, 기본 빈도수를 확인하고 교차 집계표 작성 및 통계분석에 의하여 나타난 조사결과와 시사점을 도출하여 정리한다. 보고서 작성의 자세한 내용은 〈제3장, 마케팅리서치 진행 절차〉를 참고하기 바란다.

먼저 최초상기의 무응답에 대한 처리 과정에서 오차가 발생할 수 있다. 최초상기 브랜드는 특정 제품군의 생각나는 브랜드를 질문했을 때 가장 먼저 응답되는 브랜드이기 때문에 전체 응답자의 최초상기 합은 100%가 되어야 한다. 이때 기억나는 브랜드가 없다고 하는 무응답자가 발생하는데 이 무응답의 처리 방법에 따라서 최초 상기율이 달라진다. 예를 들어, A 브랜드의 최초상기가 30%, B 브랜드가 20%, C 브랜드가 10%, 무응답이 40%라고 가정하자. 그러나 무응답자를 전체 분석에 포함시킬 것인지의 여부에 따라 최초상기가 달라진다. 무응답자를 제외하고 응답자 기준으로 분석을 한다면 A 브랜드의 최초상기는 30%/(30%+20%+10%)=50%, 즉 전체 브랜드 최초상기 응답자 중에서 A 브랜드를 응답한 사람이 절반(50%)이 되는 셈이다. 전자의 계산법이 전체 소비자 집단에서 특정 브랜드를 최초상기하는 사람의 비율인 반면, 두 번째의 계산법은 한 개 이상의 브랜드를 상기하는 사람을 대상으로 할 때 특정 브랜드를 최초상기하는 사람의 비율인 것이다. 이렇게 분석과정에서 데이터를 어떤 관점에서 바라보는가에 따라 수치가 다르게 나타나는 경우가 있다.

다음은 제품력을 평가하거나 특정 항목에 대한 점수를 비교하는 조사에서 통계적 유의성을 확인하지 않고, 단순 수치만으로 잘못된 의사결정을 하는 과정에서 발생하는 오류이다. 예를 들면, 신제품과 기존 제품의 소비자 평가를 받은 결과 작은 평가점수의 차이가 나타났으나 통계적 유의성을 갖지는 못함에도 불구하고, 단순 점수만으로 신제품이 더 우월하다고 의사결정하는 오류이다. 특히 제품력을 테스트하는 조사는 대부분 표본크기가 상대적으로 작게 진행되는 경우가 많으며, 표본크기가 작을수록 평가점수의 통계적 유의성이 심해적으로 엄격해지므로 통계적 유의성에 대한 확인을 반드시 하여야 한다.

심층적인 통계분석시 옵션(option; 선택사항)을 잘못 선택해서 오차가 발생하는 경우도 있다. 예를 들면, 두 집단의 제품력 평가나 고객만족도 등의 차이에 대한 통계적 유의성을 검증할 때 두 집단의 모집단이 동일한 집단인가(대응표본) 아니면 서로 다른 집단인가(독립표본)에 따라 사용하는 t-통계량의 값이 다른데, 이를 올바르게 사용하지 못해서 전혀 다른 방향의 결과로 결론을 내릴 수 있다. 이처럼 통계학의 여러 방법론들은 데이터의 성격이나 모집단의 성격에 따라 적절하게 사용해야 하는 선택사항들이 있는데, 잘못된 옵션을 사용함으로써 범하는 오류의 사례들을 자주 볼 수 있다.

지금까지 조사설계 단계에서부터 분석 단계까지 발생할 수 있는 다양한 오차들을 설명했으나, 이외에도 수없이 많은 비표본오차들이 발생하는 것이 설문조사이다. 무엇보다도 연구자의 관련 사항에 대한 전문적인 지식과 오차를 발생할 수 있는 요인들에 대한 사전의 치밀한 연구 및 대책 그리고 관련자의 성실한 자세에 의해서 비표본오차를 줄여야 한다.

2

CHAPTER

조사방법의 종류

자료를 수집하는 조사방법은 응답자에 대한 접촉 방법과 데이터의 성격에 따라 여러 가지로 구분된다. 일반적으로 설문조사방법에 대해서 일대일로 마주하고 설문지를 작성하는 방법과 전화를 통해서 진행하는 방법이 흔히 생각될 것이다. 그러나 응답자에 대한 접촉 경로에 따라서 일대일 개별 면접조사, 전화조사, 우편조사, 팩스조사, 온라인조사 등으로 구분이 되며, 데이터의 성격에 따라서는 정성조사와 정량조사 실시 주기에 따라서 임시적(Ad Hoc)조사, 트래킹(Tracking)조사, 패널(Pannel)조사 등 일반적으로 생각하는 것보다 훨씬 다양한 조사방법이 사용되고 있다.

응답자 접촉 방법에 의한 분류와 데이터의 성격에 따른 분류—정성조사와 정량조사—에 의한 조사방법들이 중복되어 설명되는 경향이 있으므로, 본서에서는 데이터의 성격에 따른 정량조사와 정성조사의 방법들에 대해서 설명을 하고 기타 방법에 대해서 추가로 설명을 하겠다.

마케팅리서치 개요

2.1 정량조사

정량조사(quantitative research)는 간단하게 얘기해서 조사 대상자의 응답을 구체적인 수치로 계량화하여 모집단의 특성을 추정 또는 검증하는 조사방법이다. 정성조사(qualitative research)가 정량조사 결과의 원인을 심층적이고 감성적으로 파악하기 위한 조사인 반면, 정량조사는 구조화된 설문지를 도구로 모든 응답자에게 동일한 질문을 하여 모집단의 행태를 수량적으로 측정하여 일반화하는 조사방법이다.

2.1.1 일대일 개별 면접조사

일대일 개별 면접조사는 면접조사 또는 개별 면접조사 등으로 지칭하며, 영문(Face To Face Interview) 약자로 F2F로 표현하기도 한다. 이는 가구, 사무실 등을 방문하거나 길거리에서 사전에 정의된 응답자 특성에 부합되는 사람을 접촉하고, 설문지와 보기카드 등의 조사 도구를 이용하여 조사자와 피조사자(응답자)가 일대일로 얼굴을 마주하고 대화를 하듯이 진행하는 조사방법을 말한다.

| 보기카드Show Card의 사용 면접조사를 진행할 때 응답자는 설문지를 보지 않고 조사자가 대화하듯이 설문지를 읽어주면 응답자는 이를 듣고 응답의 보기만을 제시한 보기카드를 보고서 응답을 하게 된다.—물론 객관식 질문항목의 경우에 한함—응답자가 설문지를 보지 못하게 하고 보기카드를 사용하는 이유는 **(1) 첫째 응답자가 특정 항목에 대한 응답을 할 때 다음에 질문될 항목을 미리 보면 이에 의한 편의가 발생할 수 있기 때문이다. 예를 들어, "현재 주로 사용하는 브랜드가 무엇입니까"**하는 식의 주사용 상표를 질문하는 항목 뒤에 **"그 상표를 주로 사용하는 이유가 무엇입니까?"**의 질문을 하는 경우가 많은데, 응답자가 뒷 질문을 사전에 본다면 첫 번째 질문에 "없다"라는 응답을 할 가능성이 높아질 수 있다. **(2) 두 번째 이유**는 응답자가 설문지를 눈으로 읽는 것이 아니라 **조사자가 대화하듯이 설문지를 읽어주고 이에 응답하는 대화방식의 조사를 진행하기 위함**이다. 따라서 연구자가 설문지를 작성할 때는 반드시

문어체가 아닌 구어체로 표현을 해야 하며, 설문지 작성 방법에 대해서는 〈제3장. 마케팅 리서치 진행 절차〉에서 자세히 설명하도록 하겠다. (3) 세 번째 이유는 응답하기 부담스러운 질문항목의 경우에 입으로 구체적인 응답을 하지 않고 보기카드의 해당 번호를 응답하게 하기 위함이다. 예를 들어, "귀하의 연간 총 가구소득은 어떻게 되십니까?"하는 질문에 응답자가 구체적인 금액을 말하기 부담스러워 한다면 "① 1,500만원 미만, ② 1,500만원~3,500만원 미만, ③ 3,500만원~5,500만원 미만, ④ 5,500만원~7,500만원 미만, ⑤ 7,500만원~9,500만원 미만, ⑥ 9,500만원 이상"과 같은 식으로 보기를 작성한 보기카드를 제시하고 해당되는 보기 항목의 번호를 응답하게 하는 방법을 사용한다. 물론 분석하고자 하는 목적이나 방법에 따라서 가구소득을 연속형 자료로 응답받아야 하는 경우에는 일단 주관식으로 질문한 다음에 응답자가 무응답할 경우 보기카드를 제시하고 해당 번호를 응답받는 방식을 사용하기도 하는데, 그렇지 않은 경우에는 어차피 코딩이라는 단계를 거쳐서 일정 정도의 범위로 분류할 것이므로 굳이 주관식으로 질문하여 응답자에게 부담을 줄 필요가 없다. 즉, 응답하기 다소 부담스러운 질문의 경우 분석 단위 이상으로 상세하게 질문할 필요가 없다.

| 응답자 선정 면접조사에서 응답자를 선정하는 방식은 크게 세 가지 정도가 있다. 첫 번째는 표본추출의 무작위성에 중심을 둔 무작위추출, 두 번째는 특정 기준에 해당하는 사람을 찾아서 조사를 진행하는 편의추출, 세 번째는 리스트에 의한 응답자 선정 방법이 있다.

(1) 무작위추출은 마케팅리서치보다는 사회여론조사 부분에서 주로 많이 사용된다. 사회여론조사는 특별한 조건이 없는 일반 국민 대중을 대상으로 조사를 주로 진행하는 반면, 마케팅리서치는 어떤 제품군이나 상표를 사용해 본 경험이 있거나 아니면 최소한 특정 브랜드를 인지하고 있는 등의, 연구자가 사전에 정의한 조건에 부합되는 사람을 대상으로 조사를 진행하는 경우가 많기 때문이다. 물론, 특정 상표의 인지도나 침투율 자체의 파악이 조사 목적이거나 시장의 현재 상황을 있는 그대로 파악하기 위한 시장 상황 진단 조사의 경우에는, 일반 잠재 소비자를 대상으로 조사를 진행해야 하기 때문에 무작위추출에 의해서 응답자를 선정하는 경우가 많다.

면접조사로 진행하는 대표적인 무작위추출의 방법으로서 속칭 '통반 조사'라는 것이 있다. 예를 들어, 서울, 부산, 광주, 대구, 대전 5대 광역시의 18세 이상 성인 남녀를 대상으로 1,000명의 표본에 대하여 조사를 진행하고자 한다고 가정하자. ① 먼저 각 행정 단위의 인구수, 가구수, 전력 사용량 등 지역 특성을 반영할 수 있는 변수들을 기준으로 각 '구'를 군집 분석하여 성격이 유사한 '구'의 집락으로 묶은 다음, ② 무작위로 임의의 집락을 몇 개 추출한 다음에, ③ 추출된 집락에서 무작위로 몇 개의 '구'를 추출하고, ④ 추출된 '구'에 해당하는 '동' 단위의 군집 분석에 의한 '동'의 집락으로 묶고, ⑤ 다시 임의로 '동' 단위의 집락을 추출하여 ⑥ 추출된 집락에서 무작위로 '동'을 추출하고, ⑦ 해당 '동'에서 임의의 통 · 반을 선정한다. 이렇게 조사를 진행할 통 · 반의 리스트가 선정되면 ⑧ 조사원은 정해진 통 · 반의 주소를 찾아가서 그 가구에서 생일이 가장 빠른 사람을 찾는다. 만일 ⑨ 그 가구에서 생일이 가장 빠른 사람이 부재중이거나 조사가 불가한 상황일 때는 그 사람의 성별과 연령을 질문하고 오른쪽(또는 왼쪽)으로 5번째(또는 세 번째의 임의 구간) 집으로 가서 첫 번째 찾아간 가구에서 선정된 응답자와 연령과 성별이 비슷한 사람이 있는가를 찾아서 있으면 조사를 진행하고 없으면 다시 오른쪽으로 5번째 집을 가면서 응답자를 찾는 방식이다. ⑩ 이렇게 해서 첫 번째 가구에서의 생일이 가장 빠른 사람이나 유사한 사람을 찾아서 조사를 진행했으면 다시 오른쪽 5번째 집에서 생일이 가장 빠른 사람을 찾아서 조사를 진행하는 방식이다.

이러한 방식은 응답자의 무작위추출이라는 원칙에 충실한 조사방법이기는 하지만, 비용과 시간이 많이 소요되고 조사원이 정해진 원칙대로 응답자를 선정했는지에 대한 검증에 한계가 있으며, 어렵게 응답 대상자를 찾았다 해도 조사에 응해 주어야만 조사를 진행할 수 있는 등 현실적으로 진행이 어렵다. 이에 대한 대안으로 조사대상 지역이 선정된 후 해당 '동' 지역 내에서 조사를 진행하는 방식을 사용하기도 하기도 한다. 조사지역의 무작위선정이라는 원칙을 지키면서 조사진행의 현실적 어려움을 감안한 조사방법으로서, 해당 '동' 지역을 선정하고 각 '동'에서 진행해야 할 성별, 연령별 표본크기를 사전에 할당하여 조사원을 투입하는 조사방식이다. 현업에서의 리서치에서는 이와 같이 표본조사의 원칙과 현실적 여건이라는 대립적 조건하에서 최선의 방안을 타협해 나가는 것이 연구자의 역할이다.

(2) '수도권에 거주하고 최근 3개월 이전에 기능성 화장품 구매경험이 있는 20~30대 미혼 여성' 또는 '전국에 거주하며 금융자산이 5억 이상인 50세 이상의 부부' 등과 같이 마케팅리서치에서는 **응답자의 조건을 임의적으로 선정하고 이에 부합하는 대상자를 편의적으로**

찾아서 조사를 진행하는 경우가 많다. 이렇게 특정 조건을 가진 응답자를 찾기 위하여 설문지의 앞부분에 응답자 선정 질문을 하는 것이 일반적이다. 그런데 문제는 이러한 조건을 가지고 있는 사람을 찾아서 조사를 진행해야 한다는 것이다. 무작위로 조사가구를 선정해서 생전 처음 보는 응답 대상자에게 기능성 화장품 구매여부나 금융자산의 규모를 질문하여 응답을 받는 것은 거의 불가능할 수도 있다. 가끔 원칙만을 고집하는 연구자가 이렇게 어려운 응답 대상자의 조건을 규정하고, 무작위추출로 표본을 선정해서 조사를 진행하는 설계를 하여 끝도 없는 시간과 비용을 소모하거나 불성실한 조사를 초래하는 경우가 있는데 이는 무모한 행위이다. 이러한 경우에는 조사지역을 '동' 또는 '구' 단위로 설정을 하고 조사지역별로 표본크기를 할당한 후 조사원을 투입하여 조사를 진행하는데, 실제로는 해당 지역에 거주하거나 연고가 있는 조사원을 투입하여 진행하는 방식을 많이 사용한다.

물론, 시간과 비용을 무한정 투입한다면 무작위추출에 의한 조사진행도 불가능한 것은 아니다. 그러나 얼굴도 알지 못하는 조사자에게 30분이 넘는 설문지에 응답을 해 줄 정도의 친절과 인내를 가진 사람만을 대상으로 한 조사가 진행될 수 있는지, 과연 이러한 응답자들이 일반 소비자 대중들을 대표하는지에 대해서는 다시 생각을 해보아야 한다.

(3) 기업이 고객과의 관계관리에 무엇보다도 신경을 많이 쓰는 요즘에는 자사 고객의 특성이나 거래유형 및 단계, 고객가치 등급, 특정 상품이나 서비스의 구매여부 별로 고객의 소리(VOC, Voice Of Customer)를 직접 듣고자 하는 고객여론 조사를 많이 진행하게 된다. 이때 조사기관에서 해당되는 고객을 찾아내어 조사를 진행하는 경우도 있지만, 기업이 가지고 있는 고객 리스트에 의한 조사를 많이 진행하게 된다. 즉, 거래 유형이나 고객의 유형별로 고객 리스트를 해당 기업에서 제공 받아서, 일단 사전에 전화로 접촉을 하고 조사에 대한 허락을 얻은 후에, 조사원과 만날 시간과 장소를 정해서 조사를 진행하는 이른바 리스트 조사 방식이다(고객의 요구나 편의에 의해서 이메일이나 팩스 등으로 조사를 진행하는 경우도 있다). 이러한 리스트 조사는 기업이 분류해온 체계나 규칙에 의한 유형별로 고객을 만나서 조사를 진행하기 때문에 향후 관리나 분석에 유용하다는 장점이 있는 반면 몇 가지 유의해야 할 중요한 사항이 있다.

❶ 우선 조사대상인 고객들에게 허락을 얻기 위하여 사전에 전화로 접촉을 해야 하는데 조사 발

주 기업의 서비스 콜센터나 TM조직을 이용하는 방법과 조사업체의 내부에서 훈련된 접촉(contact) 전문가들에 의해서 진행하는 방법, 조사원들에게 해당 고객들의 리스트를 배포하고서 직접 접촉을 시도하게 하는 방법이 사용되며, 가장 이상적인 방법은 '기업 내부의 콜센터 → 조사 기관 내부의 접촉 전문가 → 면접원 직접 접촉'의 순이다. 해당 고객의 특성과 내부적인 상황에도 익숙한 기업 내부 인력이 고객을 직접 접촉하면서 상황에 따라서 유연하게 대처하면서 퍼미션을 얻는 것이 가장 효율적이고, 이 과정에서 기업에 대한 고객들의 이미지 형성도 영향을 받으므로 내부 인력이 진행하는 것이 가장 이상적이지만, 일반적으로는 기업 내부조직 관리나 업무 부담의 이유 등으로 인해 외부의 조사기관에 용역을 전담시키는 경우가 많다.

한편, 외부의 조사기관에서 접촉을 할 때도 조사원의 본의 아닌 실수에 의해 고객불만 야기, 고객정보 유출에 의한 고객의 항의 등에 의해서 해당 고객과의 거래가 중단되거나 더욱 심각하게는 법적 소송으로까지 확대될 수도 있어서, 가능하면 조사원들에게 리스트를 배포하지 말고 조사기관 내부에서 사전 접촉을 진행하고 퍼미션을 받은 고객의 연락처만 조사원에게 전달하는 것이 좋다. 그러나 사전 접촉요원의 인건비, 소요시간, 허락을 얻은 고객들과 시간과 장소에 대한 스케쥴 관리, 중앙통제 방식에 의한 각 조사원들의 표본할당(quota) 관리 등 내부에서 사전 퍼미션을 얻는 방식은 어려움이 많아서, 조사원들에게 리스트를 직접 주고 진행하기도 하는 것이 현실이다. 그러나 약간의 시간과 비용만 투자를 하면 얼마든지 내부 접촉에 의한 진행을 할 수 있으며, 진행 자체가 안될 정도로 어려움이 있는 것은 아니다. 고객의 불만 야기에 의한 고객이탈 방지와 조사의 정확성을 위한 시간과 비용의 투자를 결정하지 못하는 근시안적인 시각을 버려야 한다.

❷ **리스트 조사진행시 신경 써서 준비해야 하는 것 중의 하나가 '접촉 시나리오'와 접근 매뉴얼**이다. 사전에 접촉을 하는 사람의 말투와 접근태도에 따라서 조사 승락 여부에 큰 영향이 있으며, 이는 이후에 진행되는 조사의 응답결과에도 매우 큰 영향을 미칠 수 있으므로, 일관적인 공통의 말투와 접촉 용어 및 내용으로 접근을 하기 위한 시나리오와 접근 매뉴얼을 준비하여 이에 따라 사전 접촉을 진행해야 한다. 이는 조사 발주기업 내부, 조사기관 내부, 조사자 등 접촉 주체와 무관하게 반드시 준비하여 사용해야 한다.

❸ 고객을 대상으로 하는 모든 조사는 고객의 편의와 고객의 만족을 도모하고 궁극적으로 고객과의 관계를 강화하기 위하여 진행하는 것이다. 문제는 이러한 목적으로 진행하는

조사과정 중 고객의 불만을 야기하고 고객이 거래를 중단하고 이탈하는 사례가 발생할 수 있다는 것이다. 이는 조사기관이나 조사 발주기업의 잘못이 아니라도 미처 예상치 못한 사태에 의해서 벌어질 수 있다. 예를 들면, 조사 대상자인 고객이 장소를 알려주면서 조사원과의 커뮤니케이션 오해, 교통체증에 의한 약속 시간에 늦음, 조사원에 대한 고객의 무리한 요구, 심지어는 응답자에게 제공하는 답례품의 가격이나 유형에 의해서 심한 불만을 제기하는 고객들도 종종 발생한다. 따라서 **이렇게 조사 상황에서 발생할 수 있는 모든 경우의 수를 사전에 치밀하게 예측하고**(조사기관의 연구원과 실사 책임자 그리고 발주기업의 담당자로 이루어진 실사진행 사전회의를 반드시 거치는 것이 좋다.) 그 대응 방안을 수립한 **후 조사원들에게 충분히 교육을 시킨 후 조사**에 투입하여야 한다.

| CAPI 시스템 **Computer-Assisted Personal Interview** 이는 면접조사를 진행할 때 설문지(또는 부분적으로 응답지를 사용하는 경우도 있다.)에 응답을 기록하고, 다시 코딩(coding)과 펀칭(punching) 단계를 거쳐서 자료를 입력하는 것이 아니라 **컴퓨터(PDA가 사용되기도 한다)의 화면에 설문지를 보여주고 응답 내용을 마우스나 키보드를 이용해서 바로 컴퓨터에 입력하는 방식**이다.

사람의 손으로 하는 자료입력은 아무리 전문가라고 해도 부분적인 입력오류가 발생할 수밖에 없는데, CAPI 방식에 의하면 일단 이러한 ① 입력오류를 방지할 수 있다. ② 또한 조사된 설문지의 코딩, 펀칭 등의 자료처리에 소요되는 시간을 단축시킬 수 있으며, ③ 설문지 흐름의 논리에 맞지 않는 응답자 에러를 사전에 방지할 수 있고, ④ 동영상 등의 입체적인 보기카드를 제시할 수 있으며(광고효과 조사나 컨조인트조사, 패키지 수용도 조사 등에 유용하게 사용될 수 있다), ⑤ 설문항목이나 보기카드 제시순서 로테이션(rotation)의 자동화, ⑥ 전체 소요시간 및 문항과 문항 사이의 조사 소요시간 확인(최소한의 기준시간이 소요되지 않은 설문지는 검증절차를 거쳐 에러로 분류한다), ⑦ 응답자의 유형에 따른 설문항목 제시의 자동화, ⑧ 사전 프로그램 작성에 의해서 실시간으로 조사결과를 분석할 수 있다는 장점 등이 있다. 반면 초기에 장비구입 등에 의한 비용이 많이 소요되고, 장비조작에 대한 조사원들의 기본 교육이 전제되어야 하며, 응답자들이 거부감을 보일 수 있다는 단점이 있어서 아직까지 보편화되지는 않은 단계이다.

2.1.2 전화조사

전화조사는 조사자와 응답자가 전화를 통해서 질문을 하고 응답을 받는 방식으로 진행하는 조사방법이다. 응답자 선정은 전화번호부에 등재되어 있는 번호를 무작위로 전화해서 연구자가 정의한 조사 대상자를 찾아 조사를 진행하면서 목표표본수(quota)를 맞추어 가는 방식과 고객의 전화번호 리스트를 활용하여 접촉하는 방법이 있는데, 전자의 경우에 무선 휴대폰의 접근 용이성과 시간대별 재택률, 전화번호 등재율 등의 문제로 인하여 추출된 표본의 모집단 대표성에 대한 이슈가 최근에 많이 제기되고 있다. 또한 조사원의 숙련 정도와 관리에 따라서 조사의 정확성이 크게 좌우되는 조사방법으로 이러한 전화조사의 주요 이슈들에 대해서 간략히 설명하겠다.

| 설문지 작성시 유의사항 전화조사 설문지 작성시 유의점은

(1) 조사원이 그대로 읽기만 하도록 대화체로 표현을 해야 한다는 점이다. 전화조사에서는 동일한 질문항목도 조사원이 어떻게 읽는가에 따라서 응답결과가 판이하게 나올 수 있다. 접속사나 조사 하나에 따라서 결과가 다르게 나타날 수 있고, 조사자가 설문지를 읽는 속도, 억양, 존칭의 정도나 사투리 등에 의해서도 응답이 다르게 나올 수 있는 것이 전화조사이다. 따라서 모든 조사원이 가능한 동일한 말투로 조사를 진행해야 하며, 그대로 읽기만 하면 될 수 있도록 대화체로 설문지 표현을 하고, 조사원이 나름대로 융통성 있게 말투를 변형하지 않고 그대로 읽으면서 조사를 진행할 수 있도록 철저한 교육과 관리 또한 필수사항이다.

(2) 전화조사 설문지의 중요한 사항 중 하나는 조사에 소요되는 시간, 즉 설문항목의 분량이다. 전화조사를 진행할 때 응답 대상자는 한가하게 놀고 있는 것이 아니라 직장이나 가정에서 바쁘게 일을 하다가 전화를 받는 상황이 일반적이다. 이러한 상황에서 10분이 지나면 중간에 거절을 하거나 심지어는 화를 내면서 전화를 일방적으로 끊는 경우가 많다. 조사원의 숙련된 말투와 태도로 인해 조사를 끝까지 마무리한다고 해도 이미 응답자는 지친 상태에서 무성의하게 응답을 하게 되며, 이렇게 얻어지는 결과는 그 신뢰성이 떨어지게 된다. 그러나 조사를 발주하는 담당자나 연구자는 한 번 조사를 진행하는 김에 궁

금한 여러 가지 사항을 다 포함시켜서 파악하려는 욕심에 마구잡이식의 설문지를 작성하게 된다. 또한 조사방법론이 발달하면서 특정 결과를 얻기 위해서 필요한 수리적인 분석모형이 있고 이에 수반되는 설문항목이 있는데, 이를 무리하게 전화조사로 진행하려고 하다 보면 무리한 설문지가 작성되기도 한다. 이는 조사원칙의 중요성을 가볍게 여기고 당장 눈앞에 있는 자그마한 비용을 아끼고자 하는 담당자의 의식 또는 해당 기업의 그릇된 문화 때문이다. 그러나 이렇게 무리한 설문지는 부정확한 결과 심지어는 모집단의 실질적인 현상과 반대의 결과로 나타날 수도 있으며, 이러한 부정확한 자료로 의사결정을 내릴시 해당 기업에서는 막대한 손실을 입을 수 있고, 차라리 하지 않은 것보다 못한 조사를 진행하는 것이 될 수 있다.

(3) 전화조사 설문지를 작성할 때는 또한 전화조사로 응답하는 것이 가능한 문항인가를 고려해야 한다. 예를 들면, "다음의 브랜드 중에서 귀하가 알고 계시거나 들어보신 경험이 있는 브랜드를 모두 말씀해 주십시오"하고 질문하고서 보기를 20개 정도 읽어주는 유형의 설문방식이다. 또는 "다음의 15개 브랜드 중에서 귀하께서 선호하시는 순서를 말씀해 주십시오" 같은 유형의 설문항목이다. 저자가 많은 곳에 강의를 다니면서 이러한 얘기를 하면 대부분 웃는다. 그러나 안타깝게도 이러한 방식의 전화조사 설문지를 작성하는 연구자나 조사기관을 심심치 않게 볼 수 있다.

(4) 전화조사로 쉽게 응답할 수 있는 설문 내용인지에 대한 검토도 반드시 점검해야 하는 사항 중의 하나이다. 전화조사는 면접조사나 뒤에서 설명하는 다른 조사방법에 비하여 상대적으로 응답자의 관여도가 대단히 낮은 상태에서 진행하는 조사방법이다. 마케팅리서치에서는 응답자가 질문을 듣고 바로바로 쉽게 대답할 수 없을 정도의 어려운 난이도의 질문도 흔히 있다.

전화조사는 면접조사처럼 조사자와 응답자가 얼굴을 마주하고 대화를 하면서 조사를 진행하는 것이 아니라, 오로지 전화상으로 낯선 상대와 조사를 진행하기 때문에 별 생각이나 고민 없이 바로바로 응답할 수 있는 질문항목을 구성하여야 한다. 가장 간단한 방법은 입장을 바꿔서 생각하는 습관이다. "만약에 나라면 이러한 질문에 쉽게 응답할 수 있을까?"하고 한 번 생각하면서 설문지를 작성하면 큰 문제가 없을 것이다.

(5) 다음은 조사방법에 맞는 질문의 표현이다. 예를 들면, "그 브랜드를 사용하시는 이유를 다음 보기 중에서 골라서 말씀해 주세요"와 같은 방식의 표현은 면접조사나 좌담회 등과 같이 조사자와 응답자가 얼굴을 마주 대하고 진행하는 조사방식에서 사용한다. "그 브랜드를 사용하시는 이유는 무엇인지 지금부터 제가 읽어드리는 보기 중에서 골라 그 번호를 말씀해 주세요"라는 방식으로 질문하여야 한다. 사소한 문제처럼 보여질지는 몰라도 전자와 같은 방식으로 설문지가 작성되면 조사자가 각각 나름대로 해석을 해서 전화조사에 맞는 방식으로 질문을 하게 된다. 설문지는 모든 조사자가 동일한 표현으로 질문해야 한다는 앞의 설명을 다시 한 번 기억하기 바란다.

그밖에 설문지 작성에 대한 일반적인 사항은 〈제3장. 마케팅리서치 진행 절차〉에서 자세히 설명하도록 하겠다.

| 시간대별 표본의 구성 마케팅리서치에서 표본의 구성은 시장의 상황이나 연구목적에 따라 연구자가 임의로 설계하는 경우가 있고 지역별, 연령별, 성별 인구 구성비에 따라 비례할당하는 경우가 있다. 후자의 경우 해당 지역에 등록되어 있는 전화번호 중에서 임의의 번호로 전화를 걸어서 성별과 연령을 확인하여 조사를 진행하는 방식이다.

이때 해당 지역의 거주자를 대상으로 조사를 진행하기 때문에 전화번호를 상호편이 아닌 인명편을 사용하는데, 시간대별로 성별, 연령별로 집에 있는 재택률이 다르다는 것이 문제로 제기된다. 즉, 예를 들면 30대 남자가 평일 낮에 집에 있을 확률과 주말 낮에 집에 있을 확률이 다르다는 것이다. 또한, 평일 낮에 집에 있는 30대 남자와 집밖에 있는 30대 남자는 직업, 학력 등의 응답자 특성이 다르며, 이는 사회적 인식이나 가치관에도 영향을 미쳐서 동일한 질문에 다르게 응답할 수 있다. 결국 단순히 지역별, 성별, 연령별 비율에 의해서 표본을 구성하면 전체 모집단을 대표하지 못하는 반쪽짜리 표본에 의한 조사가 진행되며, 이는 모집단의 특성을 왜곡할 가능성이 매우 높은 것이다. 이에 대한 해소 방안으로 '통계청의 생활시간 조사'를 이용하여 표본의 구성을 조정한다. 즉, 연령별, 성별로 우리나라 사람들이 시간대별로 무슨 활동을 하는지에 대한 조사 결과를 기반으로 해서 성별, 연령별 재택률을 기준으로 표본의 구성을 재할당하는 것이다. 예를 들면, 단순히 연령별, 성별, 지역별 인구비례에 의한 표본구성 결과, 서울에 거주하는 20대 남자를 100명 조사해야 되고, 평일 낮의 서울에 거주하는 20대 남자의 재택률이 30%라고 가정할 때, 시간에 상관없이 무조건 100명을 찾아내서 조사를 진행하는 것이 아니라, 평일의 경우는 낮에 30명을 조사하고, 낮에 집에 없었던 사람을 대상으로 밤에 다시 전화를 해서 70명을 조사하는 식으로 표본구성을 조정하는 것이다. 주말의 경우에도 재택률이 다르며 이에 따른 표본을 구성해야 한다.

물론, 이렇게 시간대별로 표본크기를 조정하는 것이 모든 것을 해결하는 것은 아니다. 낮에 집에 부재중인 사람에게 재전화를 했을 때 조사의 성공여부 문제, 일반적으로 오후 10시 이후에 조사를 진행하기 어렵다는 문제 등으로 인해서 여전히 모집단을 완전히 대표할 수 있는 표본을 구성하지는 못한다. 또는 이렇게 재전화를 할 때의 시간과 비용의 문제도 무시할 수 없는 현실적 요인이다. 그러나 이렇게 시간대별 재택률과 그에 의한 표본구성의 문제는 분명히 고려되어야 하는 사항이다.

| **임의번호 전화걸기RDD : Random Digit Dialing** 우리나라는 전화를 가입할 때 전화번호부에 등재 여부를 선택하게 되어 있으며, 실제로 전체 전화번호 중에서 전화번호부에 등재되어 있는 비율은 60% 정도에 지나지 않는다. 그렇다면 전화조사를 진행할 때 이 60%의 번호를 통해서만 조사를 진행해야 하는데, 문제는 전화번호부에 등재된 사람과 등재되지 않은 사람의 소득, 학력, 라이프 스타일, 삶에 대한 가치관, 이념 성향 등 다른 특성이 많다는 것이다. 결국 전체 모집단을 반영하지 못하고 일부 편향된 표본을 대상으로 조사를 진행해야 하고, 결국은 전체 소비시장의 특성과 왜곡된 결과를 도출할 수 있다는 것이다.

이러한 문제를 해결하기 위해서 미국 등 선진국에서 사용하고 있는 RDD 방법을 국내 일부 조사기관에서 도입을 검토하거나 부분적으로 시행하고 있다. 이 방법은 간략하게 설명하면 ① 지역번호와 현재 사용중인 국번호의 조합을 추출한다. ② 지역별/국번별 가입자 번호 0000부터 9999까지 전화번호를 생성한다. ③ 이 중에서 업종편에 등재되어 있는 전화번호를 제거한다. ④ 지역별/국번별로 무작위로 가입자 번호 4자리를 추출하여 전화를 시도한다. ⑤ 가입자가 있는 번호인지를 확인하고 조사를 시도하는 식으로 조사를 진행하는 방법이다.

물론, 이러한 RDD 방법은 등재되어 있는 전화번호부를 통해서 조사를 진행하는 것보다 성공률이 낮아서 시간과 비용이 많이 소요되지만, 모집단의 특성을 파악하는 표본조사의 목적을 고려할 때 반드시 고려되어야 하는 사항이다.

| **CATI 시스템Computer-Assisted Telephone Interview** 개별 면접조사의 CAPI와 유사한 개념

의 시스템이라 볼 수 있다. 다만, 전화조사의 특성을 반영하여 입력 및 관리를 자동화한 시스템이다. 조사자가 전화번호 리스트를 가지고 전화를 하는 대신 사전에 입력해 놓은 전화번호 데이터베이스에서 무작위로 전화번호를 선택하고, 자동으로 다이얼링하여 응답자를 찾아서 조사를 진행하는 방식이다. 이때 물론 CAPI와 같이 설문지는 컴퓨터 화면상에 나타나고 자료입력 또한 마우스나 키보드를 이용해서 하며, 그밖에 자료처리 등의 기능은 CAPI 시스템과 유사하다. 다만, 중앙 시스템에서 전화번호를 추출하여 각 조사원의 컴퓨터에 제공하고 조사결과를 바로바로 입력하므로 실시간으로 조사진행상의 목표표본 수 관리가 가능하다는 점이 다른 점이다. 특히 앞에서 설명한 RDD 방법의 경우 CATI 시스템과 연결하여 사용하면 효율적으로 조사를 진행할 수 있다.

2.1.3 CLT(Central Location Test)

지나가는 행인을 접촉하여 연구자가 설정한 응답자 조건에 부합되는 사람을 정해진 장소로 안내하여 일대일 개별 면접조사 방식으로 진행하는 방법이다.

때로는 사전에 모집하고 일정 조건의 사람을 정해진 장소로 오게 하여 조사를 진행하는 자동차 제품력 사전 테스트 같은 방식도 CLT로 분류하지만, 이는 뒤에서 설명하는 Hall Test로 분류하기도 한다.

| 세부 진행방법 광고 사전 테스트, 제품 패키지 테스트, 향 테스트, 맛 테스트 등의 조사 목적과 생필품, 내구재, 서비스 상품 컨셉 등과 같이 조사하고자 하는 제품의 유형에 따라서 세부 실사 진행방법이 조금씩 다르며, 여기서는 일반적인 진행방법에 대해서만 설명하고 제품 테스트와 관련된 자세한 내용은 〈제5장. 제품 테스트〉에서 다시 설명한다.

① 조사대상이나 표본구성(quota) 등의 조사설계가 결정되면 응답자의 특성을 고려하여 조사지역을 결정하고 해당 지역의 조사장소를 섭외한다. 즉, 지역에 따라 특정 조건을 가진 응답자의 조사진행이 잘 안 되는 경향이 있으므로 이를 염두에 두고 장소를 결정해야 한다. 이때 당일 해당 장소에서 다른 조사기관의 조사진행 여부를 확인하고 중복되는 것을 지양해야 한다. ② 동시에 조사에 투입될 조사원을 선발하여 팀을 구성하는데, 팀장의 소양과 능력에 따라 데이터의 품질이 많이 좌우되므로 팀장 선발에 특히 주의를 요하며, 같은 팀에는 서로 면식이 있는 조사원을 같이 투입하지 않는 것이 좋다. ③ 팀장과 팀

원이 결정되면 교육을 하고 조사에 투입을 하는데, 가능하면 매일 아침 필요한 주의사항을 재교육받고 조사에 투입하는 것이 좋다. ④ 조사현장에 도착하면 주위 환경을 점검하고 응답 대상자를 모집하러 나간다. 이때 모든 사람이 다 나가지 말고 한 사람은 반드시 자리를 지키고 있어야 한다. ⑤ 응답자 조건에 부합되는 대상자를 찾으면 간략하게 조사 내용을 설명하고 최대한 예의를 갖춰서 조사장소로 안내한다. ⑥ 응답 대상자가 조사장소로 오면 여러 조사원이 조사를 진행하지 말고(응답자가 정신이 없을 수 있다) 가능하면 한 명의 응답자에게 한 명의 조사원이 일대일 개별 면접방식으로 조사를 진행한다. 물론 두 명 이상의 응답자를 한 명의 조사원이 한꺼번에 조사하는 것도 금지하여야 하고, 응답자에게 동행인이 있을시 조사에 같이 참여하지 않고 거리를 두어 대기하게 해야 한다. ⑦ 두 명 이상이 동시에 조사가 진행될 경우는 서로가 하는 소리를 잘 들을 수 없도록 거리를 두고 조사를 진행해야 한다. ⑧ 조사를 진행하지 않고 잠시 휴식을 취하는 조사원은 모여서 잡담 등으로 분위기를 소란스럽게 하지 말고 조용한 분위기로 조사를 진행해야 한다. ⑨ CLT는 일반적으로 여러 장소에서 동시에 조사를 진행하므로 책임자는 매일매일 진행 상황을 확인하여 목표수를 관리해야 한다.

| CLT 유의사항 CLT는 조사 상품의 특성에 따라 응답자의 응답에 편향(bias)을 줄 수 있는 다양한 요인들을 사전에 예측하고 이에 대한 대책을 수립하여야 한다. 예를 들면, (1) **음료 맛 테스트 진행 시**는 ① 반드시 유리잔을 사용하여야 하고, ② 모든 응답자가 음용하는 제품의 온도를 적정하고 동일하게 유지하여야 하며, ③ 제품을 음용하기 이전에 생수나 식빵으로 입가심을 한다. (2) **된장과 같이 식품의 조리가 필요한 경우**는 ① 저울이나 실험용 용기를 사용하여 물, 된장, 다른 첨가물의 부피와 용량을 동일하게 하여야 하고, ② 초시계를 사용하여 끓이는 시간도 동일하게 맞추며, ③ 첨가물을 넣는 순서 등의 모든 조리방법을 동일하게 해야 하고, ④ 냄새에 의한 편향(bais)이 발생하지 못하도록 환기가 충분히되는 넓은 공간에서 조사를 진행하여야 한다. (3) **그밖에 제품의 패키지 테스트**는 외부의 자연광이 충분히 들어오거나 아니면 최대한 자연광과 비슷한 조명에서 조사를 진행한다거나, 광고 사전 테스트는 최대한 일상생활에서 TV를 시청하는 것과 유사한 환경에서 진행하는 등, **조사대상 제품과 목적에 따라서 발생할 수 있는 편향을 최대한 줄일 수 있도록 세부적인 사항까지 확인하고 세부 진행 방법을 설계**하여야 하며, 이를 위해서 연구자와 실사 진행 관련자 그리고 조사 제품의 특성을 잘 알고 있는 제품 담당자와의 사전 협의를 반드시 거치는 것이 좋다.

2.1.4 HUT(Home Used Test)

소비자들이 제품을 실제 생활에서 사용해보고 그 제품에 대한 느낌이나 개선점 등 소비자 반응을 살피는 조사방법으로서 음료나 즉석식품 등과 같이 즉석에서 사용하는 것이 아니라, 생활용품 같이 **가정이나 사무실에서 일정 기간 사용해 보고 나서 평가해야 하는 경우에 주로 사용하는 제품 테스트 방법**이다. 예를 들면, 아기 기저귀나 여성용 생리대 같은 경우에 시제품을 만들어 본격적 생산을 하기 이전에 사람과 비슷한 모양의 모형물을 만들어서 제품을 테스트하는 것이 일반적이다. 그러나 가만히 정지되어 있는 모형과 실제 움직이는 사람의 제품에 대한 기능이나 작용은 다를 수 있는 것이다. 또는 주방세제나 세탁세제, 치약, 칫솔 등과 같은 생활용품이나 화장품 같은 제품도 즉석에서 소비자들이 제품을 사용하고 느낌을 파악할 수 없을 것이다. 이렇게 실제 생활에서 일정 기간 사용해 보아야 그 제품에 대한 평가를 할 수 있는 경우에 주로 사용하는 방법이다. 주로 **신제품을 출시하기 이전에 시제품에 대한 제품력 사전 진단이나 기존 제품의 개선 판매(renewal) 시 기존 제품과 경쟁제품 대비 제품력에 대한 소비자 반응을 사전에 평가**하기 위하여 진행한다.

| **세부 진행방법** CLT와 마찬가지로 제품의 유형에 따라서 고려하여야 할 세부 진행방침이 있으나 일반적인 진행 절차를 설명한다. HUT를 이용한 자세한 제품 테스트 방법은 〈제5장. 제품 테스트〉에서 다시 설명한다.

❶ **우선 조사 대상자를 1차 방문하여 해당 제품군의 사용 및 구매 행태에 대한 질문을 하고, 제품 사용방법이나 주의 사항에 대해서 설명을 한 후 제품을 유치한다.** 한 명의 응답자가 한 개의 제품만을 사용하고 평가하는 경우도 있지만, 대부분은 기존 제품이나 경쟁 제품 등 2개 이상의 제품을 평가하게 된다. 이때 절대로 2개의 제품을 동시에 유치하지 않고 첫 번째 사용할 제품만을 유치하여야 한다. 실무에서는 아예 조사원에게 첫 번째 제품만을 제공하고 첫 번째 제품의 조사에 대한 설문지가 모두 회수되면 두 번째 제품에 대한 교육을 다시 한 후 제품을 제공하여 유치하도록 진행한다. 이때 **최근 일정 기간 동안 동일한 제품군의 설문조사에 응답한 경험이 있는 응답자는 조사 대상에서 제외**되어야 하며 그 기간은 조사할 제품의 특성에 따라 연구자가 결정한다. 실무 리서치 기관에서는 HUT 응답자들의 기본사항을 입력하여 이를 데이터베이스화하고, 이러한 DB를 이용하여 최근 조사경험이 있는 응답 대상자를 확인하는 방식을 취한다.

❷ 제품을 유치하여 사용한지 일정 기간이 지난 다음에 2차 방문하여 첫 번째 제품에 대한 응답자의 평가를 받고, 동일 응답자에게 2개 이상의 제품을 유치하는 경우에는 2번째 제품에 대한 사용방법을 설명한 후 제품을 유치한다. 이때 전체 응답자를 두 개 이상의 그룹으로 나누어 첫 번째 제품과 두 번째 제품의 사용 순서를 바꿈으로써, 특정 제품만을 첫 번째로 사용하여 순서에 의한 편향이 발생하지 않도록 통제를 하여야 한다. 이러한 순서 통제는 전체 표본을 설계할 때 제품의 수, 전체 표본크기, 제품 특성 등을 고려하여 연구자가 사전에 조사설계를 한다.

❸ 2개 이상의 그룹으로 나누어서 조사를 진행할 경우 반드시 집단 간 균질성을 유지하여야 한다. 즉, 집단 간에 제품 사용행태나 가치관, 인구통계 특성 등에 대한 차이가 없는 성격이 유사한 집단으로 구성하여야 한다. 일단, 모집된 조사 대상자 리스트를 작성하고 무작위로 추출하여 두 개의 집단으로 분류하는 것이 가장 이상적인 방법이나, 조사 대상자의 특성상 모집이 어려운 대상이라면 이렇게 모두 사전에 모집하여 리스트를 확보하고 나서 조사를 진행하기가 현실적으로 어려운 부분이 있다. 그러나 조사 대상 집단의 균질성 문제는 반드시 담보되어야 한다.

❹ 3차 방문하여 두 번째 제품에 대한 사용 후 평가에 대한 항목을 조사하고 추가로 제품을 유치하여야 하면 3번째 제품을 유치한다. 이때 한 명의 응답자에게 너무 많은 제품을 테스트하면 제품에 대한 학습효과가 발생하여 일반적인 소비자 대중의 입장이 아닐 수도 있으며, 여러 가지 제품의 느낌이 섞여서 정확하지 않은 평가가 될 수 있으니 유의하여야 한다. 일반적으로 최대한 3개의 제품까지는 유치를 하지만 그 이상은 유치하지 않는 것이 좋다.

❺ 두 개 이상의 제품을 유치할 경우에 한 사람에게 한 개만의 제품을 유치할 것인가 아니면 두 개 이상의 제품을 순차적으로 유치할 것인가에 대한 결정은 제품의 특성과 응답 대상자의 특성을 고려하여 연구자가 조사설계에서 결정을 해야 하며, 구체적인 설계에 대한 기술적인 방법은 통계학의 실험계획법을 참고하면 유용한 도움이 될 것이다.

2.1.5 홀테스트(Hall Test)/갱서베이(Gang Survey)

사전에 정의한 응답자의 조건에 맞는 사람을 모집(recruiting)하여 정해진 장소로 모이게 한 후 진행자의 통제하에 자기기입식으로 진행하는 조사방법으로서, 진행은 연구 담당자 또는 훈련된 전문 진행요원에 의해서 진행한다. 한 그룹당 응답자의 구성인원은 10명~30명 정도를 진행하지만 조사목적이나 제품군에 따라서 탄력적으로 운영한다.

제품의 맛, 패키지, 향, 디자인 등에 대한 소비자 반응을 파악하되, CLT보다는 일정한 조건과 환경이 갖춰진 상황에서 조사를 진행해야 하거나, HUT처럼 응답자의 임의적 환경이 아닌 연구자의 일정한 통제하에 테스트를 해야 하는 경우에 사용하는 방법을 홀테스트(Hall Test)라고 한다. 예를 들어, 세탁기나 냉장고 같이 휴대가 어려운 제품의 디자인 조사, 냉동식품과 같은 즉석 식품의 신제품 컨셉에 대한 반응과 맛을 동시에 평가해야 하는 상황, 절대 보안이 요구되어 외부로 유출하기가 어려운 시제품에 대한 사전 반응 등을 조사할 때 주로 사용되며, 조사목적에 따른 세부 조사진행 절차와 조사 제품군에 따라 보조 진행자의 인원수를 적정하게 배치한다.

최근에는 설문지가 길어지거나 응답 대상자 찾기가 어려운 면접조사의 비표본오차를 줄이기 위해서 사용하기도 한다. 즉, 조사목적상 설문지가 길어지는 경우 개별 면접조사를 진행하면 응답자의 피곤에 의한 불성실한 응답이 발생하거나, 조사자가 부적절한 응답 대상자에게 조사를 진행하는 등 비표본오차가 발생할 가능성이 커서 아예 정해진 장소로 오게 하여 조사를 진행하는 방식이다. 조사방법의 특성상 비용과 시간이 많이 소요되기는 하지만 비표본오차를 가장 줄일 수 있는 조사방법이다. 즉, ① 일단 조사에 참석한다는 일정한 목적의식을 가지고 조사에 임하기 때문에 시간이 길게 진행되어도 응답자의 성실한 응답을 유도할 수 있고, ② 진행자 및 보조 진행자에 의해서 정해진 원칙대로 조사를 진행할 수 있으며, ③ 조건에 맞는 응답자 여부를 정확하게 확인할 수 있다. 따라서 설문지의 길이가 길거나 응답 대상자를 찾기가 어려운 면접조사라면 시간이나 비용의 문제상 표본크기를 줄이더라도 홀테스트를 진행하는 것이 결과적으로 효율적일 수도 있다.

제품을 테스트하는 것은 아니지만 여러 사람을 한 장소에 모이게 하여 설문지를 나누어 주고 진행자의 설명과 통제하에 응답자가 자기기입식으로 응답을 작성하면서 진행하는 조사를 갱서베이(Gang Survey)라고 하는데, 예를 들면 사내 직원들을 모아 놓고 하는 사내의식 조사 등을 생각하면 이해가 쉬울 것이다. 즉, 한 사람 한 사람 만나고 다니면서 조사를 진행하기가 어려운 반면 조직적으로 한 장소에 모이게 하기가 용이한 집단을 대상으로 하는 진행 방식이다.

2.2 마케팅리서치 개요
정성조사

정량(quantitative)조사가 특정 현상에 대한 발견이나 연구자가 설정한 가정의 검증을 표본조사를 통하여 계량적으로 밝히어 이를 모집단으로 일반화시키는 조사인 반면, 정성(qualitative)조사는 나타난 현상이나 결과의 원인을 심층적으로 탐색하는 과정이다. 계량화를 시키지는 않음으로 정량조사처럼 통계적 유의성을 담보할 수 있는 크기의 표본이 필요한 것도 아니고, 구조화된 설문지를 통해서 일괄적으로 모든 조사 대상자에게 조사를 진행하지도 않는다.

최근에는 소비자의 구매행동이 이성적이고 논리적인 사고가 아니라 본인도 의식하지 못하는 감성적인 요인들에 의해서 영향을 받고 결정이 된다는 주장에 무게가 실리고 있다. 단순히 제품이 제공하는 기능적 편익이나 기본적 니즈의 충족이 아니라 개인이 속한 사회나 계층의 문화, 자아의 표현 등과 관련된 심리적인 요인에 의해서 구매행위를 하기 때문이라는 것이다. 따라서 이러한 심리적인 구매동인을 심층적으로 파악하기 위한 정성조사의 필요성이 강하게 대두되고 있다.

다른 한 가지 이슈는 정량적인 설문조사를 통하여 소비자의 마음을 제대로 읽어낼 수 없다는 것이다. 즉, 설문조사에 응할 때 소비자들이 진솔하게 마음에 있는 그대로를 응답하는 것이 아니라 자신의 체면과 주위를 의식하는 본능적 습관이 영향을 미치거나, 아니면 솔직하게 응답을 하더라도 자신의 정체성을 좌우하는 잠재적 의식을 자신도 인지하지 못하고 본질이 아닌 단편적인 현상만을 응답한다는 주장이 제기되고 있는 것이다. 따라서 소비자의 무의식적인 행동의 근원을 탐색하기 위한 조사방법으로서 정성적 탐색의 필요성이 강하게 대두되고 있다.

2.2.1 그룹 심층 좌담회(FGD: Focus Group Discussion/ FGI, Focus Group Interview)

일정한 장소에 사전 모집된 사람들이 모여서 진행자의 진행 속에 정해진 주제를 가지고 토론을 하듯이 의견을 나누는 조사방법으로서, 한쪽 방향에서만 보이는 일방향 거울, 녹음과 녹화 시설을 갖춘 전문 좌담회실에서 진행하는 것이 일반적이며, 최근에는 동시통역 시설,

인터넷을 통하여 외부에서 실시간으로 진행상황을 모니터링할 수 있는 시설까지 설비한 리서치 기관들이 많다.

이러한 시설을 갖춘 좌담회실에서 소비자들이 모여 정해진 주제에 대해서 논의를 하되, 진행자는 가능한 말을 많이 하지 않고 참석자들이 솔직하게 마음 속에 있는 의견이나 주장을 서로 활발히 얘기할 수 있도록 분위기를 조성하며, 모든 참석자가 동참할 수 있는 분위기를 만들어 가면서 진행을 하는 방법이다. 동시에 연구에 관련된 사람들은 일면경(한쪽 방향에서만 보이는 큰 유리벽)이 설치된 모니터링 룸에서 참석자들의 진행상황을 모니터링하면서 참석자들의 이야기를 현장에서 직접 듣고, 또한 진행에 대한 의견이나 참석자에게 묻고 싶은 의견이 있으면 인터넷 통신이나 기타 도구를 이용해서 진행자에게 토의 주제를 전달한다.

| 세부 진행방법

(1) 연구주제가 결정되고 이를 좌담회 방식으로 조사를 진행하는 것이 결정되면 연구자는 가장 먼저 어떤 사람들을 참석시킬 것인가에 대한 참석자 그룹 구성에 대한 설계를 한다. 즉, 구체적으로 ① 몇 그룹을 구성할 것인가?, ② 어떤 사람들을 대상으로 구성할 것인가? ③ 어떤 사람들끼리 동일한 그룹을 구성할 것인가? 등에 대한 그룹 구성 가이드를 작성한다. 일반적으로 한 그룹에 6명~10명 정도를 구성하는데, 토론하고자 하는 주제의 난이도와 특성에 따라서 결정한다. 한 그룹에 너무 많은 참석자가 구성되면 진행과 향후 분석이 어려워지며, 반대로 너무 적은 사람으로 구성되면 극소수의 의견만이 수렴되므로 주제의 성격과 참석자의 특성에 따라 연구자가 결정한다.

같은 그룹에 직업이나 연령, 성별, 사회적 계층, 결혼/출산/자녀연령 등의 생애주기 등의 라이프 스타일이 너무 이질적인 사람들이 같이 참석하면 대화가 자연스럽게 진행되지 않으므로 유의하여야 한다. 특히, 성별이 다른 참석자들의 같은 그룹 진행은 절대적으로 주의하여야 한다. 가장 진솔하고 솔직한 얘기를 아무런 부담 없이 얘기할 수 있는 그러한 환경을 조성하여야 하기 때문이다.

반면 특정 조건을 가진 사람들만의 의견을 듣고 의사결정을 할 수도 없는 문제여서 이질적인 특성을 가진 사람들을 각각 구성하면 그룹수가 너무 많아져서, 시간과 비용 그리고 진행상의 어려움이 따른다. 결국은 좌담회 그룹 구성의 원칙과 진행상의 문제 그리고 시간과 비용이라는 현실적인 요인들을 감안하여 연구자가 결정을 해야 하는 문제인데, 리서치라는 것이 이렇게 원칙과 현실이라는 상쇄관계에서 연구자가 의사결정을 해야 하는 것이 참으로 어려운 문제이다.

(2) 그룹 구성에 대한 가이드가 작성되면 이에 따라서 좌담회에 참석할 사람들을 모집하는데, 반드시 연구 책임자가 작성한 선정 질문지를 이용하여 참석자 조건을 사전에 확인하여야 한다. 참석자의 조건으로는 ① 먼저 특정한 제품이나 서비스를 최근에 구매한 경험이 있거나 관련된 주제에 의견을 제시할 수 있을 정도로 관여도가 있는 사람이어야 한다. 예를 들어, 생활용품이라면 주부들의 의견을 먼저 들어야 할 것이고, 학습지 관련 문제라면 부모나 학생들 그리고 교사들의 의견을 들어야 할 것이며, 고가의 럭셔리 제품군에 대한 얘기라면 구매경험이나 구매의향이 있는 사람 또는 구매가 가능한 정도의 관심과 경제적 여유가 있는 집단이어야 하는 것이다. 육아용품에 대한 주제를 미혼자 집단과 진행하거나 여성용품을 남성 집단과 토론하는 것은 의미가 없는 것이다. 즉, 특정 상품에 대한 최근 구매 경험이 있거나 향후 구매 가능성이 있는 잠재고객들을 대상으로 그룹을 진행하여야 한다. 물론, 반드시 특정 상품에 대한 주제뿐 아니라 소비자 경제 전망이나 선거 후보자의 정책 입안 등에 대한 주제를 가지고 좌담회를 진행하는 경우도 있다. ② 최근에 이러한 리서치를 목적으로 하는 좌담회에 참석한 경험이 없어야 한다. 여기서 최근이라는 기간의 정도는 연구자가 조사의 주제와 참석자의 조건을 고려하여 결정한다. 동일한 리서치 기관이 아니더라도 다른 리서치 기관의 좌담회에 참석한 경험이 없는가도 확인하여야 한다. 이를 위해서 우리나라 주요 리서치 기관들의 협회인 한국조사협회 사이트에 각 조사기관에서 진행한 좌담회에 참석한 참석자들의 리스트를 공유하고 있어 리서치 전문기관들은 이를 활용하여 참석 여부를 검색한다. 좌담회에 참석하면 참석비를 제공하기 때문에 이를 아르바이트 목적으로 여기저기 좌담회에만 참석하고 다니는 이른바 전문 선수들이 있기 때문이다. ③ 참석자 본인은 물론 같은 가구에 살고 있는 동거인, 직계 가족, 3개월(또는 일정기간)에 한 번 이상 만나거나 연락을 주고받는 지인 중에 좌담회 주제와 관련된 업종에 근무하는 사람 그리고 리서치 기관, 광고 대행사, 언론사 등에 근무하는 사람이 있으면 참석할 수 없다. 이는 리서치라는 업무에 대해서 잘 알고 있거나 관련 주제, 상품에 대해서 일반 소비자 대중보다 많이 관여되어 있으면 일반 소비자 입장에서의 의견을 들을 수가 없기 때문이다. 또한 신제품과 관련된 좌담회는 보안과 관련된 문제도 고려되어야 하기 때문에 관계 업종과 언론기관에 근무하는 사람들이 주변에 있으면 참석을 배제한다.

(3) **진행 가이드 작성** 흔히 현업에서 가이드라인(Guide Line)이라고 하는데 좌담회를 통하여 논의할 주제나 내용을 대략적으로 정리하여 진행 흐름의 기본적인 지침서로 사용한다. 좌담회는 정량조사의 설문지처럼 질문 순서와 정해진 항목을 구조화시켜서 모든 응답자들에게 일괄적으로 질문하는 것이 아니라, 전반적인 조사 주제를 논의의 안건으로 내놓고 참석자들이 얘기하는 내용을 참고하여 상황에 맞게끔 심층적이고 구체적인 질문을 하면서 진행하는데, 이러한 전반적인 조사 주제를 사전에 정리한 지침서를 가이드라인이라고 한다.

가이드라인의 작성은 연구자가 작성하여 발주기관의 담당자와 합의가 되면 확정이 되며, 연구자와 진행자가 다른 경우는 반드시 진행자가 사전에 검토하게 하고 그 의견을 반영한다.

(4) **진행** 좌담회 진행은 리서치 기관이나 프로젝트 특성에 따라서 담당 연구원이나 전문 진행자에 의해서 진행이 된다. 논의할 주제를 제시하고 참석자가 얘기하는 내용에 따라 프로젝트의 목적과 도출하고자 하는 내용에 가장 잘 알고 있는 연구 담당자가 수시로 필요한 심층적인 질문을 하면서 진행하는 것이 타당하다는 입장이 있는 반면, 참석자들의 깊은 마음속에 있는 얘기를 끄집어내기 위해서는 전문 진행자의 숙련된 기술이 필요하고, 좌담회 진행은 오랜 경험과 노하우가 필요하기 때문에 전문 진행자가 진행하는 것이 타당하다는 주장이 있다.

좌담회를 진행하다 보면 여러 가지 진행자의 테크닉이 필요한데, 예를 들면 ① 1~2명의 소수 인원만이 주로 얘기를 하면서 자신의 주장을 강하게 피력하는 경우, 계량적으로 분석하는 조사가 아니기 때문에 잘못 해석하면 왜곡된 방향으로 결과가 요약될 수 있다. 이럴 때는 진행자가 여러 참석자가 골고루 의견을 얘기할 수 있도록 분위기를 정리하면서 진행해야 한다. ② 또는 참석자 간에 의견이 달라서 논의를 하다보면 논의가 깊어지고 감정적인 대립으로까지 가는 상황도 벌어질 수 있는데, 이 역시 진행자가 통제하면서 부드럽고 자연스러운 분위기에서 자신의 의견을 활발히 얘기할 수 있도록 진행해야 한다. ③ 논의하고자 하는 내용이나 부분에 대해서 일반 소비자 대중의 차원이 아닌 깊은 전문지식을 가지고 있는 사람이 참석하는 경우도 있다. 특히 IT, 의약, 통신 등과 같이 일반 생활용품 소비재가 아닌 전문 산업에 대한 좌담회를 진행할 때, 참석자 중 이러한 분야에 대해서 상당히 깊은 지식을 가지고 있는 참석자가 발생하면 진행에서 제외시키거나 아니면 최대한으로 얘기를 하지 않도록 조정하여야 한다. ④ 그밖에 원만한 좌담회를 진행하기 위하여 다양한 테크닉이 필요하며, 이러한 점에서 볼 때 오랜 경험과 숙련된 기술을 가진 전문 진행자의 진행이 필요하다. 아무리 훌륭한 가이드라인를 작성하고 감각적인 마케터가 있다고 해도 진행 자체가 효율적으로 이루어지지 않으면 모든 것이 무의미하기 때문이다. 그러나 참석자의 특성이나 주제에 따라서는 진행 자체에 대한 스킬보다 논의 주제에 대한 연구자의 즉각적인 결정과 심층적인 질문이 필요한 경우가 있는데, 이러한 상황에는 연구자가 직접 진행하는 것이 좋다.

광고나 신제품의 컨셉에 대한 수용 정도와 개선점을 파악하기 위한 좌담회 등은 광고물이나 컨셉보드(concept board) 등의 보조물을 이용하게 되는데, 사전에 좌담회실에 두고 시작을 하거나 중간에 필요한 때에 보조 진행자가 가져다 주게 된다. 이때 모니터링하다가 적정한 시점에 가져다 주는 것이 아니라 진행자가 보조물을 요구한 후에 가져다 주어야 모니터링 사실을 숨길 수 있다. 간이 설문지를 작성하거나 음식물을 시식하는 상황도 있는데 이러한 경우는 보조 진행자가 들어가서 진행을 도울 수도 있으며, 이때 보조 진행자는 사전에 조사에 대한 주의사항을 충분히 교육을 받고 투입되어야 한다.

연구자는 좌담회를 모니터링할 때 주요 발견사항이나 느낌에 대해서 수시로 요약하는 습관을 들이는 것이 좋다. 좌담회 진행을 모니터링하면서 실시간으로 느끼는 점이나 제품 개선 등에 대한 아이디어는 나중에 녹취록이나 비디오 테잎을 본다고 해도 현장에서 바로 간단한 메모를 해두는 것이 향후 정리회의 및 보고서 작성에 결정적인 도움이 된다.

최근에는 인터넷을 이용한 온라인 좌담회나 동시에 여러 명이 통화할 수 있는 전화시설을 통해서 전화 좌담회 등이 진행되기도 하지만, 아직 보편적으로 널리 사용되고 있지는 않다.

(5) 결과 정리 좌담회가 진행되고 나면 녹취록을 작성하고 그 녹취록을 기반으로 보고서를 작성하게 된다. 그러나 전 그룹의 진행을 모든 관계자가 함께 모니터링하고 각 그룹이 끝날 때마다 해당 그룹의 주요 발견점이나 그 의미에 대해서 공유를 하면서 진행을 하고 , 모든 그룹의 진행이 끝남과 동시에 대략적인 결론의 방향을 마무리하는 회의를 갖는 것이 가장 바람직하다. 좌담회를 모니터링하면서 실시간으로 가졌던 느낌이나 생각도 며칠 아니 몇 시간이 지나면 그 생생함이 떨어지기 때문이다. 따라서 그룹이 끝날 때마다 내용을

정리하고 주요 발견점에 대해서 결론 및 방향을 결정하면서 진행한 후, 나중에 녹취록이 작성되면 이를 참고로 하여 보고서를 작성하는 것이 중요하다.

2.2.2 심층면접(In-depth Interview)

개별 면접조사와 좌담회의 혼합 형태라고 볼 수 있으나 계량적 분석도 아니고 구조화된 설문지를 이용하는 것도 아니라, 비구조화된 가이드라인을 기준으로 인터뷰식의 조사를 통해서 심층적인 얘기를 듣는다는 측면에서 정성조사로 분류하는 것이 맞다. 좌담회보다는 더욱 전문적인 주제에 대해서, 일반 소비자 대중이 아닌 전문가 집단을 대상으로, 좌담회보다 더욱 심도 있는 이야기를, 비구조화된 대략적인 질문만을 가지고 인터뷰를 하는 방식으로 조사 대상자의 의견이나 생각에 대해서 듣는 조사방식이다. 예를 들면, 특정 산업에 대한 전망이나 사회적 이슈에 대한 원인 및 대책 등과 같이 전문적인 내용에 대해서 해당 전문가의 의견을 심도 있게 듣고자 할 때 사용한다.

인터뷰의 진행은 연구자가 직접하는 것이 좋은데, 이는 좌담회에 사용하는 가이드라인 같은 대략적인 지침서도 없이 대략적인 주제만을 가지고 인터뷰를 진행하기 때문에, 프로젝트를 기획하고 목적과 내용에 대한 이해가 가장 정확한 연구자가 직접 조사 대상자의 응답에 따라서 질문을 해 나가는 식으로 조사를 진행하고, 향후 보고서 작성 시 정해진 형식의 데이터가 있는 것이 아니라 조사 대상자가 응답한 내용만을 가지고 작성해야 하기 때문에 보고서를 작성할 연구자가 직접 인터뷰를 진행하는 것이 효율적이다.

조사장소는 일정한 장소로 조사 대상자를 오게 하는 것이 아니라 응답자가 편한 장소로 사전에 약속을 하고 조사원이 찾아가서 진행하는 방식이 일반적인데, 대부분 전문가 집단이라는 특성상 정해진 장소로 안내하기는 어려운 현실적 이유 때문이다.

인터뷰 내용은 동시녹음을 한 후 나중에 녹취록을 작성하고, 연구원이 이를 참조하여 보고서를 작성한다.

한편, 심층 인터뷰는 원래 이렇게 개별적으로 인터뷰를 하면서 진행하는 조사방식이지만, 때로는 응답자의 편의와 요청에 의해서 팩스나 메일로 진행하는 경우도 있다. 즉, 반드시 의견을 들어야 하는 중요한 전문가가 조사에 응할 용의는 있으나 직접 만나는 것은 여러 가지 사정상 불편하니 이메일로 보내면 작성해 주겠다고 하는 경우가 종종 발생한다. 이러한 상황에는 몇 가지 큰 범주로 질문 항목을 정리하여 메일로 보낸다. 이때 응답자가 충분히 작성할 수 있는 공간을 충분히 확보하여 보내야 한다. 응답을 작성할 수 있는 답지의 공간에 따라서 응답의 구체성이 많이 영향을 받기 때문이다. 물론, 인터뷰 방식의 조사가 아니기 때문에 명확한 심층 인터뷰라고 할 수는 없지만, 전문가의 의견을 심도 있게 듣는다는 측면에서 같은 범주로 분류하며, 실제 현업에서 심층 인터뷰를 진행할 때는 이렇게 조사 대상자의 편의에 따라 온라인과 오프라인을 동시에 진행하는 경우가 많다.

2.2.3 델파이(Delphi)

정해진 주제에 대해서 여러 조사 대상자들의 의견을 취합하여 요약한 내용을 다시 조사 대상자들에게 보내고, 조사 대상자들은 요약된 내용에 대한 의견을 다시 보내어 취합하고 요약하는 방식을 반복하면서 서서히 의견을 좁혀나가 일정 결론에 도달하는 조사방식이다.

이는 특정 산업에 대한 전망이나 소비자 물가지수, 경제전망, 중장기적 소비자 라이프스타일의 트랜드 예측 등과 같이 다소 전문적인 주제에 대해서 관련 분야 전문가들의 의견을 수렴하고자 하는 경우에 사용한다.

조사에 참석하는 응답자들이 여러 번에 걸쳐서 의견을 제시하여야 하고 주로 전문가 집단을 대상으로 진행하여야 하기 때문에 조사에 참석시키기가 쉽지 않다. 그러나 해당 분야의 이해 당사자들이나 아니면 최소한 조사결과에 관심이 깊은 사람들이기 때문에, 조사결과를 제공한다는 조건으로 조사에 대한 협조를 구하는 경우가 많다.

2.2.4 일기조사(Diary Study)

다양한 산업의 제품이나 서비스의 상품 경쟁력이 큰 차별화가 없어지는 상황에서 감성 마케팅이 점차로 비중을 가지게 되면서 소비자의 라이프스타일이나 가치관의 파악에 대한 관심이 커지고 있다. 즉, **특정 상품에 대한 표적시장이나 신상품의 초기 수용자 집단이 파악되면 그러한 집단의 소비자들이 무엇을 생각하며, 주로 무엇을 하고, 무엇을 먹으며, 무엇에 관심을 가지고, 어떤 것을 입고, 여가 시간에 무엇을 하는지 등 살아가는 모습 자체에 대한 파악과 이에 대응하는 서비스 개발이나 마케팅 활동의 방향을 수립**하고자 하는 것이다.

관심 집단의 일상을 조사하는 일기조사(diary study)는 조사의 세부적인 목적이나 대상 집단의 특성 그리고 리서치 기관에 따라서 구체적인 진행방법이 약간씩 다르지만, 대략적인 진행방법을 설명하겠다.

관심 집단의 시간대별 활동을 기록하는 방식과 일상생활을 사진으로 찍어서 기록을 남기는 두 가지 방식이 일반적으로 많이 사용된다. 먼저 시간대별 조사는 통계청에서 진행하는 국민 시간대별 조사와 유사한 방식으로 아침에 일어나서 취침시간까지 하루의 생활을 일정 시간대별로(30분 또는 1시간 등 조사의 목적에 따라서 탄력적으로 운영) 기록하는 방식이다. 이때 시간대별 행동을 간단하게 단어나 문구의 형태로 작성하는 것이 아니라 구체적인 문장으로 작성을 해야 한다. 예를 들어, 점심시간이면 간단하게 '식사' 라고 기록하는 것이 아니라 구체적으로 누구와, 어디서, 무엇을, 어떻게, 왜, 언제 식사를 하였는지를 구체적으로 작성하여야 한다. 조사 대상자가 어떤 행동을 했는지, 그러한 행동을 한 이유는 무엇인지에 대한 분석은 물론 앞으로 어떤 자극이 주어졌을 때 어떻게 행동을 할 것인지에 대한 예측까지를 하고자 하는 것이 본 조사의 목적이기 때문이다.

한편으론 조사 대상자의 일상생활을 사진으로 찍어서 기록을 남기는 방법을 사용하는데, 우선 조사 대상자는 자신의 주 생활공간은 물론 자신이 이동하는 모든 장소와 만나는 사람, 하는 일, 보는 것, 듣는 것, 먹는 것 등 모든 일상생활을 사진으로 남기게 한다. 예를 들면, 자신의 집안이나 사무실 환경은 물론 아침에 출근할 때의 복장, 주로 다니는 거리 풍경, 주로 가는 식당, 주로 만나는 사람 등 조사 대상자의 모든 일상생활을 사진으로 기록을 남기고 사진의 옆에 설명을 붙인다. 어릴 적 학교 다닐 때 작성하던 그림일기를 연상하면 이해가 될 것이다.

이렇게 생활을 기록으로 남기는 것은 보통 일주일 정도 진행하며 표본크기는 30명을 넘기지 않는 것이 좋다. 데이터를 부호화하여 입력하고 계량적으로 분석하는 것이 아니라, 이러한 생활 일기를 모두 펼쳐 놓고 감성적이면서도 약간은 감각에 의한 분석을 하는 경향이 있는데, 표본크기가 너무 커지면 너무 복잡해서 분석에 어려움이 있다.

2.2.5 동행조사

예전에 케이블 TV의 어느 채널에서 젊은 남녀를 쌍으로 해서 며칠간 임의적으로 같이 데이트를 하면서 생활을 하게 하는 프로그램을 본 적이 있다. 한 사람의 생활 습관이나 개성 그리고 가치관 등에 대해서 가장 알기 쉬운 방법은 무엇보다 이처럼 같이 생활을 하면서 옆에서 지켜보는 방법일 것이다.

관심 집단의 조사 대상자와 연구자(또는 훈련된 조사원)가 일정 기간이나 시간 동안 같이 다니면서 조사 대상자의 생활을 관찰하고 동시에 질문도 하는 식으로 진행하는 조사방식을 동행조사라고 한다. 예를 들면, 어떤 브랜드를 주로 구매하는지 관찰을 하고, 특정 브랜드의 제품을 구입하면 왜 그 브랜드를 구입하는지, 그 브랜드의 이미지는 어떠한지 등에 대한 질문을 한다. 또는 여가시간에 주로 무엇을 하는지를 관찰하고, 주 관심사가 무엇인지를 관찰하거나 질문을 하는 등 조사 대상자의 일상생활이나 활동을 관찰하면서, 그러한 활동을 하는 근원적인 이유가 무엇인지를 질문하는 방식으로 관심 집단의 라이프스타일을 심도 깊게 파악하는 조사방법이다.

한편, 대형 할인마트나 백화점 같은 유통매장에서 고객이 방문할 때 입구나 주차장부터 매장에서 빠져 나갈 때까지의 쇼핑 동선을 파악하여, 이에 적합한 제품진열을 하기 위하여 고객과 조사원이 함께 동행하는 조사방법을 사용하기도 하는데 이 또한 동행조사라고 한다.

즉, 고객이 어떤 경로로 이동을 하면서 제품을 구입하고, 어떤 제품을 구경하는지에 대한 관찰과 그러한 경로로 이동하는 이유와 쇼핑 중 불편 사항이나 개선 희망 사항 등을 동행하면서 질문하여 제품 진열 및 제품 구색 방향을 설정하는 데 참고자료로 활용한다.

마케팅리서치 개요

2.3 기타 조사방법

앞에서 조사방법을 정량조사와 정성조사로 나눈 것은 조사의 결과로서 산출되는 정보가 계량적으로 분석을 하는가의 여부와 질문이 정해진 순서에 의해서 모든 응답자에게 동일하게 질문되도록 구조화되어 있는가 등에 따른 구분이었다.

이러한 정성이나 정량의 구분과 관계 없이 조사를 진행하는 매체나 응답자의 선정에 따라 우편조사, 온라인조사, 팩스조사, 패널조사, 트래킹(Tracking)조사 등의 방법들이 있다.

2.3.1 우편조사

과거에 많이 사용되었던 조사방법으로서 조사 대상자에게 설문지와 설문지 작성 가이드, 회송봉투를 넣어서 발송하면, 응답 대상자가 설문지를 자기기입식으로 작성하여 회송봉투에 넣어서 다시 연구자에게 발송해 주는 방식이다.

설문지 작성 가이드에는 조사의 취지와 목적, 설문지 작성방법과 주의사항 등에 대해서 상세히 기록하여 설문지 작성에 오류가 없도록 하여야 하며, 설문지를 작성하여 회송한 응답자에게는 소종의 사례품을 발송하여 준다.

무작위로 추출된 가구로 발송하는 경우와 특정 기업의 고객 리스트와 같이 정해진 특성을 가지고 있는 집단에게 설문지를 발송하는 경우가 있는데, 전자의 경우는 회수율이 극히 저조하여 비용 대비 효율성을 고려할 때 거의 사용하지 않는다. 후자처럼 특정 리스트에 있는 응답 대상자들에게 설문지를 발송하는 경우는, 첫째 단순히 설문지를 발송하고 회수되는 설문지를 기다리는 방법과 두 번째 수시로 회수된 설문지와 응답자 리스트를 비교 확인하여 회수되지 않는 응답 대상자들에게 독려를 하는 방법이 있는데, 두 번째 방법은 비용이 상당히 소요된다. 예를 들어, 1,000 표본을 목표로 하는 우편조사를 진행한다고 가정할 때 회수율이 5%라고 하면 ① 1,000/0.05=20,000부의 설문지와 ② 회송봉투 포함 40,000부의 봉투를 인쇄하여야 한다. ③ 또한 20,000명의 응답자에게 설문지 작성 및 회송을 독려하는 사람들의 인건비가 전화비와 소요된다. ④ 최종적으로 설문지에 응해준 사람들의 사례품과 발송비는 물론 포장을 하는데 비용이 소요된다. 또한, 요즘은 생활 주변에서 우체통을 거의 볼 수가 없어서 설문지를 작성하여 우체국까지 가서 회송하여야 한다는 점을 감안하면 회송률은 5%보다 극히 낮을 것이며, 조사비용은 더욱 많이 소요될 것이다.

우편조사 비용에 대해서 이렇게 자세히 설명하는 것은 조사비용이 낮게 소요된다고 생각하여 우편조사를 기획하는 사람이 상당히 많기 때문이다. 오프라인 우편의 낮은 사용률, 이에 의한 우편 조사의 낮은 회수율 등으로 인하여 최근에는 거의 사용하지 않는 방법이다.

단, 조사 발주자나 연구자가 조사 대상자에게 일정 정도의 강제력을 발휘할 수 있거나 조사 대상자가 조사 자체에 관심을 가지고 있는 경우는 우편조사를 고려할만 하다. 예를 들면, 특정 기업에 물품이나 서비스를 공급하는 납품업체나 노동조합, 동호회와 같이 자발적인 참여를 이끌어 낼 수 있는 경우는 효율적으로 조사를 진행할 수 있다.

2.3.2 온라인조사

온라인조사라 하면 인터넷 상에서 설문지를 읽고 자기기입식으로 응답을 작성하면서 진행하는 조사방식을 말한다. 때로는 이메일에 설문지를 첨부하여 통하여 조사 대상자에게 설문지를 보내고 이를 자기기입식으로 작성해서 다시 이메일로 첨부하여 보내는 방식도 온라인 조사라고 하는 경향이 있지만, 이는 과거에 팩스를 이용하여 조사하던 것을 이메일이라는 대체수단을 이용하여 조사를 진행하는 것일 뿐 명확한 의미의 온라인조사는 아니다.

| 응답자 선정 방법 온라인 조사의 응답자 선정은 ① 리서치 기관이 구축하고 있는 응답자 패널을 대상으로 표본을 추출하거나, ② 포털사이트나 기타 커뮤니티의 회원을 이용하는 방법, ③ 포털사이트의 배너를 이용하여 표본을 추출하는 방법, ④ 조사 발주기관이나 특정 기관의 고객을 대상으로 조사를 진행하는 방법 등이 있다.

(1) 조사기관의 패널 이용 조사기관이 설문조사를 진행할 때 이에 응답하는 활동을 하겠다고 의향을 밝힌 패널을 사전에 모집하여 응답자 풀(pool)을 구축하고, 특정 설문조사의 응답자 조건에 적합한 사람들에게 설문조사 참가 요청 메일을 발송하면 메일을 받은 패널들이 조사에 참여하는 방법이다. 설문조사 안내 메일을 받은 패널이 조사에 참여하겠다고 클릭을 하면, 웹(web) 상에서 설문지를 제시하면서 자기기입식으로 조사를 진행하는 방식이다. 설문조사에 참여한 응답자에게는 현금으로 사용할 수 있는 포인트를 부여하거나 경품추첨 등을 통해서 응답 대상자에게 동기부여를 한다.

현재 몇몇 기존 오프라인 리서치 기관에서 온라인 조사 패널을 구축하여 온라인과 오프라인 조사를 병행하여 서비스하거나, 온라인 조사만을 전문으로 하는 리서치 기관에서 패널을 구축하여 서비스를 하고 있다.

조사를 진행하는 표본이 어느 정도의 모집단 대표성을 확보하는가가 중요한 문제로서 전체 패널의 규모와 구성 특성을 잘 파악하여 이용하려는 패널을 선택하여야 한다. 즉, 조사를 진행하고자 하는 조사 대상자의 특성을 반영할 수 있는 패널을 구축하고 있는가를 확인하고 조사를 진행해야 하는 것이다.

(2) 포털사이트나 커뮤니티 회원 이용 조사기관이나 개별 연구자가 설문지를 작성한 후 포털

사이트나 기타 온라인 커뮤니티의 회원들에게 조사협조 이메일을 발송한다. 이메일을 받은 응답 대상자가 조사에 참여하겠다는 의향을 밝히면 정해진 서버로 이동하여 자기기입식으로 설문지를 작성하는 방식이다.

회원의 개인정보 문제 때문에 조사기관이나 연구자에게 회원 이메일을 제공하지는 않고 포털사이트에서 직접 조사 참여 안내 메일을 발송하고, 서버는 양자—조사자 또는 포털사이트—중 하나를 이용한다. 독자들도 개인적으로 가입한 포털사이트나 커뮤니티에서 설문조사 협조를 부탁하는 이메일을 받은 경험이 있을 것이다. 바로 이러한 조사기관에서 진행하는 온라인 조사의 실사 대행이며 포털사이트 수익원의 일부가 된다.

물론, 회원 가입 시 이러한 이메일을 보내는 것에 동의한 회원들을 대상으로 메일을 발송하며, 회원의 기본 정보와 같이 데이터를 연계하여 분석할 수 있다는 장점이 있다.

(3) **온라인 사이트의 배너 이용 방법** 앞에서 설명한 포털사이트나 커뮤니티의 회원을 이용한 조사와 유사하지만, 굳이 회원이 아니더라도 특정 온라인 사이트를 방문한 사람들을 대상으로 조사를 진행한다는 점과 응답자 표본추출방법의 측면에서 약간 다르다.

포털 사이트나 온라인 커뮤니티 등의 특정 사이트에 조사참여 협조 배너를 걸고, 사이트 방문자가 이에 클릭하면 설정된 서버로 이동하여 자기기입식으로 조사를 진행하는 방식이다. 이는 해당 사이트의 회원으로서 로그인(log-in)한 상황이 아니고 단순히 배너 광고에 클릭하는 방식으로 응답자 선정이 이루어지기 때문에, 조사를 진행하고자 하는 표본의 구성과 상관 없이 일정한 특성을 가진 사람들이 집중적으로 조사에 참여할 위험이 있다. 이러한 경향을 방지하기 위해서 사전에 성별이나 연령, 직업 등의 인구 특성이나 조사 품목과 관련된 선정 질문을 통하여 응답자의 적합여부를 확인하여 조사참여 여부를 결정하는 단계를 거쳐 할당된 표본구성을 체크해 가면서 조사를 진행한다. 반대로 조사를 진행하고자 하는 산업이나 품목과 관련이 있는 특정 커뮤니티를 이용하여 응답자 선정을 쉽게 하는 경우도 있다.

조사에 참여한 응답자에게는 경품추첨이나 포인트 등의 혜택을 부여하기 때문에, 동일한 사람이 여러 번 반복해서 조사에 참여할 가능성이 있으므로 IP 등을 확인하여 중복 응답을 배제하는 등의 표본추출을 위한 다양한 방법이 사용된다.

(4) **고객 리스트를 사용하는 방법** 특정 기업이나 기관의 고객들에게 이메일을 발송하여 조사

의 취지와 참여 방법을 설명하고, 조사 참여를 희망하는 사람들을 대상으로 웹에서 자기기입식으로 진행하는 조사방식이다.

기업이 조사를 진행하고 싶은 특성을 가진 고객집단을 선별하여 이메일을 보낼 수 있고, 콜센터 등을 이용하여 조사협조 요청을 할 수도 있어 비교적 수월하게 조사가 진행된다. 또한, 조사에 참여한 고객들의 평상시 거래행태에 대한 DB와 연계하여 다양한 분석을 할 수 있다. 예를 들면, 은행이나 신용카드사의 고객 중에서 최근에 거래가 급격하게 줄어들거나 아니면 아예 거래가 중단된 이탈고객을 대상으로 이탈 이유에 대한 조사를 진행하고, 거래 정보를 같이 연계한 분석에 의하여 고객이 할 대책을 수립하는 등의 조사를 진행할 수 있다.

| 온라인 조사의 유의사항

(1) 우선 조사에 응하는 대상자들의 편향성을 고려하여야 한다. 이는 첫 번째, 특정 사이트에 가입한 사람들과 일반 소비자 대중의 특성에 대한 동질성 문제이다. 특정 사이트에 가입하여 활동을 하고 있는 사람들의 생활습관, 가치관, 소비행태, 주 관심사 등의 라이프스타일이나 가치관이 일반 소비자 대중들과 다를 수 있으며, 이는 사이트의 성격에 따라서 그 종류와 정도가 영향을 받을 것이다. 따라서 조사를 진행하고자 하는 품목, 응답자의 특성과 사이트의 특성 및 이에 따른 회원의 특성을 잘 파악하여 진행하여야 한다. 두 번째, 조사대상자의 특성과 이용하고자 하는 사이트의 특성이 부합된다고 해도, 자발적 조사 참여의사를 가지고 조사에 협조하는 사람들과 그렇지 않은 사람들과의 사이에 다양한 성향의 차이가 발생할 수 있다. 물론 설문조사라는 것이 기본적으로 강제력이 없는 협조에 의한 진행을 하는 것이지만, 조사를 진행하는 사람들의 전화나 대면을 통한 협조 요청에 의한 참여와 단순히 이메일 공지에 의한 참여 의향을 갖는 사람들 사이에 발생할 수 있는 성향의 차이를 조심하여야 한다. 예들 들면, 특정 기업의 고객들에게 이메일을 발송했을 때 자발적으로 조사에 참여하는 집단과 그렇지 않은 집단 사이에 해당 기업의 호감도나 관여도의 차이가 있을 수 있으며, 이에 의하여 조사결과가 상이하게 다르게 나타날 수 있는 것이다.

(2) 설문항목 제시 방법도 중요하게 고려해야 할 사항 중의 하나이다. 일단 온라인조사는 대화

식이 아니라 설문항목을 읽고 자기기입식으로 응답을 기록하기 때문에 ① **주관식 문항을 가능한 지양**하는 것이 좋다. 설문조사에 응하는 사람들의 관여도가 아주 높지 않은 이상은 무응답이 오프라인 조사에 비하여 상대적으로 많이 나오는 경향이 있다. 가능한 보기를 충분히 제시하고 보기 중에서 응답을 고르게 하는 것이 좋다. ② **두 번째, 한 화면에 많은 설문 항목을 보이지 않도록 해야 한다.** 온라인조사는 대부분 마우스를 클릭하여 응답을 하는데, 한 화면에 많은 설문 항목을 제시하면 문항을 읽지도 않고 무작위로 아무 보기의 번호에 클릭을 하는 응답자들이 자주 발생하기 때문이다. 가장 바람직한 방법은 한 화면에 한 개의 문항과 보기만 제시하는 것인데, 이럴 경우에는 응답자들이 화면을 넘기기 위하여 각 문항마다 클릭을 하여야 하기 때문에 응답자의 짜증을 유발할 단점이 있다.

설문조사에서는 흔히 5점 척도나 7점 척도 등의 순서형 척도가 많이 사용된다. 이러한 척도 문항이 연속하여 제시될 경우에도 무작위로 응답을 클릭할 가능성이 많다. 따라서 이러한 ③ **척도 문항이 계속 반복해서 있을 때에는 질문과 보기가 있는 일반적인 객관식 설문문항 사이사이에 끼워 넣는 것도 한 방법이다.**

(3) 설문항목은 응답자가 듣거나 읽고서 바로 응답할 수 있는 항목과 생각을 좀 하고 나서야 응답이 가능한 항목이 있다. 개별 면접조사에서는 응답자와 조사자가 얼굴을 마주하고 대화를 하는 방식으로 설문 항목을 읽어주고 이에 대한 응답을 하는 방식으로 조사가 진행되기 때문에 응답하기 위해서 다소의 시간이 필요한 설문항목을 질문할 수 있으나, 온라인 조사는 자기기입식으로 조사가 진행되기 때문에 다소 응답이 어려운 질문이 나오면 무응답이나 기타에 클릭을 하거나 아니면, 대충 아무 보기에 클릭하는 경향이 종종 발생한다. 따라서 **설문항목을 읽고 바로 답을 할 수 있는 단순한 설문항목 위주로 구성**하는 것이 좋다.

(4) **조사가 완료된 후 분석 시 설문응답에 소요된 시간을 확인**하여야 한다. 설문항목을 읽고서 응답을 하는데 기본적으로 소요되는 최소한의 시간을 추정하여 터무니 없이 짧은 시간에 모든 설문응답의 작성을 완료하였으면 데이터의 신뢰성을 의심하여야 한다. 전체 응답 시간뿐 아니라 문항과 문항 사이에 소요되는 시간도 확인하여야 한다.

2.3.3 패널조사

패널조사란 동일한 응답자를 대상으로 동일한 질문을 일정 기간마다 지속적으로 조사하는 방법이다. 시간이 지나면서 응답자의 생각과 가치관이 변화할 수 있으며, 이에 따라서 특정 이슈의 여론이나 소비자 반응의 변화 추이를 파악하고자 할 때 주로 사용한다.

예를 들면, 인기 가요나 가수들의 선호도 조사와 같이 주별로 조사를 진행하는 간단한 조사부터 일년 주기마다 패널들의 생활 실태나 의식의 변화 등을 조사하는 비교적 장기적 주기의 패널조사도 있다.

패널조사 진행 시 가장 중요한 것은 패널의 관리인데, 현재 패널의 이탈을 최대한 방지하며 이탈된 패널과 유사한 특성의 패널을 추가로 모집하여 보충하는 것이다. 특히 조사의 주기가 길수록 패널의 이탈률이 높아지므로 조사를 진행하는 시점이 아니더라도 지속적으로 패널을 확인하고 연락을 취하는 등 유지하기 위한 관리를 해야 하는 것이 관건이다.

2.3.4 트래킹조사

동일한 주제나 문항을 주기적이고 지속적으로 조사하는 것을 트래킹(tracking)조사라고 한다. 다만 패널조사처럼 동일한 응답자가 아니라 다른 응답자에게 동일한 주제에 대해서 반복적으로 조사를 진행한다. 다른 응답자를 대상으로 진행하기는 하지만 표본을 추출하는 모집단의 특성은 동일하게 유지하여야 한다. 즉, 패널조사의 경우 동일한 응답자들에게 지속적으로 조사를 진행하는 반면, 트래킹조사는 동일한 모집단 내에서 다른 응답자를 추출하여 조사를 진행하는 것이다.

주부를 대상으로 주방세제에 대한 광고 인지도의 트래킹조사를 진행한다고 가정하자. 광고가 진행되고 시간이 지나면서 인지도가 어떻게 변화하는지를 파악하고자 하는 조사이다. 이때 만약에 이미 조사에 응답한 경험이 있는 응답자가 다시 조사에 응답을 한다면 지난 번 조사의 학습효과에 의하여 응답에 편향이 개입될 수 있으므로, 동일한 조사에 응답 경험이 없는 응답자를 대상으로 조사를 진행하여야 한다. 또한, 주부를 대상으로 하는 주방세제의 광고 인지도 조사의 결과와 미혼자를 포함한 전국민을 대상으로 한 동일한 조사의 결과는 분명히 다를 것을 상식적으로 예측할 수 있다.

이처럼 **조사의 주제에 적합한 응답자의 모집단 특성을 정하고 동일한 모집단으로부터 정기적으로**

다른 응답자를 표본추출하여 동일한 주제에 대해서 지속적으로 진행한다.

주기적으로 진행하는 고객만족도 조사나 시장 점유율, 인지도 등의 시장지표를 확인하고자 하는 조사에 많이 사용된다.

트래킹조사에서 주의할 사항은 데이터의 변화에 대한 해석의 민감성이다. 설문조사란 모집단으로부터 일정 크기의 표본을 추출하여 조사를 진행하고, 표본의 특성으로 모집단의 특성을 추정 또는 검증하는 것이다. 따라서 표본추출 과정에서 발생하는 표본오차는 물론, 설문조사진행 과정에서 야기되는 비표본오차가 발생하기 때문에 오차한계를 고려하여 데이터를 설명해야 한다. 즉, 동일한 모집단으로부터 같은 시점에 다른 표본을 추출하여 조사를 진행했을 때도 오차범위 내에서 결과가 다르게 나타날 수 있는 것이다.

트래킹조사 결과가 전 조사 결과와 다르게 나왔다 하더라도 그 차이가 오차한계 범위 내에서의 차이라면 실질적으로 차이가 없다고 보아야 하는 것임에도 불구하고, 차이가 발생한 원인을 찾느라고 기업의 인적/시간적/조직적 기회비용을 엄청나게 소모하는 사례를 종종 볼 수 있다. 실질적으로 변화가 없음에도 불구하고 변화의 원인을 찾으려고 노력을 하다가 결국은 소설을 쓰듯이 변화의 원인을 작성하여 보고하는 것이다.

심지어는 지난 조사 결과보다 양호한 결과가 나올 때까지 동일한 조사를 반복하는 사례도 있다. 물론 오차한계 내에서의 차이여서 아무런 의미가 없는 것임에도 불구하고, 지난번 조사 결과보다 양호한 결과가 나올 때까지 시간과 비용을 계속 투입하여 조사를 반복하는 것이다. 트래킹 조사의 데이터 해석 시 오차한계의 의미에 대해서 다시 한 번 강조한다.

3

CHAPTER

마케팅리서치 진행절차

먼저 기업 내부 사정이나 외부 시장환경, 경쟁상황의 변화 또는 돌발 이슈의 발생 등에 의한 소비자들의 인식이나 반응을 파악해야 한다는 필요성이 제기되고 나면 → 그러한 상황 발생에 대한 배경을 규명하고, 그러한 배경을 토대로 조사를 통해서 파악하고자 하는 조사 목적을 명확하게 설정한다. → 문제의 발생에 대한 배경이 확인되면, 이러한 문제를 해결하기 위한 조사목적이 설정되고 이를 위한 종합적인 조사계획을 설계한다. 조사설계에는 조사대상, 조사항목, 조사방법, 분석방법, 보고서 예상 방식, 비용과 일정 등이 포함된다. → 조사설계가 계획되고 확정되면 계획서에 포함된 조사방법이나 조사항목을 기반으로 설문지를 작성하게 되는데, 전체 리서치 과정 중에서 가장 중요한 단계라 할 수 있다. 같은 내용이라도 누구에게 어떤 식으로 질문하는가에 따라 결과가 판이하게 다르게 나올 수 있으므로, 모집단의 특성을 정확하게 추정할 수 있도록 최대한 객관적으로 작성되어야 한다. → 설문지가 작성되면 실사를 진행하고 코딩, 에디팅, 펀칭 등의 자료처리를 하는데, 개인 차원이나 학계에서의 연구는 두 단계가 분리되어 진행되는 것이 일반적이지만 전문 조사기관에서는 거의 동시에 병행하여 진행된다. → 자료처리를 통하여 데이터가 최종적으로 입력되면 분석 및 보고서를 작성하게 된다.

마케팅리서치는 ① 시장지표 확인이나 고객만족도 조사와 같이 특별한 시장변동이나 이슈가 없이도 일정 기간마다 주기적으로 하는 조사가 있고, ② 컨셉(concept) 테스트, 제품력 테스트, 시장 세분화/표적시장 선정/포지셔닝, 가격 수용도, 광고효과 측정 등과 같이 제품출시나 관리주기에서 특정 이슈나 목적을 가지고 진행하는 조사 그리고 ③ 예상하지 않았던 특별한 상황이 발견될 경우 원인진단과 대책을 수립하기 위하여 진행하는 임시적(Ad. Hoc) 조사가 있다.

시장지표 조사나 제품출시 및 관리주기와 관련된 조사는 리서치 기관마다 정해진 일정한 방법론을 통하여 진행하거나, 조사 목적별로 일반적으로 사용하는 모델들이 있어서 전반적인 진행 방법에 대해서 일일이 조사항목이나 분석설계를 하지는 않지만, 조사대상 정의, 표본구성 등과 같이 세부적인 조사설계를 한다는 측면에서는 그림 3.1의 일반적인 마케팅리서치 절차를 따른다고 보아도 무방할 것이다.

먼저 기업 내부 사정이나 외부 시장환경, 경쟁상황의 변화 또는 돌발 이슈의 발생 등에 의한 소비자들의 인식이나 반응을 파악해야 한다는 필요성이 제기되고 나면 → 그러한 상황 발생에 대한 배경을 규명하고, 그러한 배경을 토대로 조사를 통해서 파악하고자 하는 조사 목적을 명확하게 설정한다. → 문제의 발생에 대한 배경이 확인되면, 이러한 문제를 해결하

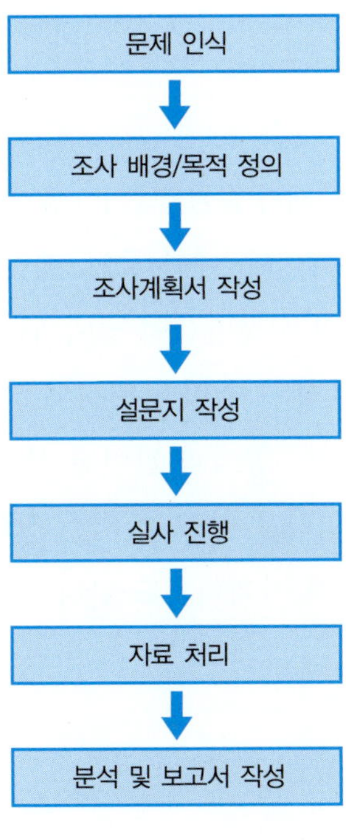

| 그림 3.1 | 마케팅리서치 절차

기 위한 조사목적이 설정되고 이를 위한 종합적인 조사계획을 설계한다. 조사설계에는 조사대상, 조사항목, 조사방법, 분석방법, 보고서 예상 방식, 비용과 일정 등이 포함된다. → 조사설계가 계획되고 확정되면 계획서에 포함된 조사방법이나 조사항목을 기반으로 설문지를 작성하게 되는데, 전체 리서치 과정 중에서 가장 중요한 단계라 할 수 있다. 같은 내용이라도 누구에게 어떤 식으로 질문하는가에 따라 결과가 판이하게 다르게 나올 수 있으므로, 모집단의 특성을 정확하게 추정할 수 있도록 최대한 객관적으로 작성되어야 한다. → 설문지가 작성되면 실사를 진행하고 코딩, 에디팅, 펀칭 등의 자료처리를 하는데, 개인 차원이나 학계에서의 연구는 두 단계가 분리되어 진행되는 것이 일반적이지만 전문 조사기관에서는 거의 동시에 병행하여 진행된다. → 자료처리를 통하여 데이터가 최종적으로 입력되면 분석 및 보고서를 작성하게 된다.

마케팅리서치 개요

3.1 문제 인식

시장환경이나 경쟁상황, 기업 내부의 문제가 발생되었거나 발생될 조짐이 발견되어서 이에 대한 원인의 진단 및 대책의 필요성을 느끼는 단계이다. 예를 들어, 매출이나 시장점유율이 급격하게 감소한다거나 새롭게 출시된 경쟁제품의 시장반응이 좋아 위협요인으로 나타나는 등 시장 경쟁의 변화가 나타나면, 이러한 변화에 대한 소비자 인식의 진단 및 대책 수립을 위한 조사의 필요성이 제기된다. 또한, 환경이나 기타 공익과 관련된 사회적 이슈가 발생되거나, 기업 이미지에 관계된 사건 등 기업 활동에 영향을 미칠 수 있는 상황들이 발생했을 경우 소비자 인식 및 시장반응을 파악하기 위한 조사가 기획되기도 한다.

마케팅리서치 개요

3.2 조사배경 및 목적 정의

가끔 기업체의 상담 요청을 받고 미팅을 하다 보면 "윗분들이 리서치 한 번 해보라고 하는데 어떻게 해야 하나요?"라는 밑도 끝도 없는 식의 질문을 받는 경우들이 종종 있다. 왜 조사를 하려 하는지, 무엇에 대해서 조사를 하려 하는지, 조사의 결과로서 얻고 싶은 정보가 무엇인지, 누구를 대상으로 조사를 하려 하는지, 어떻게 활용할 것인지 등의 질문을 하면 아무 것도 대답을 하지 못하고 "우리도 그냥 리서치 한 번 해보려고요…"하고 대답을 한다. 기본적으로 마케팅리서치는 사람의 건강을 체크하고 질병을 발견하여 처방을 내리는 과정과 동일하다. 건강에 이상한 징세가 나타나거나 병이 발견되면 신체의 어디가 잘못되고 원인이 무엇인지를 진단하여 처방을 내리는 과정과 유사하다고 볼 수 있다. 물론 특별하게 아픈 곳이 없어도 건강 검진을 받을 수가 있지만, 이 경우에도 대략적으로 어느 부분을 검진할 것인지에 대해서는 사전에 결정을 해야 한다. 인체에 여러 가지 부위가 있는 것처럼 기업의 건강도 조직력이 강해야 하고, 제품이 경쟁력이 있어야 하며, 브랜드와 고객과의 관계, 유통조직, 고객 부가서비스, 기업의 사회적 이미지 등 수많은 요인에 의해서 좌우되는 것이다.

따라서 조사목적과 배경에 대한 명확한 사전정의가 없이 조사를 하자는 것은, '사람을 수술대 위에 올려놓고 어디를 수술할 것인지를 결정하자'는 얘기와 같은 것이다. 또는 '어디가 아픈지는 모르겠지만 남들이 약을 먹으니까 나도 아무 약이나 한 번 먹어 보겠다'는 것이나 심지어는 '아직 아픈 곳은 없지만 그냥 아무 약이나 먹어두면 좋겠다'라는 식의 발상인 것이다.

앞에서 잠시 언급한 것처럼 **기업 내/외부의 문제가 발견되거나 그러한 조짐이 예상되면, 그러한 문제나 조짐이 발생한 원인이 무엇인지에 대한 내/외부 환경적 배경을 명확하게 이해하고, 조직 내 수많은 부분 중에서 어디를 진단하여 어떤 정보를 얻고자 하는지에 대한 조사 목적이 분명하게 사전정의**되어야 하는 것이다. 특별한 증세가 없이 정기적으로 진행하는 트래킹(tracking)조사도 처음 설계되었을 당시에는 그러한 설계를 하게 된 배경과 목적이 있었기에 조사가 설계되고 진행되는 것이며, 제품 수명주기 관리상 진행하는 단계별 조사도 해당 조사에 대한 목적이 분명히 설정된 상황에서 설계가 되고 진행이 되는 것이다.

조사배경과 이에 의한 목적이 명확하지 않은 상태에서 조사가 설계되고 설문지가 작성되어 진행이 되면 나중에 한참 진행이 되다가 무엇을 분석해야 할지, 무엇을 발견해야 할지에 대한 방향을 잃고 조사 결과를 어디에 어떻게 활용해야 할지 모른체 시간과 돈만 낭비하게 된다. 어떤 이유에서 무엇을 얻고자 조사를 진행하는지에 대한 사전정의가 명확하게 설정되고, 그에 따라 응답 대상자가 결정되고, 설문항목이 조사목적에 따라 정리되어야 자료수집이 끝난 후 분석 및 결과의 활용이 일관성 있게 진행되는 것이다.

조사목적이 분명하지 않으면 조사 대상자는 물론 조사방법도 타당하지 않은 방향으로 결정이 되고, 설문항목도 일정한 방향이 없이 산만하게 짜여져서 수집된 데이터를 가지고 의미가 있는 어떤 분석도 할 수 없게 된다.

마케팅리서치 개요

3.3 조사계획서 작성

조사배경 및 조사를 통해서 얻고자 하는 목적이 정리되면 구체적으로 어떻게 조사를 진행할 것인지에 대한 조사계획서를 작성해야 한다. 조사계획서에는 조사목적, 누구를 대상으로 어떻게 조사할 것인지에 대한 조사개요 및 설계, 자료수집 및 데이터 품질관리 방안, 무엇을 조사할 것인지에 대한 조사항목, 분석방법, 어떤 결과물이 제출될 것인지에 대한 출력물(output) 이미지 그리고 비용 및 소요기간 등이 포함되어 있어야 한다. 그밖에 해당 품목이나 산업에 대한 전망 및 장/단기적 추세, 프로젝트 진행 조직도 등의 프로젝트의 특성에 따라 필요하다고 판단되는 사항들이 포함될 수 있다.

이러한 계획서 내용의 구성순서는 정해진 정답이 따로 있는 것은 아니고 소속 기관이나 보고자의 특성, 프로젝트별로 강조하고자 하는 내용에 따라 작성자가 임의적으로 구성하지만, 일반적으로는 조사배경이나 목적이 앞에 제시되고 → 그 다음에 조사설계 및 실사관리/조사항목 및 분석방향/결과물 예시 → 소요기간 및 비용 등의 순으로 작성된다.

3.3.1 조사배경 및 목적

앞에서 잠시 언급한 것처럼 먼저 조사를 진행하게 된 배경과 목적이 제시되는데, 이때 과도한 욕심을 절대 갖지 말아야 한다. **발견된 문제점(또는 발견될 조짐)과 관련된 내/외부적 상황이나 배경이 제시되고, 그러한 문제점의 근본적 원인 진단이나 해결 방안을 찾기 위해서 무엇을 조사하여 어떤 결과물을 얻을 것인가에 대한 간략하고 명확한 개요를 계획서의 앞부분에 제시하여 전체 구성방향을 소개**하는 것이다.

조사배경 및 목적이 설정되고 나면 이에 따라 조사대상이나 방법, 조사항목은 물론 분석방법과 결과물을 통한 활용방안까지 설계가 되어 계획서가 작성되는데, 이 단계에서 명확한 방향이 설정되지 않으면 전체 계획서가 방향을 잃음은 물론 만약 그대로 조사가 진행된다면 엄청난 실패로 끝날 가능성이 높은 매우 중요한 단계이다.

문제는 과도한 욕심에 의해서 조사배경과 목적이 일치되지 않고 각각 따로 노는 경우가 수없이 발생하게 된다는 것이다. "이왕 조사하는 김에 이것도 넣고 저것도 해보자"하는 식의 과도한 의욕에 의해 원래의 조사목적이 방향을 잃게 되는 경우가 많다. 예를 들어, 급격하게 매출이 줄어들거나 고객이탈이 증가하여 그 원인을 찾고자 조사를 기획하기 시작하였는데, 경쟁 브랜드의 고객인식은 물론 가격, 제품력 평가, 패키지, 심지어는 기업 이미지까지 백화점식으로 모든 항목을 포함시키는 것이다. 물론, 시장상황에 영향을 미칠 수 있는 변인들이 다양하고 상호 복합적으로 작용을 하지만 문제는 설문조사의 한계를 고려하여야 한다는 것이다. 전화조사, 개별 면접조사, 갱서베이(Gang Survey) 등 조사방법에 따라 진행할 수 있는 설문항목의 분량과 소요시간이 유동적이지만, 기본적으로 설문항목이 길어지면 길어질수록 데이터의 신뢰성은 반비례한다는 것이다. 상대적으로 긴 설문지를 진행할 수 있는 갱서베이라고 해도 일정 정도가 넘어가면 먼저 응답자가 피곤해지면서 불성실한 응답을 하게 된다. 설사 응답자가 인내심을 가지고 조사에 응한다 해도 집중력이 떨어지게 된다. 불성실하고 집중력이 떨어진 상태에서 건성으로 응답한 자료는 결국 모집단의 본질적인 특성을 왜곡하는 조사 결과로 나타날 수 있으며, 이는 심각한 기업의 잘못된 의사결정으로 이어질 수 있는 것이다. 당장 눈앞에 있는 비용을 절감하려고 하다가 수십, 아니 수백 수만 배의 비용 낭비를 하게 됨은 물론, 잘못된 데이터에 의한 잘못된 의사결정으로 돌이킬 수 없는 치명적인 결과로 끝날 수 있음을 명심해야 한다.

3.3.2 조사설계

조사목적이 정리되면 그러한 목적을 달성하기 위하여 구체적으로 어떻게 조사를 진행할 것인지에 대한 설계를 한다. 즉, 누구를 대상으로 어떤 조사방법에 의해서 조사를 진행하는지에 대한 조사대상 선정과 표본추출방법 및 표본구성, 데이터 수집방법 등에 대한 세부적인 계획을 작성한다.

| 조사대상 정의 먼저 누구를 대상으로 조사를 진행하는지에 대한 정의를 내려야 하는데, 일반적으로 많은 연구자나 심지어는 리서치 전문기관에서 작성되는 계획서에도 단순히 '조사대상' 이라고 제시하고 있다. 그러나 정확하게 구분하면 대상모집단(target population)과 표본모집단(sampled population)으로 구분된다. 대상모집단은 표본조사를 통하여 추정 또는 검증하고자 하는 전체 집단의 대상을 말하고, 표본모집단은 실질적으로 표본을 추출하는 집단이다. 예를 들어, 담배 신상품에 대한 수용도 조사를 진행하고자 한다면 조사결과를 반영할 대상집단은 전국의 흡연자가 되지만, 실질적으로 수도권에 거주하는 만 18세 이상의 성인 흡연자로서 평균 하루 3회 이상 흡연하는 사람 중에서 표본을 추출하여 조사를 진행할 수 있다. 이때 전자를 대상모집단이라 하고, 후자를 표본모집단이라 한다.

이렇게 대상모집단과 표본모집단이 다른 이유는 물론 표본조사의 효율성 때문이다. 마케팅리서치는 기본적으로 모집단 전체를 모두 조사하는 것이 아니라, 모집단의 일부인 표본을 추출하여 조사를 진행하기 때문에 효율적으로 표본을 추출하여야 한다. 수도권에 거주하는 성인 흡연자와 전국의 흡연자 사이에 신상품 수용에 대한 큰 차이가 없다면, 굳이 시간과 비용을 들여서 전국 단위까지 조사를 진행하기보다는 수도권 중심으로 표본조사를 진행하여 전국민의 신상품 수용 정도를 추정하는 것이 효율적인 것이다. 또한 하루 2회 이하의 흡연을 하는 사람은 전체 담배시장에 거의 영향을 주지 않은 소비집단으로서 신상품의 성공여부에 관심 밖의 집단이라면 굳이 표본에 포함시킬 필요가 없는 것이다. 만약 같은 담배 시장이라고 해도 조사목적이 신상품 수용도 예측이 아니라 흡연실태 파악이라면 18세 이상이 아니라 전 연령층을 대상으로 조사를 진행(물론 당시 사회적 상황에 따라 적정 연령층에서부터 포함을 시켜야 하겠지만)하여야 할 것이며, 하루 3회 이상이 아니라 비흡연자를 포함한 전 국민을 대상으로 조사를 진행하여야 할 것이다. 전 국민 중 흡연인구의 비율과 평균 흡연 횟수 자체가 파악하고자 하는 조사항목에 포함되기 때문이다.

그렇다면 대상모집단과 다른 표본모집단을 어떻게 정의해야 하는가에 대한 문제인데, 이는 프로젝트의 특성과 목적 그리고 현실적인 여건을 감안해서 연구자가 정의한다. 먼저 서울 및 수도권, 주요 광역시, 전국 시 단위 지역, 읍면 단위를 포함한 전국 지역 등 조사지역 선정은 파악하고자 하는 항목에 대해서 이질적인 것인가 아니면 동질적인 것인가를 고려하여 결정한다. 해당 제품이나 관심사항이 지역의 단위에 따라서 큰 차이가 보이지 않을 것으로 예상되면 효율적인 조사대상 지역을 선정할 수 있을 것이다.

또한 조사 대상자의 현실적인 접촉 용이성도 고려되어야 한다. 만약 금융기관에서 부유층을 대상으로 신상품을 개발하여 시장 가능성을 진단하고자 한다면, 해당 상품을 수용할 수 있는 경제력을 가진 집단을 대상으로 조사를 진행하여야 할 것이다. 예를 들어, 국내 상위 5%에 해당하는 경제력을 가진 사람들을 대상으로 출시된 상품이라 할 때, 이러한 집단을 대상으로 조사를 진행하기는 현실적으로 어려움이 많을 것이다. 정확한 리스트가 있는 것도 아니고 조사를 진행하면서 경제력을 파악하기도 어렵기 때문이다. 이럴 경우에는 현실적으로 가능한 표본모집단 특성을 정의하고, 그에 해당하는 사람들을 대상으로 조사를 진행해야 하는 것이다.

| 표본설계 모집단에 대한 정의가 되면 다음은 모집단으로부터 표본을 추출하여 구성하는 방법에 대한 설명이 제시된다. 표본설계는 표본추출방법, 표본크기 및 이에 따른 표본 구성표 등이 포함되는데, 모집단의 특성을 대표하여야 한다는 기본적인 원칙과 실사 진행상의 현실적 조건—비용, 시간, 데이터 수집의 어려움—이라는 그 무엇도 무시할 수 없는 양면 관계에서 연구자는 신중한 의사결정을 해야 한다.

(1) 표본추출방법 리서치 기관에서 주로 사용하는 표본추출방법에는 무작위(임의)추출, 층화추출, 계통추출 등이 있으며, 층화추출도 각 층으로부터 표본을 무작위추출한다는 측면에서 넓은 의미의 무작위추출 성격을 갖는다고 할 수도 있을 것이다. 기본적으로 무작위추출이란 모든 표본이 모집단으로부터 추출될 확률이 동일하여야 한다. 그러나 아쉽게도 리서치 기관에서는 정확한 의미의 무작위추출을 하기가 거의 어렵다고 보아야 한다. 무작위로 선정된 응답자의 조사협조 의사와 상관없이 표본에 포함되는 것이 아니라, 추출된 응답자가 협조의향을 가지고 있어야만 표본에 포함될 수 있기 때문이다. 즉, 설문조사에는 강제력이 없기 때문에 모집단의 모든 구성원이 무작위로 추출되는 것이 아니

라 설문조사에 일정 정도 호의적으로 협조의향이 있는 사람만 추출되어 조사가 진행되는 일종의 편의추출이 이루어지는 실정이다.

예를 들어, 〈제2장. 조사방법의 종류〉에서 설명한 것과 같은 다단계 비례할당 층화추출을 통해 가구방문에 의한 일대일 개별 면접조사를 진행한다고 가정할 때, 전혀 안면이 없는 면접원이 조사대상자에 해당하는 남의 가정에 방문하여 현관문을 열게한 후, 조사취지를 설명하고 짧게는 10분에서 길게는 1시간 정도의 대화를 나누어야 한다. 이것은 절대 쉬운 일이 아니며 현실적으로 진행이 어려워서, 앞서 설명한 '동' 단위 또는 '구' 단위의 표본을 구성하여 해당 '동'이나 '구'에 거주하는 조사 대상자를 해당 지역의 거리에서 찾아 조사를 진행하는 방식을 많이 사용한다. 그러나 일반적인 사회 이슈에 대한 여론조사와 같이 해당 지역에 거주하는 사람을 대상으로 조사를 진행하는 것이 아니라, 마케팅리서치와 같이 응답 대상자의 조건이 까다로울 경우, 무작위로 선정된 해당 지역에서 표본모집단의 정의에 부합되는 응답자를 찾기는 상당히 어려울 것이다. 예를 들면, □□시 □□구 □□동에서 최근 3개월 사이에 특정 제품군의 특정 브랜드를 구매한 경험이 있는 30대 미혼 직장여성이 조사대상이라면, 더구나 조사를 진행하려고 하는 제품군이 구매가 빈번하지 않는 내구재나 고가의 상품이고 브랜드가 흔히 볼 수 없는 브랜드라면, 해당 '동' 지역만 선정하고 조사원을 내보내서 정확한 조사 대상자에 의한 데이터를 기대하는 것은 참으로 어리석고 무모한 기대이다. 결국 조사계획서를 작성하는 연구 담당자가 표본모집단의 정의를 규정하면, 조사원은 자신이 아는 사람 중에서 해당 조건에 해당하는 사람을 찾아서 조사를 진행하는 방식을 많이 사용하는 현실이다. 일단 사전정의된 조사대상자를 무작위로 찾기도 어려운 것은 물론, 찾았다 하더라도 30분 이상이 소요되는 설문지에 응해줄 사람은 흔치 않기 때문에 사용하는 방법이다. 그렇다고 조사원이 알고 있는 몇몇 응답대상자에게 모든 조사를 다 진행할 수는 없다.

따라서 국내 주요 리서치 기관에서는 응답자 DB를 구축하여 사용한다. 매 프로젝트를 진행할 때마다 프로젝트 명, 프로젝트 특성(조사목적, 조사품목, 조사지역, 표본모집단 정의 등)과 응답자 특성(거주지역, 성, 연령, 전화번호, 직업, 소득 등) 등을 입력하여 DB를 구축하고, 새로운 프로젝트를 진행할 시 최근 일정 기간동안 동일 품목이나 유사한 품목에 응답경험이 있는 대상자는 조사에 참여할 수 없게 한다. 이때 응답대상자를 선별하는 기준으로 사용하는 과거에 참여한 품목이나 기간은 새롭게 조사를 진행하려고 하는 조사품목의 특성에 따라서 연구자와 관련자가 합의하여 결정한다.

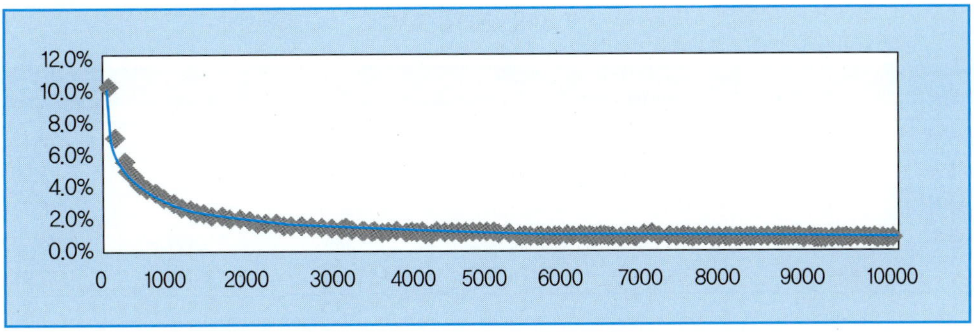

| 그림 3.2 | 표본크기와 표본오차

전화조사나 기타 정성조사의 경우도 예외는 아니다. 전화조사 시 과거에는 전화번호부를 이용한 계통추출방법을 주로 사용하였으나, 최근에는 대부분의 리서치 기관들이 CATI 시스템에 의한 무작위추출방법을 많이 사용한다. 이 시스템은 해당 조사지역의 전호번호를 무작위로 추출하여 자동으로 전화연결을 시도하기 때문에, 무작위성(randomness)은 확보가 되지만 마케팅리서치에서 연구자가 정의하는 조건에 맞은 응답자를 찾기에는 여전히 어려움이 따른다.

이처럼 표본추출의 원칙과 실사진행의 현실에는 아쉽게도 상당한 차이가 존재하며, 연구자는 표본설계를 진행할 때 항상 시간과 비용 그리고 현실적인 진행상의 여건을 고려하여야 한다. 이론과 원칙을 무시할 수는 없지만 너무 원칙만을 고집하여 조사설계를 하면 부정확하고 불성실한 데이터를 얻게 되는 위험이 있어 조사목적과 응답자 특성, 심지어는 파악하고자 하는 조사항목에 따라서 유연하면서도 효율적인 최적의 표본추출 방법을 설계해야 한다.

(2) **표본크기** 리서치 분야에 근무를 하면서 가장 많이 받는 질문 중의 하나가 "리서치 한 번 해보려고 하는데 표본크기를 얼마나 해야 가장 좋은가요?"이다. 물론 〈제1장. 표본조사〉에서 설명한 것과 같이 표본크기가 크면 클수록 표본오차가 작아지므로 어느 정도의 오차 수준에서 데이터를 볼 것인가에 따라 표본크기가 결정된다. 그러나 통계학 개념에 익숙치 않은 많은 현업의 실무자들은 적정 표본크기에 대한 결정을 어려워한다. 신뢰수준이나 오차한계 같은 통계적 개념은 이해하기 힘들고 단순히 적정 표본크기에 대한 의사결정을 하고 싶은 것이다. 물론 여기에 대한 정답을 명쾌하게 제시할 수는 없다. 다만 연구자가 표본크기와 표본오차의 관계(표 1.1, 표 1.2, 그림 3.2 참조), 비용과 시간이라

| 표 3.1 | 권역별 주부수

인구수	계	25~29세	30~34세	35~39세	40~44세	45~49세
강북서	309,921	55,065	68,594	71,279	58,860	56,123
강북동	620,646	110,338	144,904	151,642	116,057	97,705
강남서	558,537	101,596	126,627	133,559	108,024	88,731
강남동	400,809	53,852	76,022	99,086	96,497	75,352
계	1,889,913	320,851	416,147	455,566	379,438	317,911

| 표 3.2 | 권역별 비율

인구수	계	25~29세	30~34세	35~39세	40~44세	45~49세
강북서	16.40%	2.91%	3.63%	3.77%	3.11%	2.97%
강북동	32.84%	5.84%	7.67%	8.02%	6.14%	5.17%
강남서	29.55%	5.38%	6.70%	7.07%	5.72%	4.69%
강남동	21.21%	2.85%	4.02%	5.24%	5.11%	3.99%
계	100.00%	16.98%	22.02%	24.11%	20.08%	16.82%

는 현실적인 여건을 고려하여 합리적인 표본크기를 결정해야 한다. 또한 표본추출방법이 달라지면 그로 인해 비롯되는 문제나 표본오차를 계산하는 방식 등이 달라지므로 전문가의 의견을 참조하는 것도 좋을 것이다.

(3) 표본구성표 조사대상자와 표본추출방법 및 표본크기가 결정되면 구체적으로 표본을 어떻게 구성할 것인지에 대한 표본구성표를 작성한다. 흔히 인구수나 시장 점유율 등에 따른 비례할당 방법을 주로 사용한다.

예를 들어, 서울에 거주하는 25~49세 사이의 주부들을 대상으로 1,000 표본을 추출하여 생활용품에 대한 조사를 진행한다고 가정하자. '구' 단위별로 표본크기를 할당할 수도 있지만 조사의 편의를 고려하여 서울시를 4대 권역(강북동/강북서/강남동/강남서)으로 나누어서 표본을 구성하려 한다. 먼저 권역별 주부의 수를 정리하면 표 3.1과 같고, '서울 전체 주부의 수 대비 권역별/연령별 구성비율'은 표 3.2와 같다. 그리고 표 3.2의 비율에 의해서 전체 1,000 표본을 각 셀별로 할당하면 표 3.3과 같은 표본구성표가 작성된다.

그런데 조사결과를 분석할 시 지역에 상관 없이 연령별로 분석을 하거나 또는 연령에 상관 없이 지역별로 분석을 한다면 큰 문제가 없는데, 지역별/연령별로 분석을 하고자

| 표 3.3 | 권역별 표본구성표

표본구성	계	25~29세	30~34세	35~39세	40~44세	45~49세
강북서	164	29	36	38	31	30
강북동	328	58	77	80	61	52
강남서	296	54	67	71	57	47
강남동	212	28	40	52	51	40
계	1,000	170	220	241	201	168

| 표 3.4 | 보정한 표본구성표

표본구성	계	25~29세	30~34세	35~39세	40~44세	45~49세
강북서	250	50	50	50	50	50
강북동	250	50	50	50	50	50
강남서	250	50	50	50	50	50
강남동	250	50	50	50	50	50
계	1,000	200	200	200	200	200

한다면 일부 셀에 표본크기가 너무 작아서 통계적 추론을 수행하는데 문제가 있다. 예를 들어, 강남동 지역의 20대 주부는 표본크기가 28 표본에 그쳐 통계적 유의성에 문제가 있는 것이다. 즉, 강남동 지역의 20대 주부의 특성을 추정하기에는 표본크기가 너무 작아서 해석하기가 위험한 것이다.

이러한 경우 각 셀에 대하여 최소한 어느 정도의 표본크기 이상이 되도록 할당하고, 향후에 가중치를 부여하여 분석하는 것을 고려할 수 있다. 예컨대, 표 3.4와 같이 각 셀별로 동일하게 50 표본씩을 할당함으로써 최소 표본크기를 확보하여 각 셀별 특성을 파악하고, 전체 시장의 특성을 분석할 시는 각 표본에 그것이 속한 셀의 추출률(표본크기/모집단크기)을 고려한 가중치를 부여하여 분석하는 방법을 사용할 수 있다(이러한 표본할당과 분석에는 꽤 전문적인 지식이 필요하므로 표본조사 관련 서적을 참조하기 바란다).

즉, **전체 시장의 상황을 파악하는 것이 주목적이라면 시장의 구성비율에 의한 비례할당으로 표본을 할당하는 것이 효율적이고, 각 세부 집단(cell)별 특성을 파악하고자 할 때는 각 셀별로 최소 표본크기 이상을 할당하여 표본크기를 보정하고 필요한 경우 가중치를 부여하여 분석을 수행**할 수도 있다.

| 조사(데이터 수집)방법 조사대상자 정의와 표본구성표가 작성되면 어떤 방법으로 데이

터를 수집할 것인가에 대한 조사방법을 결정하여야 한다. **조사방법은 응답자의 특성, 얻고자 하는 데이터의 유형, 조사하고자 하는 제품의 유형 등을 고려하여 결정해야 하는데, 이 역시 원칙과 현실을 감안하여 결정**해야 한다.

과거 모 그룹의 기업이미지 진단에 대한 프로젝트를 진행하면서 기업 외부의 국민과 내부 직원들은 물론 그룹 임원들 및 사장단에 대한 조사를 진행할 때였다. 정량조사와 정성조사를 병행하여 동시에 진행하였으며, 정성조사는 그룹 심층좌담회 방법을 추진하였다. 그러나 계열사 사장단을 대상으로 좌담회를 진행하기가 현실적으로 불가능했다. 그룹 차원에서 진행하는 프로젝트이긴 하지만 계열사의 사장단을 정해진 시간과 장소로 모이게 하기에는 스케줄을 조정하기가 어려웠던 것이다. 할 수 없이 좌담회 진행을 포기하고 개별 심층면접의 방법을 선택하여 진행하였다.

또 다른 사례로 국내 300대 기업의 CEO를 대상으로 경영행태에 대한 실태조사를 진행할 때이다. 기본적으로 개별 면접조사를 시도하였다. 실태조사이기 때문에 정성보다는 구조화된 설문지에 의한 정량의 성격이 강한 조사였다. 개별 면접조사를 진행하다 보니 기업의 규모가 커질수록 대부분 비서실에 의해서 접촉이 이루어졌었다. 문제는 상당수의 비서실에서 조사에 응해줄 수는 있으나 CEO를 직접 만나거나 통화할 수 있게 스케줄을 조정해 주는 것이 아니라, 팩스로 설문지를 보내면 CEO에게 전달하여 작성한 후 팩스로 보내주겠다는 것이었다. 당시만 해도 이메일이 활발하지 않을 시점이었다. 결국은 어쩔 수 없이 개별 면접조사를 포기하고 대신 팩스에 의한 자기기입식으로 조사를 진행하였다. 물론, 자기기입식에 맞게 설문지의 형태나 표현을 수정해서 진행하였다. 이처럼 조사목적이나 내용에 따른 원칙적인 조사방법뿐 아니라 응답대상자의 특성에 따라 현실적으로 효율적인 조사방법을 선택하기도 한다.

한편, 조사목적이나 파악하고자 하는 내용이 시장실태 등에 대한 현상파악이라면 정량조사방법을 고려해야 하지만, 시장실태에 대한 원인이나 구매 및 소비행동에 대한 근원적 동인 등을 파악하고자 한다면 정성적 조사방법이 고려되어야 한다. 즉, 어떠한 형태의 데이터를 얻고자 하는가에 따라 적정한 조사방법을 선택하여야 하며, 이를 위해서는 각 조사방법에 대한 특징 및 장/단점에 대한 충분한 이해가 있어야 한다.

조사하고자 하는 제품의 특성에 따라 조사방법이 결정되기도 하는데, 특히 제품 테스트의 경우에는 테스트하고자 하는 제품의 유형 및 특성을 고려하여 테스트 방법을 결정하여야 한다. 음료 종류의 제품이나 간단하게 조리되는 즉석식품의 경우는 CLT를 통해서도 조사가 가능한 반면, 세제와 같은 생활용품이나 화장품, 아기 기저귀처럼 일정 기간동안 생활 속에서 사용해 보아야 하는 제품은 HUT 방법을 이용하여야 한다. 또한, 제품력 테스트뿐만 아니라 제품의 컨셉수용도 진단을 동시에 병행하는 상황이 요구될 수도 있으며, 이때는 좌담회를 통해서 진행하기도 하고, 가전제품이나 자동차와 같이 휴대하면서 조사하기가 불가한 상황에는 홀테스트(Hall Test) 방법을 고려하는 것이 타당할 것이다.

3.3.3 실사진행 관리

조사대상, 표본구성, 조사방법 등의 기본적인 조사설계가 확정되면 구체적으로 조사를 어떻게 진행할 것인가에 대한 계획이 수립되어야 한다. 우선 가장 중요한 것이 조사원(리서치 업계에서는 흔히 면접원이라고 한다) 교육 및 관리 방안이다. 학계나 기업의 마케터들이 자체적으로 진행하는 조사를 제외하고, 일반적으로 리서치 기관에서 종사하고 있는 조사원들은 거의가 특정 기관에 소속되지 않고 여러 리서치 회사에서 일을 하는 일용직의 근무형태이다. 즉, 거의 모든 조사기관에서 활동하는 조사원이 대부분 같은 사람들이라고 할 수 있는 것이다. 따라서 **이러한 조사원들을 어떻게 교육하고 관리하여 데이터의 신뢰성을 확보하는가에 대한 방안이 제시되어야 하며, 조사방법의 특성에 따라 조사원 교육 및 관리방안에 대한 구체적인 계획이 제시**되어야 한다. 전체 투입할 조사원의 규모 및 한 명의 조사원이 수행할 수 있는 최대 표본크기, 지역별이나 품목별 적정 조사원의 특성, CLT나 갱서베이(Gang Survey) 등의 조편성 및 인원, 자사 브랜드 및 경쟁 브랜드의 진행 표본크기 등 면접원에 의해서 발생할 가능성이 있는 오차를 최대한 줄일 수 있도록 관리하여야 하며, 구체적인 교육방안에 대한 계획이 수립되어야 한다.

한편, 대부분의 리서치 기관에서 활동하는 조사원들은(프로젝트의 특성에 따라 일부 예외가 있지만) 대부분 조사를 완성한 부수에 따라 수당을 지급받는다. 즉, 근무한 시간에 의한 시간당 수당이나 근무 일수에 대한 일당 수당이 아니라, 해당 면접원이 조사에 성공하여 완성한 설문지의 부수에 따라 수당이 지급되므로 가능한 짧은 시간에 많은 설문지를 진행하려고 할 수밖에 없다. 그러다 보니 고의적으로 불성실하게 설문조사를 진행하거나 아예 임의적으로 설문지를 작성해 오는 조사원이 적지 않은 실정이며, 이러한 상황은 특정 회사가 아니라 거의 대부분 조사기관의 문제이다. 한국조사협회 홈페이지에 불량조사원이 등록되어 있어서 소속사들이 불량조사원 리스트를 공유하여 조사원으로 투입되지 않도록 배제하고는 있지만, 협회에 소속되지 않은 국내 많은 소형 리서치 기관들에서 불량조사원들이 여전히 활동을 하고 있는 실정이다. 불량조사원이란 불성실하게 설문지를 작성하거나 아니면 아예 응답자도 없이 임의로 설문지를 작성해 오는 조사원을 말한다.

이러한 현실 속에서 리서치 기관에서는 조사자가 성실하게 조사를 진행할 수밖에 없도록 관리하고, 불성실하게 조사된 설문지를 찾아서 분석에서 제외하는 작업을 진행하며, 이러한 데이터의 신뢰성을 확인하는 작업을 '검증'이라고 한다. 우선 연구자가 정의한 응답대상자의 조건에 부합되는 응답자인가를 검증하고, 그 다음은 조사방법별로 연구자가 설계한 원칙대로 조사를 진행하였는가를 확인하는데, 이와 같은 검증에 대한 세부적인 방안과 사후 처리에 대한 계획이 수립되어 작성되어야 한다. 이러한 검증은 리서치 기관뿐 아니라 학계나 기업의 마케터가 자체적으로 진행하는 프로젝트에도 철저하게 확인되어야 하는 사항이다.

설문조사를 진행하다 보면 예상치 못했던 상황들이 발생을 하고 전체 조사가 어렵게 되는 상황이 벌어질 수 있는데, 연구자는 이에 대한 예측과 대책도 사전에 수립하여야 한다.

예를 들면, 고객 리스트를 통해서 조사대상자를 접촉하는 리스트 조사 시 개인정보에 매우 민감하게 반응을 하여 개인 정보유출 가능성의 불만을 강하게 제기하는 사람이 있는데(특히 금융산업의 고객일 경우에 강한 경향이 있다) 이때의 대응방안을 사전에 수립하고 조사원 및 관계자를 교육하여야 한다. 또는 기업체나 기관을 대상으로 조사를 진행할 시 응답대상자를 찾아내고 실질적으로 접근하기가 쉽지 않으며, 이러한 기관들을 대상으로 조사를 진행할 때 발생되는 어려움 및 해결 방안도 사전에 강구되어야 한다. 그밖에 제품 테스트를 진행할 때 냄새에 의한 오차를 제거하기 위한 환기 문제, 패키지 테스트가 요구될 때의 조명 문제, 맛 테스트의 경우 음용방법의 일치 및 테스트 순서 등 조사방법 및 제품이나 응답자의 특성에 따라 예측되는 문제점을 사전에 고려하여 해결방안을 수립하여야 한다. 조사가 진행되고 나서 예측치 못했던 문제점들이 발견되면 수습하기에 시간이 늦은 것이며, 따라서 유사한 조사를 진행해 본 경험을 가진 사람이나 전문가와 충분히 논의를 한 다음에 조사설계를 하는 것이 좋다.

조사원 관리 및 검증방안에 대해서는 〈3.5 실사 진행 및 관리〉에서 보다 구체적으로 설명한다.

3.3.4 조사항목 및 분석방안

조사대상과 진행에 대한 설계가 되면 **구체적으로 무엇을 파악할 것인지에 대한 질문항목을 작성**

하는데, 이때 중요한 것은 향후 분석방안과 최종적으로 도출할 결과의 형태를 염두에 두어야 한다. 많은 연구자들이 설문항목을 설계할 때 기존의 유사한 프로젝트 설문지를 참조하여 기계적으로 인용하거나 단순히 질문하고자 하는 항목을 나열하는 경향이 있는데, 이런 식의 계획서로는 어떤 결과가 도출될 것인지에 대해서 알 수 없음은 물론 나중에 설문지를 작성할 때 처음부터 다시 고민해야 하게 된다.

조사를 통하여 얻어진 데이터를 분석할 때는 단순히 빈도만으로도 해당 항목을 통하여 얻고자 하는 정보를 충분히 얻을 수도 있지만, 마케팅리서치에서 사용되는 많은 분석모형에서는 거의 정해진 계량적 분석방법과 이에 따른 설문항목 그리고 질문방법까지 모형화되어 있는 경우가 많다. 이러한 분석방법과 결과의 형태에 대한 고려가 없이 설문항목이 작성되면 향후 데이터 분석에 상당한 어려움을 겪을 수 있다.

또한, 각 설문항목의 분석결과를 사용할 활용방안도 고려가 되어야 하는데, 단순히 궁금한 내용을 병렬적으로 나열해서는 향후에 해당 설문항목을 왜 포함시켰는지조차 모르고 데이터를 버리는 결과로 나타날 수 있다.

즉, 질문하고자 하는 모든 설문항목은 구체적인 분석방안과 도출될 결과의 형태 그리고 어떻게 활용할 것인지에 대한 구체적인 계획이 하나의 덩어리로 계획서 작성단계에 제시되어야 한다.

3.3.5 기타 사항

전반적인 조사진행방안에 대한 설계와 조사항목이 작성되고 나면 프로젝트의 특성이나 해당 조직의 특성에 따라 필요한 사항들이 계획서에 포함된다. 예를 들면, 프로젝트 진행조직이나 담당자 프로파일, 진행에 소요되는 기간이나 비용, 기타 프로젝트를 효율적으로 진행하기 위한 방안에 대한 계획 등이 포함될 수 있다.

마케팅리서치 개요

3.4 설문지 작성

계획서가 작성되고 최종 의사 결정자의 승인이 마무리되면 작성된 계획서를 근거로 하여 실질적으로 조사를 진행할 설문지를 작성한다.

3.4.1 설문지 작성 순서

설문지 작성은 그림 3.3의 순서대로 진행하는 것이 좋지만 고도로 숙련된 전문가라면 굳이 이 순서를 따르지 않아도 무방하다.

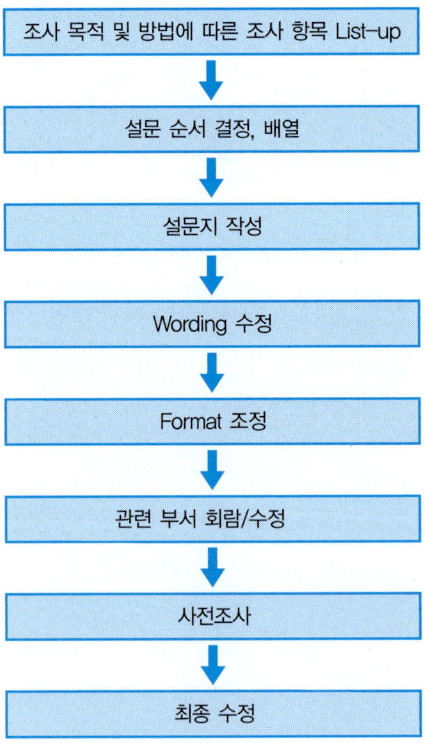

| 그림 3.3 | 설문지 작성 순서

(1) 우선 질문하고자 하는 설문항목을 단순히 나열하여 정리를 하는데, 이는 설문지 작성이 익숙치 않은 연구자의 경우에 질문항목의 순서 및 제시 방법 등까지 고려하여 초안을 작성하는 것이 매우 어렵기 때문이다. 물론 이때 질문항목을 통해서 파악하고자 하는 목적과 분석방법이 함께 고려되어야 하며, 백화점 식으로 무조건 생각하는 항목을 포함시키고 보는 욕심은 철저하게 지양되어야 한다.

(2) 질문하고자 하는 항목을 모두 배열하여 정리한 뒤에는 질문순서를 결정하여 배열하는데, 이때 질문순서에 의한 편향(bias)이 발생하지 않도록 주의하여야 한다. 설문조사는 앞의 질문에 따라서 뒤에 제시되는 질문의 응답에 매우 큰 편향을 야기할 수 있으므로 제시 순서에 주의를 기울여야 하는데, 이는 많은 연구자들이 자주 범하는 오류 중의 하나이다. 예를 들면, 라면 품목의 특정 브랜드 광고 인지도(전체 응답자 중에서 해당 브랜드의 광고를 기억하는 사람이 얼마나 되는지를 질문하는 항목)와 브랜드 인지도를 모두 파악하고자 할 때 "□□ 브랜드의 광고를 보거나 들어보신 적이 있으십니까?"하고 질문한 뒤에 "라면 브랜드 중에서 생각나는 브랜드를 생각나는 순서대로 모두 말씀해 주십시오"하고 질문한다면 어떤 결과가 나오겠는가? 당연히 앞에서 제시한 광고의 브랜드가 뒤에 제시되는 브랜드 인지도 질문에 엄청난 영향을 미칠 것이다. 또 다른 예로 특정 기업이나 브랜드의 이미지와 선호도를 파악하고자 할 때 해당 기업이나 브랜드의 이미지에 대해서 집중적으로 질문을 하고 나서 선호도를 질문하면, 응답자가 조사의 주체에 대한 눈치를 채고 해당 브랜드의 선호도에 대해서 호의적으로 응답을 할 수도 있을 것이다.

설문항목의 순서를 배열할 때 주의를 해야 하는 또 다른 요인은 유사한 질문항목끼리 묶어서 제시하는 것이 좋다. 예를 들어, 브랜드 및 광고 인지도, 구매 및 사용행태, 브랜드 선호도나 이미지, 사용 만족도 등의 질문을 모두 하려고 하는데 각각 범주의 세부 질문항목을 섞어서 질문한다면 응답자의 혼란을 야기할 수 있다. 물론 순서에 의한 편향(bias)이나 앞 질문에 의한 응답자의 학습효과, 중복되는 척도문항으로 인한 응답자의 짜증을 방지하기 위한 목적 등으로 인해 의도적으로 세부 항목을 섞어서 질문하는 경우도 있지만 가능하면 유사한 범주의 질문항목끼리 묶어서 제시하는 것이 좋다.

(3) 설문항목의 배열순서를 결정했으면 본격적으로 설문지화하는 작업을 하게 되는데, 이때 질문하는 방법에 주의를 기울여여 하며 질문방법에 따라 응답결과가 영향을 받을 수도 있고 향후에

분석하고자 하는 방법론에 따라 설문의 제시방법을 고려하여야 한다. 흔히 하는 말로 "한국말은 '아' 다르고 '어' 다르다"는 말이 있다. 설문조사야말로 정확하게 이 말이 해당된다고 할 수 있는데, 접속사나 조사의 사용에도 주의를 기울여야 하는 것이 설문지이다. 어떻게 질문하는가에 따라서 결과가 영향을 받음은 물론 상이하게 결과가 다르게 나타날 수도 있으므로, 가장 객관적으로 응답을 받을 수 있는 표현(wording; 설문지화하는 과정에서 구체적으로 말을 만드는 작업을 말한다)으로 작성되어야 한다.

한편, 이 책의 제2부에서 다양한 사례들을 통해서 설명하겠지만 마케팅리서치에서는 얻고자 하는 결과물에 따라 사용하는 통계적 방법이 있고, 이러한 분석방법에 맞게 데이터 구조 및 설문지의 형태를 만들어야 한다. 예를 들면, 브랜드 이미지의 지각도를 작성하고자 할 때 사용하려는 매핑(mapping) 방법에 따라서 질문의 형태를 맞추어서 질문하여야 한다. 물론 통계분석 패키지의 데이터 조작(handling)에 능숙하다면 DB(database) 구조를 조정하여 분석할 수는 있지만, 가능한 사용하고자 하는 통계분석 방법을 고려하여 질문지의 형태를 작성하는 것이 나중에 데이터 분석 시 편리하다.

설문지를 작성할 때 중요한 요인 중의 하나가 지시문의 제시이다. 지시문은 항목과 항목 사이에 건너뛰거나(skip) 응답자별로 질문해야 하는 해당 설문항목을 지시하는 기능을 한다. 예를 들면, 특정 브랜드의 사용자에게 만족정도를 질문한 후에 그 이유를 질문할 경우, 앞선 만족도 질문에서 만족한다고 응답한 사람에게는 만족의 이유를, 불만족한다고 응답한 사람에게는 불만족의 이유를 질문해야 하는데, 이때 응답해야 하는 질문항목으로 응답자를 안내하는 지시문이 없으면 불만족한 사람에게 만족의 이유를 묻거나 만족한 사람에게 불만족의 이유를 묻는 행태들이 실제로 많이 발생한다. 또 다른 예로 특정 광고의 호감도나 전반적 평가를 받으려고 할 경우, 먼저 광고 인지여부를 질문한 후 해당 광고를 인지한 사람에게만 호감도를 평가받아야 할 것이며, 이렇게 질문항목과 항목 사이에 건너 뛰거나 연결하는 지시문을 정확하게 구성하면 나중에 데이터 로직(logic)이나 에러(error)를 확인하는 설문지 에디팅 및 데이터 정제(screen) 과정에서 매우 편리하다.

(4) 설문지 일차 초안이 작성되면 표현(wording)을 검토하고 수정하는 작업을 거친다. 고도로 숙련된 전문가라면 굳이 이 과정을 거칠 필요가 없겠지만, 일차로 설문지 초안을 작성할 시 상세한 표현까지 고려하기에는 어려움이 다소 있으므로 표현의 수정 단계를 거치는 것이 좋다. 구체적으로는 ① 응답자가 이해하기 어려운 용어나 단어는 없는지, ② 전문

가들의 용어가 아닌 소비자의 언어로 구성이 되었는지, ③ 듣기에 딱딱하거나 다소 투박한 문어체의 어투로 작성되어 있지는 않은지, ④ 전화조사나 개별 면접조사, 갱서베이 등 조사방법에 맞게 표현이 되어 있는지, ⑤ 조사대상자의 응답을 유도할 가능성이 있는 객관적이지 못한 표현으로 작성되어 있지는 않은지 등 정확하고 신뢰성 있는 조사가 이루어질 수 있도록 설문지의 표현을 확인 및 수정하는 작업을 거친다.

(5) 설문지의 표현이 완성되면 포맷(format; 형태)을 다듬는 과정을 거치게 된다. 쉽게 얘기하면 설문지의 전반적인 외관과 모양 등을 꾸미는 작업으로서, 사소한 부분으로 간주될 수도 있지만 설문지의 전반적 구성이 어수선하고 짜임새가 없으면 조사자는 물론 응답자에게도 영향을 줄 수 있는 요인이다. 특히 자기기입식 조사의 경우 설문지의 전반적인 외형은 응답자의 설문응답에 대한 몰입이나 성실성에 큰 영향을 미칠 수 있는 요인이다. 또한, 특정 브랜드 사용이유 등을 묻는 주관식 질문에서 응답내용을 기록하는 공간의 크기에 따라서 응답의 구체성이 영향을 받으며, 주로 사용하는 브랜드를 질문하면 답란의 개수에 따라서 응답되는 브랜드의 개수가 달라지는 경향도 있다. 가능한 전문성이 느껴지고 전반적으로 깔끔한 느낌이 나도록 포맷을 짜임새 있게 구성하면서 질문의 형태나 내용에 따라 성실하고 구체적으로 응답할 수 있도록 외형을 조정해야 하는 것이다.

(6) 포맷까지 일차로 설문의 초안이 작성되면 관련 부서나 관계자들의 회람을 거쳐서 수정할 사항에 대한 의견을 수렴하게 되는데 시간이 허락하는 한 가능한 많은 사람이 검토하는 것이 좋다. 이는 여러 사람의 다양한 의견을 듣는다는 취지도 있지만, 미처 발견하지 못한 치명적인 오류를 여러 사람의 확인으로 찾아내고 수정하자는 취지가 더 강하다고 할 수 있다. 앞에서도 계속 언급했지만 설문지를 작성할 때는 각 질문항목의 사용목적과 분석방법, 결과물의 형태, 표현, 전체 항목의 배치 순서, 포맷의 조정, 지시문 등 동시에 고려하여야 할 사항이 수없이 많고 그만큼 복잡하고 어려운 작업인 것이다. 따라서 여러 번 확인해도 발견하지 못한 오류가 조사를 시작한 이후에 발견되어 재조사를 진행해야 하는 낭패를 겪는 일이 발생할 수 있다. 또한 설문항목의 구성내용에 있어서도 제품이나 브랜드 담당자, 리서치 담당연구자, 실사진행자, 전산처리 관련자 등 각 분야별로 담당하고 있는 업무나 역할에 따라 다양한 시각으로 설문지를 바라볼 수 있으며, 연구목적, 실사진행, 향후의 분석 등을 총체적으로 고려하여 각 담당자의 의견을 수렴하고 반영하여야 한다. 이때 조심해야 할 것은

각 분야나 부서별 담당자의 관심이 조금씩 다를 수 있으며, 이를 모두 반영하다가 최초의 방향을 잃고 설문지가 우왕좌왕하는 것이다. 즉, 각 부서의 사람들이 설문지를 검토하다 보면 "이것 하나만 추가하자"는 식의 요청이 많이 들어오고, 하나씩 추가하다 보면 전체 조사의 방향을 상실함은 물론 너무 길어져서 데이터의 신뢰성을 담보할 수 없는 설문지가 작성되는 것을 각별히 경계하여야 한다.

(7) 설문지가 완성되면 최종 확정을 하기 전에 예비조사를 반드시 걸쳐야 한다. 실질적으로 조사를 진행하다 보면 설문지 작성과정에서 미처 발견하지 못한 문제점 등이 발견될 수 있어 예비조사를 통하여 이를 발견하고 최종 수정하기 위함이다. 예를 들면, 응답자가 이해하기 어려운 용어가 있다든지 지시문이 잘못되어 있거나, 객관적이지 못한 표현이나 오타, 질문항목의 배열순서 등 앞서 설명한 모든 주의사항 등에 문제가 없는지 연구자가 발견하지 못한 오류가 실질적으로 조사를 진행하면서 조사자와 응답자에 의해서 발견이 될 수 있으며, 이를 최종적으로 확인하고 수정하는 단계이다.

(8) 최종 수정 및 설문지 확정　예비조사에서 발견된 오류 등을 반영하여 수정하고, 최종적으로 오타 등을 연구자가 다시 한 번 확인한 후 최종 설문지를 완성한다.

3.4.2 설문지 작성 시 주의사항

설문지 작성에 대한 가이드나 원칙에 대한 내용들은 시중에 이미 출판되어 있는 조사방법론 교재에 많이 설명되어 있으므로, 본서에서는 실무적으로 설문지를 작성하면서 느낀 주의해야할 사항에 대해서 몇 가지만 설명하도록 하겠다.

| 일반적 주의사항　설문지를 작성할 때 조사진행 상황은 물론 향후 분석 및 보고서 형태와 응답자의 특성, 조사방법 등을 종합적으로 고려하여 작성하여야 한다. 가장 대표적으로 고려해야 할 사항에 대해서 몇 가지를 나열식으로 설명하도록 한다.

(1) 설문지를 작성하면서 향후 검증할 검증문항을 미리 결정하고 메모를 하는 것이 좋다. 앞에서 설명한 것처럼 설문지가 작성되어 회수되면 사전 정의된 응답대상자의 조건에 부합되는

사람을 대상으로 조사를 진행했는지, 정해진 원칙대로 조사를 진행했는지를 확인하는 검증작업을 하게 된다. 한편, 일반적으로 연구자가 설문지를 작성할 당시에 가장 집중적으로 몰입이 되어 있는 상태이다. 따라서 설문지를 작성하면서 중요하여 확인이 필요하다고 생각되는 주요 문항에 대해서 별도로 메모를 해두면, 나중에 검증 가이드를 작성할 때 별도로 고민할 필요가 없이 효율적으로 작업을 진행할 수 있다.

(2) 주관식 문항의 경우 답을 기록할 수 있는 적정한 공간이 있어야 한다. 즉, 인지도나 사용경험 상표와 같이 여러 개의 단답식 복수응답을 하는 경우는 적정한 개수의 공간을 만들어야 한다. 답을 기록할 공간이 적으면 응답자나 조사원이 응답을 적게 기록하는 경향이 있는 반면, 반대로 공간이 너무 많으면 코딩을 할 때 컬럼(column; 열)의 수를 너무 많이 차지하게 된다. 사용이유나 브랜드 전환이유 등과 같이 깊이 있는 내용을 구체적으로 듣고자 하는 경우는, 충분한 공간을 확보하여 응답자가 얘기하는 부분을 조사원이 충분히 상세하게 적을 수 있도록 하여야 한다.

(3) 향후 코딩의 문제를 염두에 두고 작성하여야 한다. 즉, 컬럼의 수나 데이터의 입력구조 등을 고려하여 설문지를 작성해야 하는 것이다. 각 문항의 답란이 차지할 컬럼의 수, 입력되는 DB의 행과 열에 대한 구조 등을 고려하여 코딩 가이드를 작성할 수 있도록 한다.

(4) 특정한 통계분석을 염두에 두고 설문문항을 작성할 경우, 데이터의 구조 및 사용하려고 하는 통계 패키지의 특성을 고려하여야 한다. 데이터 조작(handle)이 숙련된 연구자라면 데이터의 구조를 사용하기 편하게 조작하여 분석을 할 수 있지만, 어떤 통계 패키지는 데이터를 잘못 입력하면 사용하고 싶은 분석방법을 사용하기에 상당히 불편해질 수도 있기 때문이다.

(5) 설문항목 간의 연관관계를 메모하면서 설문지를 작성한다. 앞에서도 잠시 언급한 것처럼 설문지를 작성하는 과정이 가장 설문지에 몰입되어 있는 상태이다. 한편 마케팅리서치에서 사용하는 설문지에서 때로는 문항과 문항 사이의 연관관계가 매우 복잡하여 설문지를 만든 당사자도 나중에 설문지를 보면 복잡해서 전체 구조가 머리에 잘 그려지지 않는 경향이 있다. 앞에 있는 질문의 답변내용과 뒤에 제시되는 질문의 답변내용이 일치

되지 않는 경우가 있는데, 이는 응답자가 불성실하게 응답을 하고 조사자도 무심히 기록을 하다보면 수없이 많이 일어날 수 있는 상황이다. 이렇게 복잡한 문항과 문항 간의 관계구조를 설문지를 작성하면서 그때그때 메모해두면 나중에 에디팅 가이드를 작성하거나 데이터 에러를 점검할 때 매우 도움이 된다.

(6) 전화조사의 경우 너무 많은 보기를 제시하지 말아야 하는데 많은 연구자들이 무심히 범하는 많은 실수이다. 즉, "다음 중에서 귀하께서 사용해 보신 브랜드가 있으면 모두 응답해 주세요"하고 질문한 뒤 보기를 20개 정도 읽어주는 전화조사 설문지이다. 대부분의 응답자는 5개 이하의 브랜드만 기억을 하고 응답을 할 것이다.

(7) 너무 많은 보기를 제시하고 선호순서 등을 질문하지 말아야 한다. 예들 들어, 컨조인트조사를 진행할 때는 10개 이상의 카드를 제시하고 그 선호 순서를 질문할 때가 많은데, 기본적으로 대부분의 응답자는 설문조사에 응할 때 별로 몰입도가 높지 않은 상황에서 수동적으로 질문에 응답을 한다고 보는 것이 좋다. 이러한 상황에서 10개 이상의 제품설명이나 디자인 등의 카드를 주고 선호순서를 질문하는 것은 무리한 시도이다. 〈제7장. 컨조인트조사〉에서 설명하는 것과 같이 보기를 분리해서 질문하는 등의 방법으로 응답자가 응답을 할 수 있도록 질문을 하여야 한다.

(8) 응답자가 응답을 꺼려하거나 사적인 내용을 질문할 때는 해당 정보의 필요성 및 사용방법에 대해서 설명을 하고 질문을 한다. 즉, 개인 재산, 연소득, 학력, 직업 등과 같이 사적인 질문을 할 때는 ① 사적인 정보 자체에 관심이 있는 것이 아니라 다른 질문과 연계하여 분석 시 분류 변수로 사용한다는 점을 설명하고, ② 가능한 주관식 질문 형태보다는 보기를 제시하는 객관식 질문 형태를 사용하되, 보기도 순서대로 배열하는 것이 아니라 무작위의 순서로 배열하여 제시하며, ③ 너무 상세하게 질문하지 말고 분석에 필요한 수준에서만 질문하고, ④ 가능한 설문의 뒷부분에 질문하되, ⑤ 응답내용은 통계적 분류에만 사용이 되고 개인의 응답정보는 통계법에 의하여 비밀이 절대 보장됨을 설명한다.

(9) 응답자가 응답할 수 있는 내용인지를 고려하여야 한다. 예를 들어, 보험상품의 약관에 대한 고객들의 만족도나 의견에 대해서 듣고자 일반 고객들에게 질문을 한다면 상당수의 응

답자는 무응답으로 일관할 수 있다. 약관 내용에 대해서 잘 모르고 있을 수 있기 때문이다. 또는 입사한지 일년도 되지 않은 신입사원에게 회사의 정책수립 및 집행에 대한 의견 등을 질문하는 것도 무리한 질문인 것이다.

(10) 응답자가 응답을 해도 되는 내용인지를 고려해야 한다. 기업의 운영실태나 B2B 상품의 시장진단 프로젝트를 진행하는 많은 연구자들이 궁금해 하는 내용 중의 하나가, 조사 대상 기업의 매출, 수익은 물론 직원현황과 같은 조직구조에 대한 질문이다. 그러나 대부분의 응답자들이 회사의 내부정보에 대해서는 응답하지 않으려고 한다. 설사 질문내용이 절대 보안이 요구되지 않는 신문 등에 이미 공개되는 정보라 해도 응답하기를 꺼려하는 질문이 있다.

(11) 주관식 질문은 브랜드 사용이유 등과 같은 감성적인 내용이 아니면 가능한 지양하는 것이 좋다. 주관식 질문의 답변내용은 데이터를 입력하기 위하여 유사한 답변내용끼리 동일한 번호(수치)를 할당하여 범주화시키는 작업을 하게 된다. 이러한 작업을 코딩이라고 하는데 이 코딩 과정에서 연구자의 상당한 주관이 개입되게 된다. 또한 유사한 내용을 동일한 번호(수치)로 묶는 과정에서 번호를 잘못 할당하거나 엉뚱한 범주에 분류하는 등의 오류를 범하게 될 수도 있는데, 이 사소한 오류로 인해서 엄청나게 잘못된 결과가 나타날 수 있다.

(12) 객관식 질문은 응답이 나올 수 있는 가능한 모든 보기를 제시하여야 한다. 상표를 묻는 질문과 같이 시장에 출시되어 있는 보기가 정해진 경우는 문제가 되지 않으나, 특정 상표의 사용이유나 상표 전환이유, 제품 구매 시 고려 요인과 같은 주관식 성향이 강한 질문은 제품 담당자와 협의하에 응답될 수 있는 모든 보기를 꼼꼼히 챙겨서 보기를 제시하여야 한다. 필요하다면 심층 좌담회와 같은 방법을 통해서 소비자가 응답할 수 있는 가능한 보기를 사전에 모두 도출하여 제시한다. 만약 질문에 대한 응답내용을 예측하기가 어려운 상황이라면 제시된 보기에 기타 의견을 적을 수 있는 공간을 만들되, 이때 가능한 구체적으로 응답을 받을 수 있도록 한다.

(13) 응답자가 한참을 생각하고 응답을 해야 하는 항목은 가능한 설문지의 뒷부분에 위치시킨다. 마

케팅리서치의 설문항목 중에는 응답자가 질문내용을 듣거나 읽자마자 바로 응답할 수 없고 한참을 생각해야 응답할 수 있는 질문항목이 있다. 이러한 항목들이 앞부분에 질문되면 응답자들이 피곤과 짜증을 느껴서 뒷부분 질문내용의 응답에 성실성이 저하될 수 있다.

(14) 전체 응답자가 아닌 일부의 응답자만 응답을 할 수 있는 질문은 유효 표본크기가 되는지를 고려해야 한다. 예를 들어, 손해보험 회사의 고객만족도 조사 설문지를 작성하는데 보험 모집인, 보장내용 등의 상품성, 사고 시 보험금 수령 등의 항목에 대해서 질문한다고 가정할 때, 사고보험금 수령 서비스 항목은 경험이 있는 응답자만 응답을 할 수 있는 것이다. 만약, 전체 조사의 표본크기가 500명이라고 할 때 5% 미만, 즉 25명 미만의 응답자만 사고 보험금 수령 경험이 있다면 해당 회사의 보험금 수령 서비스에 대한 고객만족 정도를 추정하기에는 표본크기가 너무 작아서 통계적으로 유의한 의미를 갖지 못하는 것이다. 따라서 전체 응답자가 아닌 일부의 응답자만 응답을 하는 질문은 각 문항별로 전체 모집단 중에서 해당 응답을 할 수 있는 비율을 확인하고, 해당 항목에 응답할 수 있는 표본크기를 강제 할당하여 표본을 구성하거나 전체 표본크기를 증가시키는 등의 대안을 마련해야 한다.

(15) 추상적이거나 개념적인 질문을 하지 말아야 한다. 예를 들어, "□□ 보험상품을 어떻게 가입하게 되었습니까?"라는 질문을 한다고 가정하자. 이러한 질문은 두 가지 의미가 있으며, 응답자들은 두 가지 방향으로 응답을 할 수 있다. 해당 상품을 가입하게 된 동기나 이유가 응답될 수 있고 혹은 가입경로가 응답될 수 있을 것이다. 기본적으로 설문조사의 분석은 전체 응답내용 중에서 각 응답의 비율을 우선적으로 살펴보는데, 이렇게 두 가지 방향으로 응답이 나오면 그 해석상 해당 질문항목이 무의미하게 된다.

(16) 브랜드별로 각각의 속성을 척도로 평가하는 설문은 동일한 설문지에 2개 이상 포함되지 않도록 하는 것이 좋다. 앞에서 잠시 언급했지만 5개의 브랜드에 대해서 10개의 이미지에 대한 평가를 한다면 모두 50개의 질문항목이 되며, 이러한 설문지가 2개라면 100개의 설문항목이 되는 것이다. 설문조사에서 발행하는 비표본오차는 조사원이 야기하는 에러, 코딩 및 펀칭 등의 자료처리에서 발생하는 에러는 물론 응답자의 불성실한 응답으로 인해 발

생하는데, 이렇게 중복적이고 지루한 설문지는 응답자의 불성실한 응답을 야기할 가능성이 매우 큰 설문 형태이다. 이러한 유형의 설문항목을 불가피하게 포함시켜야 할 때는 각 브랜드별로 어울리는 이미지를 선택하게 하거나(50개의 설문항목이 5개의 설문항목이 된다) 아니면 각 이미지별로 해당되는 브랜드를 중복응답하게 하는 식으로(50개의 설문 항목이 10개의 설문 항목이 된다) 설문의 형태를 바꾸어도 결과가 가지는 자료의 의미는 유사하게 분석할 수 있다. 일반적으로 이러한 유형의 질문항목은 각 브랜드별로 강약점을 찾거나 이미지 매핑(mapping)을 통한 소비자들의 브랜드 지각도를 그리고자 하는 목적이 많은데, 후자와 같은 방식으로 질문을 하여도 데이터의 구조에 맞는 통계적 분석방법으로 동일한 결과를 얻을 수 있다.

(17) 설문지를 작성할 때 가장 중요한 것은 응답자의 입장에서 설문지의 길이를 생각해 보아야 한다. 조사의 목적에 반드시 필요한 문항인가를 꼼꼼히 생각하고 가능한 간략하게 작성하는 것이 좋다.

| 설문문항 순서배열 시 주의사항 설문문항 제시순서에 의한 응답자 편향의 방지와 데이터의 신뢰성 확보를 위해 설문문항의 배열순서도 주의를 기울여야 하며 그중 대표적인 사항 몇 가지만 소개하도록 하겠다. 여기서 설명하는 설문항목의 배열순서는 일반적인 원칙들이며, 각 프로젝트의 특수성에 따라서 탄력적으로 배열될 수 있다.

(1) 첫 질문은 쉽게 응답할 수 있는 용이한 질문으로 시작한다. 처음부터 어려운 질문으로 시작하면 응답자가 중간에 포기를 하고 응답을 중단하는 경향이 종종 있어서 처음에는 상대적으로 응답하기가 쉬운 질문부터 시작하는 것이 좋다.

(2) 유사한 내용의 설문문항이 주관식 문항과 객관식 문항에 섞여 있다면 가능한 주관식 문항을 먼저 질문하고 다음에 객관식 문항을 질문하는 것이 좋다. 주관식 문항은 응답자가 아무런 암시나 학습도 없는 상태에서 자신의 생각이나 느낌, 상태를 응답해야 하는데, 객관식 문항이 먼저 질문되면 제시된 보기에 의해 주관식 질문의 응답이 영향을 받을 수 있기 때문이다.

(3) 설문의 내용은 전반적인 질문에서 구체적인 질문의 순으로 배열하되 내용별로 묶어서 질문하는 것이 좋다. 예를 들면, 브랜드에 대한 인지도를 질문한 다음 인지하고 있는 브랜드에 대한 사용행태와 같은 전반적인 시장상황 지표를 측정하는 항목으로 시작해서, 브랜드 이미지 혹은 제품에 대한 니즈나 추구 편익과 같은 인식의 문제가 다음에 위치하고, 새롭게 출시하려고 하는 제품에 대한 수용도를 진단하는 식으로 자연스럽고 논리적인 순서에 맞게 배열하는 것이 좋다.

(4) 유사한 성격의 설문항목이나 범주의 항목은 가능하면 같은 면(page)에 제시하는 것이 좋다. 응답자의 설문응답에 대한 몰입과 내용의 논리적 흐름에 의한 조사진행을 위함이다.

(5) 응답자의 신상에 대한 질문은 뒷부분에 배열하는 것이 원칙이지만 응답자의 조건을 확인하는 응답자 선정에 대한 질문은 앞부분에 위치시킨다. 본 질문을 모두 응답받은 다음에 응답자 선정에 대한 질문의 결과로서 적격한 응답자가 아니면 사용할 수 없는 자료가 되기 때문이다.

(6) 브랜드별 이미지나 속성을 각각 척도로 응답받는 설문항목은 가능한 뒷부분에 위치시킨다. 이러한 유형의 설문항목은 응답자의 피곤과 짜증을 유발하기 쉬우므로 앞부분에 질문이 되면 뒤에 나오는 다른 설문항목 응답의 신뢰성에 영향을 받을 수 있기 때문이다.

(7) 라이프스타일이나 가치관을 질문하는 문항과 같이 척도평가 문항이 반복될 경우에는 여러 페이지에 나누어 분리하여 질문하는 것이 좋다. 반복되는 척도문항에는 응답자가 건성으로 응답을 할 가능성이 많고 피곤을 느낄 수 있기 때문이다.

| 설문항목의 표현 시 주의사항 설문조사는 표현(wording)을 어떻게 하느냐에 따라 동일한 내용의 주제에 전혀 다른 결과가 나올 수 있어 항상 객관적 조사결과를 얻을 수 있도록 주의하여야 한다.

(1) 설문지의 전반적인 표현은 조사자와 응답자가 평상시 대화하는 식으로 작성하여, 조사원이 임의대로 읽는 것이 아니라 설문지를 있는 그대로 읽으면서 진행할 수 있도록 대화체로

작성한다. 대화체가 아닌 문어체로 작성을 하면 현장에서 조사원이 읽으면서 임의대로 대화체로 바꾸어서 질문을 하게 되는데, 이때 조사원의 질문하는 방식이나 말투에 따라 전혀 다른 응답이 나타날 수 있기 때문이다. 따라서 **모든 조사원이 동일한 말투로 질문항목을 읽으면서 진행할 수 있도록 대화체로** 작성하여야 한다. 이때 설문지에 있는 그대로 읽으면서 조사를 진행하도록 조사원의 철저한 교육도 반드시 이루어져야 한다.

(2) **연구자의 편견이 개입되지 않고 중립적인 문항으로 가치중립성을 지켜야 한다.** 예를 들어, '□□ 브랜드의 선호도'와 '세계적 일류 기업 □□ 브랜드의 선호도'는 응답자들에게 전혀 다른 느낌과 그에 의한 응답결과가 나타날 것이다. 또한 '대통령 후보 □□□'와 '서민 출신 대통령 후보 □□□'는 응답자들이 알고 있는 사실이라고 해도 응답자의 조사 결과를 유도하는 전형적인 예이다.

(3) **질문하는 형태가 한쪽에 치우치지 말고 균형**을 이루어야 한다. 예를 들면, "□□ 브랜드의 가전제품은 제품의 가치 대비 가격이 비싸다고 생각하십니까?" 하고 질문하는 것과 "□□ 브랜드의 가전제품의 제품 가치 대비 가격의 적당함에 대해서 어떻게 생각하십니까?" 하고 질문하는 것은 전혀 다른 결과가 나타날 수 있는 것이다.

(4) **긍정적인 진술이나 부정적인 진술에 대해서만 평가를 받지 말고 양 방향의 평가를 받는 방식으로 표현이 작성**되어야 한다. 예를 들면, "□□ 브랜드에 대해서 얼마나 만족하십니까?" 또는 "□□ 브랜드에 대해서 얼마나 불만족하십니까?" 하는 방식의 표현은 이미 한쪽 방향으로 응답을 유도하고 있는 것이며, 특히 전자의 표현은 자주 볼 수 있는 오류의 예이다. **"□□ 브랜드에 대해서 얼마나 만족 또는 불만족하십니까?"**하고 질문하는 것이 올바른 표현이다.

(5) **응답자가 모르는 기술적 용어 등의 단어 사용에 주의**해야 한다. 설문지를 작성하다 보면 습관적으로 특정 업무의 종사자들끼리만 사용하거나 혹은 다소 어려운 단어를 무심코 사용할 수 있다. 이는 응답자의 거부감을 야기하여 전체 조사에 부정적인 영향을 줄 수 있으므로 조심해야 한다. 부득이하게 전문 용어를 사용할 수밖에 없는 상황이라면 응답자가 참고할 수 있는 명확하고 간결한 설명이 부가되어야 한다.

(6) 불명확한 단어나 추상적 형용사를 사용하지 말아야 한다. 예를 들면, "다음 중에서 가격이 참신하다고 생각되는 브랜드는 어느 것입니까?" 또는 "다음 제품의 기능 중에서 신선하다고 생각되시는 기능은 무엇입니까?" 하는 식의 설문방식을 지양하여야 한다. 일상생활에서 대화를 할 때 이러한 추상적인 형용사를 사용하기도 하지만 설문조사에서는 제품의 속성이나 특성, 기능에 그 뜻이 명확하지 않은 형용사는 사용하지 않은 것이 좋다. 사람마다 형용사에서 느끼는 감성적인 부분이 다르고 따라서 응답의 기준도 다를 수 있기 때문이다. 가격은 '저렴하다', '비싸다', '적당하다' 그리고 제품의 기능은 '마음에 든다', '나에게 필요하다', '유용하다' 등과 같이 그 의미가 모든 사람에게 동일하게 느껴지는 단어를 사용하여야 한다. 물론 브랜드나 광고모델 등의 이미지를 질문하는 항목은 예외이다.

(7) 한 문항에는 한 가지 의미의 질문만 포함되어야 하고 복합적인 내용의 질문은 지양하여야 한다. 예를 들면, "가격이 적당하고 구매하고 싶은 브랜드는 무엇입니까?" 또는 "다음 중에서 추진력이 있고 신뢰할 수 있는 대통령 후보는 누구입니까?" 같은 식의 질문은 전혀 다른 두 개의 질문을 한꺼번에 묻고 있다. 가격이 적당한 브랜드와 구매하고 싶은 브랜드는 동일할 수도 있지만 전혀 다른 브랜드일 수도 있는 것이며, 추진력이 있다고 생각되는 후보와 신뢰할 수 있다고 느껴지는 후보는 다른 후보일 수 있는 것이다.

지금까지 설문지 작성 시 유의해야 할 사항에 대해서 설명을 했으나 이밖에도 주의하고 지켜져야 할 사항은 무수히 많으며, 또한 상황에 따라서 연구자가 탄력적으로 구성을 하는 것이지 반드시 지켜야 하는 원칙이라고 할 수는 없다. 기본적으로 연구자의 의견과 생각이 개입되지 않고 모집단의 사실을 객관적으로 파악할 수 있는 설문지, 조사자의 편향(bias)이 야기되지 않는 설문지를 작성한다는 원칙을 설문지 작성 시 가장 최우선적으로 고려해야 한다.

마케팅리서치 개요

3.5 실사진행 및 관리

설문지 작성이 완료되면 실질적으로 응답자를 대상으로 조사를 진행하여 데이터를 수집하는 과정을 **자료수집** 또는 **실사진행**이라고 한다. 실사진행 과정은 그림 3.4와 같이 조사원을 교육하고 필요한 자료나 조사원별 할당표를 작성하는 등의 **'실사준비'** 과정과 **'설문지를 배포하고 회수'**하는 과정 그리고 회수된 설문지가 원칙대로 조사가 진행되었는지를 확인하는 **'검증'** 과정과 설문항목간 응답에 논리적 오류가 없는가를 확인하는 **'에디팅'** 과정이 포함된다.

| 프로젝트 관련자 사전회의 마케팅리서치 프로젝트를 진행하는 과정에서 표본구성과 조사방법, 실사진행 계획에 대해서 연구 담당자나 책임자가 일괄적으로 설계하고, 의사결정한 후에 조사원이나 실사 관리자 또는 전산 담당자에게 일방적으로 통보하여 진행하는 경

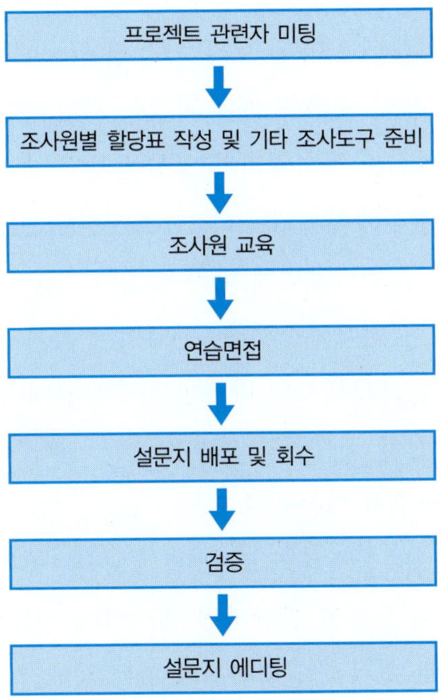

| 그림 3.4 | 실사진행 과정

우가 종종 발생한다. 그러나 이렇게 진행하다 보면 사전에 예상치 못했던 문제들이 실사를 시작하고 나서 진행되는 과정이나 또는 자료수집이 끝난 후에 발생하여 곤혹스러운 상황들이 발생할 수 있다. 한 사람의 구상에 의하여 계획되고 진행되다 보면 미처 고려하지 못한 요인들이 발생할 수 있으며, 실사, 전산, 분석의 다양한 요인들을 모두 챙기지 못할 수가 있기 때문이다. 각 업무분야에는 담당자들의 경험과 직관에 의한 의사결정이 좀 더 효율적일 수 있으며, 한 사람보다는 여러 사람의 의견과 경험을 수렴하여 최종 프로젝트 진행계획을 수립해야 하는 것이다. 따라서 전반적인 조사설계가 끝난 후 실질적으로 실사를 진행할 때는 **실사 담당자, 전산 담당자 그리고 담당 연구원이 프로젝트의 배경 및 목적에 대해서 충분히 공유를 하고, 이에 따른 표본설계나 조사방법에 대한 유의사항 및 진행 중에 발생할 수 있는 문제점들에 대해서 사전에 예측을 하고 해결방안을 사전에 수립**하는 미팅 과정이 반드시 필요하다. 실사진행 담당자들이 일방적으로 통보된 표본구성표와 관련 가이드만을 참고하여 진행할 때와 프로젝트 목적과 배경 등의 특수성을 이해하고 진행할 때 순간의 의사결정과 진행 중 발생하는 각종 문제들에 대한 대처능력은 그 효율성 측면에서 엄청나게 다르다.

| 조사도구 준비 전체 목표 표본크기 중에서 조사원별로 할당하는 할당표를 작성하거나 투입 조사원을 선발하고 실사에 사용될 보기카드, 컨셉(concept)카드 등을 제작하는 등 실사진행에 사용될 각종 도구 및 준비를 하는 과정이 있다. 이때 조사원 선발, 할당표 작성 및 조사도구의 준비에 따라서도 조사결과가 영향을 받을 수 있다는 점을 주의해야 한다.

먼저 **프로젝트의 성격과 특성에 부합되는 적정한 조사원을 선발**하여야 한다. 가구방문 개별면접조사, 전화조사, CLT 등 조사방법에 따라 특정한 기준을 가진 적정한 조사원이 필요한 경우가 있으며, 조사를 진행하고자 하는 산업이나 품목에 따라서 혹은 응답대상자의 특성에 따라서 조사지역 등 프로젝트의 다양한 특수상황에 각각 부합되는 조사원을 선발하고 투입하여야 한다. 적정한 조사원의 선발은 바로 실사 진행의 효율성과 데이터의 신뢰성에 직접적으로 영향을 주기 때문이다.

전체 표본크기 및 조사의 특수성에 따라 조사원별 할당되는 표본크기도 고려를 해야 한다. 한 명의 조사원에게 너무 많은 표본을 할당하면 데이터의 신뢰성에 문제가 발생할 수 있지만, 특수한 집단을 대상으로 조사를 진행하거나 또는 정해진 장소에서 인터셉트(intercept) 조사를 진행하는 등 프로젝트의 성격에 따라서는 소수의 조사원을 집중적으로 투입하여 진행하는 것이 효율적일 수도 있기 때문이다.

실사진행에 사용되는 도구에 따라서도 결과가 영향을 받으며 객관적이지 못한 결과를 유도할 수가 있다. 예를 들면, 사무직 커리어 우먼을 표적집단으로 하는 신상품을 광고하려고 적정 모델을 탐색하는 조사를 진행한다고 하자. 여러 명의 모델 후보자들의 프로파일 사진과 신상품 컨셉 설명카드를 조사대상자들에게 보여 준 후 신상품에 어울린다고 생각되는 모델을 질문하는 방식으로 진행하려고 한다. 이때 한 명의 모델 후보는 여성정장을 한 사진이고, 다른 후보자들의 프로파일 사진은 청바지 차림이나 캐주얼 차림의 복장으로 찍은 사진을 제시한다고 가정하자. 신상품의 컨셉이 사무직 커리어우먼을 대상으로 한 제품인 것을 고려한다면 조사를 하나마나 결과는 뻔한 것이다. 물론 극단적인 사례이기는 하지만 실질적으로 저자가 지켜보았던 프로젝트 사례이며, 이처럼 **실사진행에 사용되는 도구의 외형이나 사소한 부분에 의해서 결과가 영향을 받을 수 있으므로 객관적이고 정확한 조사가 진행될 수 있도록 꼼꼼한 준비가 필요**한 것이다.

| 조사원 교육(OT) 프로젝트를 진행하면서 일정이나 기타 환경적 요인에 쫓기다 보면 설문지가 완성되고 바로 인쇄해서 조사에 투입되는 경우들이 종종 발생한다. 그러나 기본적으로 조사에 투입되는 조사원은 프로젝트의 특성은 물론, 설문지의 전반적 흐름에 대한 충분한 숙지를 한 다음에 조사를 진행해야 한다. 프로젝트에 대해 필요한 이해가 없이 심지어는 현장에서 응답대상자를 만나서 처음 설문지를 읽는 조사원이 발생하는 상황도 있는데, 이럴 경우 설문항목의 의미나 내용에 대한 응답자의 질문에 적절하게 대응을 하지 못함은 물론 자연스럽지 못한 조사진행에 의해 에러를 야기할 수도 있다. 특히 리서치 전문기관에서 활동하는 조사원들은 설문지에 익숙하다 보니 교육에 제대로 참석하지 않고 조사에 투입되는 상황들이 발생하는데, 대부분 이러한 경우에 조사원과 응답자에 의한 다양한 에러들이 발생할 수 있다.

따라서 프로젝트의 특수성 그리고 응답자 특성 및 유의사항에 대해서 충분히 숙지를 할 수 있도록 교육을 해야 하며, 설문지는 모든 조사원이 처음부터 끝까지 꼼꼼히 정독을 하고 흐름을 이해한 다음에 조사에 투입되어야 한다. 가능하면 조사원끼리 짝을 이루어서 한 명은 조사원, 다른 한명은 응답자의 역할을 교대로 해보는 롤플레이(role play; 역할극) 과정을 반드시 해보는 것이 좋다. 일종의 공연을 앞둔 배우들의 리허설이라 할 수 있다. 한편, 여러 개의 브랜드에 대한 이미지 또는 선호도 등의 평가를 받는 설문조사 시에는 조사의 주체가 누구인지를 조사원도 모르게 하는 것이 좋다. 조사원의 편견에 의한 편향(bias)이 발생할 수도 있기 때문이다. 물론, 리스트조사와 같이 특정 기업의 고객 리스트를 통하여 응답자에게 접촉하는(contact) 특수한 경우는 예외이다.

조사원 교육 시는 코딩, 검증, 펀칭 담당자들도 함께 교육에 참석하여 프로젝트의 특성에 대한 이해 및 조사원들이 지켜야 하는 조사진행 원칙에 대해서 함께 공유하고 있어야 한다.

| 연습면접 연습면접이란 연구자가 설문지를 작성하는 단계에서의 예비조사나 조사원 교육 시에 진행하는 롤플레이(role play)와 반복되는 과정이라고 볼 수도 있겠지만, 그 대상과 목적의 관점에서 볼 때 다른 과정이고 반드시 필요한 과정이다. 롤플레이가 설문지의 최종 수정단계나 교육단계에서 내부의 인원에 의한 확인이라고 하면, 연습면접은 **연구자가 설정한 표본모집단의 특성에 부합되는 응답대상자를 대상으로 실제 조사에 투입되는 조사도구와 설문지를 가지고 실제 상황에서 조사를 진행하며, 응답자가 어려워하는 점이나 설문지의 문제점을 마지막으로 점검**하는 단계이다. 이는 모든 조사원이 진행하지는 않고 상대적으로 숙련된 소수의 조사원에 의해서 5부~10부 정도 진행하는데, 조사진행 중에 발생한 문제점이나 조사원들의 의견에 대해서 연구자가 최종적으로 수렴을 한 후에, 조사진행 여부를 결정하거나 설문지 최종 수정 및 조사진행 시의 유의사항을 전체 조사원들에게 전달을 하는데, 실질적으로 큰 문제가 없는 한 이 단계에서 조사진행 여부의 결정보다는 진행상의 유의사항이나 설문지의 수정사항을 발견하는데 더 큰 목적이 있다.

| 설문지 배포 및 회수 설문지 배포 및 회수 방법이나 절차는 개별 면접조사, 전화조사, CLT, HUT 등의 조사방법에 따라 각각 다르게 진행된다.

(1) **개별 면접조사**는 각 조사원들에게 일정 분량의 설문지를 배포하고 조사원이 조사를 진행해서 다시 제출하는 식으로 회수를 하는데, 각 조사원들에게 표본를 할당하고 진행상황을 체크하는 작업이 쉽지 않다. 즉, 연령이나 성별 또는 브랜드별로 각각의 조사원들에게 응답자 특성별 목표 표본수를 할당하기는 하지만, 조사원들이 외부에서 각각 별개로 진행을 하기 때문에 전체 진행부수에 대한 확인 및 관리를 잘 해야 전체 표본구성에 맞게 조사를 완료할 수 있다.

또한, 조사된 설문지에 대한 검증을 가능한 빠른 시간 내에 진행해야 하는데, 시간이 경과되면 응답자의 기억이 희미해서 정확한 검증을 진행할 수 없게 된다.

(2) 전화조사는 전화조사실이라는 정해진 장소에서 각 조사자가 응답자 조건에 맞는 대상자를 찾아서 조사를 진행하다가, 일정 정도의 조사가 진행되면 각 응답자 특성별로 목표부수와 완료부수를 확인해서 부족한 응답집단을 채워 나가는 식으로 진행을 하게 되는데, 정해진 장소에 모여서 진행을 하기는 하지만 여러 명의 조사자가 동시에 각각 조사를 진행하기 때문에 전체 진행상황을 확인하고 관리하여 과(over)표본이 최소가 될 수 있도록 관리해야 한다. 최근에는 CATI라는 조사시스템에 의해서 자동으로 목표한 할당표본(quota) 관리를 하는 것이 일반적이다.

(3) CLT는 통상적으로 2개 이상 복수의 장소에서 팀별로 진행을 하게 되는데(물론 표본크기가 작거나 지역적 특성이 있을 때는 한 곳에서 진행을 하기도 한다), 이때 각 팀별로 진행해야 할 표본크기를 할당한다. 진행을 하다보면 지역적 특성에 따라 장소별로 상대적으로 진행이 잘 되거나 잘 진행이 되지 않는 응답자 특성이 있다. 따라서 매일 팀별(장소별) 진행상황을 확인하고 전체 표본을 관리해야 하는데, 기본적으로 매일 조사가 완료된 후 당일이나 익일 관리자에게 진행상황 및 특이사항을 보고하고, 필요한 재교육을 받은 후 다음날 조사에 투입되는 것이 원칙이다.

(4) HUT는 〈제2장. 조사방법의 종류〉에서 설명한 제품유치 순서나 회전(rotation) 등의 표본설계에 따라 조사자들을 통하여 제품과 설문지를 배포하고, 일정 기간 유치기간이 지난 다음 회수하는 식으로 진행을 하는데, 기본적으로 배포와 회수의 방식은 개별 면접조사와 크게 다를 것이 없다. 다만, 2차 이상의 방문을 통하여 진행을 하는데 1차 방문에 사용할 설문과 2차 이후에 방문할 설문지를 동시에 조사원에게 배포하지 말아야 한다. 1차 방문에 필요한 교육을 진행한 후에 1차 유치 제품과 설문지만을 배포하고 진행한 뒤에, 2차 방문하여 조사할 설문지는 반드시 2차 방문 시에 필요한 교육을 진행한 후에 배포하는 식으로 진행하여야 한다.

| 검증 검증은 조사자의 고의 또는 실수에 의해서 발생하는 에러를 확인하고 수정하는 과정으로서, 가장 이상적으로는 진행하여 회수된 설문지를 100% 검증하는 것이다. 그러나 100%

검증은 비용과 시간이라는 현실적 여건상 어렵고, 조사원별로 일정 비율의 표본을 무작위로 추출하여 검증을 진행하는 경우가 더 많은 것이 현실이다. 즉, **개별 조사원이 진행하여 회수된 설문지 중에서 일부를 무작위로 추출하여 검증을 진행하고, 검증을 진행한 설문지 중에서 일정 비율 이상의 에러가 발견되면 해당 조사원이 진행한 설문지는 모두 폐기하고 사용하지 않는 것**이 일반적인 원칙이다. 조사기관이나 담당 연구자에 따라 다소 차이는 있지만 응답자의 접촉 난이도, 프로젝트의 중요도나 시급성의 특성에 따라 검증 비율과 해당 조사원이 진행하는 설문지를 모두 폐기하는 기준으로 사용되는 에러 설문지의 비율을 조정한다.

검증문항은 연구자가 정의한 표본모집단, 즉 조사대상자의 조건에 부합되는 사람을 대상으로 조사를 진행했는지 여부와 정해진 원칙대로 조사를 진행했는가를 확인한다. 조사를 진행해야 하는 **응답자의 선정조건이 어렵거나, 조사기간이 짧거나, 설문지가 길거나, 설문지가 복잡하거나, 한 명의 조사원에게 너무 많은 설문지를 진행하게 하면 에러율이 급격하게 높아진다.**

개별 면접조사와 유치조사 등의 외부에서 진행하는 조사는 부적절한 응답대상자에게 조사를 진행하는 에러와 설문지를 모두 질문하지 않고 일부분만 질문하고 나머지는 임의로 작성하는 에러가 많이 발생하는데 설문지가 길어질수록 그 정도가 심하다.

CLT는 외부에서 진행을 하지만 팀 단위로 진행을 하기 때문에 부적절한 응답자 선정과 같은 고의적이고 악의적인 에러는 적은 편이지만, 조사진행 환경이나 분위기에 따라 정해진 원칙을 철저하게 지키지 않고 편법을 사용하면서 진행하는 에러가 많이 발생하여 현장을 감독하는 팀장의 역할이 특히 중요하다. 몇몇 리서치 기관에서는 CLT 모니터 제도를 운영하여 지나가는 행인을 가장하거나 응답대상자를 가장하여 현장을 방문하여 실사 진행상황을 체크하기도 한다.

전화조사는 정해진 장소에서 연구담당자의 감독하에 조사를 진행하고, 최근에는 조사원들이 진행하는 모든 전화통화 내용을 동시녹음하면서 조사를 진행한 후, 나중에 담당연구원이나 관리자가 녹음된 내용을 확인하기 때문에 부적절한 응답자 선정이나 일부 문항만 질문하는 에러는 적다. 그러나 설문지에 작성되어 있는 그대로 설문지를 읽는 것이 아니라 조사원이 임의로 표현을 줄여서 질문하거나, 지나치게 말을 빠르게 하여 무슨 말인지 응답자가 제대로 알아들을 수 없는 상황에서 조사원의 일방적인 유도로 응답이 이루어지는 등의 에러가 자주 발생하는데, 이는 전화조사의 한계를 벗어나는 지나치게 긴 분량의 설문지를 진행할 때 그 정도가 특히 심하다.

중요한 것은 검증을 어떻게 하는가보다는 조사원의 엄격한 교육 및 원칙적인 관리이다.

동일한 조사원이 동일한 설문지를 조사한다고 해도 관리자가 어떻게 관리하는가에 따라 에러율이 좌우될 정도로 관리자의 능력과 역할이 중요하다.

| 설문지 에디팅(Editing) 설문에 대한 응답이 완료되어 회수되면 문항과 문항 간의 논리적 연관관계, 상식적이지 않는 이상적 응답(outlier)의 확인, 빠지거나 미비하게 응답이 작성된 항목 등을 확인하는 과정을 에디팅이라 한다. 예를 들면, 브랜드 인지도 질문에서 특정 브랜드를 인지하지 못하고 있는데 뒤의 사용 브랜드 질문에서 주사용 브랜드로 응답이 되는 경우, 연령이 18세 이하인 중고생이 결혼 상태가 기혼으로 응답이 되는 경우, 20대 초반의 대기업에 종사하는 사무직 직장인의 평균 연소득이 상식적으로 납득이 안되게 높게 응답된 경우, 고객만족도 조사에서 대부분 세부항목의 응답이 '매우 불만' 으로 응답되었는데 전반적 만족도는 '매우 만족' 으로 응답되는 등 설문문항 간 응답의 관계로 볼 때 에러가 명백하거나 아니면 에러로 의심되는 항목을 확인하고 체크하는 과정이다. 이러한 에러는 조사자의 고의적이거나 아니면 부주의로 인해서 발생되거나 응답자의 불성실한 응답으로 인해서 발생한다. 이렇게 에러가 발견되면 응답자에게 다시 확인을 하여 에러를 수정하게 된다.

물론, CATI나 CAPI 시스템을 사용하면 에디팅 과정을 조사진행과 동시에 실시간으로 병행할 수 있지만, 아직까지 CATI의 경우 넓게 사용되지 않고 있다.

앞에서도 잠시 언급했지만 마케팅리서치의 설문구조는 매우 복잡하여 직접 작성한 연구자도 전체 설문지에서 어떤 항목과 어떤 항목의 연관관계를 확인해야 할지 에디팅 가이드를 작성하기가 쉽지 않다. 그러나 설문지를 작성하는 과정에서는 이러한 연관구조를 염두에 두고 작성을 하며, 설문지에 대한 몰입이 가장 강한 상태이므로 설문지를 작성하는 단계에서 에디팅 항목을 메모해 두고 나중에 에디팅 가이드로 사용하면 효율적이다.

3.6

마케팅리서치 개요

자료처리

실사 과정을 걸쳐서 최종적으로 설문지의 응답이 완료되면 코딩, 펀칭, 데이터 정제(cleaning) 등의 자료처리를 하게 된다.

| 코딩(Coding) 설문조사 작업에서의 코딩은 자연과학의 실험결과를 입력할 때의 코딩과는 약간 다른 개념이 포함된다. 자연과학에서 실험결과를 입력하기 위하여 별도의 코딩시트(sheet)에 데이터를 기록하는 것을 코딩이라고 한다면, 설문조사에서의 코딩은 **코딩용지에 데이터를 기록하기보다는 주관식 응답을 부호화하기 위하여 비슷한 내용끼리 묶어서 숫자를 할당하는 작업**을 말하며, 별도의 코딩용지를 사용하기보다는 설문지에 직접 할당된 번호를 기록하는 형식으로 진행된다. 물론 전화조사와 같은 간단한 일부 설문조사에서 별도의 응답지를 사용하는 경우도 있고, 반드시 설문지에 직접 기록을 해야 하는 원칙이 있는 것은 아니지만, 대부분은 설문지에 직접 기입을 하는 식으로 진행된다. 예를 들어, 특정 가정용 생활용품의 현 사용상표에 대한 질문에 대해서 xxx, yyy, qqq, rrr의 상표가 응답되었다면 xxx= '1', yyy= '2', qqq= '3', rrr= '4'와 같은 식으로 문자나 단어를 입력하기 위하여 숫자로 부호화하는 과정이다.

대부분의 경우 이렇게 단답식의 항목에는 큰 문제가 없지만, 상표사용 이유나 기억내용 및 건의사항 등은 내용이 유사한 문항끼리 범주화시켜서 동일한 숫자를 할당하는데, 이 과정에서 **코딩하는 담당자의 주관성이 개입되는 문제와 향후에 데이터를 분석하는 과정에서 이미 범주화된 응답내용을 연구자가 다시 한 번 유사한 내용끼리 동일한 범주로 묶어서 부호를 할당하는 과정에 연구자의 주관성이 개입될 가능성**이 있다.

주관식 응답의 코딩 시 컬럼(column) 수를 잘 고려해야 하는데 문항별 응답내용의 유형이 몇 가지 정도가 나올 것인지에 대한 예측이다. 예를 들어, 전체 1,000 표본을 조사하는데 특정 주관식 문항의 응답을 비슷한 유형끼리 묶은 범주가 10개에서 99개까지 나올 것으로 예측되면 해당 문항에 2컬럼을 할당해야 할 것이고, 100개 이상의 다양한 응답이 나올 것으로 예상되면 3컬럼을 할당해야 한다. 설문지의 응답내용에 부호를 할당할 시, 각 부호의 해당 내용을 별도로 작성하여(이를 코딩 가이드라 하기도 한다) 향후 각 수치에 label을 지정하는데 코딩 도중 컬럼수가 달라지면 반복 작업을 해야 하기 때문이다.

한편 문항별로 한 사람이 몇 가지를 응답할 것인지에 대한 예상을 하고 몇 가지를 기록할 것인지에 대한 컬럼수도 연구자가 결정해야 한다. 예를 들어, 특정 제품군의 기억나는 상표를 모두 응답하는 설문항목에서 어떤 응답자는 한 개의 브랜드를 응답하고 어떤 응답자는 매우 많은 브랜드를 응답할 수 있을 것이다. 전체 응답자가 응답할 가능성이 있는 브랜드의 수가 30개일 때 한 명의 응답자가 한 개의 브랜드를 응답한 경우는 2컬럼이 필요하고, 5개의 브랜드를 응답한다면 $2 \times 5 = 10$컬럼이 필요할 것이다. 가능한 응답을 모두 고려한다면 $2 \times 30 = 60$컬럼이 필요하지만 한 개의 문항에 이렇게 많은 컬럼을 할당하는 것은 너무 비효율적이다. 따라서 연구자가 평균적으로 나타날 응답의 개수를 미리 예측하여 분석의 편의와 제품의 특성을 고려하여 몇 개까지 응답을 기록할 것인지에 대한 의사결정을 하고 컬럼수를 할당하여야 한다.

또한 가지 유의할 사항은 범주끼리 비슷한 번호를 할당하여야 향후 분석과정에서 편하게 사용할 수 있다. 예를 들면, 특정 제품의 불만사항에 대한 응답내용이 100가지 정도가 응답되었다면 가격에 대한 내용, 디자인에 대한 내용, A/S에 대한 내용, 부가서비스, 구매경로에 대한 내용 등 유사한 내용끼리 각각 '가격 → 1∼20, 디자인 → 21∼40, AS → 41∼60, 부가서비스 → 61∼80, 구매경로 → 81∼100'번 같은 식으로 비슷한 번호를 할당하면 향후 응답내용의 유형별 분석을 하기에 편리하다.

| **자료입력(Punching)** 설문지나 코딩 용지에 기록된 응답번호를 입력하는 과정을 펀칭이라고 하는데, 일반 텍스트 파일이나 엑셀, 워드 파일 등 데이터 형태는 크게 상관이 없다. 다만, 반드시 코딩 컬럼에 맞추어서 데이터를 입력해야 하는데, 한 개 항목의 컬럼이 밀리거나 빠지면 전체 데이터를 사용할 수 없음은 물론, 분석에 포함될 때 전체 결과에 잘못된 영향을 줄 수 있다.

데이터 입력 시 가장 빈번하게 발생하는 것이 오타의 문제이다. '1'이 '2'로 입력되면 브랜드가 잘못 입력되고 '만족'이 '불만족'으로 입력되는 등 전혀 다른 결과가 나타날 수 있음에도 불구하고, 데이터 정제(cleaning) 작업에서도 발견되지 못하는 경우가 종종 발생한다. 리서치 전문기관에서는 별도의 입력 프로그램을 작성하여 사용함으로써 최대한 오타를 줄이고 있지만, 발견되지 않고 분석에 포함되는 오타가 여전이 존재하므로 가능하면

두 번 반복입력을 한 뒤에 비교를 하여 오타를 확인하는 과정을 거치는 것이 가장 좋다.

| 데이터 정제(Cleaning) 실사 진행과정에서 설문지 에디팅 과정을 최종적으로 거쳐 데이터가 입력된 후에 전산 프로그램에 의해서 다시 한 번 확인하는 단계이다. 설문지 에디팅 과정에서 미처 발견하지 못한 오류나 데이터 입력단계에서 발생된 오류를 최종적으로 확인하는 작업이다.

3.7 마케팅리서치 개요 분석 및 보고서 작성

설문조사의 최종 단계인 분석은 우선 ① 각 항목별 빈도수를 살펴 데이터의 기본 구조를 파악하고, ② 분석 데모 변수의 교차통계표를 작성하여 조사결과 나타난 모집단 전체 및 세분 집단의 현상을 분석한 후, ③ 통계적 유의성의 확인을 통한 가설의 검증 및 ④ 조사결과 뒤에 내포된 의미와 시사점을 도출하는 심층 통계분석으로 이루어진다.

| 일원(One-Way) 빈도수 분석 분석의 첫 단계는 각 항목 응답내용의 비율분포를 확인하는 것으로서, 데이터의 전반적인 흐름에 대한 이해를 하고 이상치(outlier) 등을 확인하고자 함이다. 즉, 연속형(continuous)의 양적인 데이터는 평균값과 분포를 확인하여 데이터의 전반적인 구조를 파악하고, 이상치가 있다면 오타 여부와 이상치를 응답한 응답자의 특성을 확인한다. 이산형(discrete)의 범주형 데이터는 응답내용의 비율을 확인하여 각 항목의 전반적인 추세를 파악하고, 예상과 전혀 다르거나 상식적으로 납득하기 힘든 결과가 발견되면 코딩과정이나 데이터 입력과정 등에서 오류가 없는가를 점검한다. 또한 응답빈도가 극히 낮거나 내용이 비슷한 응답내용은 동일한 범주로 묶는 재코딩(recoding) 작업을 진행한다.

| 교차집계 통계표 분석 각 항목의 응답내용에 대한 단순 빈도수가 전체 조사대상자의 응답내용

에 대한 전반적인 흐름을 이해하고자 하는 것이라면, 세부 집단별로 응답내용을 분석하기 위하여 기본 데모 변수에 의한 교차집계 통계표(리서치 전문기관에서는 통상 '테이블' 또는 '기초통계표', '교차표' 등으로 명칭한다)를 작성한다. 예를 들어, 성별, 직업, 연령, 거주지역, 소득, 주사용 브랜드 등과 같이 전체 응답자집단이 아니라 세부집단별로 각 항목에 대해서 어떻게 응답하고 있는가를 분석하는 것으로, 세부집단별로 보고자 하는 성, 연령과 같은 변수를 데모 변수라고 한다. 이러한 데모 변수는 연구자가 프로젝트의 특성에 따라 일괄적으로 모든 항목에 동일하게 결정하여 분석을 하되, 문항의 특성에 따라서 일부 데모 변수가 추가되거나 생략되기도 한다.

교차집계표는 세부집단별 응답내용을 분석하면서 동시에 조사결과의 타당성을 직관적으로 검토하게 된다. 즉, 집단의 특성과 응답내용, 동일 집단의 문항과 문항 간의 연관성 등을 검토하여 조사의 신뢰성을 진단할 수 있다. 예를 들면, 특정 응답내용이 성별로 볼 때 남자보다 여자 집단이 높은 반면, 직업 변수로 분석하니 경영 관리직 직장인보다 가정주부 집단에서 상대적으로 낮게 나타난다면 데이터의 일관성 측면에서 신뢰성이 의심스럽다고 볼 수 있을 것이다. 또한 일반적으로 일정 구간의 연령과 연소득은 정비례하는 경향이 있는데, 특정 응답내용이 연령이 높을수록 응답비율이 높은 반면, 소득이 높을수록 응답비율이 낮다면 이 또한 신뢰성이 의심스럽다고 할 수 있다. 제품력 평가를 하는 설문조사에서 A 브랜드가 B 브랜드보다 전반적인 평가가 높게 나타난 반면, 제품의 세부속성에는 대부분 낮게 평가되었다면 이 또한 데이터를 확인해야 할 것이다. 이처럼 교차집계표 분석은 세부집단별 응답의 흐름을 통하여 조사결과에 대한 전반적인 구조를 파악하고, 일관성 없는 데이터를 발견하면 그 원인을 확인하여 조사의 신뢰성을 담보하기 위하여 매우 중요한 과정이다.

한편, 교차집계표를 검토할 때 중요하게 확인해야 할 사항 중 하나가 데모 변수의 사례수이다. 마케팅리서치에서 사용되는 설문지는 전 항목에 모든 조사대상자가 응답하는 것이 아니라 문항마다 응답대상자(응답자의 사례수)가 다를 경우가 많다. 따라서 각 문항별로 데모 변수별 응답자가 맞는지 확인을 해야 하는데, 이는 각 항목별 교차집계표를 작성하는 중 해당되는 응답자 조건을 프로그램하는 과정에서 에러가 많이 발생하기 때문이다.

이렇게 교차집계표가 작성되면 이를 기준으로 전반적인 보고서의 방향을 수립하는데, 주요 문항에 대한 전반적인 응답결과, 세부집단별 응답의 차이 등을 고려하여 주요 조사 목적에 대한 총체적인 결과의 흐름을 머리 속에 그리는 것이다.

보고서를 작성할 때 데모 변수로 사용된 모든 변수에 대해서 그래프나 도표 또는 보고서의 표현 등을 통하여 비교분석하고 제시하는 것을 지양하는 것이 좋다. 일단 데모 변수로 한 번 결정하면 해당 문항에 관계가 없거나 아니면 집단별로 분석하는 것이 크게 의미가 없는 데모 변수임에도 불구하고, 기계적으로 모든 항목에 집단별로 비교하여 제시하는 것은 시간적으로 낭비이면서 보고서가 어수선하게 보일 수도 있다. 각 문항별로 연관관계가 있고 또한 세부집단별로 의미 있는 차이가 나타나는 데모 변수에 대해서만 비교하여 제시하는 것이 좋다.

| 통계적 유의성 검증 단순 빈도수나 교차집계표 상으로 집단간 응답의 차이가 있다고 생각되는 항목은 반드시 통계적으로 유의한 차이인지를 검증하고 결과를 제시하여야 한다. 예를 들어, 교차집계표 상으로 연간 가구소득과 주사용 브랜드 사이에 일정한 상관관계가 있다고 짐작이 되면 가구소득과 주사용 브랜드와의 상관관계가 통계적으로 유의한지에 대한 검증(예를 들어, 카이제곱 통계량을 통한 독립성 검증)을 진행하고 결과를 언급하여야 한다. 신제품 출시를 앞두고 신제품과 기존 제품의 제품력 평가를 받은 결과 신제품이 다소 높게 나타났다면 성공적인 신제품 개발이라고 결론을 내릴 것이 아니라, 신제품의 상대적으로 높은 평가가 통계적으로 유의한 차이인지를 반드시 검증(예컨대, t-통계량을 이용한 평균차이 검증)하여야 한다. 제품 테스트의 차이에 대한 통계적 유의성 검증에 대해서는 〈제5장. 제품 테스트〉를 참고하기 바란다. 저자가 개인적으로 가장 안타까운 마음으로 지켜보는 리서치 결과의 오용 중의 하나가 고객만족도 조사결과를 통계적 유의성 검증 없이 무모하게 사용하는 행태이다. 〈제9장. 고객만족도 조사〉에서 자세히 설명하겠지만, 국내의 많은 고객만족 조사 전문기관이나 이를 수용하는 대기업에서는 주요 경쟁사 대비 또는 계열사간 고객만족도 지수를 비교하여 소비자들에게 엄청난 홍보 자료를 사용하거나, 심지어는 고객만족 부서의 담당자나 책임자들에게 상벌을 주는 상황까지 벌어지고 있다. 문제는 이때 고객만족도 점수 차이의 통계적 유의성에 대한 검증 없이 단순히 평균점수의 차이만으로 순위를 서열화하고 '고객만족도 1등' 기업이라는 홍보를 하고 평가를 받는 것이다. 만약 1등과 2등의 평균점수 차이에 대한 통계적 유의성 검증의 결과로서 유의하지 않다는 것은 1등과 2등의 모집단의 평균점수가 우세나 열세가 없이 유사하다는 것이고, 바꾸어 말하면 동일한 설문지로 동일한 고객집단에게 다시 조사를 진행할 때 순위가 다르게 나타날 가능성도 있는 것이다.

또한, 통계적 유의성은 어느 정도의 신뢰수준에서 분석하는가에 따라 달라진다. 즉, 90%의 신뢰수준에서 검증할 때 유의한 차이가 95%의 신뢰수준에서 검증하면 유의하지 않게 나타날 수 있으며, 95% 신뢰수준에서 유의한 결과도 99% 신뢰수준에서는 유의하지 않게 나타날 수 있는 것이다.

세부집단 간에 응답의 차이는 반드시 통계적으로 유의한 차이인가를 검증한 후 결과를 제시하여야 하며, 통계적 유의성 또한 신뢰수준이라는 요인을 고려하여 결과가 가지는 의미를 해석하여야 함을 잊지 말아야 한다.

심층 통계분석 응답내용에 대한 기본 빈도수 또는 교차집계표에서 발견할 수 없는 정보나 시사점이 심층적인 통계분석에 의해서 도출될 수 있다. 즉, 기본 빈도수가 데이터의 전반적인 흐름을 제시하고 교차집계표가 세분집단 특성별 결과를 제공하는 것에 비해, 심층적인 통계분석을 통해서 표면적으로 나타난 결과뿐 아니라 데이터가 내포하고 있는 이면의 정보들을 도출할 수가 있다. 예를 들어, 저자가 의류시장의 구매유발 요인진단에 대한 프로젝트를 진행할 때였다. 의류를 구매하는 과정에서 가장 크게 고려하는 요인은 무엇인가에 대한 질문항목에서 응답자들의 표면적인 응답내용에 의하면 색상, 바느질, 실용성 등의 기능적인 측면이 구매 시 고려요인으로 주로 언급되었다. 그러나 비모수 통계학의 순위상관계수를 이용한 분석을 통해서 응답자들이 언급한 기능적인 측면이 아니라, 매장의 판매직원이 의류구매의 핵심 구매요인(KBF; Key Buying Factor)으로 발견되어 매장직원에 대한 대대적인 교육을 강화한 적이 있다.

다른 예로 브랜드 이미지를 파악하기 위하여 여러 개의 브랜드별 이미지를 평가하여 브랜드 수와 이미지 형용사 수의 곱만큼의 질문항목에 대한 엄청난 결과표를 일일이 분석하는 것이 아니라, 대응분석이라는 통계적 분석방법을 통해서 브랜드에 대한 소비자 지각 속의 인식을 한 장의 그림으로 압축하여 표현할 수도 있다.

또한, 조사대상 집단의 라이프스타일을 진단하기 위하여 많은 항목을 질문하고 응답결과를 개별 항목별로 각각 분석하여 종합적으로 요약한다고 생각하면 얼마나 피곤한 작업인가? 요인분석과 군집분석이라는 다변량 통계 기법을 통해서 세분집단별 특성과 라이프스타일을 압축해서 제시할 수도 있는 것이다. 지각도 작성이나 요인/군집분석을 통한 시장세분화는 〈제6장. 시장세분화, 표적시장선정, 포지셔닝〉을 참고하기 바란다.

이렇게 심층적인 통계분석을 사용하는 과정에서 극히 조심해야 할 것은 의미 없는 통계적 사용과 이에 의해 주객이 전도되는 분석의 양상이다. 즉, 마케팅 관점에서 아무런 의미와 시사점도 없는 통계적 방법론을 데이터에 적용하면서 시간을 낭비하는 것이다. 조사 결과로 얻은 데이터의 형태에 적용할 수 있는 모든 통계적 기법을 적용하면서 마케팅 시사점의 도출이 아닌 통계연습을 하기 위한 분석을 진행하는 연구자를 종종 볼 수 있다. 물론 통계적 분석에 대한 공부를 한다는 측면에서는 의미가 있을 수 있으나, 전체 보고서의 논리적 흐름과 구성에 상관도 없는 현학적인 통계적 수치를 어수선하게 제시하는 것은, 필요한 시사점을 도출하기 위해서 통계적 방법론을 사용하는 것이 아니라 주객이 전도되는 행위이다. 마케팅리서치 보고서에서 통계적 방법론은 목적이 아닌 아주 고마운 수단일 뿐이며, 기본적으로 보고서는 읽는 사람이 가능한 쉽고 신속하게 핵심내용을 이해할 수 있도록 작성되어야 한다.

• PART 2 •

주요 이슈별 마케팅리서치 진행 및 분석방법

France +33 1 41 43 93 85
Asia +603 2166 6650
Tender Notices
Rentals
Paris Area Furnished
CROSSWORD

4

CHAPTER

제품 수명주기별 마케팅리서치

마케팅리서치는 흔히 사람들이 알고 있는 것보다 다양한 목적을 가지고 여러 가지 유형으로 분류된다. 기업이 자그마한 생활용품이나 식음료 하나를 출시할 때도 컨셉 수용도, 시장 성공가능성, 가격, 패키지, 제품력 테스트, 표적시장선정, 브랜드전략, 광고전략, 고객만족도 조사 등 수도 없는 마케팅리서치를 진행하고 그 결과를 참고하여 마케팅 의사결정을 한다. 제품을 출시하는데 소요되는 엄청난 시간과 비용을 헛된 노력과 투자로 만들지 않으려면 사전에 제품의 시장 성공 가능성을 진단하고 효과적으로 출시하기 위한 전략의 수립이 당연하기 때문이다.

이 장에서는 신상품 개발 및 출시, 그리고 브랜드 수명주기에 따라서 어떤 마케팅 조사들이 진행될 수 있는가를 설명하겠다.

4.1

주요 이슈별 마케팅리서치 진행 및 분석방법

마케팅리서치를 통한 제품개발 및 관리

그림 4.1에서 보는 것과 같이 신제품을 개발할 때는 먼저 기업의 내부환경과 외부환경의 상황을 점검하게 된다. 기업 외부환경 분석은 고객분석, 경쟁상황 분석, 산업분석, 일반 환경 등에 대한 분석을 포함하며, 기업 내부환경 분석은 제품개발 및 출시에 대한 과거의 실적에 대한 평가, 그에 비추어 본 현재의 전략에 대한 타당성과 효율성 평가 그리고 원가 분석과 기업 내부의 가용자원들에 대해서 점검을 한다.

다음 단계는 기업의 내·외부적 환경하에서 출시하고자 하는 제품(또는 브랜드)의 시장 기회요인과 위협요인, 경쟁 브랜드 대비 강점과 약점을 파악하여 마케팅 전략(제품/가격/판촉/유통 등의 마케팅 변수, 표적시장 선정, 경쟁전략, 커뮤니케이션 방향, 장단기적 마케팅 목표 등)을 수립하여 제품을 출시하고 시장의 반응을 살피는 과정을 반복하며 신제품 출시 및 관리를 한다.

이러한 신제품 개발 및 관리 과정 중에서 그림 4.1의 **고객분석, 경쟁분석, 산업분석 등은 마케**

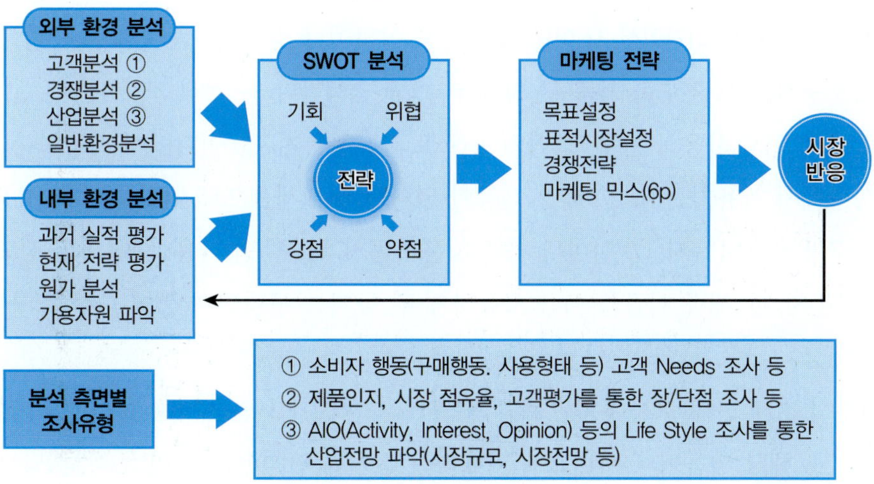

| 그림 4.1 | 신제품 개발과 마케팅리서치

팅리서치를 통해서 파악을 하게 되며, 흔히 마케팅리서치에서는 U&A(Usage & Attitude) 조사라고 명명하고, 신제품 개발 및 출시 과정이나 광고컨셉의 개발 등에 기본적으로 조사되는 기초 시장지표 조사이다.

| 고객분석 출시하고자 하는 제품군이나 대체 제품군에 대한 소비자들의 인식 및 구매, 사용행태에 대한 현황을 파악한다.

(1) 먼저 해당 제품시장의 고객들이 어떤 구매과정을 거쳐서 구매라는 행동을 하는지에 대한 점검이 선행되어야 하는데, 구체적으로는 ① 구매욕구를 느끼게 되는 상황과 요인은 무엇인지, ② 구매를 주창하는 사람은 누구인지, ③ 구매여부를 결정하는 사람은 누구인지, ④ 구매 시 정보를 탐색하는 경로는 무엇이며 어떤 경로가 의사결정에 가장 중요한 영향을 미치는지, ⑤ 최종 의사결정자는 누구인지, ⑥ 실질적으로 구매행동을 하는 사람은 누구인지, ⑦ 구매 시 동반하는 사람은 누구인지, ⑧ 어떤 유통경로를 통해서 구매하는지, ⑨ 왜 그 유통경로를 통해서 구매를 하는지, ⑩ 구매한 브랜드를 인지하게 된 매체나 경로는 무엇인지, ⑪ 한 번 구매 시 구매량은 어느 정도인지, ⑫ 어느 정도의 주기별로 구매를 하는지, ⑬ 구매 시 가장 중요하게 고려하는 요인은 무엇인지 등에 대한 내용들에 대해서 파악하고 유통 및 판촉, 홍보전략을 수립하게 된다.

(2) 다음은 출시하고자 하는 제품군이나 대체상품을 잠재고객들이 어떻게 사용하고 있는지에 대한 파악을 통해서 커뮤니케이션 시 어떤 방향(사용 상황이나 장점 등)을 주로 소구할 것인지에 대한 소구점을 도출하고, 제품구성의 세부사항을 결정한다. 구체적 조사항목은 ① 해당 제품을 주로 언제 사용하는지, ② 어떤 용도로 사용하는지, ③ 어디에서 사용하는지, ④ 어떤 상황에서 사용하는지, ⑤ 해당 제품이 없다면 대체제품으로 어떤 제품을 사용하는지, ⑥ 누구랑 사용하는지, ⑦ 얼마나 자주 사용하는지, ⑧ 한 번 사용할 때 어느 정도의 양을 사용하는지, ⑨ 해당 제품을 처음 사용하게 된 동기는 무엇인지 등에 대한 조사를 한다.

(3) 고객분석의 세 번째 조사내용은 해당 제품군에 대한 고객의 인식 파악 및 니즈에 대한 탐색이다. 즉, ① 해당 제품이나 서비스에 기대하는 본원적 편익은 무엇인지, ② 해당 제품군에서 기존 시장에 출시되어 있는 브랜드들이 아직 충족시키지 못하고 있는 고객의 니즈가

없는지, 있다면 어떤 니즈인지, ③ 출시하고자 하는 제품이 고객의 니즈나 수요에 부합되고 있는지, ④ 출시하고자 하는 제품을 개선해야 할 사항은 없는지, ⑤ 현재 시장에 출시되어 있는 브랜드에 대한 고객들의 불만사항은 무엇인지 등 고객의 니즈 및 인식에 대하여 조사를 진행한다.

| 경쟁분석 경쟁력 분석은 크게 고객 인식상의 경쟁력(브랜드 이미지 및 평가)과 실제 시장에서 고객의 구매행동과 브랜드 태도에 의한 경쟁력이라는 세 가지 축으로 나뉠 수 있다.

(1) 인식상의 경쟁력은 각 브랜드의 품질이나 성능(performance)에 대해서 고객들이 어떻게 평가하는가에 대한 문제이며 브랜드 사용 이전의 인식과 브랜드 사용 이후의 인식이 있다. ① 브랜드 사용 이전의 인식은 제품의 품질, 지불가치, 선호도, 차별점, 제품의 강점 등에 대해서 해당 브랜드를 사용해 보지는 않았지만, 브랜드의 이미지에 의해서 형성되는 고객 인식상의 경쟁력이다. ② 브랜드 사용 이후의 인식은 해당 브랜드를 사용해 보고 난 후의 품질이나 서비스에 대해서 고객이 느끼는 만족도나 그에 의한 가치를 말하는 것이다. 중요한 것은 브랜드 사용 이후의 인식이 제품의 객관적이고 실질적인 품질을 반영하지 않을 수도 있다는 것이다.

예를 들면, 실질적으로 제품력의 차이가 없는 S 브랜드, L 브랜드 두 개의 브랜드를 모두 사용해 본 동일한 사람이 두 개 브랜드의 제품력을 아주 다르게 평가하는 경향이 있다. 이는 제품 사용 이전에 브랜드에 대해서 형성되어 있는 브랜드의 이미지가 제품 사용 후 평가에 영향을 미치기 때문이다. 동일한 제품력을 가지고 있다고 해도 평소에 호감을 가지고 있는 브랜드의 제품력을 더 우수하게 느낄 수 있는 것이다. 반대로 평소에 호감을 가지고 있는 브랜드의 제품력에 대해서 더 낮게 평가되는 경우도 있는데, 고객만족도 조사에서 얘기하는 기대치 대비 만족도의 개념이다. 즉, 평소 자신이 호감을 가지고 있는 브랜드는 그만큼 제품력에 대해서 높은 기대치를 가지고 있어 실제로 제품을 사용해 보고 난 후의 평가에 있어서 기대치 대비 만족의 개념으로 평가를 하는 것이다. 동일한 제품력을 가지고 있는 두 개의 브랜드를 모두 사용해 본 응답자는 평소에 자신이 호감을 가지고 있고 품질에 대한 높은 기대치를 형성하고 있는 브랜드에 대해서 더 낮은 평가를 할수 있는 것이다. 아무리 좋은 품질을 가지고 있는 브랜드의 제품이라고 해도 고객이 그렇게 인식하지 않으면 아무런 소용이 없는 것이다.

결론적으로 객관적이고 실질적인 제품의 경쟁력도 중요하지만 고객이 그 제품의 경쟁력을 어떻게 인식하는가하는 고객 인식상의 경쟁력이 더 중요한 것이며, 바로 이러한 측면에서 "마케팅은 고객 인식상의 전장이다"라고 말하며 브랜드의 이미지 관리가 중요한 마케팅 이슈가 되는 것이다.

(2) 다음은 실질적으로 구매라는 행동에 의한 시장점유율 등의 경쟁력이다. ① 과거에 주로 구매했던 브랜드가 무엇인지, ② 현재 주로 구매하고 있는 브랜드는 무엇인지, ③ 주구매 브랜드가 변경되었다면 과거 주구매 브랜드를 구매하지 않는 이유는 무엇인지, ④ 현재 주구매 브랜드의 구매이유는 무엇인지 등의 구매행동을 파악함으로써 현재 시장에서 각각의 브랜드가 가지고 있는 장단점과 어느 정도의 경쟁력을 가지고 있는지를 파악한다.

(3) 브랜드 태도는 향후 구매의향이나 타인에게 해당 브랜드를 추천할 의향의 정도 등 브랜드에 대해서 가지고 있는 태도이다. 이는 브랜드에 대한 로열티(충성도)의 정도와 향후 시장의 경쟁상황을 예측하고 이에 따라 대책을 수립하기 위하여 조사된다. 특히, 타인 추천의향 항목은 요즘처럼 모든 브랜드의 제품 품질이 우수하고 차이가 크지 않으며, 수많은 광고 속에 노출되어 웬만해서는 소비자의 관심을 이끌어 낼 수 없는 시장상황에서 구매라는 행동에 미치는 구전의 영향을 고려할 때 가장 중요한 경쟁력의 자산 중 하나라고 할 수 있다.

| 산업분석 저자가 1990년도 초반에 모 음료회사로부터 외국에서 출시하여 크게 성공한 보리차를 국내 음료시장에 출시하려고 타당성 검토에 대한 프로젝트를 의뢰받은 적이 있다. 당시 국내에는 업소를 중심으로 생수가 팔리고는 있었지만 아직 일반 소비자 시장에는 생수도 대중적으로 확산되지 않은 상황이었다. 소비자조사 결과 "물을 사서 마시는 것은 좀 이상하지 않은가?"하는 반응이 대부분 소비자들의 인식으로 나타났으며, 따라서 국내시장에 소비자를 대상으로 한 보리음료(탄산이나 기타 첨가물이 전혀 없는)의 시판은 아직 이른 것으로 결론내리고 출시를 보류하였다. 그러나 현재 어떠한가? 90년도 후반부터 젊은층을 중심으로 적은 용량의 생수병을 가방에 휴대하고 다니면서 마시기 시작하던 생수는 이제 일반 가정과 사무실 등에 없어서는 안되는 생필품으로 자리 잡고 수많은 브랜드가 시장에서 경쟁하고 있다. 어떤 제품(또는 서비스 상품)이든지 새로운 시장을 개척

하고 성공하기 위해서는 해당 시장 잠재고객들의 라이프스타일이나 가치관의 흐름과 때를 같이 하여야 한다는 것이다. 건강에 대한 관심과 관리, 주5일제 근무, 고연령층의 증가, 여성의 경제활동 및 사회활동 증가, 1인 독신가구 증가 등의 사회적 추세에 따라 과거에는 결코 시장에서 성공할 수 없었던 제품들이 크게 히트를 치며, 시장에 자리를 잡을 수 있는 것이다.

어떤 시장에서 특정 제품이나 산업이 성공하기 위해서는 잠재고객들의 라이프스타일이나 가치관과 때를 같이 하여야 하며 항상 소비자들의 Attitude (태도), Interest(관심), Opinion(의견)을 주기적으로 파악하여야 한다.

주요 이슈별 마케팅리서치 진행 및 분석방법

4.2 제품 수명주기 단계별 마케팅리서치

인간이 태어나기 전 수정란 단계와 출생 이후에 성장기와 성년기, 장년기 및 노년기를 거쳐서 생을 마치는 것처럼 제품도 만들어지기 전에 제품의 제작을 검토하는 단계와 제품을 시장에 출시하는 도입단계, 출시 이후 시장에서 그 크기가 커 나가는 성장기, 시장포화 상태에 이르는 성숙기와 더 이상은 해당 제품을 구매하지 않는 쇠퇴기를 거쳐서 시장에서 완전히 소멸하게 된다. 제품수명 주기별로 시장상황의 특징과 이에 따른 마케팅 이슈들에 관해서는 마케팅 관련 서적에 많이 설명이 되어 있으니 참고하기 바라며, 본서에서는 각 단계에서 진행이 필요한 마케팅리서치에 대해서만 설명을 하도록 하겠다.

4.2.1 도입 이전 단계

신제품을 출시하기 이전에는 신제품 컨셉(concept)의 타당성 검토 및 시장 성공가능성을 진단하고, 시제품이 만들어지면 시장에서 어느 정도의 경쟁력을 가질 수 있는지 제품력 테스트를 사전에 하며, 커뮤니케이션 방향 등의 마케팅 전략수립을 위한 시장세분화 및 표적시장 선정, 브랜드 이미지 및 브랜드 포트폴리오 방향을 결정한다. 조사방법과 회수에 대하여 정해진 원칙은 없지만, 일반적으로 컨셉 진단과 시장구조 분석에 대한 정성조사와 정량조사를 각각 진행하고 → 현 브랜드 구조 및 신제품 브랜드 전략수립을 위한 조사 → 제품력 테스트 → 광고컨셉 수립 → 광고시안 제작후 사전 광고효과 조사를 각각 진행한다.

이처럼 신제품 출시 이전 개발 단계에서 수많은 의사결정과 이를 위한 잠재 소비자들의 목소리를 꼼꼼히 듣는 과정을 거쳐야 하는데, 시작이 잘못되면 제품이 만들어지고 출시된 이후에 상황을 되돌릴 수 없거나 아니면 엄청난 손해를 감수해야 하기 때문이다. 제품을 출시하고 나서 소비자들의 반응을 확인하고 시장지표를 추적하기 위한 조사도 중요하지만 이보다는 제품개발 단계에서 소비자들의 의견을 충분히 듣고 시장에 출시되어 충분히 경쟁력을 갖출 수 있는 제품을 개발하고, 시장상황과 표적집단의 특성에 맞는 마케팅 커뮤니케이션 활동을 해야 하는 것이다.

| 제품컨셉 테스트 신제품을 개발하고자 할 때는 해당 제품군 시장에 이미 출시되어 있는 제품이나 브랜드의 속성 및 소구 포인트를 파악하는 한편, 소비자들의 니즈를 분석하여 기존 제품들이 충족시키지 못하고 있는 잠재적 니즈(un-met needs)를 찾아낸다. 즉,

(1) 기존 시장에 출시되어 있는 제품이나 브랜드가 제공하지 못하고 있으면서 소비자들이 원하는 편익(benefits)이나 속성(attiributes)을 찾아내서 신제품 개발의 방향을 설정하기 위한 조사를 진행하는데, 주로 현재 브랜드나 제품에 대한 인식과 소비자들의 니즈에 대한 심층적인 탐색을 위하여 정성조사가 사용된다.

(2) 신제품 개발의 방향이 설정되면 제품의 구성, 특징, 기능, 속성 등 제품의 조합과 관련된 컨셉을 수립한다. 예를 들면, 음료시장에 전통음료와 관련된 니즈가 발견되어 전통음료를 시장에 새롭게 출시하려고 한다면, 어떤 소재를 주성분으로 하여, 사람의 건강요소 중 어디에 소구 포인트를 설정할지, 표적집단을 어떤 특성의 집단으로 할지, 제품의 종류를 어디에 위치(positioning)시킬지(어떤 유형의 음료들과 경쟁을 붙일 것인지)에 대한 컨셉을 수립하여야 한다. 즉, 개발할 신제품의 주 함유물과 그에 의한 기능이나 편익, 제품 포지셔닝에 대한 대략적인 컨셉을 수립하는 것이다.

(3) 신제품 개발의 대략적인 컨셉이 수립되면 이를 제품화시키는 단계 이전에서 시장에 출시할 경우 소비자들에게 긍정적으로 수용이 될 것인가에 대한 시장 가능성을 검토하는데, 일반적으로 제품컨셉에 대한 전반적 선호도, 기존 제품 대비 차별성, 제품이 주로 소구하고자하는 편익에 대한 신뢰성, 개별 응답자가 느끼는 나와의 적합성이나 필요성, 구매의사, 가격 수용도, 주사용 집단의 잠재고객에 대한 인식이나 반응을 조사한다.

| 시장성 진단 앞서 언급한 컨셉에 의한 시장성 진단이 정성조사의 성격이라면 이번에는 정량적으로 시장의 가능성을 탐색한다.

(1) 경쟁 브랜드가 이미 출시되어 있는 제품의 시장이라면 그 잠재규모가 어느 정도의 크기인지, 만약 출시하고자 하는 제품이 시장에 새롭게 출시되는 새로운 제품이라면 대체제품의 시장규모가 어느 정도 인지를 파악한다.

(2) 다음은 출시하려고 하는 제품의 잠재적 매출이나 시장점유율을 예측하는데, 여기에는 앞서 추정한 잠재시장 규모, 구매의향, 구매주기, 구매량, 판매량 등의 항목들을 조사하여 분석한다.

(3) 또한 출시하고자 하는 제품과 표적시장의 경쟁상황을 분석하여 어느 정도의 경쟁이 예상되며, 따라서 투입되어야 할 마케팅 자원이나 결과에 대한 진단을 함께 진행한다.

| 고객구조 분석 출시하고자 하는 제품컨셉의 시장 가능성이 확인되었다면 이제 본격적인 시장구조 및 특성을 파악하고 시장 출시전략을 수립하기 위한 조사를 진행한다.

(1) 먼저 전체 시장을 세분화하는데, 집단 간에는 성격이 완전히 다르고 집단 내에 포함되는 구성원들의 성격이 유사하게 전체 시장을 분류하는 것이다. 여기서 시장세분화의 기준이 되는 특성들은 성, 연령, 직업 등과 같은 인구통계적 변수뿐 아니라 해당 제품범주의 구매행태, 사용행태, 브랜드 로얄티 등의 시장반응 변수, 취업, 결혼, 자녀 연령 등의 생애주기, 평상시 생활방식을 표현하는 라이프스타일 및 가치관 등의 항목들에 대해서 설문조사를 통해 얻는 정보들이 시장세분화의 변수로 사용된다. 요즘 기업들이 고객관계관리(CRM; Customer Relation

| 표 4.1 | 제품 도입 이전 단계에서의 마케팅리서치

제품 concept 테스트	• 시장의 잠재적 욕구 탐색 • 신제품 개발을 위한 Concept Ideation • 개발된 concept에 대한 소비자 반응 진단
시장성 진단	• 신상품의 시장 가능성 진단 • 진입 목표 시장의 크기, 경쟁 상황 등 시장 상황 분석
고객구조 분석	• 시장 세분화 및 세분 시장별 구조 및 니즈 분석 • 표적시장 선정 및 표적 시장의 특성 분석(라이프스타일, 추구 편익, U&A, 인구통계 등) • 포지셔닝 concept 수립
제품 테스트	• 제품 출시 전 맛/향/패키지 등의 제품력 테스트 – 출시 예정 제품의 절대 평가 및 경쟁 브랜드 대비 상대 평가 • 제품 출시 전 시장 반응 및 잠재 시장 크기, 점유율 추정 • 제품 최적화 및 개선사항 진단
브랜드 진단 및 전략	• 현 브랜드 위상 진단 – 브랜드 이미지, 브랜드 위치, 소비자 관계 정도, 소비자 지각 가치 등 • 향후 바람직한 브랜드 concept 방향 • 브랜드 포트폴리오 점검
광고 concept	• 제품 속성별 구매 유발력 분석 및 경쟁 브랜드의 지각 경쟁력분석을 통한 커뮤니케이션 소구점 도출
수립 및 사전 테스트	• 사전 광고효과 조사 및 개선 사항

Management)를 중시하면서 금융기관이나 통신업종 등에서 고객의 이용실태나 거래행태의 데이터베이스를 가지고 고객행동에 의한 고객 세분화를 하기도 하지만 이는 CRM의 영역에서 다루어지는 분야이므로 여기서 이에 대한 설명은 하지 않는다.

(2) 시장을 성격이 비슷한 집단끼리 세분화하고 나면 각 세분시장의 구조 및 특성을 분석한다. 즉, 각 세분시장에 어떤 특성의 고객들이 구성되어 있으며, **해당 제품군의 사용행태 및 니즈, 경쟁 브랜드에 대한 인식들을 파악하여 마케팅 자원을 집중시켜서 승부를 걸어야 할 표적시장을 선정**한다. 이는 전체 시장을 대상으로 마케팅 자원을 무차별하게 투자할 때의 비효율성을 지양하고, 제품의 성공 가능성이 높은 집단을 대상으로 마케팅 자원을 효율적으로 집중하기 위함이다.

(3) **시장세분화와 표적시장이 선정되면 표적시장 구성원의 특성, 경쟁 브랜드에 대한 표적집단의 인식, 해당 제품에 대한 니즈, 제품의 특징 등을 총체적으로 고려하여 주로 소구해야 할 포인트와**

커뮤니케이션 방향을 수립한다. 즉, 표적집단 구성원의 성별이나 연령, 지역, 직업 또는 라이프스타일 유형에 따라 제품에 대해서 강조해야 할 포인트와 방향을 다르게 고려해야 할 것이며, 경쟁 브랜드에 대해서 어느 정도의 평가와 로얄티를 가지고 있는지, 해당 제품에 대해서 추구하고 있는 본원적 편익과 기존 브랜드가 충족시키지 못하고 있는 니즈가 무엇인지를 파악하여 커뮤니케이션의 주 소구 방향을 수립한다.

시장객세분화, 표적시장 선정, 포지셔닝의 더 자세한 내용과 조사방법, 분석을 위한 통계적 이론 및 SPSS 활용법에 대해서는 〈제6장. 시장세분화, 표적시장 선정, 포지셔닝 조사〉를 참고하기 바란다.

| 제품 테스트 신제품을 새로 만들어서 시장에 출시하기 이전에 제품의 맛이나 향, 색상, 디자인(서비스 상품이 무형제품의 경우 서비스 내용, 가격 대비 가치 등) 등을 테스트한다.

(1) 제품이 실제로 소비자들에게 얼마나 수용이 될 것인가에 대한 제품력 테스트를 하게 된다. 기존 시장에 출시되어 있는 경쟁 브랜드가 있다면 경쟁 브랜드 대비 강약점은 무엇인지, 무엇을 개선해야 하는지, 목표한 표적집단의 반응은 어떠한지, 소비자들이 인식하는 제품력의 수준은 어떠한가, 소비자들이 어느 정도의 구매의향과 재구매 의향을 보이는지 등에 대한 조사를 사전에 진행하여 신제품의 잠재시장 규모를 추정한다.

앞 단계에서 컨셉에 의한 시장성 진단은 실제 제품을 보여주거나 사용해 보지 않고 단순히 제품의 컨셉만을 가지고 구매의향을 질문하기 때문에, 시험구매(trial buying)의 성격이 강하다면 제품력 테스트는 실제 제품을 경험해 보고 난 이후의 구매의향을 응답받음으로써 시험구매뿐 아니라 반복구매율 추정과 종합적인 잠재시장의 크기를 대략적으로 추정해 볼 수 있다. 그러나 시장에서의 경쟁은 단순히 제품 자체에 대한 경쟁력뿐만 아니라 경쟁사의 가격이나 브랜드 등 여러 가지 마케팅 환경적 요인에 의해서 좌우된다. 따라서 제품력 테스트는 가격과 브랜드를 모두 제시하지 않고 순수하게 제품력 자체에 대한 평가만 하는 방법과 가격만 제시하고 가격 대비 제품력에 대한 평가를 하는 방법, 브랜드만 제시하고 브랜드를 포함한 제품력을 테스트하는 방법, 가격과 브랜드를 모두 제시하고 제품력에 대한 평가를 하는 방법 등이 있다.

(2) 이러한 제품력 테스트 과정을 거쳐서 출시하고자 하는 신제품에 대한 표적집단의 구매의향

정도와 그에 의한 잠재시장의 크기, 잠재시장 점유율을 추정한다. 이러한 제품 테스트에 대한 구체적인 방법 및 자세한 사항은 〈제5장 제품 테스트〉에서 자세히 설명하게 될 것이다.

소비자들이 실생활에서 많이 사용하는 생활용품과 같은 유형의 제품이든 아니면 금융상품, 서비스상품과 같은 무형의 상품이든 모든 상품은 제품의 디자인, 가격, 혜택, 기능, 브랜드 등 여러 가지 속성으로 조합되어 구성된다. 그렇다면 이렇게 상품을 구성하는 여러 가지 속성 중에서 어느 속성이 소비자들의 구매행동에 결정적인 영향을 미치며 각 속성의 세부사항 및 속성을 어떻게 구성하는 것이 소비자들에게 가장 높은 선호도를 받을 수 있는가에 대한 사전검토가 필요하다.

(3) 이렇게 소비자들에게 가장 선호될 수 있는 상품의 여러 가지 속성조합을 어떻게 구성해야 하는가에 대한 상품 최적화(product optimizing) 또한 제품력 테스트 단계에서 진행한다. 이는 〈제7장 컨조인트조사〉에서 자세히 설명한다.

| 브랜드 진단 및 향후 방향 브랜드 관리는 크게 현재의 브랜드 위상 진단과 향후 브랜드 컨셉의 방향 설정이 있다. 또한, 브랜드 관리는 신제품 출시 때 뿐만 아니라 출시 후는 물론 심지어 제품이 시장에서 사라져도 브랜드는 죽지 않도록 관리되어야 한다. 특정 기업이 화장품 사업을 하다가 시장에서 철수를 해도 해당 브랜드를 가지고 다른 사업(예를 들면, 생활용품이나 식품 등)을 할 수도 있으며, 또한 브랜드 자체를 매매할 수도 있는 것이다. 몇몇 전문기관에서 아무런 유형의 자산이 없는 브랜드 자체에 대한 자산을 구체적인 화폐단위로 측정하는 것 또한 이러한 맥락인 것이다.

신제품 출시와 관련된 브랜드 방향은 해당 기업이 가지고 있는 기존의 브랜드를 사용하는 방법과 전혀 새로운 브랜드를 만들어 사용하는 방법 두 가지가 있을 수 있을 것이다. ① 기존의 브랜드를 사용한다면 해당 브랜드의 현재 이미지 및 경쟁 브랜드 대비 위상을 진단하고, 기업이 가지고 있는 브랜드의 포트폴리오(브랜드 포트폴리오란 기업이 가지고 있는 브랜드들의 체계와 위치, 브랜드 간의 상호관계 및 역할을 구조화하여 각 브랜드의 이미지 연관성을 유지함과 동시에 차별성을 강조하여 상호 시너지 효과를 극대화시킬 수 있도록 브랜드 체계를 관리하는 것으로서 브랜드 확장이나 삭제, 브랜드 강화 이미지 개발 등을 통한다)를 점검한 후 향후 브랜드 컨셉을 수립해야 할 것이다. 한편, ② 새로운 브랜드를 만들어 사용하려 한다면 경쟁 브랜드의 이미지와 해당 제품군의 이상적인 브랜드 이미지를 파악하고, 브랜드 포트폴리오의 기본 방향을 설정한 후 신제품의 브랜드 컨셉을 수립한다. 물론, 마케팅리서치 결과 및 회사의 브랜드 관리전략을 종합하여 전반적인 브랜드 컨셉을 수립한 후, 구체적인 브랜딩 및 BI(brand image) 등에 대한 작업은 별도의 브랜딩 전문기관에서 수행하게 된다.

브랜드 진단 및 향후 컨셉 수립과 관련된 마케팅리서치의 주요 내용을 요약하면, 해당 기업의 브랜드나 경쟁 브랜드의 현재 이미지 및 위상을 진단하고, 브랜드 포트폴리오 방향을 점검한 후 신제품에 대한 종합적인 브랜드 컨셉을 수립하는 것이다.

(1) 브랜드 진단조사는 주요 마케팅리서치 기관들이 개발하여 사용하고 있는 모형에 따라 접근방향이나 분석내용이 조금씩 다른데, 정성조사와 정량조사가 복합적으로 사용되며 조사 내용을 대략적으로 보면, 브랜드 이미지, 소비자 지각 속에서의 경쟁 브랜드 대비 위치(위상), 소비자와 브랜드 관계의 정도, 소비자 지각가치 등 브랜드에 대한 소비자의 인식과 그러한 인식을 형성하게 된 요인의 구조에 대한 분석으로 요약할 수 있다.

브랜드 진단에 대해서 조금만 더 세부적으로 설명하면 먼저

❶ 브랜드 이미지는 사용자 이미지, 형용사 이미지, 기능적 이미지, 사회적 이미지 등으로 분류할 수 있는데, 리서치 기관이나 브랜드 진단모형에 따라서 이 중의 일부를 혼합하여 사용하기도 한다.

- **사용자 이미지** "해당 브랜드를 가지고 있거나 사용하는 사람은 어떤 이미지의 사람일 것 같습니까?"와 같은 방식으로 질문하는데, 과거에는 소유의 표식으로 사용하던 브랜드가 이제는 자아의 개성이나 자신이 속한 사회의 하위집단을 표현하기 위한 수단으로 사용된다는 브랜드의 새로운 개념에 근거하며, 표적시장 선정이나 제품 차별화 및 이에 의한 포지셔닝 컨셉은 물론 가격과 유통 등의 마케팅 전략수립에 대하여 밀접하고 폭넓게 사용된다.
- **형용사 이미지** 브랜드 개성과 비슷한 개념으로서 연구자에 따라 여러 가지로 다양하게 정의를 하는데, 간단하게 요약하면 소비자가 브랜드를 통해서 느낄 수 있는 생각이나 감정 혹은 가치로서 5~10가지 등의 범주로 분류하기도 하지만, 이러한 분류 역시 학자들의 자의적인 구분이며 브랜드 개성의 정의, 목적, 형성 과정, 영향 요인 등 관련된 내용에 대해서는 상당히 많은 논문과 교재들이 나와 있으니 참고하기 바란다. 예를 들면, 성실성/흥미진진함/능력/세련/강건 등의 차원(아커)으로 분류하고, 이를 다시 세분항목으로 재분류하여 개

별 브랜드가 어떤 이미지와 어울린다고 소비자들이 인식하는지를 파악하여 커뮤니케이션 방향에 참고로 사용한다.

- **기능적 이미지** 해당 제품의 주요 기능에 대한 소비자의 인식을 파악하는 것이다. 예를 들면, 이동통신의 경우 '통화 품질이 좋다', '부가 서비스가 다양하다', '요금이 저렴하다' 등의 이동통신 서비스가 가지고 있는 기능에 대한 소비자들의 인식을 파악한다. 이는 **각 브랜드가 제품의 주요 기능이나 편익 등을 얼마나 잘 제공하고 있는지에 대한 소비자 지각 속의 인식을 파악하여 브랜드 커뮤니케이션의 방향을 탐색하기 위함**이다.
- **사회적 이미지** 소비자들이 자신이 속한 집단 내에서의 위치와 관련된 브랜드 이미지이다. 예를 들면, '주변 사람들이 좋아하는 브랜드', '시대를 앞서 나가는 기술을 가진 브랜드', '주변 사람들에게 부러움을 줄 수 있는 브랜드' 등처럼 **사회적 위치나 상징을 나타내는 브랜드 이미지**이다.

❷ 개별 브랜드의 이미지를 확인하였으면, 다음으로는 경쟁 브랜드 대비 시장 내에서의 위상을 파악한다. 즉, 소비자들이 인식하는 각 브랜드의 강점과 단점이나 브랜드가 가지고 있어야 할 속성별 순위, 브랜드의 특징 등 **시장에서 경쟁하는 브랜드가 각각 어느 정도의 위치를 점하고 있는지의 브랜드 위상에 대한 소비자 지각도를 파악**하여야 한다.

❸ 마케팅리서치 기관들이 사용하는 브랜드 진단의 또 다른 접근방법으로 중요한 한 가지는 **소비자와 브랜드의 관계 정도**이다. 예를 들면, **브랜드 인지 → 브랜드 이해 정도 → 브랜드 호감 → 브랜드 시험구매 → 브랜드 반복구매 → 브랜드 만족도 → 브랜드 충성도 등 브랜드와 소비자의 관계상태**의 발전단계 중 소비자들이 각각 어느 정도의 비율을 점하고 있는가를 분석하는 접근방법이다.

리서치 기관이나 모형에 따라서 이러한 브랜드 관계정도를 5~10가지 단계로 분류하여 각 단계를 체크하는 세부항목을 3~10개 정도로 사용하고 있다. 예를 들면, '브랜드의 특징에 대해서 알고 있다', '해당 브랜드에 연상되는 이미지가 있다', '브랜드를 소유하고 있는 기업에 대해서 잘 알고 있다' 등의 항목을 질문하여 '브랜드 이해'의 정도를 몇 단계로 나누어 응답자가 어느 단계에 속하는지를 분류하는 식의 방법이다.

이와 같이 각 차원별로 세부단계를 구분하고 응답자가 해당되는 단계를 파악하는 접근방법뿐 아니라 아예 응답자가 어느 차원에 속하는지를 분류하는 접근방법도 사용된다. 예를 들면, 브랜드 인지단계를 거쳐서 브랜드 소비단계 → 브랜드 친숙단계 → 브랜드 충성단계 → 브랜드 강화단계 등으로 구분하는 식이다.

실제로는 브랜드 관계 정도에 의한 브랜드 진단에 대해서 몇몇 리서치 기관들이 상당히 정교하고 구체적인 모델들을 개발하여 사용하고 있으며, 몇 가지를 소개하고 싶으나 특정 기관의 모형을 홍보하는 모양이 될 수 있어 더 이상의 설명은 않는다. 다만 위에서 설명한 방식으로 접근하는 것과 크게 벗어나지 않는다.

❹ 브랜드 진단 시 파악해야 하는 또 한 가지 내용은 브랜드 자산으로, 이는 소비자가 인식하는 지각가치와 이를 포함한 더 넓은 의미인 브랜드 자산이 있다. 소비자 지각가치는 쉽게 설명해서 소비자가 해당 브랜드에 부여하는 가치(value)의 정도로서, 예를 들면 해당 브랜드를 구매하기 위한 지불의향 가격의 범위, 경쟁 브랜드 대비 상대적 지불의향 가격, 구매포기 가격 등으로 질문하고 이를 종합하여 계산한다. 또한 몇몇 브랜드 컨설팅 기관이나 조사기관들이 무형의 브랜드 자산을 구체적인 화폐 단위로 측정하여 각 브랜드의 가치를 구체적 액수로 산출하여 발표하는데, 이는 단순 리서치 결과가 아니라 브랜드에 대한 소비자의 인식이나 태도에 대한 설문항목과 기업의 내적자료 그리고 외부에서 평가하는 기업의 금융자료 등을 종합하여 계산한다.

(2) 이렇게 현재 브랜드에 대한 진단이 확인되면 각 기업이 가지고 있는 브랜드의 상황이나 구조 등을 파악하고 브랜드 포트폴리오에 대한 기본방향을 수립하는데, 브랜드 포트폴리오와 관련되서는 현재 기업이 가지고 있는 브랜드의 이미지, 브랜드 간의 관계에 대한 소비자 인식, 해당 제품군의 바람직한 이미지, 해당 제품군과 기존 브랜드와의 이미지 연계성, 기존 브랜드의 브랜드 확장 시 바람직한 제품군에 대한 인식, 신제품의 브랜드 확장시 소비자 인식, 기존의 브랜드를 사용하는 제품군과 신제품과의 연계성에 대한 인식 등의 조사를 진행하여, 조사결과와 기업의 브랜드 관리에 대한 기본전략이나 방침을 고려하여 브랜드 포트폴리오 전략을 수립한다.

(3) 현재 브랜드의 위상진단과 브랜드 포트폴리오 전략이 수립되면 이를 근거로 출시하고자 하는 제품의 향후 브랜드 전략에 대한 기본방향을 설정하는데, 이 단계에서는 리서치 기관의 업무영역이 아니라 해당 기업 담당자의 의사결정이 주된 영역이다. 물론, 기업이나 상황에 따라서 기업의 브랜드 담당자와 리서치 기관, 광고회사의 브랜드 팀, 컨설팅 기관의 관계자들이 모두 모여서 협의를 하거나, 아예 리서치 기관에서 보고서를 작성할 때 브랜드 방향이나 전략에 대해서 간략하게 제안을 하는 경우도 있으나 아직까지 이러한 최종 의

사결정 과정에서 리서치 기관의 보고서는 참고자료로 사용되는 경우가 많은 실정이다.

| 광고컨셉 수립 및 사전 테스트 출시하고자 하는 신제품의 제품력 테스트와 이에 의한 시장성 진단, 표적시장 선정 및 포지셔닝 컨셉, 브랜드 전략에 대한 기본방향 등이 수립되면 이에 의한 커뮤니케이션 전략을 수립하게 된다.

즉, 표적시장의 특성에 맞는 커뮤니케이션 전략을 수립해야 하는데, 예를 들면 **표적으로 선정된 집단의 성별, 연령, 직업, 생애주기 등에 어울리는 커뮤니케이션 방향을 모색해야 할 것이며, 신제품의 차별화 포인트로 설정할 컨셉을 도출해야 할 것이고, 소비자 지각 속에 인식시키고자 하는 브랜드의 방향에 따라 커뮤니케이션 방향을 설정**한다.

이러한 과정을 통해서 커뮤니케이션의 기본방향이 수립되면 컨셉 테스트를 거쳐서 전달하고자 하는 포인트가 제대로 전달되고 있는지를 검토한 후, 광고시안을 제작하여 방송(on-air) 이전에 사전 카피 테스트(copy test)를 거쳐서 최종 광고안을 확정한다. 광고의 사전 테스트에 대해서는 〈제8장. 광고효과 측정조사〉에서 자세히 설명할 것이다.

많은 기업들이 제품출시 이전에는 지금까지 설명한 다양한 사전조사를 거치면서 준비를 하다가 제품을 출시하고 난 이후에는 손을 놓아 버리는 경향들이 있다. 심지어는 출시된 제품이 시장에 확산되지 않고 일정 정도의 시간이 경과한 후에도 인지도가 거의 형성되지 않는 상황이 발생하는데도 불구하고, 발만 동동 구르며 당황하면서 그 원인에 대한 소비자 조사를 할 생각을 하지 않는 경우들이 있다.

앞에서 잠시 언급한 것처럼 제품출시 이전뿐 아니라 출시 후에도 각각의 제품 수명주기 단계별로 필요한 마케팅리서치를 통한 제품의 성공적인 시장 진입 및 관리는 필수적인 사항이다.

4.2.2 제품 도입기

제품을 출시하고 난 직후인 제품 도입기에는 출시된 제품이 시장에서 어떻게 수용되고 있는지, 제품출시 초기의 기본적인 시장지표는 어느 정도인지, 마케팅 전략과 관련된 여러 가지 변수들은 타당성 있게 효율적으로 수립 및 집행되고 있는지를 검토하게 된다.

| 초기 시장반응 진단 제품을 출시하고 광고와 판촉 등의 프로모션 활동을 하면 초기 시

험 구매자가 발생한다. 이들은 전반적으로 신제품의 수용에 적극적인 성향을 보이는 집단이면서 한편으로는 해당 시장의 리더 역할을 하고, 때로는 구전활동을 활발하게 하는 경향도 나타낸다. 모든 신제품은 초기 구매자 집단을 통과하여 후기 구매자 집단으로 확산되는 것으로서, 신제품의 성공여부는 결국 초기 구매자들의 재구매를 발생시킬 수 있는 제품이여야 하는 것이다.

(1) 따라서 이러한 초기 구매자 집단으로부터 시험구매가 재구매로 연결되지 않는다면 신속하게 그 이유를 파악하여야 한다. 제품출시 초기 시험구매는 크게 반응을 보였지만 재구매로 이어지지 않는다면 이는 안정적인 매출을 형성하기 어렵고, 결국은 성장기 단계로 넘어가기가 상당히 어려우므로 제품에 어떤 문제가 있는지, 아니면 커뮤니케이션하고 있는 컨셉과 실제 제품에 대해서 고객이 느끼는 제품과 차이가 있는지, 아니면 처음부터 고객의 니즈를 잘못 진단하여 표적시장에 적합하지 않은 제품을 출시한 것인지 등에 대한 이유를 신속하게 파악하고 대책을 수립하여야 한다.

(2) 초기 구매자의 재구매 여부와 동시에 중요한 것은 기존 경쟁 브랜드 대비 상대적인 제품력에 대한 소비자의 인식이다. 즉, 시장에 이미 경쟁 브랜드가 출시되어 있는 상황이라면 제품의 각 속성별로 초기 시험 구매자들이 느끼는 경쟁 브랜드 대비 강약점이 무엇인가를 파악하여 대책을 수립하여야 한다. 만약 경쟁제품 대비 취약점이 실질적인 제품력의 문제라면 나쁜 입소문이 돌기 이전에 신속하게 제품을 개선하여야 할 것이며(소비자는 정직하다는 것을 잊지 말아야 한다), 제품력의 차이가 아닌 소비자 인식 상의 문제라면 모든 마케팅 방향을 다시 점검하여야 할 것이다. 즉, 차별화 포인트를 잘못 설정한 것이 아닌지, 마케터가 의도하지 않은 방향으로 소비자들의 제품에 대한 기대가 형성되고 있지 않은지, 가격, 판촉 등의 마케팅 변수가 잘못 집행되고 있지 않는지 등에 대한 마케팅 전반에 대한 사항을 점검해 보아야 한다.

(3) 출시 초기 시험 구매자의 재구매, 경쟁제품 대비 강약점에 대한 소비자 지각의 파악과 동시에 중요한 것이 초기 구매자 집단의 특성 확인이다. 제품을 출시할 때 초기 구매자는 물론 후기 표적집단의 특성을 파악하고 그에 맞춰서 커뮤니케이션 및 기타 마케팅 전략을 수립하여 마케팅 커뮤니케이션 활동을 하지만, 제품 담당자가 의도하거나 예측한 것과는 다른

| 표 4.2 | 제품 도입기의 마케팅리서치

초기 시장반응 진단	• 시험 구매자의 재구매 의향 및 이유 • 경쟁제품 대비 강약점 분석 • 초기 수용집단의 특성 파악 및 시장 확대 방안 수립
출시 초기 시장지표 확인	• 브랜드, 광고 등의 인지도 및 소비자 반응 • 시장 점유율 • 초기 구매자들의 제품 만족지수 및 개선사항 진단

특성을 가진 집단이 초기 구매집단으로 형성되는 경우가 발생하기 때문이다. 물론 이러한 경우에는 모든 마케팅 변수의 총체적인 재검토가 필요하다.

시험 구매자의 재구매 이유에서 ① 제품 개발자 및 관리자도 **의도하지 않은 새로운 제품의 편익이 발견**될 수도 있으며, ② 구매 유발력이 매우 높은 **경쟁제품 대비 차별화 포인트가 도출**될 수도 있고, ③ **출시 전에 의도한 것과 전혀 다른 긍정적 표적시장이 발견**될 수도 있는 것이며, 이 모든 사항이 **결국은 시장을 확대하거나 새로운 시장을 만들어 낼 수 있는 좋은 기회**로 작용할 수 있는 것이다.

| 출시 초기 시장지표 파악 제품을 시장에 출시하고 나면 주기적이고 지속적으로 확인하고 관리해야 하는 계량적 지표가 있다. 한편, 돈을 들여서 광고를 한다는 것은 우선 광고를 표적 청중들에게 도달하여 광고를 인지시키고, 광고가 인지되고 난 후에는 브랜드를 인지시켜야 하고, 브랜드에 대한 호의적인 태도를 형성시켜야 하는 것이다.

(1) **제품출시 초기 광고 및 브랜드에 대한 최초상기, 비보조상기, 보조인지 등을 확인**하여야 한다. "이동통신하면 어느 브랜드가 생각나십니까? 생각나시는 순서대로 모두 응답해 주십시오"와 같이 질문하여 맨 처음 응답되는 브랜드를 최초상기라 하고, 브랜드를 제시하지 않고 응답되는 모든 브랜드를 중복응답 처리한 것을 비보조 총상기라 하는데, 흔히 마케팅에서 비보조 총상기에 응답된 브랜드가 구매현장에서 구매고려 대상군에 포함되는 브랜드라고 해서 중요하게 다루어지는 개념이다. 그밖에 특정 브랜드를 제시하고 전체 응답자 중에서 알고 있거나 들어본 적이 있는 응답자의 비율을 보조인지도라고 한다.

광고나 브랜드 인지도 파악 시 병행해서 확인되어야 하는 것이 바로 전반적인 호감도와 같은 소비자 반응이다. **광고를 인지한 사람들이 해당 광고를 어떻게 생각하는지, 그러한 광**

고에 의해서 브랜드에 대한 태도가 얼마나 긍정적으로 형성되고 있는지에 대한 소비자 반응이 확인되어야 하는 것이다.

(2) 광고와 브랜드를 인지하고 브랜드에 대한 긍정적인 태도가 형성되고 나면, 결국은 구매라는 행동으로 나타나게 되는데, 이것을 측정하는 지표가 시장 점유율이다. 매출이라는 지표도 중요하지만 이는 제품과 마케팅의 경쟁력보다는 시장의 규모라는 변수가 더 영향을 미치기 때문에, 신제품 출시의 성공여부를 측정하려면 시잠 점유율이라는 상대적 개념의 측정이 보다 합리적이고 정확하다고 할 수 있다. 물론, 초기에 부진한 시장 점유율도 시간이 지나면서 시장침투 및 확산속도가 빨라지고 높은 시장 점유율을 만들어 갈 수도 있지만, 초기의 경쟁력 확인이라는 관점에서 시장 점유율은 출시 초기에 확인되어야 하는 중요한 시장지표 중의 하나이다.

만족도라는 개념은 제품출시 초기뿐 아니라 지속적이고 정기적으로 꾸준히 확인해야 하는 개념이다. 구매고객 리스트가 없는 일반 소비재의 경우 출시 초기에는 구매 및 사용 경험자를 찾기 어렵다는 실사 진행 상의 이유 때문에 만족도 조사를 진행하기 어렵다는 현실도 무시할 수 없다. 실사 진행의 현실적 어려움이 있다는 것은 결국 시간과 비용의 투자 문제와 직결되기 때문이다. 그러나 앞에서 언급한 것처럼 출시 초기 시험구매자들의 '재구매 유발' 이라는 과제와 동시에 중요하게 고려되어야 할 것이 '타인 추천의향' 이라는 항목으로 측정되는 구전 마케팅의 지표이다. 특히 요즘처럼 브랜드 간 제품력의 차이가 크지 않고 넘쳐나는 광고 속에서 선택해야 하는 시장에서 구전의 영향은 점차로 커져가고 있는 상황이다.

(3) 이러한 재구매 의향이나 타인 추천의향에 결정적인 영향을 미치는 것이 일단은 초기 구매자의 만족도이다. 이처럼 초기 구매자의 만족도 및 제품 개선사항에 대해서 출시 초기에 확인하는 것은 반드시 수행되어야 하는 과제인 것이다. 고객만족도 조사에 대해서는 〈제9장 고객만족도 조사〉에서 상세하게 설명할 것이다.

4.2.3 제품 성장기

| 경쟁사 반응 파악 신제품이 출시되고 도입기를 성공적으로 통과하면 매출이 안정적으

로 성장하는 주기에 이르게 된다. 이러한 성장기에는 우선 **경쟁사의 마케팅 활동에 변화가 없는지 파악하고, 자사 브랜드 및 경쟁 브랜드에 대한 소비자의 인식을 확인**하는 것이 필요하다.

(1) **경쟁사 마케팅 활동의 변화는 주로 관찰조사에 의해서 많이 이루어지는데 매장(有形의 제품일 경우)의 제품구색, 가격, 프로모션 등을 관찰 조사**한다. 이때 경쟁사의 제품이 유통되는 모든 경로를 관찰하기는 현실적으로 어려우므로 표본을 추출하여 조사를 진행하는데, 유통경로의 특성이나 단계, 지역을 기준으로 표본을 추출한다. 리서치 기관의 관찰조사 이외에 기업 내부에서 자체적으로 분석하는 경쟁사의 마케팅 움직임에 대해서는 리서치의 영역이 아니므로 별도로 설명을 하지 않겠다.

(2) **제품이 출시되고 일정 정도의 시간이 지나면 이러한 경쟁사의 활동이나 그 밖의 시장환경적 요인에 의해서 출시 초기의 브랜드 이미지에 대한 소비자의 인식이 변화할 수 있다.** 예를 들면, 프리미엄 브랜드로 인식되었던 브랜드가 중저가 브랜드로 소비자들에게 인식되고 있다거나, 아니면 젊은층의 사용자 이미지를 공략하던 브랜드가 중장년 브랜드로 인식되는 등 브랜드에 대한 품질, 브랜드 개성, 주 사용집단의 이미지, 주요 추구편익 등의 브랜드에 대한 소비자 인식이 변화할 수 있는 것이다. 이렇게 **브랜드에 대한 소비자의 인식이 변화하였다면 그에 맞게 마케팅 전략도 수정이 되어야 할 것이며, 그러기 위해서는 성장기 브랜드 인식의 변화를 확인**해야 하는 것이다.

| 시장지표 및 U&A 앞의 '4.1절. 마케팅리서치를 통한 제품개발 및 관리' 에서 설명한 구매 과정 및 행동, 제품 사용행태, 제품에 대한 니즈 등의 U&A 분석과 경쟁상황을 파악하는 시장지표 등에 대한 조사는 제품 출시의 검토 단계뿐 아니라 주기적이고 지속적으로

| 표 4.3 | 제품 성장기의 마케팅리서치

구분	내용
경쟁사 반응	• 경쟁사 마케팅 활동 변화 • 경쟁 브랜드에 대한 소비자 인식 확인
각종 시장지표 및 U&A	• 정기적인 시장 지표 확인을 통한 제품/브랜드의 시장 위치 변화 확인 • 제품 사용 실태 조사를 통한 제품 및 커뮤니케이션 개선 방향 진단
시장추세 진단	• 제품군에 대한 소비자 반응 및 인식의 주기적 진단 • 소비자 니즈 및 라이프 스타일 변화에 따른 향후 시장 추세 진단 • 제품의 본원적 니즈에 의한 대체 제품 가능성 탐색

진행하면서 시장상황을 꾸준히 주시해야 하는 항목이다.

(1) 제품을 사용하는 상황이나 용도가 처음 출시 때와 변화하지 않았는지, 변화하였다면 어떻게 변화하였는지, 제품에서 추구하는 본원적 편익이 제품 개발자와 소비자에게 다르게 인식되고 있지는 않은지, 경쟁 브랜드를 포함한 기존의 제품들이 충족시키지 못하고 있는 소비자 니즈는 없는지, 현재의 유통경로가 커버하지 못하고 있거나 소비자들이 원하고 있는 새로운 유통경로는 없는지 등에 대한 U&A 조사를 통해서 마케팅 커뮤니케이션 및 판촉을 수정해야 할 부분이 없는지 확인이 필요한 시점인 것이다.

(2) 또한 인지도, 호감도, 시장점유율, 경쟁 브랜드 대비 강약점, 브랜드 자산가치 등 시장지표와 브랜드 지표의 지속적인 확인을 통해서 마케팅 전략이나 목표가 제대로 진행되고 있는지, 아니면 목표나 전략을 수정해야 할 사항은 없는지 등을 진단하여야 한다. 예를 들면, 시장 경쟁상황에 따라서 가격, 판촉 등의 마케팅 변화를 검토하거나 달성하고자 하는 마케팅 목표를 수정해야 할 필요성은 없는지에 대한 검토가 필요하다.

| 시장 추세 진단 만약 50년 전에 마시는 물을 판매하거나, 골프용품 판매, 기타 레저 산업에 대한 시장성을 진단하면 아마도 '미친 짓'이라는 소리를 들었을 것이다. 가부장을 중심으로 대가족 제도가 전통적 관습이던 시절에는 아무도 여성 독신자 가구를 표적으로 한 상품을 출시하려는 상상조차 안했을 것이다.

(1) 이처럼 사회적 관습과 가치관이 변하고 소비자가 추구하는 가치관과 라이프스타일이 변함에 따라 제품이나 산업에 대한 인식과 니즈도 변화하기 때문에, 사회 구성원의 라이프스타일과 추구하는 가치관에 대한 지속적인 관찰은 향후 시장의 추세를 진단하는데 필수적인 사항이다.

과거 탄산음료가 음료의 상징이던 시절에 지금과 같은 대추, 식혜, 수정과 등과 같은 전통음료가 시장에 수용이 되었겠는가? 돈을 주고 노래를 해야 하는 노래방, 돈을 주고 땀을 흘리는 헬스클럽, 건강을 위한 생식, 다이어트 식품이나 기구 등과 같은 제품들이 과거에 시장에 진입하여 비즈니스 상품이 된다는 것은 상상도 못할 일이었을 것이다.

(2) 제품의 범주나 비즈니스는 시간이 지남에 따라 그 니즈나 인식이 변화하므로 시장의 니즈와 소비자 인식에 대한 꾸준한 관찰이 필요하며, 이러한 지속적인 사회 트랜드와 가치관의 확인은 새로운 상품의 개발과 시장을 확대하는 방향을 제시할 수 있는 중요한 사항이다.

과거에는 갈증을 느끼면 탄산음료를 찾았으나 요즘은 이것이 스포츠음료나 건강음료로 대체되었다.

(3) 이동통신 시장에서 호출기의 휴대폰 대체, 디지털 카메라의 등장, 휴대폰의 카메라 및 MP3 기능, 편의점과 대형 할인점을 중심으로 한 소비자 유통경로의 대체 등과 같이 다양한 유무형의 새로운 상품들이 기존 상품을 대체하고 있으며, 이는 소비자가 추구하는 본원적 편익과 니즈의 변화가 주도적으로 시장을 주도하여 변화시키고 있는 것이다(물론 기술 발전이라는 요인도 무시할 수는 없지만).

이처럼 사회구성의 변화, 삶의 추구 가치관과 라이프스타일의 변화, 제품구매 및 소비를 통하여 얻으려는 본원적 편익, 심지어는 도덕적/윤리적 가치관의 변화에 따라서 새로운 상품이 만들어지고, 새로운 시장이 개척되며, 기존의 제품은 다른 제품으로 대체된다. 요즘처럼 필요한 모든 제품들이 이미 출시되어 있고, 시장의 경쟁이 치열한 반면 품질력의 차이는 뚜렷하지 않은 환경에서 이제는 이러한 사회적 트랜드를 꾸준히 관찰하고 장기적으로 시장을 준비하는 기업만이 살아남을 수 있을 것이다.

4.2.4 제품 성숙기

| 제품 수명주기 연장 제품이 잠재시장에 충분히 확산되어서 더 이상 시장의 규모가 성장하지 않는 포화상태까지 도달한 단계를 성숙단계라고 한다. 현재 우리나라의 휴대폰이나 인터넷처럼 잠재고객의 거의 대부분이 이미 제품을 사용하고 있어서 더 이상 고객의 수를 늘리거나 시장을 확대하기가 어려운 시장으로서, 다음 단계는 쇠퇴나 아니면 현재의 시장 상태를 유지하는 것이 최선의 방안이다.

이 단계에서는 경쟁관계도 이미 어느 정도는 안정이 되어 있어서 경쟁사의 점유율을 전격적으로 빼앗아 오기가 현실적으로 어렵다고 보아야 한다. 기존의 시장이 아닌 뭔가 다른 시장이나 다른 니즈를 소구하는 새로운 시장을 찾아야 하는 것이다.

(1) 우선 경쟁사보다 뛰어난 제품이나 서비스의 경쟁력을 확보하여 이를 차별화 포인트로 새롭게 리포지셔닝하여 시장 확대나 점유율 향상을 모색하는 방법이다. 예를 들면, 과거 인터넷 통신 서비스가 처음 성장할 때는 대부분 서비스 회사들이 속도가 빠르다는 점을 강조하며 커뮤니케이션을 하였다. 그러나 현재 인터넷 통신회사들의 속도는 거의 비슷하여 더 이상은 차별화 포인트가 되지 못하고 있다. 만약 특정 회사가 파격적인 인터넷 사용요금을 강조하면서 이를 차별화 포인트로 새롭게 리포지셔닝한다면 현재 시장 내에서 점유율을 높일 수 있음은 물론, 제품/서비스 사용을 포기했던 새로운 시장으로 시장개발이나 시장 확대도 가능할 것이다.

(2) 두 번째는 새로운 편익이나 사용 용도의 제공을 통한 제품의 수명주기를 연장하는 방법이다. 휴대폰 단말기 시장을 생각해 보자. 국내 휴대폰 사용자가 성장기를 거쳐서 성숙기에 도달했을 때 이미 휴대폰 사용률은 포화상태가 되어서, 새로운 디자인을 선호하여 대체 구매하는 일부 고객집단이나 분실에 의한 재구매를 제외하고는 더 이상의 휴대폰을 판매할 수 있는 잠재시장이 보이지 않았다. 휴대폰 판매뿐 아니라 통신 서비스 회사도 더 이상의 고객 확보에 의한 매출향상은 기대하기 어려운 상황이 된 것이다. 이때 통신사와 휴대폰 제조 회사들은 무선 인터넷, MP3, 카메라 등의 새로운 휴대폰 기능을 지속적으로 개발하여 서비스하면서 휴대폰 판매는 물론, 통신 서비스 회사의 매출증대를 연장하고 있음을 볼 수 있다.

대부분의 사람들이 휴대폰을 항상 가지고 다닌다. 여름에 핸드백을 휴대하지 않는 남자들의 경우 옷에 있는 주머니에 휴대폰, 지갑, 수첩 등을 모두 가지고 다니기가 상당히 불편함을 느낀다. 그러나 요즘같이 신용카드를 비롯하여 갖가지 할인카드, 회원카드가 생활화 된 상황하에서 지갑을 안가지고 다니는 것 또한 불편함을 느낄 수 있다. 그렇다면 이러한 모든 카드의 기능을 대부분의 사람이 항상 휴대하고 다니는 휴대폰에 탑재시킬 수 있다면 이는 새로운 니즈를 충족시키는 틈새시장을 통한 시장확대 기회가 될 수 있을 것이다. 독신자를 위한 씻어 나온 쌀, 유흥가 주변의 심야 야식배달 서비스, 부가서비스가 거의 없는 저렴한 항공상품 등과 같이.

(3) 기존 제품이나 브랜드가 아직 충족시키지 못하고 있지만 고객들이 원하고 있는 잠재적 니즈(Un-Met Needs)를 찾아서 틈새시장을 공략하는 것도 시장을 확대하여 수명주기를 연장

| 표 4.4 | 제품 성숙기의 마케팅리서치

제품 수명주기 연장	• 차별적 경쟁 우위 확보를 통한 제품 개선 및 Repositioning 기회 모색 • 제품에 대한 편익이나 사용 행태 점검을 통한 수명 주기 연장 가능성 검토 • 충족되지 않은 잠재적 니즈(Un-met 니즈) 발견을 통한 틈새시장 가능성 검토
시장/산업 구조분석	• 제품 및 산업에 대한 내·외부적 환경 분석 • 대체 상품 개발에 대한 검토 및 소비자 인식 진단

| 표 4.5 | 제품 쇠퇴기의 마케팅리서치

시장 개발 가능성 진단	• 전환될 수 있는 표적 집단의 존재 여부 및 특성 분석 • 신시장 개발, 시장 확대 방안 모색
신제품 concept 개발	• 제품 사용 용도, 소비자 니즈 분석을 통한 신제품 개발 방향 탐색 • 신제품 concept의 소비자 반응 진단

할 수 있는 방법 중의 하나이다.

이처럼 제품을 리포지셔닝시킬 수 있는 차별화 포인트를 발견하거나 수명주기 연장을 위한 새로운 편익과 용도의 발견, 틈새시장 개발과 잠재적 니즈 발견 등을 위한 아이디어는 바로 고객의 소리와 행동을 끊임없이 듣고 관찰하는 습관에서 시작되는 것이다.

| **시장 및 산업구조 분석** 성숙기 단계에서는 해당 제품군이나 산업의 향후 전망을 예측하여 대비함이 또 하나의 중요한 과제이다. 또한 더 이상의 수명주기 연장이 어려울 것으로 예측된다면 시장에서 철수할 시점과 절차에 대한 준비를 하여야 할 것이다.

즉, **제품이나 산업에 영향을 미칠 수 있는 외부의 환경요인과 마케팅 자원, 제품개발 능력, 시장 경쟁력 등의 내부요인을 총체적으로 분석하고, 대체상품 개발을 위한 소비자 인식이나 의견에 귀를 기울이는 과정이 필요한 단계**인 것이다.

4.2.5 제품 쇠퇴기

제품이 쇠퇴기에 접어들었다고 판단이 되면 새로운 시장을 개발하거나 아니면 새로운 비즈니스를 할 신제품을 개발하여야 한다.

즉, 새로운 시장을 개발하거나 확대하기 위해서는 우선 전환될 수 있는 표적시장의 존재를 탐색하고, 만약 전환 가능성이 있는 표적집단이 발견된다면 그 집단의 특성을 파악하여야 한다.

또한, 신제품 개발의 방향이 설정되면 이를 상품화하기 위한 컨셉의 개발(concept ideation) 과정과 설정된 신제품 컨셉의 시장성을 진단하기 위하여 이에 대한 소비자 반응을 살펴보아야 한다. 이는 **제품의 특성, 사용행태, 제품에 대한 소비자 인식의 정성적 탐색과 다양하고 폭넓은 집단의 라이프스타일을 구체적으로 진단하는 정량조사와 정성조사가 병행**해서 이루어져야 한다.

5

CHAPTER

제품 테스트

시제품 테스트의 주요 체크 항목은 (1) 기존 형성되어 있는 시장에 출시할 경우 경쟁사 제품 대비 강약점은 무엇이며, 전반적인 경쟁력은 어떠한가를 파악하여 제품의 주요 개선점 및 커뮤니케이션의 주요 차별화 요인을 파악하고, (2) 한 개가 아닌 두 개 이상의 시제품을 만들었을 경우 어느 것이 소비자들에게 가장 좋은 반응을 얻는지를 결정하며, (3) 제품출시 시 시장의 수요는 어느 정도가 될 것인지를 예측하고, (4) 최종적으로 가격, 브랜드 등에 대한 반응도 진단을 하게 된다

5.1 제품 테스트의 목적

신제품의 개발 및 출시는 그림 5.1과 같이 시장이나 제품의 새로운 기회를 포착하고 → 포착된 기회를 제품이나 서비스의 비즈니스로 실현시킬 수 있는 아이디어를 도출한 다음 → 제품의 개발 방향을 컨셉으로 만든 후 그 수용성을 검토하고 → 시제품을 만들어 → 그 시제품이 시장에서 어느 정도의 반응을 가져올지를 진단하는 시제품 테스트를 거치게 된다. 시제품 테스트에 의해서 제품의 보강 작업을 하는 동시에 한편으로 커뮤니케이션 방향을 설정하고 → 시장성에 대한 진단을 거치게 되는데, 시장성 진단은 시험시장(test-market)이나 사전 시험시장(pre test-market)의 방법이 사용되며, 이에 대해서는 대부분의 마케팅 원론을 다루는

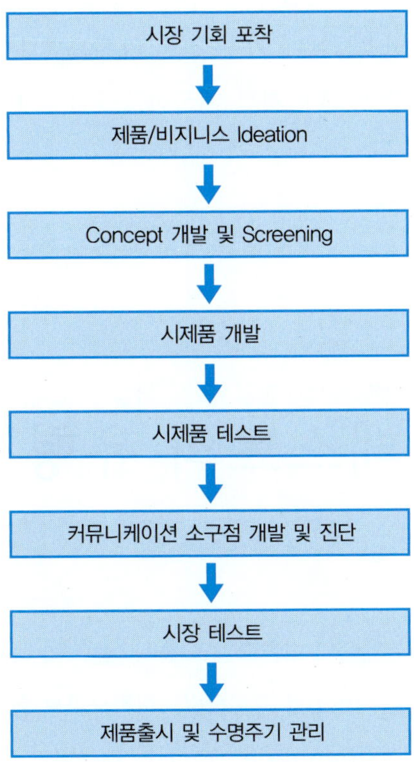

| 그림 5.1 | 제품개발 및 출시 과정

서적에 설명되어 있으니 참고하기 바란다.

물론, 위와 같은 단계를 걸쳐서 제품이 시장에 출시된 이후 소비자들의 반응이나 제품의 재생산(renewal)을 위한 제품 테스트 등도 실시가 되지만, 조사방법론적으로 크게 차이가 없으므로 본 장에서는 제품 출시 전 시제품 테스트에 대해서만 중점적으로 설명하도록 하겠다.

시제품 테스트는 시장기회 및 컨셉 진단을 걸쳐서 만들어진 시제품이 출시되기 이전에 제품 이외 마케팅 변수의 영향을 배제한 순수한 제품력에 대한 소비자의 반응을 사전에 살펴보기 위함에 그 목적이 있다. 제품이 시장에 출시될 때는 제품 이외의 브랜드, 가격, 홍보, 광고 등 마케팅 변수들이 서로 복합적으로 연관되어서 총체적으로 시장의 반응이 나타난다. 이러한 시장의 총체적인 반응은 모의실험실 등을 통한 사전 시험시장(pre-test market)이나 임의의 지역에 한해서 마케팅을 실험하는 시험시장(test market)을 통해서 사전에 진단하게 되지만, 그 이전에 순수한 제품력만의 시장반응을 점검하는 것이다.

시제품 테스트의 주요 체크 항목은 (1) 기존에 형성되어 있는 시장에 출시할 경우 경쟁사 제품 대비 강약점은 무엇이며, 전반적인 경쟁력은 어떠한가를 파악하여 제품의 주요 개선점 및 커뮤니케이션의 주요 차별화 요인을 파악하고, (2) 한 개가 아닌 두 개 이상의 시제품을 만들었을 경우 어느 것이 소비자들에게 가장 좋은 반응을 얻는지를 결정하며, (3) 제품출시 시 시장의 수요는 어느 정도가 될 것인지를 예측하고, (4) 최종적으로 가격, 브랜드 등에 대한 반응도 진단을 하게 된다.

5.2 제품 테스트의 유형

주요 이슈별 마케팅리서치 진행 및 분석방법

제품 테스트는 응답자에게 해당 제품의 브랜드를 노출시키는지의 여부에 따라 눈가림 테스트(blind test)와 상표명 테스트(branded test)로 구분하며, 한편으로는 한명의 응답자에게 테스트하게 되는 제품의 수에 따라 모나딕 테스트(monadic test)와 대응비교 테스트(paired comparison test)로 나누어지기도 한다.

어떤 테스트 방법을 사용할 것인가는 제품의 특성과 테스트의 목적에 따라 연구자가 결정하여 상황에 맞게 적절하게 진행하는 것이 좋다. 예를 들면, 두 개 이상 제품의 맛을 비교할 때는 브랜드를 노출시키지 않고 각각의 맛에 대한 선호도와 비교 질문을 한 후, 브랜드와 맛, 가격 등을 제시하고 시장상황과 비슷한 조건하에서 구매의사를 질문하는 등 상황에 맞게 유연하게 진행한다. 또한, 선정된 응답대상자의 조건에 따라서 완전히 이질적인(테스트에 영향을 줄 수 있는 요인들의 성격이 전혀 다른) 두 개 이상 집단의 경우에는 부득이하게 한 명에게 테스트하고자 하는 두 개 이상의 품목을 모두 시험해야 하며, 그렇지 않은 경우에는 시간과 비용 등의 여건을 감안하여 각각의 집단에 한 개씩의 제품만을 테스트한다.

다음의 각 테스트 방법들을 잘 숙지하여 **테스트하고자 하는 제품의 품목, 응답대상자의 특성, 제품개발 및 출시 단계, 테스트 목적, 시간과 비용 등의 현실적 요인들을 종합적으로 고려하여 가장 최선의 테스트 방법을** 결정하여야 한다.

5.2.1 눈가림 테스트와 상표명 테스트

| 눈가림 테스트Blind Test, 맹검법[盲檢法] 우리가 흔히 마시는 생수나 주스는 물론이고 심지어는 소주나 맥주 등도 상표를 제외하고 컵에 따라서 마시면 어느 브랜드의 제품인지를 알 수 없는 경우가 많다. 그럼에도 불구하고 많은 소비자들은 자신들이 원하는 브랜드에 충성도를 보이며 해당 브랜드의 제품만 음용하는 경향들이 있다. 예를 들어, 저자의 지인 중 한 사람은 술자리에서 항상 고집하는 소주의 브랜드가 있고 술집에 해당 브랜드가 없으면 나가서 사올 정도의 브랜드 충성도를 보이는 사람이 있다. 한 번은 컵에 두 가지 브랜드의 소주를 따라서 마셔보라고 했더니 결국은 브랜드를 알아맞히지 못한 사례가 있다. 이처럼 수많은 제품들이 브랜드에 의해서 느끼는 제품의 주관적 품질이 다를 수 있으며, 따라서 브랜드가 가장 중요한 마케팅의 이슈로 주목을 받는 것이다.

눈가림 테스트는 **브랜드 등에 대한 다른 요인들을 전혀 고려하지 않고 순수하게 제품력 자체에 대한 테스트를 하기 위하여, 응답자에게 브랜드를 노출시키지 않고 제품에 대한 평가를 받고자 할 때 사용**한다. 즉, 브랜드에 의해서 제품력의 평가에 편향(bias)이 개입되는 것을 배제하고 제품에 대한 평가를 하는 것으로서, 제품개발 초기 단계에서 시제품에 대한 선호도나 기존의 경쟁 브랜드 대비 비교 시에 주로 사용한다. 기존 브랜드의 제품을 개선하여 다시 출시 또는 판매하는 제품에 대한 테스트를 할 때 굳이 눈가림 테스트를 하지 않아도 되는 것과 비교해서 생각하면 그 취지나 의미를 이해할 수 있을 것이다.

경쟁사 제품 대비 평가를 할 때는 브랜드 대신 나중에 분석을 위하여 알파벳이나 숫자 등 브랜드를 대신하는 기호(라벨)를 붙이는데, 이때 1, 2, 3이나 A, B, C 등과 같이 순서를 느낄 수 있는 기호를 피해야 한다. 즉, 1, 2, 3과 같이 순서를 붙이면 응답자 선호도의 순서에 영향을 미칠 수 있으므로 R, K, A 등과 같이 순서의 느낌을 전혀 주지 않는 기호를 사용하여야 한다.

눈가림 테스트를 통해서 제품력이 충분한 경쟁력이 있다고 판단되면, 그 다음에 상품명 테스트를 다시 한 번 거쳐서 실제 시장에서의 경쟁력을 테스트하여야 한다. 즉, 시제품의 제품력뿐 아니라 브랜드를 노출하고 가능하면 예상가격까지 제시를 한 후 선호도 등의 시장 경쟁력을 테스트한다. 또는 제품력을 평가받은 이후에 브랜드를 제시하고 브랜드에 의한 소비자 가격지불 가치나 구매의향을 질문하기도 한다.

| 상표명 테스트Branded Test 앞에서 언급한 대로 응답자가 브랜드를 인지한 상태에서 제품에 대한 평가를 받는 것으로서, 가능하면 실제 시장에 출시되어 있거나 출시될 상태로 용기에 넣어서 포장하여 테스트하는 것이 좋다.

신제품의 경우에는 제품 컨셉도 같이 제시하는 것이 좋으며, 제품의 특성상 브랜드의 영향을 많이 받을 수밖에 없는 제품의 경우는 반드시 상표명 테스트를 진행하는 것이 좋다.

즉, 테스트하고자 하는 부분이 제품력 자체에 의한 평가보다는 색상, 포장 등 외양적인 요소일 경우는 눈가림 테스트로는 정확한 시장 반응을 예측할 수 없기 때문이다.

5.2.2 모나딕 테스트와 대응비교 테스트

응답자가 평가하는 제품의 수가 한 가지 제품에 대해서 절대적인 평가를 하는가, 아니면 두 가지의 제품을 사용해 보고 서로의 상대적인 비교를 하는가에 따라서, 전자를 모나딕 테스트(monadic test)라 하고 후자를 대응비교 테스트(paired comparison test)라고 하며, 모나딕 테스트는 평가하는 제품의 수나 비교방법에 따라서 단순(simple) 모나딕 테스트, 쌍대(matched) 모나딕 테스트, 순차(sequential) 모나딕 테스트로 분류된다.

| 단순 모나딕 테스트Simple Monadic Test 한 명의 응답자가 한 개의 제품에 대해서만 평가를 하

는 방법으로 소비자들의 실제 소비생활과 가장 유사하다는 장점이 있다. 제품개발 및 관리의 모든 단계에서 사용할 수 있다. 특히 새로운 카테고리의 제품군이어서 비교 제품군도 같이 평가하기 어렵고, 세부적 사항까지 세밀하게 진단할 필요가 있는 경우 많이 사용한다.

응답자가 한 가지 제품에 대해서만 평가를 하기 때문에 두 개 이상 제품 평가 시 제기될 수 있는 순서효과나 테스트하는 제품의 반복으로 인한 누적효과 등에 의한 해석상의 오류는 최소화시킬 수 있지만, 시장에 고려해야 할 경쟁제품의 수가 많을 때는 표본크기가 늘어난다는 단점이 있다.

| 쌍대 모나딕 테스트 Matched Monadic Test 두 개 이상의 제품을 평가할 때 독립적인 두 집단 이상의 응답자들이 각각 한 개만의 제품을 평가하게 하여 비교하는 방식이다. 과거 데이터의 축적에 의한 해당 제품군에 대한 테스트 결과를 비교할 수 있는 기준치(norm)가 없어도 집단 간 비교를 통해서 평가결과에 대한 의사결정이 용이하다는 장점이 있으나, 각 집단 간의 동질성이 철저하게 확보되도록 표본구성이 이루어져야 한다. 즉, 순수한 제품력에 의한 평가 이외에 응답자에 의한 다른 어떤 요인의 영향력도 배제될 수 있도록 인구통계적 특성은 물론이고 제품의 사용행태, 구매행태 등 철저하게 동질적인 집단으로 표본이 추출되어야 한다. 실질적으로 가장 좋은 방법은 응답대상자를 집단에 구별없이 모집한 다음에 무작위로 각 집단을 분류하는 것인데, 실제 조사를 진행하는 과정에서 일정한 장소에 모여서 집단으로 조사를 진행하는 갱서베이의 경우 현실적으로 쉽지 않은 점이 있다.

테스트 결과를 비교할 때 집단 간 평가점수의 평균차이에 대한 통계적 유의성을 검증하기 위해서 평가하는 제품의 수가 두 개일 경우에는 독립표본 *t*-검정(independent sample *t*-test)이나 맨-휘트니 검정(Mann-Whitney's rank sum test)을 사용할 수 있다(부록 5.A.1, 5.A.2 참조). 또한 테스트 제품의 수가 세 개 이상일 경우는 분산분석(ANOVA)을 통한 다중비교를 통해서 제품 간 평균차이에 대한 유의성 검증을 할 수 있다(부록 5.A.7 참조).

한편, 제품 테스트 시에는 이와 같이 평균점수뿐 아니라 긍정적으로 응답한 사람들의 비율에 관심을 가지는 경우가 있다. 예를 들어, 음료에 대한 신제품과 경쟁사 브랜드의 제품을 마시고 맛에 대한 선호도를 각각 5점척도로 질문하여 긍정응답(매우 맛있다 + 맛있는 편이다; 흔히 리서치 업계에서는 이것을 TOP2라고 부른다)의 비율차이가 통계적으로 유의한 것인가를 검증하여 의사결정을 하고자 하는 것이다. 이 경우에는 독립표본 비율차이 검정을 사

| 표 5.1 | 평가제품의 수와 비교방법에 따른 테스트 구분

Simple Monadic Test	• 한 그룹의 응답자에게 한 가지 제품만을 평가
Matched Monadic Test	• 두 그룹의 응답자에게 각각 별개의 한 가지 제품을 평가하도록 하고 두 집단이 각각 평가한 결과를 통하여 두 가지 제품의 제품력을 평가하는 방법으로 두 집단의 동질성 확보가 중요함. – 독립표본 t-검정/맨-휘트니 검정(2개 제품의 평가일 경우) – 일원분류 분산분석(3개 이상 제품의 평가일 경우)
Sequential Monadic Test	• 한 응답자가 한 가지 제품을 사용한 뒤 평가하고 나서, 다시 다른 제 품을 평가하고, 마지막으로 두 가지 제품을 비교하는 방법으로서 테스트하는 제품의 순서를 통제하는 것이 중요함. – 대응표본 t-검정/윌콕슨 검정(2개 제품의 평가일 경우) – 반복측정 분산분석(3개 이상의 제품 평가일 경우)
Paired Comparison Test	• 한 응답자가 두 가지 제품을 동시 또는 일정한 시차를 두고 사용해 본 후 두 가지 제품의 차이를 평가하는 방법 – 대응표본 t-검정/윌콕슨 검정(2개의 제품 평가일 경우) – 반복측정 분산분석(3개 이상의 제품 평가일 경우)

용할 수 있다(부록 5.A.5 참조).

| 순차 모나딕 테스트Sequential Monadic Test 한 응답자가 한 개의 제품에 대한 절대평가를 한 후, 다시 다른 제품을 사용해 보고 두 번째 제품에 대한 절대평가를 하고, 마지막으로 두 개의 제품을 비교한 상대평가를 하는 방법으로 시간과 비용의 여건 등을 고려할 때 절대평가와 상대평가를 동시에 진행해야 하는 경우에 사용하는 방법이다. 이 방법은 제품 사용 및 평가의 순서에 의한 효과를 통제하는 것이 가장 중요하며, 순서효과에 대한 해석이나 가설에 대해서 연구자와 제품 개발자(관리자)의 합의가 이루어진 상황에서 사용하는 것이 좋다.

특히, 화장품 등과 같이 누적효과가 발생하는 등 순서효과를 통제하기 어려운 경우는 사용을 피해야 한다. 한 명이 사용하고 평가하는 제품의 수는 최대한 3개까지만 적용하고 4개 이상의 제품을 한 명이 평가하는 설계는 피해야 한다. 이는 제품평가의 순서뿐 아니라 반복되는 평가에 의한 응답자의 학습효과와 시간이 오래 지나면서 첫 번째 사용해 본 제품의 기억 등에 의한 비표본오차가 커질 수 있기 때문이다.

| 대응비교 테스트Paired Comparison Test 한 응답자가 두 개의 제품을 사용해 보고 양자를 비교하여 평가하는 방식으로, 두 가지 제품을 일정 기간 시차를 두고 사용하거나 동시에 사용하

고 평가하는 방법이다. 두 가지 제품을 거의 동시에 사용하다 보니 실제 제품력의 차이와 평가자가 인식하는 차이가 다르게 나타날 수 있다는 단점이 있으므로 제품의 특성을 고려하여 신중하게 사용하여야 한다.

대응비교 테스트 방법이 순차 모나딕 테스트와 다른 점은 전자의 경우 두 제품의 차이 비교에 주안점을 두는 반면, 후자는 각 제품의 절대적 평가에 주목적이 있으며, 마지막에 비교평가를 하는 것이다.

경쟁제품 대비 평가보다는 자사의 여러 가지 대안의 제품군 중 어느 것을 선택할 것인가를 결정할 때 사용하는 것이 적절하며, 제품 사용 후 느낌이나 효과가 뚜렷하게 나타나거나 누적되는 제품의 경우에는 사용하지 말아야 한다. 두 개의 제품 중 어느 제품의 효과나 느낌인지를 구별할 수 없기 때문이다.

이렇게 진행하는 테스트의 제품 간 평균차이에 대한 **통계적 유의성을 검증하기 위해서는 대응표본 *t*-검정(paired samples *t*-test)이나 윌콕슨 검정(Wiloxon's signed rank test)을 사용**할 수 있다(부록 5.A.3, 5.A.4 참조).

또한, 앞의 쌍대 모나딕 테스트에서와 같이 평가점수의 평균차이가 아니라 긍정적으로 응답한 사람들의 비율 차이에 대한 검증을 하고자 할 때는 맥니머 검정(McNemar test)을 사용할 수 있다(부록 5.A.6 참조).

5.3 주요 이슈별 마케팅리서치 진행 및 분석방법
제품 테스트 진행 및 유의사항

5.3.1 자료수집 방법 및 고려사항

제품 테스트의 **자료수집 방법으로는 HUT(Home Use Test), CLT(Central Location Test), 홀테스트(Hall Test)가 대표적으로 사용되며, 테스트하고자 하는 제품의 특성과 테스트 목적에 따라 타당한 방법을 선택**하여 사용한다. 일반적으로 HUT는 시제품을 장기간 사용해 보고 응답을 해야 하는 경우, 일정 기간 제품을 가정에 유치하여 실제 소비생활과 유사하게 사용을 한 후 평가를 받는 방법으로 생활용품이나 식품 등과 같은 제품군에 많이 사용된다. CLT는 상대적으로 엄격하게 통제된 상황하에서 조사를 진행하여 양질의 데이터를 얻고자 하는 경우에 사용되며, 일반적으로 즉석식품이나 음료 등 현장에서 제품의 사용(취식) 및 평가가 가능한 제품군에 사용된다. 홀테스트는 테스트 제품을 휴대하고 이동하기가 어려운 가전제품 또는 내구재 제품을 테스트하거나 조사내용과 작성방법이 어려워 연구자(진행자)의 설명과 통제에 의해 설문지가 작성되어야 하는 경우에 사용되며, 요즘은 시제품의 컨셉 및 제품력 테스트를 병행하여 진행하는 경우가 많은데 이러한 경우에도 홀테스트가 흔히 사용된다.

이 절에서는 위의 세 가지 자료수집 방법의 진행 중 고려사항이나 유의사항에 대해서 간략히 설명하도록 하겠다.

| HUT 응답자가 실제 생활을 하면서 제품을 사용하고 난 후 반응을 테스트하는 방법으로 유치조사라고 흔히 부른다. 일상생활 속에서 제품을 사용하므로 사용상황이나 장소에 대한 위화감이 적고 장기간 사용해 보아야 하는 제품을 테스트할 수 있는 장점이 있는 반면, 시간이 많이 소요되고, 신제품 테스트의 경우 보안을 유지하기가 힘들다는 단점이 있다. 조사진행 순서는

(1) 우선 연구자가 정의한 조사대상자의 조건에 맞는 응답자를 **모집하기 위한 선정질문지를 작성**한다. 이때 분석이 필요한 분류변수에 대한 질문도 포함시킬 수 있으나, 선정설문지가 너무 길어지지 않도록 유의하여야 한다.

(2) 응답자 선정 질문지가 완성되면 이에 따라서 **전화 또는 직접 방문에 의한 응답자를 모집**하는데, 이때 응답자나 응답자의 가족 중 경쟁회사나 관련업계(광고대행사, 경영컨설팅 관련 회사, 언론사 등)에 종사하는 사람은 철저하게 구별해서 신제품 등에 대한 정보가 유출되지 않도록 하여야 한다.

(3) 전화접촉에 의해 선정질문을 통과하여 모집이 확정된 경우 **1차 방문을 하여 기존 브랜드나 대체상품에 대한 사용실태 및 인식에 대한 질문과 응답자 특성에 대한 기본질문을 한 뒤에 제품의 사용방법**에 대해서 구체적이고 자세하게 설명한 후 **제품을 유치**한다. 직접방문에 의한

| 표 5.2 | 제품 테스트의 자료수집 방법

HUT	• 가정이나 사무실에 제품을 유치해서 비교적 오랜 기간 제품을 체험하고 평가해야 하는 경우에 적합. • 제품이 일상 가정생활에서 주로 사용하는 가공/냉장식품, 세제/주방용품 등 생활용품 또는 아기 기저귀, 여성 생리대, 정수기 등의 일반 가정이나 사무실의 일상생활에서 실제로 사용해보고 응답을 해야 하는 제품군에 주로 사용함. • 사용방법의 일관성 있는 통제가 어려우며 너무 많은 제품을 유치할 경우 응답자의 혼동을 야기할 수 있으므로 주의가 요망됨. • 신제품의 보안유지가 어렵다는 단점이 있으므로 진행상의 주의가 요망됨.
CLT	• 유동인구가 밀접한 지역의 현장 Recruiting을 통해서 조사를 진행해야 하는 경우에 적합. • 제과점이나 까페, 음식점 등을 빌려서 조사하며 응답자 선정의 난이도에 따라 다르지만, 하루에 진행부수가 최소 12부~최고 25부 정도로 다른 제품 테스트 방법에 비해서 신속하게 소비자의 행동을 직접 관찰할 수 있다는 장점이 있음. • 응답자의 특성상 난이도가 어려울 경우 기간과 비용이 많이 소요됨. • 현장에서 무리없이 파악할 수 있는 음료, 간단한 즉석식품 등의 맛 테스트와 향 테스트, 포장 테스트, 광고의 사전 테스트 등에 적합함. • 표본구성과 이에 따른 제품배치 등 조사상황을 임의적으로 배치할 수 있어서 전형적인 실험설계가 가능하다는 장점이 있으나, 거리에서 intercept하여 조사를 진행하기 때문에 지극히 간단하게 설문항목을 구성해야 한다는 한계가 있음.
Hall Test	• FGD 룸이나 Hall-Test 룸으로 사전 Recruiting된 응답자들을 오게 하여 조사를 진행하는 방법으로서, 일대일로 진행하기도 하고 집단으로 진행하기도 함. • 응답자의 높은 관여도가 필요하거나 상대적으로 어려운 내용을 조사할 때 면접원들에게 조사진행을 맡기기 무리가 있는 경우에 사용하기도 함. • 조사진행 상의 절차를 표준화시켜서 데이터의 신뢰성 확보가 용이함. • 제품 concept이나 광고시안 테스트 등 30분 이상의 시간이 소요되는 긴 설문항목이나 심층적인 내용을 질문해야 할 경우 등 응답자의 몰입과 통제의 필요성이 클 경우에 적합. • 시제품의 특성상 외부 보안의 문제가 강하게 요구될 경우에 유용하지만 시간과 장소의 제약을 받는다는 단점이 있음. • 응답자의 관찰이 용이하며 정성적 자료와 정량적 자료가 모두 필요할 경우에 사용하기도 하지만, 다른 테스트 방법에 비하여 시간과 비용이 가장 많이 소요됨.

접촉이 이루어지는 경우 선정질문이 통과하는 그 자리에서 바로 1차 방문의 질문과 제품유치가 같이 진행되기도 하는데, 비용과 시간이 허락하는 경우 가능하면 전화접촉에 의한 모집 및 사후방문에 의한 1차 제품유치가 바람직하다. 1차 방문 시 가능하면 제품

의 사용방법에 대해서 아주 구체적으로 기록한 제품 사용설명서를 주어 일상생활과 유사한 환경 속에서 모든 응답자가 동일한 조건하에서 제품을 사용할 수 있도록 하여야 한다. 또한, 2개 이상의 제품을 유치할 때 2개의 제품을 같이 유치하고 일정 기간에 따라 순서대로 사용하도록 응답자에게 부탁을 해서는 절대로 안된다. 만약 제품사용과 동시에 응답자가 기록을 병행해야 하는 조사라면(기저귀, 생리대 등) 기록지를 반드시 작성하여야 한다는 점을 주지시키고 기록지 작성방법을 상세하게 설명하여야 한다.

(4) 한 명의 응답자에게 1개의 제품만을 유치하는 경우에는 제품사용 도중에 방문하여 제품을 제대로 사용하고 있는지 확인한 후, 2차로 방문을 하여 제품사용 후의 평가를 받는다. 한편, 2개 이상의 제품유치 시는 2차 방문하여 응답자가 제품을 제대로 사용하고 있는지 확인한 후(가능하면 사전방문에 의한 확인이 바람직하지만 현실적으로 어려움이 있을 것이다) 첫 번째 제품에 대한 사용 후의 평가설문의 응답을 받고 두 번째 제품을 유치한다.

(5) 두 번째 제품의 정해진 사용기간 이후에 3차 방문을 하여 두 번째 제품의 평가와 첫 번째와 두 번째 제품의 비교 및 개선점 등에 대한 평가를 받게 된다. 2개의 제품을 유치할 때는 이렇게 3차 방문으로 조사가 끝나며, 3개 이상의 제품을 유치할 때는 동일한 과정이 반복된다. 그러나 가능하면 HUT의 경우 3개 이상의 제품을 유치하지 않는 것이 좋다.

(6) 이때 테스트한 제품이 아직 출시되지 않은 신제품이라면 조사가 끝난 후 유치한 제품 및 용기를 반드시 100% 회수하여야 하며, 처음에 제품을 유치할 때 이 사실을 응답자에게 주지시켜 응답자가 임의적으로 제품이나 용기를 버리는 경우가 발생하지 않도록 관리하여야 한다.

대부분의 HUT에 의한 제품 테스트가 브랜드를 노출시키지 않는 눈가림 테스트에 의해 진행되는데, 이때 응답자들이 제품사용에 거부감을 느낄 수 있다. 특히 여성 화장품이나 기저귀, 생리대와 같이 피부에 민감한 영향을 줄 수 있는 제품의 경우 브랜드나 생산업체도 모른 체 제품을 사용해 본다는 것이 쉽지 않은 설득인 것이다. 제품을 포장할 때 이러한 불안감을 덜어주고 제품에 대한 신뢰감을 줄 수 있도록 포장에 각별하게 신경을 써야 하며, 제품에 대한 사전 불안감이나 신뢰감이 제품의 사용 후 평가에도 영향을 줄 수 있음을 유의해야 한다.

CLT CLT는 응답자를 일정 장소에 오게 한 후 제품이나 광고시안에 대한 소비자 반응을 평가하는 방법으로서, 제품 테스트, 컨셉 테스트, 광고시안 테스트 등의 목적으로 이루어지나, 이 장에서는 제품 테스트에 한해서 설명을 하도록 하겠다. **제품 테스트는 맛 테스트, 향기 테스트, 패키지 테스트 등이 주로 이루어지며 조사목적에 따라 장소선택의 기준 등이 고려**되어야 한다. 예를 들어, 맛 테스트를 진행할 때는 주방이나 수도 등의 설비가 있는 장소여야 하고, 향 테스트의 경우는 환기가 잘 이루어지는 장소에서 진행을 해야 하며, 패키지 테스트는 조명 등에 유의를 하여야 한다. 또한 테스트 제품의 품목에 따라서도 장소를 고려해야 하는데, 신세대를 타겟으로 하는 제품의 경우 압구정동이나 신촌 또는 대학로 등의 젊은층과 패션을 선도하는 집단이 많이 몰리는 지역에서 조사를 진행해야 하며, 직장인의 맥주에 대한 맛 테스트를 진행하기 위해서는 여의도나 강남 테헤란로 등의 오피스타운에서 조사를 진행해야 하는 것이다. 응답대상자는 사전에 접촉을 하여 정해진 조건에 해당되는 응답대상자를 정해진 장소로 오게 하여 조사를 진행하는 방법과 길거리에서 지나가는 사람들을 유치(intercept)하여 선정질문을 하고 조사대상자에 해당되는 사람을 정해진 장소로 안내해서 조사를 진행하는 방법이 있으며, 전자는 자동차나 내구재의 신제품 테스트 시 주로 사용하고, 후자는 생활용품이나 식품 등의 테스트에 주로 사용된다.

정해진 장소로 모이게 하여 조사를 진행한다는 점에서 홀테스트(Hall-Test)와 비슷한 점이 많으나, 일대일 개별면접 방식으로 조사가 진행되어 심도 있는 데이터를 얻을 수 있다는 점이 다른 점이다.

한편, **여러 장소에서 동시에 조사를 진행하다 보니 테스트 제품을 보여주거나 음용하는 방법의 아주 세부적인 사항까지 구체적으로 규정하여, 모든 조사장소에서 동일한 환경하에 조사가 이루어져 조사장소나 팀에 의한 편향이 발생되지 않도록** 하여야 한다. 예를 들면, 패키지 테스트의 경우 조사를 진행하는 장소의 조명이 동일한 밝기와 색상이어야 하며, 된장국 등의 맛 테스트는 요리를 하는 사람에 따라서 맛이 달라질 수 있으므로 물, 마늘, 파 등의 동일한 무게와 용량을 첨가하여 동일한 화력으로 동일한 시간을 끓여야 하며, 이를 위하여 저울, 초시계, 눈금컵 등이 사용된다. 제품의 냄새가 선호도에 영향을 미칠 수 있는 제품의 경우 충분히 넓은 공간(대략 40평 이상)과 환기시설이 잘 되어 있는 장소를 섭외하여, 앞에서 진행한 제품의 냄새에 의해서 뒤에 조사대상자의 응답에 편향이 개입되지 않도록 고려해야 한다.

그밖에 음료의 경우 가능한 온도를 일정하게 유지하여 유리잔을 사용해야 하고, 음식이나 음료의 경우 시식 전에 반드시 생수로 입가심을 하게 하며, 동일한 양을 음용하게 하는 등 테스트 제품의 품목이나 테스트 목적에 따라서 그때그때 세세한 부분까지 유의하여 실사를 진행하여야 한다. **어떠한 테스트 품목이던지 모든 응답자가 동일한 환경하에서 테스트를 하여야 하며, 제품 이외의 요인에 의해서 제품평가에 영향을 받을 수 있는 가능한 모든 요인을 사전에 차단시킨다는 원칙**을 염두에 두고, 그때그때 실사진행의 세부방법을 설계하여야 한다.

홀테스트(Hall-Test) 응답자들을 일정한 장소에 모이게 하여 진행자의 통제하에 조사를 진행하는 방법으로, 방문면접 조사와 CLT의 비표본오차나 단점을 줄일 수 있다. 즉, 응답 대상자가 일정 장소로 방문하여 연구자 또는 숙련된 진행자의 통제하에 조사항목에 응답하기 때문에 면접원에 의한 오차를 줄일 수 있으며, 제품에 대한 구체적인 느낌에 대해서도 질문을 할 수 있다. 또한 응답대상자가 정해진 장소로 오면서 기본적으로 조사에 응하려는 마음가짐을 가지고 있기 때문에 응답자의 성실성을 담보할 수 있다.

CLT와는 다르게 제품을 외부로 가지고 나가는 것이 아니기 때문에 신제품의 정보유출 가능성을 줄일 수 있으며, 제품뿐 아니라 컨셉 등의 여러 가지 보조도구를 사용하면서 조사를 진행할 수 있다.

또한 테스트 제품이 적을 수밖에 없을 경우에도 조사를 진행할 수 있으며 (휴대폰 단말기 등 목업(mock-up; 실물 크기의 모형)으로 패키지에 대한 테스트를 하는 경우 그 가격이 고가라서 많은 수의 목업을 제작하여 조사를 진행할 수가 없는 것이 현실이다.), 제품의 사용방법이나 음용방법을 통일하여 일관되게 통제할 수 있으므로 CLT나 유치조사에서 발생할 수 있는 비표본오차를 줄일 수 있다.

이러한 장점들로 인해서 제품을 오래 사용해 보아야 하는 제품이 아니라면 가능한 홀테스트에 의해서 테스트하는 것이 가장 정확한 데이터를 얻을 수 있지만, 비용이 상대적으로 많이 소요된다는 단점(일반적으로 참석자들에게 참석비를 지급한다.)이 있다.

진행순서는

(1) 우선 **제품의 유형과 정의된 응답자 특성에 따라서 장소를 선정**해야 하는데, 일반적으로는 조사기관의 내부에 설비되어 있는 홀테스트 룸에서 진행하고 있다. 그러나 반드시 조사기관 내부에서 진행해야 하는 것은 아니며(자동차 시제품 테스트의 경우 호텔 등의 자동차 전시장에서 진행하기도 한다), 한 번에 10~30명 정도씩 조사를 진행하기 때문에 일

정정도의 공간은 필수적이고, 응답자가 편안한 분위기에서 조사에 응할 수 있도록 환경적인 요인을 고려하여야 한다.

(2) 조사장소가 결정되면 응답대상자를 사전에 접촉하여 연구자가 정의한 조건에 맞는가를 심사(screeninig)한다. 이때 반드시 사전에 작성된 응답자 선정질문지를 사용하여 접촉하는 사람의 주관성이 개입되지 않도록 하여야 한다.

(3) 선정질문을 통하여 조사대상자의 조건에 통과가 되면 조사에 참가할 구체적인 시간을 알려 주어야 하는데, 이때 사전에 설계한 표본구성표를 고려하여 쿼터(quota; 할당표본)를 맞추어 가면서 참가시간을 조정하여야 한다. 즉, 두 개 이상의 집단으로 표본이 설계될 경우 각 집단별 표본크기 및 제품 테스트 순서(rotation) 등을 사전에 고려하여 조사 참가시간을 정해야 한다.

(4) 작업이 끝나면 보조진행 인원을 선발하여 교육을 시켜야 하는데, 일반적으로 진행자의 통제하에서 조사를 진행하지만 제품사용방법이나 설문지 작성 등을 도와주는 보조요원 2~3명이 같이 조사를 진행한다. 조사진행자는 조사를 설계한 연구자가 직접하는 것이 바람직하지만 상황이 여의치 않은 경우는 별로도 진행자를 교육시켜서 진행하는데, 이 경우에 조사의 목적이나 취지 등을 명확하게 주지시켜서 조사진행 도중 발생하는 여러 가지 상황에 즉각적이고 합리적으로 대응할 수 있도록 해야 한다.

(5) 조사시간은 2시간을 넘지 않도록 하는 것이 좋으며, 조사진행 중이나 조사완료 후 참석자가 호기심과 관심을 가지고 휴대폰 등으로 제품을 촬영하거나 외부로 가지고 나가지 않도록 철저하게 관리하여야 한다. 조사 품목이나 목적에 따라서 아예 휴대폰을 지참하고 참석하지 못하도록 통제하기도 한다.

| FGD(FGI) 제품의 유형이나 수명주기에 따라서 좌담회로 테스트를 하는 경우가 있는데, 시제품의 컨셉과 제품 테스트를 동시에 진행하는 경우에 주로 사용한다. 이때는 제품 테스트보다 컨셉의 소비자 반응을 파악하는데 더 중점을 두며, 먼저 신제품 컨셉에 대한 소비자의 반응을 심도있게 진단하는 컨셉-테스트를 거치는 것이 주된 목적이고 제품에 대한 평가를 부

| 표 5.3 | 라틴방격 실험계획의 예

	유치순서 (a)					유치순서 (b)					유치순서 (c)				
그룹 1	A	B	C	D	E	C	D	E	A	B	C	B	E	A	D
그룹 2	B	C	D	E	A	B	C	D	E	A	B	A	D	E	C
그룹 3	C	D	E	A	B	A	B	C	D	E	A	E	C	D	B
그룹 4	D	E	A	B	C	D	E	A	B	C	D	C	A	B	E
그룹 5	E	A	B	C	D	E	A	B	C	D	E	D	B	C	A

차적인 목적으로 진행한다. 진행순서는 대부분 컨셉 테스트를 먼저 진행하고 제품 테스트를 뒤에 진행하는데, 최근에는 간단하게 제품을 테스트할 수 있는 식품이나 음료 등에 많이 사용하는 추세이다.

| 기타 사례 제품 테스트를 진행하다 보면 계획단계에서 의도적으로 두 가지 이상의 방법을 병행하여 조사를 진행할 수도 있으며, 경우에 따라서는 처음의 잘못된 조사계획으로 인하여 조사진행 도중이나 끝나고 난 후 다시 다른 조사방법으로 중복하여 조사를 진행하는 경우도 있다.

다음은 저자가 두 가지 방법을 병행하여 제품 테스트한 사례를 예로 소개하겠다. 숙취음료를 생산/판매하는 한 회사에서 신제품을 다섯 가지 개발한 후 이 중에서 가장 숙취해소 기능이 뛰어난 제품을 한 가지 골라서 출시하기 위하여 시제품의 테스트를 의뢰해 왔다.

먼저 숙취음료라는 특성상 HUT 조사방법을 결정하고 한 명의 응답자에게 세 가지 제품을 유치시키며 제품의 순서를 고려하니 응답자 집단의 수가 너무 많아서 진행하기에 현실적으로 어려움이 있었다. 고민 끝에 두 가지 접근방법을 생각했다. 현실적 무리는 있지만 한 명의 응답자에게 다섯 가지 제품을 순차 모나딕(Sequential Monadic) 방법에 의하여 유치시키는 유치조사와 만일의 경우를 대비한 CLT를 병행하여 진행하는 것이다. 먼저 유치조사는 각 그룹당 50명씩 5그룹을 고려하여 각 그룹당 다섯 가지 제품을 모두 유치시키는 것이다. 우선 표 5.3의 (a)와 같이 각 그룹별로 모든 제품을 유치시키되 그 순서를 달리하여 배치한다. 다음에는 표 5.3의 (a)에서 임의의 두 행(여기서는 첫 번째 행과 세 번째 행)을 서로 바꾸면 (b)와 같이 된다. 다시 (b)에서 임의의 두 열(여기서는 두 번째 열과 다섯 번째 열)을 서로 바꾸면 (c)와 같이 된다. 순서효과를 통제하기 위하여 이와 같은 방식으로 행과 열의 배치를 반복해서 바꾸어 유치순서를 결정할 수 있다(이 예에서는 최종적으로 표 5.3의 (c)를 제품 유치순서로 결정하였다). 참고로 이와 같은 실험계획방법을 라틴방격법(Ratin square method)이라고 한다.

일반적으로 유치조사는 방문에 의한 제품의 유치와 면접조사를 진행하지만, 다섯 번 방문이라는 현실을 고려할 때 두 번째 제품부터는 택배를 이용하여 제품을 유치하고 전화조사방법에 의하여 평가를 받는 방식으로 수정하여 진행을 하였다.

구체적 조사진행 절차는 사전정의된 선정질문에 의하여 모집이 되면, 면접원이 방문을 하여 조사참가 방법을 설명하고 평소 음주행태 및 숙취음료 사용행태에 대해서 기초질문을 한 후 첫 번째 제품을 유치시키고 → 일주일이 지난 후 전화를 하여 제품사용 여부를 확인을 한후 제품사용에 대한 평가를 받고 → 두 번째 제품을 택배를 이용하여 보낸 다음 일주일이 경과한 이후에 다시 전화조사를 통해서 제품사용 여부의 확인 및 평가를 받는 식으로 반복하여 다섯 번까지 조사를 진행하였다. 물론 사전에 응답자들의 음주 습관에 대한 조사를 통하여 주 평균 음주 횟수 등을 체크하였음은 물론이다. 이와 같은 방식으로 조사를 진행을 하고 나서 데이터를 분석하니 제품별로 평가 결과가 약간의 차이는 있었지만 통계적으로 유의한 결과를 나타내지는 않아서 어떤 제품을 출시할 것인지에 대하여 의사결정에 어려움이 있었다. 이는 실질적으로 제품력의 차이가 없는 결과일 수도 있지만, 많은 수의 제품을 음용하면서 평가를 하였다는 점과 오랜 시간 조사에 응했다는 점 그리고 무엇보다도 중요한 매 테스트마다 음주량이 동일하지도 않고 여러 가지 음주환경이 다를 것이라는 점에서 예상된 결과일 수도 있었다.

한편, CLT는 우선 선정 질문지를 통하여 250명을 모집하고 → 무작위로 50명씩 추출하여 5개의 그룹으로 나누었다. 이는 쌍대 모나딕 테스트 방법의 중요한 조건인 집단간 동질성을 확보하기 위함이다. → 각 그룹에 한 종류의 제품을 테스트하는 쌍대 모나딕 테스트를 진행하기 위하여 응답자들을 CLT 장소(사내 테스트 룸)로 오게 하고, 음주 전 몸의 컨디션을 동일하게 만들기 위하여 3시간 정도 영화를 보여주며 생수 이외에는 아무 것도 먹지 못하게 하면서 대기를 시켰다. → 3시간이 지난 다음에 모두 동일하게 소주 반병씩을 30분 이내에 마시도록 하였으며 이때 안주의 종류와 양도 동일하게 하였다. → 음주가 끝난 다음 동일한 시간에 숙취해소 음료를 마시게 하고 → 30분 간격으로 2회에 걸쳐서 혈중 알코올 농도를 측정하는 방식으로 테스트를 진행하였다. 이때 도중에 흡연은 물론 양치도 못하게 통제를 하여 모든 응답자들이 동일한 조건으로 통제되도록 세세한 부분까지 신경을 쓴 것이다.

CLT의 결과로서 다섯 가지 제품 중 세 가지 제품에 비하여 두 가지 제품이 통계적으로 유의하게 높은 평가를 보였다. 테스트 결과에 영향을 미칠 수 있는 모든 요인을 철저하게 고려하여 통제하고 실험계획 및 테스트를 진행한 결과인 것이다.

5.3.2 표본구성 및 진행

제품 테스트는 앞에서 언급한 CLT, HUT, 홀테스트에 의해서 주로 이루어지며 그 특성상 대규모 표본을 진행하지 않는 것이 일반적이다. 따라서 대규모 표본조사가 아니라 상대적으로 소규모 표본으로 조사가 진행되며, 그 소규모 표본 속에 비교 및 분석대상 변수를 고려한 표본설계가 구성되어야 한다. 즉, 현재 주로 사용하는 상표, 성별, 연령, 기타 구매자나 사용자의 특성 등 (1) **비교해서 보고자 하는 변수에 의해 임의적으로 표본을 구성**해야 하며, 따라서 무작위 표본추출이 아닌 (2) **연구자가 정의한 조건에 의한 판단 또는 편의할당추출에 의해서 표본이 추출**된다. 한편, 표본의 구성이 두 개 이상의 집단으로 그룹되어 있고, 테스트 제품이 두 개 이상인 경우는 (3) **테스트 순서에 의한 편향이 발생하지 않도록 그룹별 제품 테스트의 순서를 회전(rotation)시키는 것**이 일반적이다.

예를 들어, 12개월 이하의 아기들 200명을 대상으로 두 가지 기저귀 제품을 사용해 보고 그 제품력을 테스트하려고 한다고 가정하자. 우선 테스트 방법으로는 두 개의 집단으로 나누어 각각 한 개의 제품을 사용해 보게 하는 쌍대 모나딕 테스트 방법과 한 명의 응답자에게 두 개의 제품을 테스트하는 대응비교 테스트를 고려할 수 있겠다. 그러나 전자의 경우 두 개의 집단이 동질성을 확보하여야 한다는 점과 표본크기(한 명의 응답자가 한 개의 제품만 사용하게 되므로 각 제품당 100명씩 테스트하게 된다)가 상대적으로 적게 관측된다는 점 등을 고려할 때 대응비교 테스트 방법을 선택한다고 하자. 이와 같이 어떤 테스트 방법을 선택할 것인가에 대해서는 정답이 따로 있는 것이 아니며, 테스트하고자 하는 제품의 유형과 응답자의 특성 그리고 표본구성의 현실적인 요인들을 고려해서 연구자가 결정하는 것이다.

이때 200명의 응답자를 2개의 그룹으로 나누는데, 여기에도 두 가지 정도의 대안이 있다. 두 그룹을 완벽하게 동질적인 집단으로 구성을 하는 것과 현재의 사용 브랜드, 아기들의 월령(출생 후 개월수), 아기 몸무게 등의 특성에 따라서 두 개의 집단으로 분류하여 구성하는 것을 고려할 수 있다. 가장 이상적인 방법은 고려하고자 하는 변수별로 표본을 구성한 후 → 다시 무작위로 두 개의 집단으로 나누는 것인데, 모집 및 실사진행 상의 현실적인 여건상 쉽지는 않다. 이렇게 두 개의 집단으로 구성이 되었으면 다음과 같이 각 집단별로 제품 사용의 순서를 회전(rotation)하여 사용 순서에 의한 편향을 제거한다.

그룹 1 : 제품 A → 제품 B

그룹 2 : 제품 B → 제품 A

이번에는 다른 예를 들어 보겠다. 젊은 여성들이 주로 마시는 다이어트 기능성 음료 신제품(A)과 자사의 기존 제품 한 개(A′), 경쟁제품 두 가지(B, C) 등 총 네 개 제품에 대한 테스트를 한다고 가정하자. 우선 조사대상자를 서울 지역에 거주하는 만 20~39세의 여성으로 최근 3개월 이전에 다이어트 기능성 음료를 음용한 경험이 있는 사람으로 정의하며, 표본크기가 240명이라고 하자. 이러한 조사대상자의 정의는 테스트할 제품의 성격과 실사의 효율성을 고려하여 연구자가 결정하게 된다. 조사설계 시 우선 고려해야 할 것은 제품에 따라 다소 차이는 있지만, 일반적으로 한 사람이 최대 네 개 이상의 제품을 평가하기에는 무리가 있으므로 지양해야 한다. 우선 한 사람에게 네 개 제품을 테스트하려면 총 5회 반복방문을 해야 하는데(음료 등과 같은 제품의 맛 테스트 등은 보편적으로 CLT 등을 이용하지만 화장품이나 세제 등과 같이 제품을 유치해야 하는 경우) 이는 실사진행의 현실상 어려움이 있고, 또한 순서효과에 의한 편향을 제어하기가 어려워 비표본오차를 야기한다는 문제가 있기 때문이다. 그렇다면 총 네 개의 제품 중에서 최대한 세 개씩을 뽑아서 테스트를 해야 하는데, 이 때 경우는 수는 총 4(=$_4C_3$)가지이므로 총 네 개의 그룹으로 표본을 구성해야 할 것이다. 또한 연령별로 반응의 차이가 있을 수 있다는 가정을 고려하여 20대와 30대로 구분하고 테스트 제품의 회전을 고려하면 표 5.4와 같이 표본을 구성할 수 있다. 이와 같은 제품 테스트의 배치에 대한 자세한 설명은 통계학의 한 분야인 실험계획법을 참고하기 바란다.

표본구성 및 제품 테스트 순서의 계획이 완료되었으면 선정질문을 통하여 응답자를 모집하고(CLT로 진행하는 것을 가정하자.) 첫 번째 음료를 음용시킨 다음, 전반적인 맛에 대한 선호도, 구입의사, 기존음료 대비 독특성, 향, 맛에 대한 속성(단맛, 신맛, 떫은맛, 첫맛, 깔끔한 맛,

| 표 5.4 | 표본구성표의 예

	제품 테스트 순서			
	그룹 1 A → B → C	그룹 2 B → C → A′	그룹 3 C → A′ → A	그룹 4 A′ → A → B
20~29세	30	30	30	30
30~39세	30	30	30	30
계	60	60	60	60

뒷맛, 맛의 진한 정도, 부드러움 등) 등의 평가를 받은 다음, 두 번째와 세 번째 제품에 대하여 동일한 방법과 항목으로 평가를 받는다.

조사가 끝난 다음 분석할 때 신제품(A)의 경우 상대평가와 절대평가를 구분하여 분석이 가능한데, 그룹 1(60명 기준)의 경우 신제품을 가장 먼저 음용하고 평가하였기 때문에 다른 제품의 영향을 받지 않은 상태에서의 절대평가치가 되고, 그룹 1, 그룹 3, 그룹 4(180명 기준)에서는 다른 음료와 함께 마신 응답자들의 평가치이므로 신제품에 대한 상대평가로 간주할 수 있을 것이다. 즉, 자사 브랜드의 신제품(A)과 기존 제품(A′)을 비교하고자 할 때는 절대평가 수준에서 분석을 하며, 경쟁제품과 비교를 할 때는 상대평가 수준에서 분석을 할 수 있는 것이다.

이밖에 제품 간의 평가점수 평균차이에 대한 통계적 유의성이나 긍정적으로 응답한 사람들의 비율차이 검정 등에 대한 분석이 이루어지게 되는데, 이는 앞에서 설명한 제품 테스트 유형을 참고하기 바란다.

한편, 동일한 제품도 미국 사람들과 한국 사람들과의 입맛이 달라서 미국 시장에서 성공한 음료를 우리나라에서 맛 테스트한 결과, 그 맛이 수용되지 않아 우리나라 사람들의 입맛에 어울리게 맛을 조정하여 출시를 하여 성공한 음료가 있다. 또한, 국내 전통음료들이 처음 출시되기 시작할 무렵 특정 소재의 음료 컨셉을 진단하고 맛 테스트를 거친 결과 시장에 성공 가능성이 없다고 보고가 되었으나, 시장을 세분화하여 표적집단을 선정하고 그 표적집단만을 대상으로 한 제품 테스트 결과 성공 가능성이 예상되어 이에 자신감을 가지고 출시하여 빅 히트를 이루어 낸 사례도 있다. 이와 같이 제품의 컨셉이나 제품력은 그 응답대상 집단이 누구냐에 따라 반응이 크게 달라질 수 있으므로, 제품의 특성과 시장의 경쟁상황을 면밀하게 분석한 후 집중하고자 하는 표적집단을 잘 선정하여 해당 집단을 대상으로 테스트를 진행해야 하는 것도 제품 테스트의 중요한 고려요인 중의 하나이다. 이는 제품력에 대한 평가뿐 아니라 제품에 대해서 느끼는 이미지, 가격수용도 등 이후 마케팅 방향의 수립에도 중요한 자료가 된다.

부록 5.A.1 독립표본 t-검정(Independent Sample t-Test)

독립표본 t-검정은 서로 독립적인 두 표본으로부터 얻은 데이터를 이용하여, 정규성과 등분산성의 가정하에서 두 모평균의 동일성에 대한 가설을 검정하는 방법이다. SPSS에서 독립표본 t-검정을 수행하는 과정은 다음과 같다.

① 풀다운 메뉴에서 분석(A) → 평균 비교(M) → 독립표본 T 검정(T)을 클릭한다.

② 독립표본 T 검정 대화상자에서 검정변수(T)와 집단변수(G)를 선택한다(그림 5.A.1).

③ 독립표본 T 검정 대화상자에서 집단정의(D) 버튼을 클릭한 후, 집단정의 대화상자에서 두 집단의 범주를 입력한다(그림 5.A.2).

④ 집단정의 대화상자에서 계속을 클릭한 후, 독립표본 T 검정 대화상자에서 확인을 클릭하여 출력결과를 얻는다.

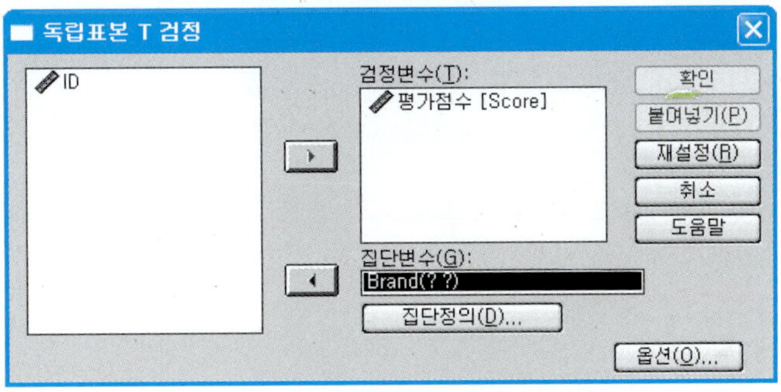

| 그림 5.A.1 | '독립표본 T 검정' 대화상자

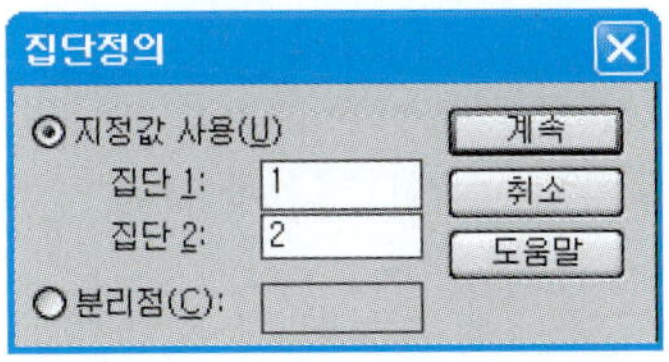

| 그림 5.A.2 | '집단정의' 대화상자

집단통계량

	제품	N	평균	표준편차	평균의 표준오차
평가점수	제품 A	15	66.87	11.928	3.080
	제품 B	15	79.73	12.233	3.158

독립표본 검정

		Levene의 등분산 검정		평균의 동일성에 대한 t-검정						
		F	유의확률	t	자유도	유의확률 (양쪽)	평균차	차이의 표준오차	차이의 95% 신뢰구간 하한	차이의 95% 신뢰구간 상한
평가점수	등분산이 가정됨	.011	.917	-2.917	28	.007	-12.867	4.411	-21.903	-3.830
	등분산이 가정되지 않음			-2.917	27.982	.007	-12.867	4.411	-21.903	-3.830

| 그림 5.A.3 | '독립표본 *t*-검정'의 출력결과

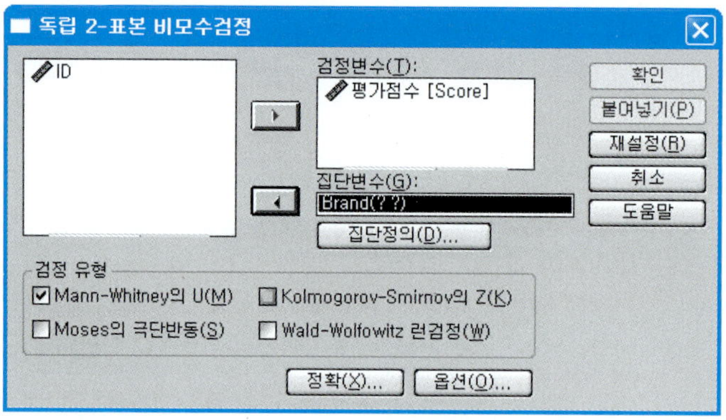

| 그림 5.A.4 | '독립표본 T 검정' 대화상자

부록 5.A.2 맨-휘트니 검정(Mann-Whitny's Rank Sum Test)

맨-휘트니 검정은 두 독립표본으로부터 얻은 데이터를 이용하여, 특히 소표본의 경우에 정규성이나 등분산성 등의 가정 없이 순위에 근거하여 두 위치모수의 동일성에 대한 가설을 검정하는 비모수적 방법이다. SPSS에서 맨-휘트니 검정을 수행하는 과정은 다음과 같다.

① 풀다운 메뉴에서 분석(A) → 비모수 검정(N) → 독립 2-표본(2)을 클릭한다.

② 독립 2-표본 비모수검정 대화상자에서 검정변수(T)와 집단변수(G)를 선택한다(그림 5.A.4). 필요한 경우 정확 버튼을 클릭하여 정확한 검정(E)를 체크한다.

③ 독립 2-표본 비모수검정 대화상자에서 집단정의(D) 버튼을 클릭한 후, 집단정의 대화상자에서 두 집단의 범주를 입력한다(그림 5.A.5).

④ 집단정의 대화상자에서 계속을 클릭한 후, 독립 2-표본 비모수검정 대화상자에서 확인을 클릭하여 출력결과를 얻는다.

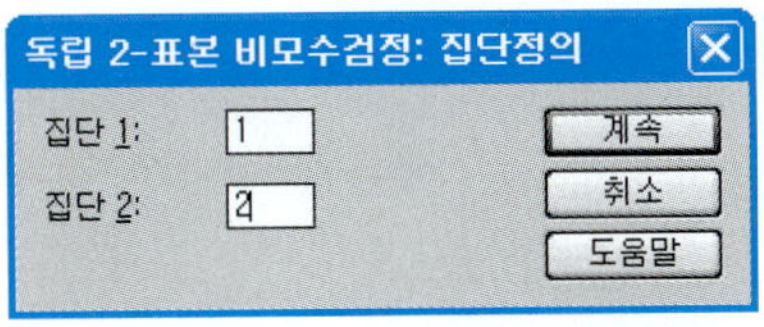

| 그림 5.A.5 | '집단정의' 대화상자

순위

	제품	N	평균순위	순위합
평가점수	제품 A	15	11.40	171.00
	제품 B	15	19.60	294.00
	합계	30		

검정 통계량[b]

	평가점수
Mann-Whitney의 U	51.000
Wilcoxon의 W	171.000
Z	-2.553
근사 유의확률(양측)	.011
정확한 유의확률 [2*(단측 유의확률)]	.010[a]

a. 동률에 대해 수정된 사항이 없습니다.
b. 집단변수: 제품

| 그림 5.A.6 | '맨-휘트니 검정'의 출력결과

부록 5.A.3 대응표본 t-검정(Paired Sample t-Test)

대응표본 t-검정은 동일한 집단으로부터 얻은(쌍으로 관측된) 두 반응변수를 이용하여, 정규성의 가정하에서 두 모평균의 동일성에 대한 가설을 검정하는 방법이다.

SPSS에서 대응표본 t-검정을 수행하는 과정은 다음과 같다.

① 풀다운 메뉴에서 분석(A) → 평균 비교(M) → 대응표본 T 검정(T)을 클릭한다.

② 대응표본 T 검정 대화상자에서 두 개의 대응 변수(Y)를 선택한다(그림 5.A.7).

③ 대응표본 T 검정 대화상자에서 확인을 클릭하여 출력결과를 얻는다.

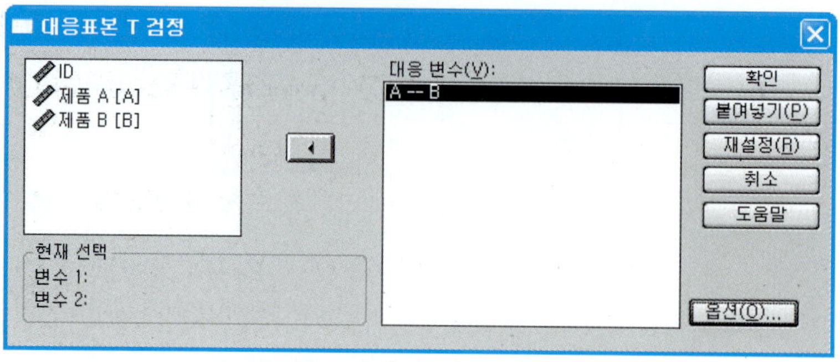

| 그림 5.A.7 | '대응표본 T 검정' 대화상자

대응표본 통계량

		평균	N	표준편차	평균의 표준오차
대응 1	제품 A	79.00	10	18.529	5.859
	제품 B	61.00	10	11.972	3.786

대응표본 상관계수

		N	상관계수	유의확률
대응 1	제품 A & 제품 B	10	.105	.772

대응표본 검정

		대응차					t	자유도	유의확률 (양쪽)
		평균	표준편차	평균의 표준오차	차이의 95% 신뢰구간 하한	차이의 95% 신뢰구간 상한			
대응 1	제품 A - 제품 B	18.000	20.976	6.633	2.995	33.005	2.714	9	.024

| 그림 5.A.8 | '대응표본 *t*–검정' 의 출력결과

부록 5.A.4 윌콕슨 검정(Wilcoxn's Signed Rank Test)

윌콕슨 검정은 동일한 집단으로부터 얻은(쌍으로 관측된) 두 반응변수를 이용하여, 특히 소표본의 경우에 정규성 등의 가정 없이 순위에 근거하여 두 위치모수의 동일성에 대한 가설을 검정하는 비모수적 방법이다. SPSS에서 윌콕슨 검정을 수행하는 과정은 다음과 같다.

① 풀다운 메뉴에서 분석(A) → 비모수 검정(N) → 대응 2-표본(L)을 클릭한다.

② 대응 2-표본 비모수검정 대화상자에서 두 개의 검정 대응변수(T)를 선택한다(그림 5.A.9). 필요한 경우 정확 버튼을 클릭하여 정확한 검정(E)를 체크한다.

③ 대응 2-표본 비모수검정 대화상자에서 확인을 클릭하여 출력결과를 얻는다.

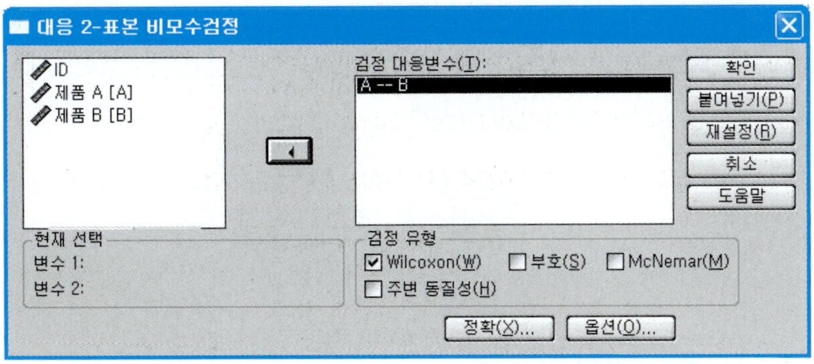

| 그림 5.A.9 | '대응 2-표본 비모수검정' 대화상자

순위

		N	평균순위	순위합
제품 B - 제품 A	음의 순위	8[a]	6,00	48,00
	양의 순위	2[b]	3,50	7,00
	동률	0[c]		
	합계	10		

a. 제품 B < 제품 A
b. 제품 B > 제품 A
c. 제품 B = 제품 A

검정 통계량[b]

	제품 B - 제품 A
Z	-2,106[a]
근사 유의확률(양측)	,035
정확한 유의확률(양측)	,041
정확한 유의확률(단측)	,021
점 확률	,010

a. 양의 순위를 기준으로.
b. Wilcoxon 부호순위 검정

| 그림 5.A.10 | '윌콕슨 검정' 의 출력결과

부록 5.A.5 독립표본 비율차이 검정

독립표본 비율차이 검정은 서로 독립적인 두 표본으로부터 얻은 데이터를 이용하여, 두 모비율의 동일성에 대한 가설을 검정하는 방법이다. 이때 반응변수는 '0(부정), 1(긍정)'과 같이 이항변수로 코딩되어 있어야 한다. SPSS에서 독립표본 비율차이 검정을 수행하는 과정은 다음과 같다.

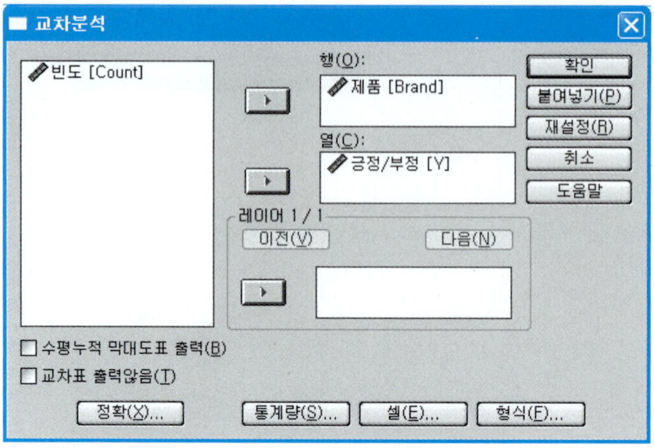

| 그림 5.A.11 | '교차분석' 대화상자

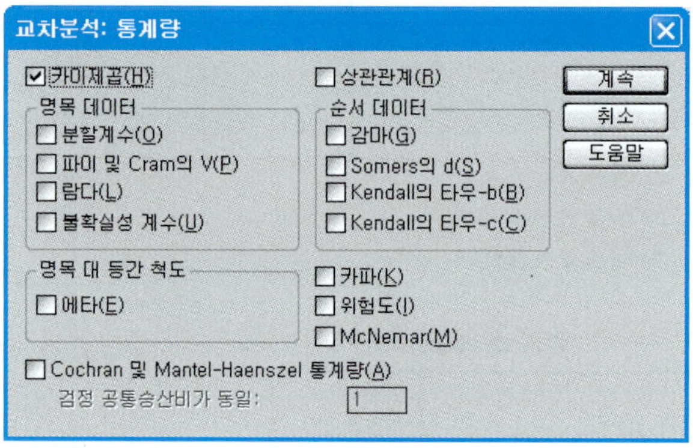

| 그림 5.A.12 | '통계량' 대화상자

① 풀다운 메뉴에서 분석(A) → 기술통계량(E) → 교차분석(C)을 클릭한다.

② 교차분석 대화상자에서 행(O)과 열(C) 변수를 선택한다(그림 5.A.11). 보통 행에는 제품의 구분을 나타내는 변수를, 열에는 긍정/부정의 구분을 나타내는 변수를 선택한다. 필요한 경우 정확 버튼을 클릭하여 정확한 검정(E)을 체크하고, 셀(E) 버튼을 클릭하여 행(R) 퍼센트 등을 체크한다.

③ 교차분석 대화상자에서 통계량(S) 버튼을 클릭한 후, 통계량 대화상자에서 카이제곱(H)을 체크한다(그림 5.A.12).

④ 통계량 대화상자에서 계속을 클릭하고, 교차분석 대화상자에서 확인을 클릭하여 출력결과를 얻는다.

제품 * 긍정/부정 교차표

			긍정/부정		전체
			부정	긍정	
제품	제품 A	빈도	94	106	200
		제품의 %	47.0%	53.0%	100.0%
	제품 B	빈도	76	124	200
		제품의 %	38.0%	62.0%	100.0%
전체		빈도	170	230	400
		제품의 %	42.5%	57.5%	100.0%

카이제곱 검정

	값	자유도	점근 유의확률 (양측검정)	정확한 유의확률 (양측검정)	정확한 유의확률 (단측검정)
Pearson 카이제곱	3.315[b]	1	.069		
연속수정[a]	2.957	1	.086		
우도비	3.320	1	.068		
Fisher의 정확한 검정				.085	.043
선형 대 선형결합	3.306	1	.069		
유효 케이스 수	400				

a. 2x2 표에 대해서만 계산됨

b. 0 셀 (.0%)은(는) 5보다 작은 기대 빈도를 가지는 셀입니다. 최소 기대빈도는 85.00입니다.

| 그림 5.A.13 | '독립표본 비율차이 검정'의 출력결과

부록 5.A.6 대응표본 비율차이 검정(McNemar Test)

맥니머 검정은 동일한 집단으로부터 얻은(쌍으로 관측된) 두 반응변수를 이용하여, 두 모비율의 동일성에 대한 가설을 검정하는 방법이다. 이때 반응변수는 '0(부정), 1(긍정)'과 같이 이항변수로 코딩되어 있어야 한다. SPSS에서 맥니머 검정을 수행하는 과정은 다음과 같다.

① 풀다운 메뉴에서 분석(A) → 기술통계량(E) → 교차분석(C)을 클릭한다.

② 교차분석 대화상자에서 행(O)과 열(C) 변수를 선택한다(그림 5.A.14). 여기서는 두 제품의 긍정/부정을 나타내는 변수를 행과 열에 각각 선택한다. 필요한 경우 정확 버튼을 클릭하여 정확한 검정(E)을 체크하고, 셀(E) 버튼을 클릭하여 전체(T) 퍼센트 등을 체크한다.

③ 교차분석 대화상자에서 통계량(S) 버튼을 클릭한 후, 통계량 대화상자에서 McNemar(M)를 체크한다(그림 5.A.15).

④ 통계량 대화상자에서 계속을 클릭하고, 교차분석 대화상자에서 확인을 클릭하여 출력결과를 얻는다.

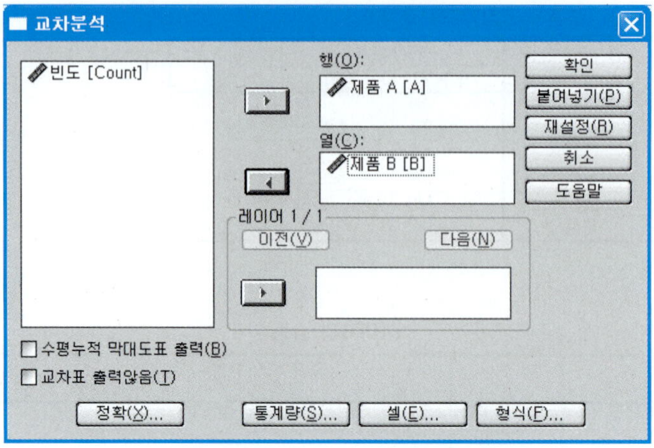

| 그림 5.A.14 | '교차분석' 대화상자

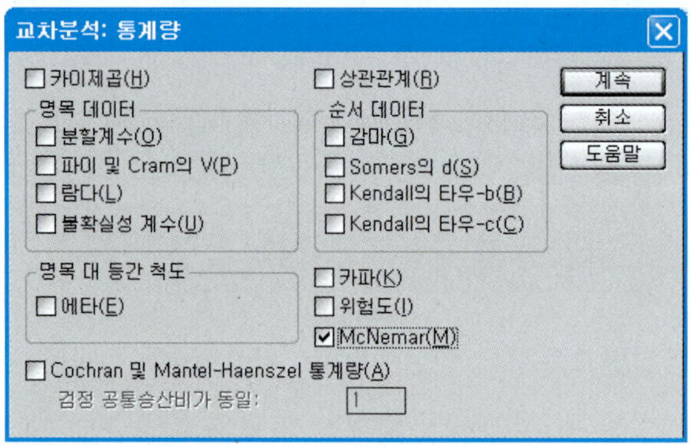

| 그림 5.A.15 | '통계량' 대화상자

제품 A * 제품 B 교차표

			제품 B		전체
			부정	긍정	
제품 A	부정	빈도	12	21	33
		전체 %	12.0%	21.0%	33.0%
	긍정	빈도	4	63	67
		전체 %	4.0%	63.0%	67.0%
전체		빈도	16	84	100
		전체 %	16.0%	84.0%	100.0%

카이제곱 검정

	값	정확한 유의확률 (양측검정)	정확한 유의확률 (단측검정)	점 확률
McNemar 검정		.001[a]	.000[a]	.000[a]
유효 케이스 수	100			

a. 이항분포를 사용함.

| 그림 5.A.16 | 'McNemar 검정'의 출력결과

부록 5.A.7 분산분석 (ANOVA; Analysis of Variance)

분산분석은 서로 독립적인 $k(\geq 2)$개 표본으로부터 얻은 데이터를 이용하여, 정규성과 등분산성의 가정하에서 여러 모평균의 동일성에 대한 가설을 검정하는 방법이다. 여기서는 일원배치(one-way; 일원분류) 분산분석과 다중비교(multiple comparison; 사후검정)를 수행하는 과정을 간단히 설명한다. SPSS에서 분산분석을 수행하는 과정은 다음과 같다.

① 풀다운 메뉴에서 분석(A) → 평균 비교(M) → 일원배치 분산분석(O)을 클릭한다.

② 일원배치 분산분석 대화상자에서 종속변수(E)와 요인분석(F)을 선택한다(그림 5.A.17). 필요한 경우 옵션(O) 버튼을 클릭하여 기술통계(D), 평균도표(M) 등을 체크한다.

③ 일원배치 분산분석 대화상자에서 사후분석(H) 버튼을 클릭한 후, 사후분석-다중비교 대화상자에서 다중비교 방법들을 체크하고(일반적으로 사용되는 방법들은 Duncan, Tukey, Scheffe, REGW 등이다), 유의수준을 입력한다(그림 5.A.18).

| 그림 5.A.17 | '일원배치 분산분석' 대화상자

| 그림 5.A.18 | '사후분석-다중비교' 대화상자

기술통계

평가점수

	N	평균	표준편차	표준오차	평균에 대한 95% 신뢰구간 하한값	평균에 대한 95% 신뢰구간 상한값	최소값	최대값
제품 A	5	78,00	19,235	8,602	54,12	101,88	50	100
제품 B	5	32,00	13,038	5,831	15,81	48,19	20	50
제품 C	5	58,00	13,038	5,831	41,81	74,19	40	70
제품 D	5	30,00	20,000	8,944	5,17	54,83	10	60
합계	20	49,50	25,438	5,688	37,59	61,41	10	100

분산분석

평가점수

	제곱합	자유도	평균제곱	F	유의확률
집단-간	7855,000	3	2618,333	9,435	,001
집단-내	4440,000	16	277,500		
합계	12295,000	19			

사후검정

동일 집단군

평가점수

Duncan[a]

제품	N	유의수준 = ,05에 대한 부집단 1	유의수준 = ,05에 대한 부집단 2
제품 D	5	30,00	
제품 B	5	32,00	
제품 C	5		58,00
제품 A	5		78,00
유의확률		,852	,076

동일 집단군에 있는 집단에 대한 평균이 표시됩니다.

a. 조화평균 표본 크기 = 5,000을(를) 사용

| 그림 5.A.19 | '일원배치 분산분석'의 출력결과

④ 사후분석-다중비교 대화상자에서 계속을 클릭한 후, 일원배치 분산분석 대화상자에서 확인을 클릭하여 출력결과를 얻는다.

6

CHAPTER

시장세분화, 표적시장 선정, 포지셔닝

마케팅 자원시장을 세분화(segmentation)하고, 각 세분시장별로 특성을 분석하여 마케팅 자원을 집중해야 할 표적시장을 선정(targeting)한 후, 선정된 표적집단에 어떤 컨셉으로 차별화시켜서 고객의 인식 속에 브랜드를 지각시킬 것인가를 결정(positioning)하고, 결정된 차별화 컨셉 및 표적집단의 특성에 적합하게 마케팅 자원의 할당 및 커뮤니케이션 활동을 수행한다.

6.1 시장세분화(Segmentation)

주요 이슈별 마케팅리서치 진행 및 분석방법

시장세분화는 말 그대로 특정 산업이나 제품의 현재시장 및 잠재시장을 여러 개의 시장으로 분류하여, 각 세분시장별로 고객특성이나 기타 여건의 특성을 반영한 마케팅 활동을 하기 위해 동질적인 시장으로(세분시장 간에는 이질적인 시장으로) 분류하는 것이다.

본서에서는 시장세분화 개념의 시작 및 발전 과정에 대한 자세한 설명은 하지 않을 것이며, 이는 다른 마케팅 원론이나 마케팅 관리론 서적에 잘 설명되어 있으니 참고하기 바란다. 여기서는 마케팅리서치를 통한 시장세분화 방법과 사례들을 간단히 설명하도록 하겠다.

6.1.1 시장세분화의 개념

시장세분화는 기본적으로 개별적인 개념으로 사용되는 것이 아니라 표적시장 선정(targeting) 및 포지셔닝(positioning) 등과 연관되어 하나의 패키지로 같이 붙어 다니는 개념이다. 즉, **시장을 세분화(segmentation)하고, 각 세분시장별로 특성을 분석하여 마케팅 자원을 집중해야 할 표적시장을 선정(targeting)한 후, 선정된 표적집단에 어떤 컨셉으로 차별화시켜서 고객의 인식 속에 브랜드를 지각시킬 것인가를 결정(positioning)**하고, 결정된 차별화 컨셉 및 표적집단의 특성(인구통계적 특성, 구매행위, 여가생활, 제품에 대한 본원적 편익, 라이프스타일, 생애단계 등)에 적합하게 마케팅 자원의 할당 및 커뮤니케이션 활동을 해 나가는 것이다. 이러한 의미에서 시장세분화(segmentation), 표적시장 선정(targeting), 포지셔닝(positioning)을 묶어서 흔히 STP라는 약칭으로 명명한다.

한편, 시장세분화를 고객세분화라고도 하는데 엄격히 말하면 시장의 전체 잠재고객이 아니라 특정 기업의 현재고객(예를 들어, 신용카드 회사의 경우 특정 신용카드의 회원)을 세분화한다는 의미에서 다른 개념이라고 할 수 있지만, 기업의 잠재고객을 포괄하는 의미에서 동일한 개념으로 사용하는 경우가 많다.

시장세분화의 가장 중요하고 우선적으로 결정해야 할 고려요인(또는 결정요인)은 어떤 변수를 기준으로 세분화할 것이며 어떤 세분화 방법을 사용할 것인가이다. 즉, 세분화 변수에는 성, 연령과 같은 인구특성 관련 변수는 물론 구매행태, 사용행태, 브랜드 충성도(로얄티), 라이프스타일 등의 여러 변수가 적용 가능하며, 이 중에서 어떤 변수들을 기준으로 세분화할 것인가에 대한 결정이 필요하다. 동시에 어떤 통계적 방법을 사용할 것인가에 대한 의사결정이 이루어져야 하는데, 여기에는 흔히 군집분석(cluster analysis), 의사결정나무분석(decision tree analysis), 판별분석(discrimanant analysis), 분산분석(ANOVA; analysis of variance) 등의 통계적 기법이나 단순히 변수 간의 교차집계표(crosstable; 조사회사에서는 흔히 테이블이라고 불린다.)를 이용하는 방법 등이 사용된다.

이러한 다양한 세분화 변수들과 통계적 방법에 의해 시장을 세분화하면 수많은 시장세분화 결과의 조합들이 도출된다. 그러면 어떤 결과를 최적의 시장세분화 방법으로 결정할 것인가에 대한 의사결정이 다음 단계에 필요하며, 이때 고려되어야 하는 것이 세분시장의 조건이다. 우선, 시장세분화 과정에서 검토되고 고려되어야 할 기본사항들에 대해서 간단하게 설명한 후, 다음 절에서 구체적 사례를 들어 설명하겠다.

| **세분시장의 조건** 전체 시장을 세분화하면 적게는 2~3개로부터 많게는 20개 이상의 세분시장으로 분류될 수 있으며, 이 모든 세분시장을 검토하기에는 마케팅 자원의 한계와 소수의 집중적 투자라는 세분화 철학에 적절하지 못하다. 따라서 세분시장으로 적정하지 않은 경우는 무시하거나 다른 세분시장에 통합되어 분석이 되어야 하며, 이에 세분시장으로서 최소한 충족시켜야 할 조건이 검토되어야 한다.

(1) 상호배타성(Mutually Exclusive): 배타적이라는 표현을 쓰니 왠지 어감이 좋지 않은데, 쉽게 얘기해서 다른 집단과 차별적이어야 한다는 의미이다. 즉, 각 세분시장은 다른 세분시장들의 특성과 섞여서 구분이 안되는 것이 아니라, 다른 세분시장과는 명확히 이질적인 집단의 특성을 유지하여 구별이 가능한 집단으로 구성되어야 한다. 세분화 기준 변수뿐 아니라 마케팅 활동의 고려가 될 수 있는 모든 변수들에 있어서 최대한 집단간 이질성(between heterogeneity)과 집단내 동질성(within homogeneity)을 유지하여야 한다.

(2) 측정가능성(Measurable): 시장세분화는 그 자체가 목적이 아니라 각 세분시장의 특성을 분석하고 이에 따라 공략할 시장인가의 여부를 결정해야 하는데, 이때 시장의 크기가 절대적으로 중요한 고려요인이다. 따라서 전체 시장 내에서 각 세분시장들의 크기와 그 특성을 측

정할 수 있어야 한다.

(3) 접근가능성(Reachable): 상호배타적이고 측정가능한 시장으로 세분화가 이루어진 다음에, 각 세분시장의 특성을 분석하여 기업이나 마케터의 목표를 감안한 표적집단이 선정되면 구체적 마케팅 활동을 해나가야 한다. 이때 중요한 고려요인 중의 하나가 마케터가 접근할 수 있는 집단이어야 한다는 것이다. 기업이나 마케터의 내·외적 환경이나 표적집단의 특성상 구체적으로 접근을 하여 마케팅 활동을 할 수 있는 집단이 아니라면 세분시장으로서의 유용성이 없는 것이다.

(4) 마케팅 활동가능성(Actionable): 접근가능성과 유사한 개념이라고도 할 수 있는데, 접근이 가능한 세분집단이 규정되어졌다면 그 다음에 고려되어야 할 사항은 실질적인 마케팅 활동을 펼칠 수 있는 집단인가에 대한 검토이다. 즉, 각 세분집단의 특성에 따라 구체적인 마케팅 활동의 방향이나 커뮤니케이션 컨셉이 다르게 규정되어질 수 있는데, 이러한 각 세분집단의 특성에 적합한 마케팅 활동을 할 수 있는 대상인가에 대한 검토이다. 경우에 따라서는 마케터가 전반적으로 계획하고 있거나 표적집단의 특성에 적합한 마케팅 활동과 커뮤니케이션 활동을 하기가 부적합한 집단이 존재하기 때문이다.

(5) 실질성(Substantive): 표적시장으로서의 가치가 있고 접근이 가능하며 마케팅 활동을 하기가 가능하다고 할 때, 또 한 가지 중요한 조건은 실질적으로 존재하는 집단이어야 한다는 것이다. 아무리 뚜렷한 집단의 특성을 가지고 있고 측정가능하며 접근하여 마케팅 활동을 하기가 용이한 집단이라고 해도, 그 규모가 아주 작거나 실체가 희미한 개념적 집단이라면 세분시장으로서의 의미가 없는 것이다. 기업이 목표를 가지고 자산을 투자하여 원하는 목표(매출이나 수익 등의 직접적 목표나 시장 리딩 등의 간접적 목표를 포함)를 달성할 수 있을 정도의 실체가 있는 집단이어야 하는 것이다.

(6) 차별적 니즈 존재(Unique Needs): 시장세분화는 각 세분시장의 특성을 파악하여 마케팅 자원을 집중할 표적시장의 선정과 그에 적합한 제품이나 서비스를 개발하고, 표적집단의 고객에게 지각시킬 제품의 이미지를 결정하는 일련의 과정 중 한 단계이다. 이때 제품이나 서비스 개발, 커뮤니케이션 컨셉, 기타 마케팅 활동의 가장 기본적인 방향이 되는 것이 바로

표적집단만이 가지고 있는 차별적인 니즈이다. 따라서 세분시장의 차별적 니즈야말로 가장 중요한 세분시장 조건 중의 하나라고 할 수 있다.

(7) 지속성/안정성(Durable): 마케터가 특정 표적시장에 자원을 투입하여 커뮤니케이션 등의 마케팅 활동을 하고 그에 대한 결과물을 얻기 위해서는 일정 정도의 기간이 필요하다. 또한 단기적 마케팅 목표보다는 장기적인 목표를 가지고 기업활동을 하는 것이 대부분이다. 만약 특정 세분시장에 기존 제품이나 서비스로 충족되지 않는(un-met) 차별적인 니즈가 존재하고 세분시장으로서의 자격도 충분하여 마케팅 자원을 할당했는데, 얼마 지나지 않아서 없어지거나 시장의 특성이 변화하여 결정된 마케팅 활동이 적정하지 않게 된다면 이는 기업으로서 엄청난 손실을 야기할 수 있다. 일시적으로 존재하거나 단기적으로 없어지는 것이 아니라 그 규모나 세분시장을 구성하고 있는 집단의 특성이 안정적으로 지속될 수 있어야 세분시장으로 적합하다고 할 수 있다.

(8) 회사의 목표와 부합(Company Objective): 기업은 장기적 목표와 단기적 목표 그리고 특정 제품이나 사업에 의해서 직접적으로 결과를 얻으려는 목표와 간접적인 목표 등을 위하여 마케팅 활동을 한다. 한편, 세분시장이 가지고 있는 특성이나 니즈 등도 고유한 영역이 있어서 이에 부합되는 제품의 개발부터 마케팅 커뮤니케이션 등 기업의 활동이 요구된다. 이때 기업이 장기적으로 달성하고자 하는 방향과 세분시장에 충실하기 위하여 요구되는 마케팅 활동의 방향이 다르다면 표적시장으로서의 재검토가 필요하다.

| STP 과정 이제 시장세분화의 단계에 대해서 간략히 설명하겠다. ① 먼저 세분화가 필요한 상황인가를 검토해야 한다. 이는 시장의 특성뿐 아니라 해당 산업에서 기업이 가지고 있는 마케팅 목표나 해당 시장의 고객특성과 경우에 따라서는 기업이 가지고 있는 고객의 거래행태에 대한 DB(database)도 분석되어 세분화 필요성 여부를 결정해야 한다. ② 시장세분화가 필요하다고 결정이 내려지면, 그 다음 단계에서는 가장 먼저 어떤 변수로 세분화를 할 것인가에 대한 검토가 시작된다. 뒤에서 자세히 언급하겠지만 많은 연구자들이 기계적으로 라이프스타일 관련 변수에 의한 요인/군집분석(factor/clustering Analysis)을 사용하는 경향이 있는데 이는 대단히 위험한 접근방식이며, 시장과 고객의 특성에 따라 다양한 변수들이 세분화의 기준 변수로 사용될 수 있다. 요인분석 및 군집분석에 대

해서는 부록 6.A.1과 6.A.2를 참고하기 바란다. ③ 세분화를 진행할 변수가 결정되면, 다음에는 구체적으로 어떤 통계적 방법에 의하여 전체 집단을 세분화할 것인가를 결정하여야 하며, 이 역시 다양한 통계적 분석방법이 같이 검토되어야 한다. ④ 세분화 변수와 세분화 방법이 결정되었으면 다양한 세분시장의 조합 중에서 해당 산업을 가장 설득력 있게 설명할 수 있는 세분화방법을 규정하고, ⑤ 각 세분시장의 특성 및 구조를 분석하여 요약(profiling)을 한다. 이때 집단 간 차이가 있는 변수를 기계적으로 묘사하는 경향을 지양하고, 마케팅 활동과 그 효율성을 염두에 두고 각 세분집단의 특성에 대한 정리를 하는 것이 중요하다. ⑥ 이렇게 각 세분시장의 구조에 대한 분석까지 마무리가 되면, 이제 각 세분집단의 특성과 기업 자산이나 마케팅 목표 등의 내부적 환경요인을 고려하여 표적시장을 선정하고, ⑦ 선정된 표적시장의 특성과 니즈 그리고 제품의 특성에 맞는 포지셔닝 전략을 수립한 후, ⑧ 구체적인 마케팅 커뮤니케이션 활동의 세부사항 등을 결정하고 시행하는 것이다. 이상의 각 단계들의 일부에 대하여는 추가로 설명을 하고 나머지 단계들은 구체적 사례로 설명하도록 하겠다.

| 시장세분화의 필요성 검토 특정 시장이 세분화가 필요한 것인가를 검토할 때는 우선 시장의 상황을 점검한다. 즉, ① 해당 산업의 수명주기 단계를 파악하고 현재의 단계 및 향후의 진화과정을 고려할 때 세분화가 필요한 것인가를 결정해야 하는 것이다. 아주 극단적으로 해당 산업이 이미 성숙기 후단에 접어들어 쇠퇴기를 앞두고 있다면 새삼스럽게 시장을 세분화하는 것이 의미가 없을 것이다. 물론, 아직 충족되지 않은 니즈나 제품의 용도변경 등을 통한 수명주기의 연장 가능성도 같이 검토가 되어야 한다. 그 다음은 ② 현재 시장의 경쟁상태를 고려하여야 한다. 즉, 전체 시장에 어느 정도의 경쟁 상대가 진입해서 활동을 하고 있으며, 그러한 경쟁상황 속에서 우리의 제품과 브랜드는 어느 정도의 경쟁력을 가지고 있고(이는 객관적인 경쟁력보다는 고객들이 어떻게 인식하고 있는가에 대한 고객지각상의 상대적 경쟁력이 더 중요하다), 부분적인 시장에 따라 그 경쟁상태가 다른가의 여부 등을 검토하여 세분화의 필요성을 검토하는 것이다. ③ 특정 산업에서 기업이 가질 수 있는 목표는 단순히 수익성 확대뿐 아니라 장기적으로 시장의 지배력을 확보하거나 심지어는 기업이미지 관리를 위한 목표를 추구하는 경우도 많다. 즉, 단기적인 투자수익의 극대화가 아니라 시장 점유율의 증대, 의도된 시장 가격구조 정립, 중저가 또는 프리미엄 브랜드로서의 브랜드 위상관리, 심지어는 경쟁 브랜드를 시장에서 철수시키기 위해서도 다양한 마케팅 활동을

하는 것이다. 이렇게 기업이 해당 시장에서 어떤 목표를 추구할 것인가에 따라서 시장을 세분화할 것인가 말 것인가를 결정하기도 한다. 쉽게 예를 들어, 만약 기업이 전체 시장점유율보다는 자그마한 틈새시장(niche-market)을 공략하여 실질적인 이익을 추구하고자 한다면, 전체 시장을 상대로 대량의 마케팅 활동을 하는 것이 아니라 시장을 세분화하고 아직 충족되지 않는 니즈를 발견하여 새로운 서비스를 개발하거나, 자사가 유리한 상황을 점유하고 있는 세분시장에 집중적으로 마케팅 활동을 해야 하는 것이다. ④ 시장 내에서 기업이나 브랜드의 상황뿐 아니라 **제품 포트폴리오 전략이나 브랜드 포트폴리오 전략 등 기업의 내부상황에 따라서 세분화의 필요성이 결정**되기도 한다. 기업이 동일한 시장에서 여러 가지 산업(또는 제품군)에 비즈니스를 하거나, 동일한 제품이라고 해도 여러 개의 브랜드를 출시하여 판매(또는 예정)하고 있다면 동일한 시장에서의 브랜드간 충돌이 발생할 수도 있으며, 세분시장으로 나누어서 각 세분시장별로 적합한 이미지의 별개 브랜드로 시장을 공략하는 것이 효율적일 것이다. 이렇게 세분시장별 제품이나 브랜드의 포트폴리오 전략을 고려하여 시장세분화의 필요성 여부를 검토한다.

이밖에 해당 산업의 소비자 관여상태, 구매 의사결정 과정, 고객들의 거래행태 등을 고려하여 시장세분화 필요성 여부를 검토한다.

| **시장세분화의 기준 변수** 시장조사 기관이나 국내 많은 컨설팅 기관에서 수행하는 시장세분화 작업을 지켜보면 라이프스타일 변수를 기준으로 군집분석을 하는 경우를 많이 볼 수 있다. 그러나 시장세분화의 기준이 될 수 있는 변수는 이러한 라이프스타일 변수뿐 아니라 지리적인 요인, 인구통계적 요인, 소비자 행동적 요인, 심리적 요인 등의 다양한 변수가 사용될 수 있다. ① **지리적 요인과 관련된 변수**는 먼저 지역을 기준으로 나눌 수도 있고, 그밖에 기후, 지형적 특성, 인구밀도, 도시의 규모 등 지리적 요인과 관련된 모든 변수를 세분화 변수로 사용할 수 있다. ② **인구통계적 요인의 변수**는 성, 연령을 비롯하여 소득수준, 교육수준, 직업, 가족수, 민족, 기타 사회적 계층 등의 변수가 사용된다. ③ **소비자의 행동과 관련된 변수**로는 제품이나 서비스에서 추구하는 본원적 편익(예를 들면, 신용카드에서 추구하는 편익은 세집단에 따라 부가서비스, 할부구매, 현금서비스(대출), 휴대 편리성 등)에 따라서 시장이 세분화 될 수도 있고, 제품의 구매과정(구매제안—정보탐색—의사결정—구매행동 등 일련의 과정), 브랜드 충성도, TPO(Time, Place, Occasion: 해당 제품이

나 서비스를 주로 언제, 어디서, 어떤 상황에서, 어떻게, 어떤 용도로 사용하는가에 대한 소비 행태), 사용상태(잠재구매자, 초기 시험구매자, 주기적 구매자) 등의 변수가 사용될 수 있다. ④ 소비자의 행동적 특성 변수뿐만 아니라 **심리적 요인과 관련된 변수**도 사용되는데 구매 시 고려요인, 잠재고객의 주된 관심사, 제품이나 서비스에 대한 이해, 제품이나 기타 이슈에 대한 사회적 가치, 의견, 개성 등의 다양한 변수들이 시장세분화의 기준 변수로 사용될 수 있는 것이다.

| 시장세분화 과정 구체적인 시장세분화의 첫 번째 작업은 그림 6.1과 같이 ① 세분화가 가능한 또는 **세분화를 진행할 변수들의 조합을 추출**하는 것이다. 즉, 앞에서 얘기한 다양한 세분화 가능 변수들 중에서 사용 가능하고 해당 시장의 세분화에 의미가 있는 변수들을 모두 도출하여 세분화 가능 변수 리스트를 먼저 작성한다. ② 다음 단계는 **시장세분화에 사용될 수 있는 통계적 방법을 나열**한다. 흔히 세분화라고 하면 군집분석(cluster analysis)만 생각하고 분석을 시도하는 경향이 있는데, 이는 아주 기계적인 사고와 연구태도이다. 즉, 요인분석(factor analysis), 의사결정나무분석(decision tree analysis), 분산분석(ANOVA), 판별분석(discriminant analysis) 등의 통계분석 기법들과 아주 간단하게는 변수와 변수 간의 교차집계표에 의한 시장세분화도 가능한 것이다. 한편 가능한 모든 통계적 분석방법론의

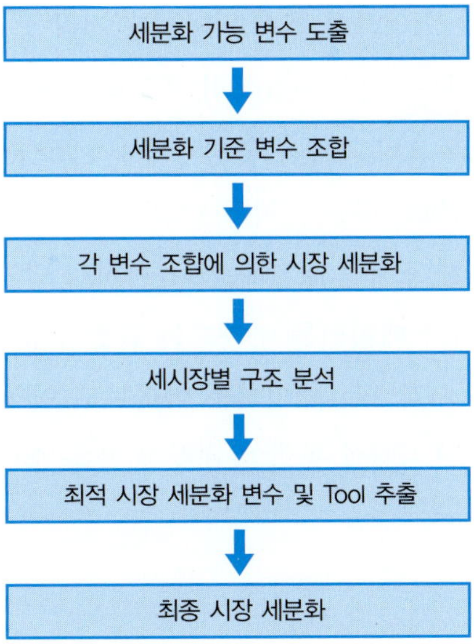

| 그림 6.1 | 세분화 절차

대안을 도출하되, 데이터의 특성(범주형, 연속형 등의 데이터 유형) 등을 고려하여 통계적 방법을 정리한다. 한편 다변량 통계분석에 의한 방법론은 통계학을 공부하지 않았다면 다소 이해하기 어려운 것이 사실이다. 그러나 이후에 설명되는 시장세분화의 사례를 공부하기 위해서 기본개념은 반드시 이해하고 넘어가는 것이 좋다(필요하다면 다변량 통계분석에 관한 서적을 참고하기 바란다). ③ 세분화의 기준 변수와 통계적 방법의 대안을 정리했으면 **각 변수에 적용가능한 모든 통계적 방법의 조합에 의한 세분화** 작업을 진행한다. 즉, 일단은 각각의 '기준 변수 – 통계적 방법' 조합별로 세분화 결과를 산출한다. ④ **도출된 세분화 대안별**로 세분시장과 집단 특성, 기타 마케팅 관련 질문에 대한 응답(예를 들면, 신상품 컨셉에 대한 수용도, 소비행태 관련 라이프스타일 등의 항목)결과를 교차집계하여 세분시장들의 구조분석을 진행하고, ⑤ 그 결과로서 **전체 시장을 가장 설득력 있게 세분화하여 설명하고 있는 기준 변수와 통계적 방법을 결정**한다. ⑥ 세분화 작업을 수행할 산업/제품에 대한 가장 최적의 변수와 분석방법이 결정되면 **최종 결정된 각 세분시장의 구체적 특성을 분석**한다. 즉, 각 세분시장의 인구통계적 특성, 구매행동, 가격민감도, 광고에 대한 인식, 인지도, 집단규모, 경쟁사와 자사 브랜드와의 관계 정도 등을 고려해야 하고, 분석할 수 있는 모든 마케팅 변수에 대한 반응을 정리하여 세분시장의 구조를 파악한다. ⑦ 이렇게 파악된 **세분시장의 특성을 종합적으로 고려하여 최종 표적시장을 선정**하고, ⑧ **선정된 표적시장에 맞는 마케팅 커뮤니케이션 전략을 수립**하는 것이다. 이때 각 세분시장에 포함된 집단의 구조, 특성 그리고 규모 등을 총체적으로 고려하여 최적의 마케팅 전략을 수립하는 것이 마케터의 중요한 역할이며 가능한 관계되는 모든 사람(특히 프로젝트를 진행한 조사업체의 담당자, 조사를 의뢰한 업체의 담당자 그리고 제품 담당자 등)이 조사자료를 충분히 이해하고 같이 모여서 서로의 아이디어 회의를 하는 것이 바람직하다. 저자가 그동안 시장세분화 작업을 하면서 느낀 점 중의 하나가 조사업체, 제품이나 서비스 담당자, 조사발주 기관의 조사담당자들은 자신의 역할에 따라 데이터를 바라보는 관점과 분석적 시각이 조금씩은 다르다는 것이다. 따라서 각자의 시각으로 데이터를 바라보고 인식하는 점을 공유하여 최종 표적시장 선정 및 그에 따른 포지셔닝 등의 마케팅 전략을 수립하는 것이 가장 효율적이다.

6.1.2 시장세분화 사례

여기서 다룰 사례는 과거 호출기를 주로 사용하다가 휴대폰이 출시되어 호출기 시장을 잠식

할 시점에 장기적으로 호출기가 이동통신 시장에서 완전히 사라질 것인가 아니면 휴대폰과 병행하여 일부 존재할 것인가에 대한 의문의 제기에서 진행된 연구이다. 즉, (1) 휴대폰에 대체되어 호출기가 완전히 없어질 것인가, (2) 만약, 마지막까지 호출기를 사용하는 집단이 일부 있다면 어떤 집단인가, (3) 그러한 집단을 유지하기 위해서 어떻게 포지셔닝 및 마케팅 전략을 펼쳐 나갈 것인가 등을 결정하기 위한 기초자료 수집을 위하여 기획되었다.

| 표 6.1 | 요인분석 결과

가치관 및 라이프스타일 변수	공통요인 1	공통요인 2	공통요인 3	공통요인 4	공통요인 5	공통요인 6
연예인의 스타일에 관심	.80244	18812	.03654	.08054	.07927	.02320
좋아하는 연예인이 있으며 최신 유행에 관심	.70680	.19539	.11202	−.00929	.04880	.18967
헤어스타일이나 의상에서 남의 주목 원함	.63820	.18237	.09153	.12764	.00355	.30323
게임이나 전자오락 등의 즐김	.60607	.14763	.29058	−.08902	.30192	−.08781
연예인에 대한 관심/정보수집이 빠름	.60032	.47310	−.09040	.05197	.07567	−.08372
평일 저녁에 TV 시청시간 과다	.46825	−.18601	.41703	.39736	−.11266	−.20957
일에 대한 성취욕보다는 여가생활이 중요	.36533	.07204	.15440	.12839	.30614	.24455
새로운 정보에 빠르게 접촉	.17644	.75370	.03523	.09102	.12612	−.03469
새로운 주제로 대화 주도	.12360	.63147	.10657	−.04571	−.05475	.13970
새로운 일의 적극적 시도	−.03444	.62418	.41477	.04170	−.02907	.12401
첨단 정보화 사회의 노력	.22592	.61167	.07345	.12799	.16026	−.19030
일상생활에 수시로 변화 노력	.18953	.51624	.28253	.12966	−.02634	.17330
안정보다는 주목받는 일 선호	.39394	.47780	−.01305	.05765	.17822	.12080
평일 저녁에도 각종 모임 많음	.10616	.11651	.70393	.02106	.10457	.06666
소득에 비한 여가생활의 지출 과다	.33263	.29528	.56143	.14044	.16471	.10714
다양한 여가생활과 취미생활	.06426	.31411	.54787	.19678	.24759	.16805
평소 행동 시 자신의 나이를 의식	.06916	.06278	−.14398	.74511	.18917	.14364
건강이 제일 생각/자신의 건강에 불안	−.22873	.06637	.29116	.56766	−.04324	.17142
사소한 일에 스트레스	.33034	.00210	.13517	.53581	−.05380	.16913
비싸더라도 시간단축형 상품 구매	.07025	.37303	.13656	.53468	.11571	.02137
PC통신이나 인터넷 정보를 실생활에 이용	.9935	.05481	.01346	.07002	.65166	.05354
TV나 신문보다는 PC통신이나 인터넷	.12149	.10200	.24324	.05321	.75431	.03096
어떤 식으로든 다이어트를 시도	.15007	.05128	−.06278	.13727	−.16556	.65474
규칙적인 운동	−.06085	.10579	.30622	.01963	.19777	.64317
평범해지는 내 자신을 느낄 때 불안	.18424	−.01532	.08230	.23650	.18140	.55405

| 표 6.2 | 군집별 요인점수의 평균

	Innovative Healthy	Innovative Leisure	Entertainment	Self-Control	Netizen	Daily Life
요인 1	−3.4657	−3.6584	3.9457	1.3745	−0.1658	−1.2108
요인 2	2.6953	2.9837	−0.0468	−1.2487	−0.6215	−3.8791
요인 3	−1.3045	3.4972	2.9764	0.0157	−0.1206	0.3845
요인 4	3.6528	0.0034	0.0014	0.1648	−1.2648	1.5549
요인 5	0.0164	0.2571	0.7216	1.4767	3.4658	−1.4627
요인 6	−0.0462	−3.7816	−3.7659	2.3867	−3.5491	−0.3218

이 조사는 10여년 전에 수행한 것으로서 당시의 조사결과가 현재의 시장 상태와 부합되는가 그렇지 않은가는 논외로 한다. 다만, '시장세분화 → 표적시장 선정 → 포지셔닝'의 일련 과정에서 어떤 식으로 문항을 작성하고 통계적 분석을 하는가에 대한 가이드를 제공하는 관점에서 설명을 할 것이며, 결과의 통계적 수치 또한 실제의 결과치가 아닌 가상 수치임을 밝혀 둔다.

먼저, 응답자들의 가치관 및 라이프스타일의 항목을 5점척도로 질문한 응답치의 요인분석을 수행하여 표 6.1과 같은 결과가 도출되었다. 표 6.1에서 도출된 요인들을 기준으로 하여 군집분석을 수행한 결과 6개의 군집이 도출되었고, 각 군집에 해당하는 응답자들의 요인점수의 평균을 고려하여 각 군집을 명명하고 정리하면 표 6.2와 같다. 예를 들면, 첫 번째 군집의 경우 요인 2와 요인 4의 평균점수가 상대적으로 높고 요인 1의 점수가 낮은 것을 볼 수 있다. 한편, 요인 2, 요인 4, 요인 1에 해당하는 변수들을 고려하여 종합적으로 살펴보면 군집 1은 새로운 것을 빠르게 수용하고, 평소 건강관리에 충실한 반면, 여가생활이나 연예, 유행 등에는 관심이 적은 집단이다. 이상의 상황들을 고려하여 군집 1을 'Innovative Healthy'라고 명명하였다. 이와 같이 군집 2~ 군집 6까지 군집별 응답자들의 요인 평균점수와 각 요인에 해당하는 항목들을 고려하여 각 군집의 명칭을 명명했다. 이렇게 요인분석이나 군집분석에서 각 요인이나 군집의 명칭은 연구자가 명명을 하게 되는데 요인적재값, 요인점수의 평균값 등을 꼼꼼하게 살펴보고 명명하여야 한다.

그 다음에 수행한 작업은 각 군집과 연구자가 분석하고자 하는 변수들을 교차집계하여 표 6.3과 같이 각 군집(세분시장)의 구조와 특성을 살펴보는 것이다. 표 6.3은 몇 가지 변수만 예를 든 것이고, 실제로는 인구통계적 변수, 이동통신 사용행태, 라이프스타일, 판촉에 대한 반응, 매체 이용행태 등 마케팅 전략수립을 위한 변수들에 대해서 각 세분집단별로 분석을

| 표 6.3 | 세분시장 구조의 분석

	Innovative Healthy	Innovative Leisure	Entertainment	Self-Control	Netizen	Daily Life
연령	20대	30대	10대	10대, 20대 후반	10대 후반~ 20대 초반	30세 후반 이상
성별	남자		여자		남자	여자
직업	대학(원)생	전문 자유직	중고생	중고생, 무직	학생	주부
학력	대재 이상	대졸 이상	고졸 이하	대졸 이상		
현사용 이동통신	휴대폰+ 호출기	휴대폰+ 호출기	호출기	비사용	호출기	호출기
휴대폰 인식	호출기에 부정적	휴대폰에 긍정적	호출기 긍정적	호출기 긍정적	휴대폰 부정적	휴대폰 부정적
물품구매 행태	선도적 구매	브랜드 중시	광고 중시 유행 중시	통신판매 유행고려		AS 중시
여가생활 유형		모임/행사 친지방문	레져/운동 TV			집안일 가정휴식
라이프 스타일		미래 지향적				

| 표 6.4 | 휴대폰에 대한 가치관의 요인분석 결과(요인적재값)

이동통신 가치관 항목	공통요인 1	공통요인 2
휴대폰과 호출기를 병행하여 사용하면 더욱 효율적이다.	2.1654	2.1548
호출기가 있으면 굳이 휴대폰은 없어도 불편하지 않다.	2.1578	0.1548
휴대폰은 나에게 사치품이다.	3.2549	0.5148
휴대폰의 사용요금이 부담스럽다.	3.8461	1.2648
누군지 확인하고 통화하는 것이 좋다.	2.1548	2.1548
호출기는 다시 전화를 해야 하는 번거움이 있다.	2.1548	2.6594
이동통신은 일대일 음성통화가 중요하다.	3.1588	3.1548
수신이 안되는 지역이 있다고 해도 휴대폰이면 충분하다.	2.5481	3.2157
휴대폰을 사용하면 호출기는 필요가 없다.	3.2648	2.1548

한다.

한편, 호출기와 휴대폰 등 이동통신에 대한 가치관을 파악하기 위하여 관련 항목들에 대해 요인분석을 수행한 결과 표 6.4와 같은 요인적재값(factor loading)을 얻었다. 즉, 공통요인 1은 휴대폰보다는 호출기에 긍정적이고, 요인 2는 호출기보다는 휴대폰에 긍정적인 공통요인임을 알 수 있다.

이제 표 6.3의 세분집단별로 표 6.4에서 도출된 요인들의 평균점수와 각 세분집단의 규모를 정리하면 표 6.5와 같고, 이 표를 살펴보면 'Self-Control'과 'Entertainment' 군집은 호출기

| 표 6.5 | 세분집단별 호출기/휴대폰 가치관

	세분집단 크기(%)	호출기 선호 요인	휴대폰 선호 요인
Self-Control	21.7	0.1367	0.0215
Netizen	20.3	0.0015	0.1549
Innovative Healthy	17.0	0.3516	0.0214
Daily Life	4.9	0.0816	0.1651
Entertainment	15.6	0.4318	0.0878
Innovative Leisure	10.5	0.4267	0.4257

에 선호적이고, 'Netizen'과 'Daily Life' 군집은 휴대폰에 부정적이며, 'Innovative Healthy' 군집은 호출기에 부정적이고, 'Innovative Leisure' 군집은 호출기에는 부정적이나 휴대폰은 선호함을 알 수 있다.

지금까지 조사응답자들의 라이프스타일 및 가치관 항목들의 요인/군집분석을 통하여 전체 시장을 세분화하고, 마케팅 관련 항목들을 교차집계하여 세분시장별 구조를 분석한 후, 각 세분집단별로 이동통신에 대한 가치관과 관련된 항목들의 요인점수 평균값을 살펴보았다. 요인분석 및 군집분석의 SPSS 처리과정에 대해서는 부록 6.A.1과 6.A.2를 참고하기 바란다.

이제, 각 세분집단의 특성 그리고 규모 등을 고려하여 마케팅 자원을 집중할 표적시장을 선정해야 한다. 표 6.6과 같이 세분시장별로 이동통신에 대한 사용행태 및 가치관을 분석하면 'Entertainment, Self-Control, Daily Life' 집단이 1차적인 표적집단이 되고, 마케팅 노력 여하에 따라 'Netizen' 집단이 2차 표적집단으로 고려될 수 있을 것이다.

구체적으로 살펴보면, 'Self-Control' 집단의 경우 현재 호출기를 사용하는 비율이 많지 않은 반면, 호출기에는 전반적으로 긍정적인 인식을 가지고 있고, 연령과 직업을 고려할 때 휴대폰의 구입이 저조할 것으로 예상되며, 세분집단의 규모를 고려할 때 1차적인 표적집단으로 고려할 수 있다.

다음으로 'Entertainment' 집단은 휴대폰을 사용하고 있으며, 휴대폰에 부정적이지는 않지만, 호출기에 강한 긍정적 반응을 나타내고 휴대폰 구입 후에도 호출기를 병행해서 사용할 의사를 나타내고 있어, 규모는 크지 않지만 10대 중심의 구매력이 있는 집단으로 판단된다.

'Daily Life' 집단은 현재 호출기 사용자가 적지만 긍정적인 인식을 가지고 있고, 휴대폰 구매의사가 적으므로 그 규모는 작지만 또 하나의 틈새시장 가능성이 보인다고 할 수 있다.

반대로 'Innovative Leisure' 집단은 휴대폰에 긍정적인 반면 호출기에는 강하게 부정적이

| 표 6.6 | 세분집단별 특성

세분집단명	집 단 특 성
Self-Control (21.7%)	• 호출기에 긍정적이며 휴대폰에는 중간 정도 입장임. • 현재 호출기를 사용하지 않고, 10대~20대 연령층의 중고생 및 무직자임을 고려할 때 향후 휴대폰의 구입이 저조할 것으로 예상됨. • 이상의 특성과 세분집단의 규모를 고려할 때 집중적으로 공략해야 할 표적집단으로 판단됨.
Entertainment (15.6%)	• 호출기에 가장 긍정적이며 휴대폰에도 다소 긍정적 입장임. • 현재 호출기 이용자가 많으며, 휴대폰 구입 후에도 호출기를 병행해서 사용할 것으로 보임. • 이동통신에 대해서 전반적으로 적극적인 반응을 보임. • 세집단의 규모는 크지 않지만 10대 중심의 매력도가 있는 집단으로 예상됨.
Daily Life (14.9%)	• 휴대폰에 다소 부정적인 반면 호출기에는 긍정적임. • 다른 집단에 비해서 호출기 비사용자가 많으며 휴대폰 구매의사가 적음. • 규모는 작지만 30대 이후 주부집단의 틈새시장이 엿보임.
Netizen (20.3%)	• 호출기에는 중간적 입장이지만 휴대폰에는 다소 부정적임. • 호출기 사용자가 많지만 휴대폰 구입과 함께 해지의향이 강하게 나타남. 그러나 상대적으로 구매력이 약한 10대와 20대의 학생 집단임을 고려할 때 휴대폰 시장으로 전이되기에 가격장벽이 작용할 것으로 보이며 규모 등을 고려할 때 포기하지 말고 관리해야 할 시장으로 판단됨.
Innovative Leisure (10.5%)	• 휴대폰에 긍정적이며 호출기에 가장 부정적인 반응을 나타냄. • 현재 휴대폰과 호출기를 병행해서 사용하고 있지만 휴대폰으로 전환될 시장으로 규모도 작아서 소모적인 마케팅 활동을 지양하는 것이 합리적으로 판단됨.
Innovative Healthy (17.0%)	• 호출기에 부정적이며 휴대폰의 필요성에 대해서 전반적으로 긍정적임. • 현재 병행 사용자가 많으며 호출기는 곧 해지할 집단으로 나타남.

며, 현재 호출기와 휴대폰을 병행해서 사용하는 경향이 보이지만 향후 휴대폰을 중점적으로 사용하고 호출기를 해지할 의향이 강한 집단으로, 규모도 작아서 더 이상의 마케팅 활동은 소모적이라 판단된다.

'Innovative Healthy' 집단은 'Innovative Leisure' 집단과 같이 호출기에 부정적 인식이 뚜렷하고 호출기과 휴대폰을 병행해서 사용하고 있지만, 향후 휴대폰 시장으로 전이될 것으로 예상되는 고객이다. 즉, 새로운 제품에 대한 수용력이 빨라서 호출기 사용과 함께 새롭게 출시된 휴대폰도 병행해서 사용하고는 있지만, 곧 휴대폰 중심의 사용자로 전환될 것으로 예상되는 집단으로 호출기 시장에서는 포기해야 할 집단으로 판단되는 것이다.

6.2 주요 이슈별 마케팅리서치 진행 및 분석방법

포지셔닝(Positioning)

포지셔닝은 특정 브랜드를 소비자의 지각 속에 인식시키기 원하는 이미지나 위상을 설정하는 것이며, 여기에는 형용사적 이미지뿐 아니라 제품의 편익(benefits)이나 특정 기능(attributes), 사용자 이미지, 사용용도 등 다양한 컨셉이 포함된다.

우선, 특정 브랜드가 제공하고 있거나 제공할 수 있는 편익들을 도출하여 나열하고, 자사 브랜드 및 주요 경쟁 브랜드가 그러한 편익들을 얼마나 잘 충족시키고 있는지에 대한 소비자의 인식을 살펴보는 작업이 필요하다. 여기에는 다음과 같이 각각의 속성별로 브랜드를 리커트척도 문항의 형식으로 질문하고, 그 결과를 이용하여 요인분석(factor analysis)이나 대응분석(correspondence analysis)을 수행하는 방법이 흔히 사용된다. SPSS에서 대응분석을 처리

다음의 의류 브랜드들이 각각의 속성들을 얼마나 잘 제공하고 있는지를 보기와 같은 5점 척도에 의해서 평가해 주십시오.

보기 :	①	②	③	④	⑤
	전혀 그렇지 않다	약간 그렇지 않다	보통이다	약간 그렇다	매우 그렇다

	AA 브랜드	PP 브랜드	CC 브랜드	QQ 브랜드
(1) 색상이 뛰어나다.	( )	( )	( )	( )
(2) 바느질이 튼튼하다.	( )	( )	( )	( )
(3) 디자인이 산뜻하다.	( )	( )	( )	( )
(4) 품질대비 가격이 저렴하다.	( )	( )	( )	( )
(5) 유행을 선도한다.	( )	( )	( )	( )

| 그림 6.2 | 리커트척도 설문지

다음의 브랜드 중에서 각각의 속성별로 해당된다고 생각하시는 브랜드를 모두 골라서 체크해 주십시오.

	AA 브랜드	PP 브랜드	CC 브랜드	QQ 브랜드
(1) 색상이 뛰어나다.	( )	( )	( )	( )
(2) 바느질이 튼튼하다.	( )	( )	( )	( )
(3) 디자인이 산뜻하다.	( )	( )	( )	( )
(4) 품질대비 가격이 저렴하다.	( )	( )	( )	( )
(5) 유행을 선도한다.	( )	( )	( )	( )

| 그림 6.3 | 선택형 설문지

하는 절차는 이 장의 부록을 참고하기 바란다.

그런데, 마케팅리서치에서 설문지를 작성하다 보면 예상보다 길어지는 경우가 많다. 이렇게 긴 설문지를 응답자가 응답하다 보면 짜증이 나서 불성실하게 응답을 하게 되고 결국 응답자 에러에 의한 비표본오차가 커지게 될 가능성이 있다. 이런 경우는 그림 6.2와 같이 각각의 브랜드별로 모든 속성에 대해서 리커트척도로 질문하는 대신, 그림 6.3과 같이 속성별로 해당되는 브랜드를 선택하게 하는 방식으로 질문하여 그 결과를 이용하여 요인분석이나 대응분석을 통해 지각도를 그리는 방법을 사용할 수 있다.

이렇게 브랜드와 속성(앞에서 설명한 것과 같이 사용자 이미지, 편익, 기능, 사용 상황 등 모든 형태의 커뮤니케이션 컨셉이 포함된다.) 등에 대한 소비자의 지각도가 그려지면 시장에서 경쟁하고 있는 브랜드가 충족시키지 못하고 있거나, 충족시키는 브랜드가 있어도 소비자들의 인식이 매우 약한 속성이 있을 수 있다. 예를 들면, 위의 질문에서 다른 속성에 대해서는 소비자들의 인식 속에서 충분히 만족시키는 브랜드가 있는데, '유행을 선도한다' 라는 속성은 어떤 브랜드도 충족시키지 못하고 있는 것으로 나타났다고 가정하자. 이때 새로운 브랜드를 출시하거나 아니면 재출시하고자 할 때 '유행선도'라는 포지셔닝 컨셉이 검토될 수 있는 것이다.

즉, **현재 시장에서 경쟁하고 있는 브랜드에 대한 소비자 인식을 검토하고, 소비자 지각 속의 빈 공간을 새로운 차별화 포인트로 검토**하는 것이다. 이때 한 가지 주의할 것은 제품의 지각도라는 것은 객관적인 제품의 품질이 아니라 순전히 소비자의 인식에 의한 평가라는 것이다. 따라서 소비자의 인식이 객관적이고 실질적인 현 상황과 다르게 나타났다고 하면, 마케터는 소비자의 인식을 기준으로 마케팅 활동을 해나가야 하는 것이다. 마케팅은 실체의 싸움이 아니라 소비자 인식 속의 전쟁이라는 것을 항상 염두에 두어야 한다.

이렇게 해서 발견된 소비자 지각 속의 빈 공간이 있다고 해서 해당 속성이나 편익이 바로 포지셔닝 기회가 되는 것이라면 얼마나 간단한 작업이겠는가? 그러나 구매유발력이란 변수를 함께 고려해야 한다. 즉, 앞에서 색상, 바느질, 디자인, 가격, 유행선도 중에서 유행선도의 속성이 **어떤 브랜드도 충족시키지 못하고 있는 소비자 인식 속의 빈공간이라고 해도, 그것이 실질적으로 구매를 유발하는 핵심구매요인(Key Buying Factor)인가를 검토**하여야 한다.

제품의 속성별로 얼마나 구매를 유발하는가를 측정하는 척도로 구매유발력(Buying Motivating Power)이라는 개념을 사용하는데, 고객만족도 조사의 중요도 측정과 같이 직접 질문하는 방법과 통계적 연관관계를 이용하여 추정하는 방법이 있다. 통계적 연관관계를 이용하는 방법은 전체 응답자를 기준(즉, 전체 시장의 구매유발력을 추정하는 기준)으로 측정하는 방법과 각 응답자 기준으로 측정하는 방법 등 두 가지가 있다. 이 중에서 전체 응답자 기준이나 세분집단별로 구매유발력을 측정하는 방법은 많이 사용하지만 각 응답자 개인 기준으로 측정하는 방법은 많이 사용하지 않고 있는 경향이 있는데, 그 이유는 수리적인 계산의 복잡함과 아니면 방법론의 존재 자체에 대해서 잘 인지하지 못하고 있기 때문이다. 개인 기준으로 구매유발력을 측정하는 방법은 컨조인트라는 통계적 분석방법이 많이 사용되지만 과거 마케팅리서치 기관이었던 양켈로비치의 접근방법도 그 아이디어가 참신하여 간략히 소개하겠다.

우선, 가장 간단한 단순 상관계수를 이용하여 **전체 집단의 구매유발력을 산출하는 방법**을 예를 들면, 앞의 속성별 브랜드의 일치 정도를 5점척도로 질문한 응답치와 각 브랜드의 구매의향을 질문하여 그 상관관계를 구하고 구매유발력으로 사용하는 방법이다. 구체적으로, 데이터의 구조를 아래와 같이 브랜드별로 응답한 전체 응답자를 수직으로 통합하여 4개의 브랜드라면 전체 응답자수 ×4의 응답자 기준으로 조정하고 구매의향과의 상관계수를 측정한다.

응답자 1	색상에 대한 AA 브랜드 평가	AA 브랜드 구매의향
	⋮	⋮
응답자 1	색상에 대한 PP 브랜드 평가	PP 브랜드 구매의향
	⋮	⋮
응답자 1	색상에 대한 CC 브랜드 평가	CC 브랜드 구매의향
	⋮	⋮
응답자 1	색상에 대한 QQ 브랜드 평가	QQ 브랜드 구매의향
	⋮	⋮

| 그림 6.4 | 구매유발력(상관계수)을 구하기 위한 데이터 구조

i번째 응답자의 색상에 대한 AA 브랜드의 평가 AA 브랜드의 구매의향
i번째 응답자의 색상에 대한 PP 브랜드의 평가 PP 브랜드의 구매의향
i번째 응답자의 색상에 대한 CC 브랜드의 평가 CC 브랜드의 구매의향
i번째 응답자의 색상에 대한 QQ 브랜드의 평가 QQ 브랜드의 구매의향
⇒ i번째 응답자의 색상에 대한 구매유발력

| 그림 6.5 | 개인별 구매유발력(상관계수)을 구하기 위한 데이터 구조

i번째 응답자의 j번째 속성의 구매유발력
= (w_1 × i번째 응답자의 j번째 속성의 이성적 구매유발력)
+ (w_2 × i번째 응답자의 j번째 속성의 감성적 구매유발력)
w_i; 가중치

| 그림 6.6 | 개인별 종합 구매유발력을 구하기 위한 공식

이와 같이 모든 속성별로 상관계수를 측정하여 고객만족도 조사의 중요도 산출과 같은 방식으로 그 상대적인 구매유발력을 도출하는 것이다.

각 개인별 구매유발력을 산출하는 방법 중 양켈로비치 모델에 의한 질문방법은 앞에서 브랜드별로 각 속성을 평가하고 구매의향을 질문하는 것과 동일하며, 직접적으로 구매 시 고려 정도를 추가로 질문하고 분석의 단위가 개인 기준이라는 것만 다르다. 예를 들면, 각 응답자 기준으로 각 속성에 대해서 i번째 응답자의 브랜드별 평가치와 구매의향과의 상관계수를 이용하여 개개의 속성별로 각 개인의 구매유발력을 도출하는 것이다.

이렇게 하여 각 속성별로 통계적인 구매유발력이 도출되면 이것을 **감성적인 구매유발력**이라 하고, 고객만족도 조사의 중요도와 유사하게 각 속성별 구매 시 고려 정도를 질문하여 이것을 **이성적인 구매유발력**이라 한다. 이러한 이성적 구매유발력과 감성적 구매유발력을 가중평균하여 개인의 종합 구매유발력을 도출한다.

여기서 이성적 구매요인과 감성적 구매요인의 가중치 w_1과 w_2는 해당 기관이 가지고 있는 데이터베이스에 의한 기준치(norm)로서 일반적으로 공개되지 않으며, 본서에서는 다만 이러한 도출방법의 아이디어만 소개하겠다.

개인별 구매유발력을 측정하는 또 한 가지의 방법으로 컨조인트분석이 많이 사용되기도 하는데, 이는 〈제7장 컨조인트분석〉에서 별도로 설명하도록 하겠다.

이렇게 모든 개별 속성에 대해서 개인 기준으로 구매유발력이 도출된다는 것은 세분집단별로 속성별 구매유발력을 도출하여 분석할 수 있다는 것이다. 예를 들어, '유행선도'라는 속성

| 표 6.7 | 구매유발력의 포트폴리오 분석

		각 속성의 performance 정도					
		낮음			높음		
		경쟁 열세	경쟁 유사	경쟁 우세	경쟁 열세	경쟁 유사	경쟁 우세
구매 유발력	상		색상 AS				유행선도
	하	바느질		디자인 메이커	품질대비 가격	브랜드 명성	

이 20대 여자의 경우 대단히 중요한 속성인 반면, 40대 남성의 경우는 구매 시 고려요인이 전혀 안될 수도 있는 것이다. 따라서 전체 집단을 기준으로 제품의 구매를 유발하는 핵심 구매요인이 무엇인지를 파악하는 것도 중요하지만, 각 **세분집단(segment)별로 속성별 구매 유발력을 측정하여 표적집단(target)에게 소구(appeal)될 수 있는 속성을 도출하여 포지셔닝(positioning) 컨셉으로 정하고 이에 따라 커뮤니케이션 활동**을 하는 것이 효율적이다.

속성에 대한 각 브랜드의 일치정도(performance)와 구매유발력이 측정되고 나면 집중하고자 하는 표적집단에 대해서 표 6.7과 같은 포트폴리오 분석표를 작성하면 포지셔닝 컨셉의 방향이 설정되는 것이다. 즉, 예를 들면 '유행선도'라는 속성이 **구매유발력이 강하며 경쟁 브랜드보다 우수하게 인식되고 있고, 절대적인 평가도 높게 나타난다면 효과적으로 소구될 수 있는 포지셔닝 컨셉으로 설정**되는 것이다.

부록 6.A.1 요인분석 (Factor Analysis; 인자분석)

빛의 3원색인 빨강, 노랑, 파랑은 이를 잘 조화시킴으로써 수많은 다른 색깔들을 만들어낸다. 마찬가지로 복잡해 보이는 어떤 현상들은 몇 개의 주요 특성들에 의한 결합체임을 알게 되는 경우가 있다. 인자분석(요인분석)은 상호연관된 다변량 확률변수들 간의 내부적 상호의존 관계를 그 저변에 내재하는 몇 개의 인자(요인)들을 통해 재현, 해석하고자 한다. 간단히 설명하면 인자분석이라는 것은 관찰가능한 많은 특성 또는 항목들로부터 몇 가지 일반적인 성격(즉, 인자)들을 발견해 내거나 만들어내는 통계적 과정이라고 할 수 있으며, 이때 이 인자들을 여러 형태로 결합하면 거꾸로 각 항목들을 설명할 수가 있다. SPSS에서 인자분석을 수행하는 과정은 다음과 같다.

① 풀다운 메뉴에서 분석(A) → 데이터 축소(D) → 요인분석(F)을 클릭한다.
② 요인분석 대화상자에서 분석(V)에 분석대상이 될 변수들을 선택한다(그림 6.A.1.1).
③ 요인분석 대화상자에서 기술통계(D) 버튼을 클릭한 후, 일변량 기술통계(U) 등을 체크한다(그림 6.A.1.2).

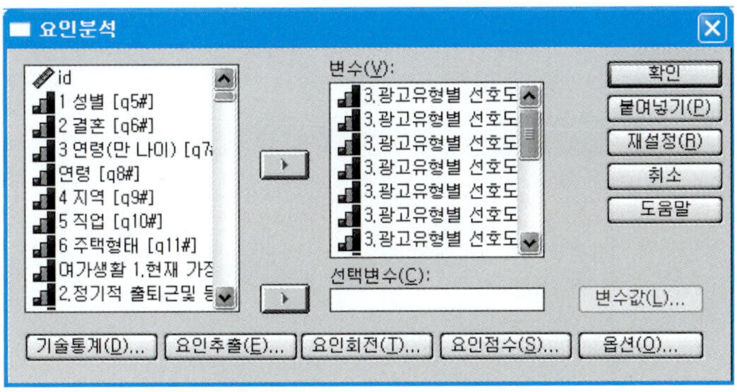

| 그림 6.A.1.1 | '요인분석' 대화상자

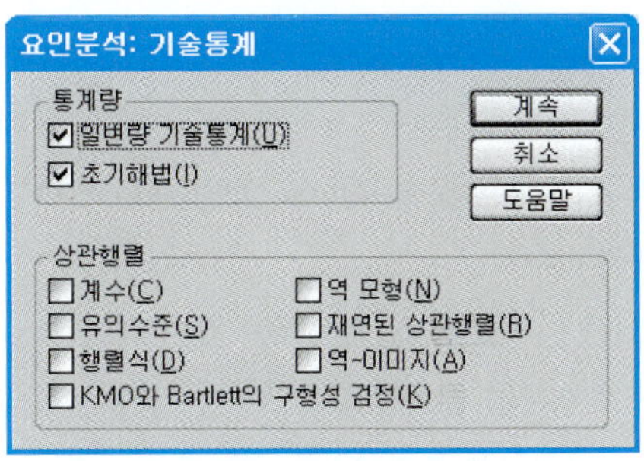

| 그림 6.A.1.2 | '기술통계' 대화상자

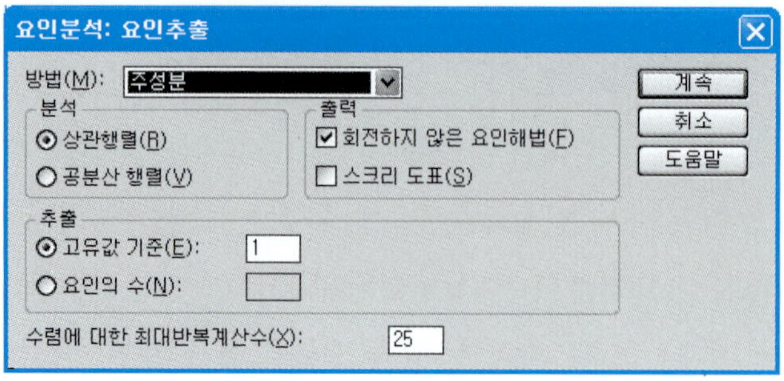

| 그림 6.A.1.3 | '요인추출' 대화상자

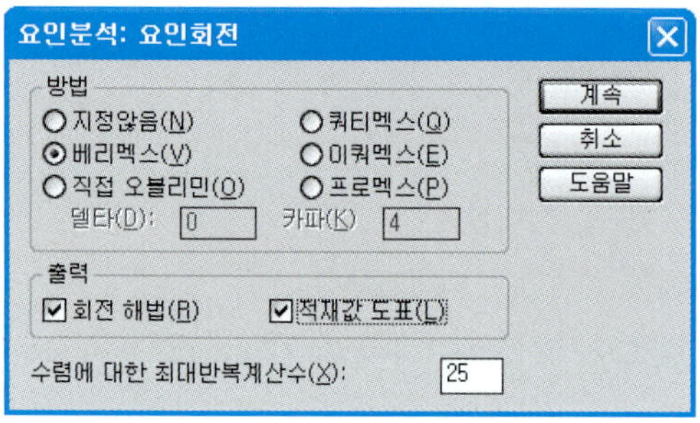

| 그림 6.A.1.4 | '요인회전' 대화상자

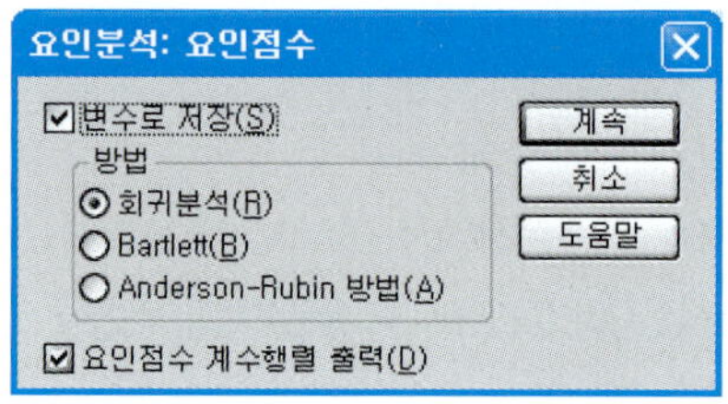

| 그림 6.A.1.5 | '요인점수' 대화상자

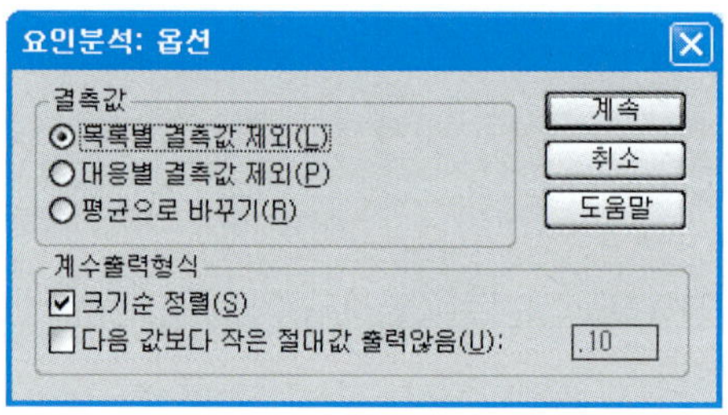

| 그림 6.A.1.6 | '옵션' 대화상자

④ 요인분석 대화상자에서 요인추출(E) 버튼을 클릭한 후, 방법(M) 등을 선택한다(그림 6.A.1.3). 주로 사용되는 요인추출방법은 '주성분', '최대우도', '주축 요인 추출' 등이다.

⑤ 요인분석 대화상자에서 요인점수(S) 버튼을 클릭한 후, 방법 등을 선택한다(그림 6.A.1.4). 주로 사용되는 방법은 직교회전인 '베리백스(V)'이다.

⑥ 요인분석 대화상자에서 요인회전(T) 버튼을 클릭한 후, 변수로 저장(S) 등을 체크한다(그림 6.A.1.5).

⑦ 요인분석 대화상자에서 옵션(O) 버튼을 클릭한 후, 크기순 정렬(S) 등을 체크한다(그림 6.A.1.6).

⑧ 요인분석 대화상자에서 확인을 클릭하여 출력결과를 얻는다.

설명된 총분산

성분	초기 고유값			추출 제곱합 적재값			회전 제곱합 적재값		
	전체	% 분산	% 누적	전체	% 분산	% 누적	전체	% 분산	% 누적
1	4,042	28,871	28,871	4,042	28,871	28,871	2,727	19,481	19,481
2	2,201	15,724	44,595	2,201	15,724	44,595	2,531	18,082	37,563
3	1,369	9,775	54,371	1,369	9,775	54,371	1,978	14,131	51,694
4	1,023	7,308	61,679	1,023	7,308	61,679	1,398	9,985	61,679
5	,910	6,500	68,178						
6	,723	5,163	73,342						
7	,604	4,311	77,653						
8	,579	4,133	81,786						
9	,527	3,762	85,548						
10	,514	3,671	89,219						
11	,452	3,228	92,447						
12	,416	2,975	95,422						
13	,396	2,827	98,249						
14	,245	1,751	100,000						

추출 방법: 주성분 분석.

회전된 성분행렬[a]

	성분			
	1	2	3	4
3.광고유형별 선호도 - 제품의 이미지만을 강조하는 광고	,880	,057	,085	,066
3.광고유형별 선호도 - 제품의 내용만을 강조하는 광고	,837	,116	-,002	,063
3.광고유형별 선호도 - 경쟁제품과 자기제품을 비교하는 광고	,724	,139	,235	-,085
3.광고유형별 선호도 - 무슨광고인지 알수 없게 하여 호기심을 자극하는 광고	,610	-,062	,257	,195
3.광고유형별 선호도 - 동물이 등장하는 광고	-,027	,757	,180	,058
3.광고유형별 선호도 - 일반 소비자가 등장하는 광고	,132	,731	-,052	,141
3.광고유형별 선호도 - 유아들이나 어린이들이 등장하는 광고	,026	,675	-,051	,391
3.광고유형별 선호도 - 애니매이션이나 만화가 나오는 광고	-,017	,603	,334	,091
3.광고유형별 선호도 - 사회 저명인사가 나오는 광고	,356	,559	,286	-,184
3.광고유형별 선호도 - 외국의 탤런트/스포츠 스타가 나오는 광고	,139	,190	,797	-,016
3.광고유형별 선호도 - 유명 연예인이 나오는 광고	,105	,119	,732	,263
3.광고유형별 선호도 - 성적인 느낌을 강조하는 광고	,387	,000	,603	-,114
3.광고유형별 선호도 - 유머가 있어서 재미있는 광고	,032	,129	,232	,846
3.광고유형별 선호도 - 전통이나 인간적 유대감을 강조하는 광고	,170	,430	-,173	,572

요인추출 방법: 주성분 분석.
회전 방법: Kaiser 정규화가 있는 베리멕스.
a. 7 반복계산에서 요인회전이 수렴되었습니다.

| 그림 6.A.1.7 | '요인분석'의 출력결과(일부)

부록 6.A.2 군집분석 (Cluster Analysis)

군집분석은 군집의 구조에 관한 특별한 가정없이 개체들 사이의 유사성 또는 거리(비유사성)에 근거하여 자연스러운 군집을 찾고, 다음 단계의 분석을 꾀하는 탐색적인 통계분석 기법이다. 군집분석 방법들은 가까운 개체들을 하나씩 묶어감으로써 군집을 형성해 나가는 계보적(hierarchical; 계층적) 방법과 계보적으로 군집을 형성하지 않고 개체들을 몇 개의 군집으로 분리시키는 최적분리 방법으로 구분할 수 있는데, 여기서는 최적분리 방법 중 하나인 k-평균(means) 군집분석의 처리과정을 설명하도록 한다. SPSS에서 k-평균 군집분석을 수행하는 과정은 다음과 같다.

① 풀다운 메뉴에서 분석(A) → 분류분석(Y) → K-평균 군집분석(K)을 클릭한다.

② 군집분석 대화상자에서 분석(V)에 분석대상이 될 변수들을 선택하고, 군집의 수(U)를 입력한다(그림 6.A.2.1). 군집의 수를 결정하는 기법들에 대하여는 다변량 관련 서적을 참조하기 바란다.

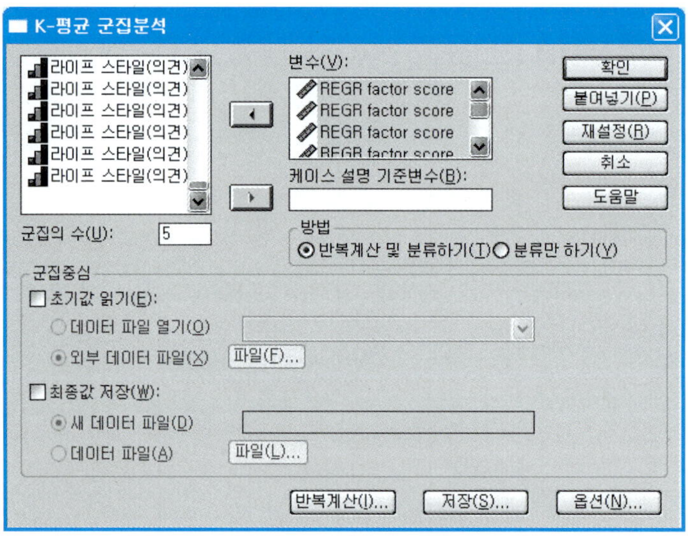

| 그림 6.A.2.1 | 'K-평균 군집분석' 대화상자

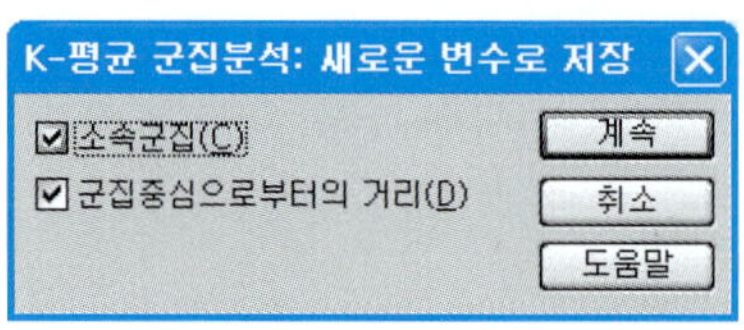

| 그림 6.A.2.2 | '새로운 변수로 저장' 대화상자

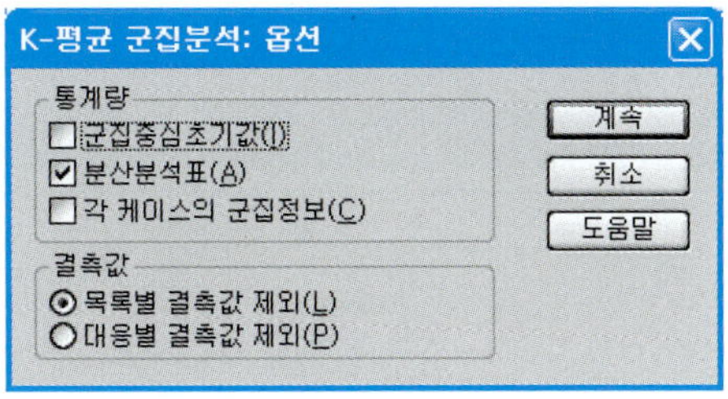

| 그림 6.A.2.3 | '옵션' 대화상자

최종 군집중심

	군집				
	1	2	3	4	5
REGR factor score 1 for analysis 1	-.21900	-.49851	.77662	.36826	-.95000
REGR factor score 2 for analysis 1	-.54660	-1.06646	.42528	-.50008	.94355
REGR factor score 3 for analysis 1	-.49042	1.08427	.44349	-.93849	-.18608
REGR factor score 4 for analysis 1	-1.19181	.49725	-.19029	.99598	.17170

분산분석

	군집		오차		F	유의확률
	평균제곱	자유도	평균제곱	자유도		
REGR factor score 1 for analysis 1	108.265	4	.563	982	192.276	.000
REGR factor score 2 for analysis 1	120.928	4	.511	982	236.420	.000
REGR factor score 3 for analysis 1	103.551	4	.582	982	177.837	.000
REGR factor score 4 for analysis 1	116.469	4	.530	982	219.895	.000

다른 군집의 여러 케이스 간 차이를 최대화하기 위해 군집을 선택했으므로 F 검정은 기술통계를 목적으로만 사용되어야 합니다. 이 경우 관측유의수준은 수정되지 않으므로 군집평균이 동일하다는 가설을 검정하는 것으로 해석될 수 없습니다.

각 군집의 케이스 수

군집	1	176.000
	2	134.000
	3	306.000
	4	167.000
	5	204.000
유효		987.000
결측		13.000

| 그림 6.A.2.4 | '군집분석'의 출력결과(일부)

③ 군집분석 대화상자에서 저장(S) 버튼을 클릭한 후, 소속군집(C) 등을 체크한다(그림 6.A.2.2).

④ 군집분석 대화상자에서 옵션(N) 버튼을 클릭한 후, 분산분석표(A) 등을 체크한다(그림 6.A.2.3).

⑤ 군집분석 대화상자에서 확인을 클릭하여 출력결과를 얻는다.

| 표 6.A.2.1 | 연령대별 선호하는 브랜드

연령대 \ 브랜드	A	B	C	D	합계
20대	10	28	68	124	230
30대	50	22	12	116	200
40대	10	16	14	120	160
합계	70	66	94	360	590

부록 6.A.3 대응분석 (Correspondence Analysis)

대응분석은 범주형 변수들에 의한 분할표 자료의 행(row)과 열(column)을 저차원 공간상에 나타내어, 그들의 관계를 탐색적으로 살펴보려는 자료분석 기법이다. SPSS에서는 카이제곱 거리를 이용하는 전통적인 대응분석뿐만 아니라 유클리드 거리를 이용하는 더 넓은 의미의 대응분석을 수행할 수 있다.

(1) 카이제곱 거리를 이용한 대응분석

위의 자료는 연령대별로 가장 선호하는 브랜드를 조사하여 얻은 교차표이다. 이 자료에 대하여 카이제곱 거리를 이용한 대응분석을 수행하는 과정은 다음과 같다.

① 풀다운 메뉴에서 분석(A) → 데이터 축소(A) → 대응일치 분석(C)을 클릭한다.
참고: 자료가 빈도로 요약되어 있는 경우 분석에 앞서 '데이터(D) → 가중 케이스(W)'를 선택한 후, 가중 케이스 대화상자에서 빈도변수(F)를 지정해야 한다.

② 대응일치분석 대화상자에서 행(W)과 열(C) 변수를 선택한 후 각각에 대하여 범위지정(D)과 범위지정(F) 버튼을 클릭하고 범주의 범위를 지정한다(그림 6.A.3.1).

③ 대응일치분석 대화상자에서 통계량(S) 버튼을 클릭한 후, 대응일치표(C) 등을 체크한다(그림 6.A.3.2).

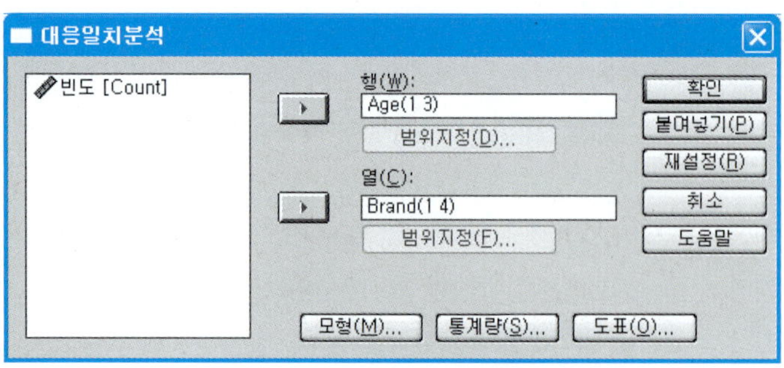

| 그림 6.A.3.1 | 대응일치분석 대화상자

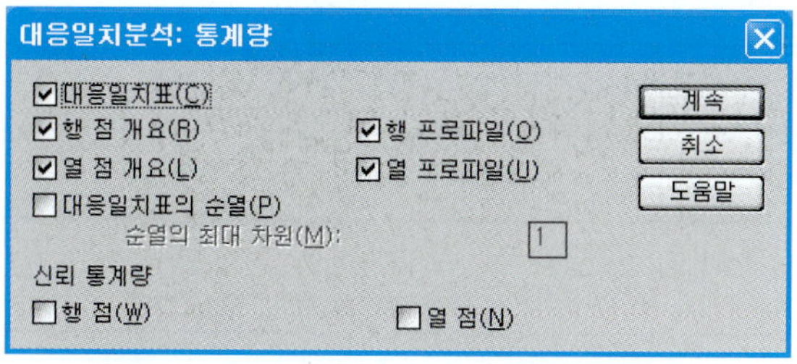

| 그림 6.A.3.2 | 통계량 대화상자

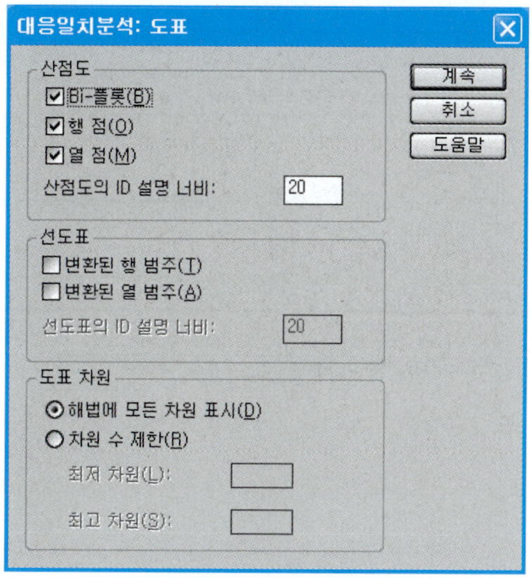

| 그림 6.A.3.3 | 도표 대화상자

④ 대응일치분석 대화상자에서 도표(O) 버튼을 클릭한 후, Bi-플롯(B) 등을 체크한다(그림 6.A.3.3).

⑤ 대응일치분석 대화상자에서 확인을 클릭하여 출력결과를 얻는다.

(2) 유클리드 거리를 이용한 대응분석

위의 자료는 각 문항에 대하여 5점척도로 조사하여 얻은 각 브랜드별 평가점수의 평균을 제시한 것이다. 이 자료에 대하여 유클리드 거리를 이용한 대응분석을 수행하는 과정은 다음과 같다(카이제곱 거리를 이용한 분석 및 다른 옵션들에 의한 분석도 수행하여 결과들을 비교하여 보기 바란다).

① 풀다운 메뉴에서 '분석(A) → 데이터 축소(A) → 대응일치 분석(C)'을 클릭한다.

참고: 자료가 이와 같이 요약되어 있는 경우 분석에 앞서 '데이터(D) → 가중 케이스(W)'를 선택한 후, 가중 케이스 대화상자에서 빈도변수(F)를 지정해야 한다(이 예에서의 빈도변수는 평가점수이다).

요약

차원	비정칙값	요약 관성	카이제곱	유의확률	관성비율		신뢰 비정칙값	
								상관계수
					설명됨	누적	표준편차	2
1	.360	.129			.792	.792	.036	.298
2	.185	.034			.208	1.000	.036	
요약 전체		.163	96.420	.000[a]	1.000	1.000		

a. 자유도 6

행 포인트 개요[a]

연령대	매스	차원의 점수		개요 관성	기여도				
					차원의 관성에 대한 포인트		포인트의 관성에 대한 차원		
		1	2		1	2	1	2	개요 전체
20대	.390	.673	.237	.068	.491	.119	.940	.060	1.000
30대	.339	-.733	.290	.071	.507	.154	.926	.074	1.000
40대	.271	-.051	-.703	.025	.002	.727	.010	.990	1.000
액티브 전체	1.000			.163	1.000	1.000			

a. 대칭 정규화

열 포인트 개요[a]

브랜드	매스	차원의 점수		개요 관성	기여도				
					차원의 관성에 대한 포인트		포인트의 관성에 대한 차원		
		1	2		1	2	1	2	개요 전체
A	.119	-1.209	.761	.075	.482	.372	.831	.169	1.000
B	.112	.080	.145	.001	.002	.013	.373	.627	1.000
C	.159	1.073	.563	.075	.510	.273	.876	.124	1.000
D	.610	-.060	-.321	.012	.006	.342	.063	.937	1.000
액티브 전체	1.000			.163	1.000	1.000			

a. 대칭 정규화

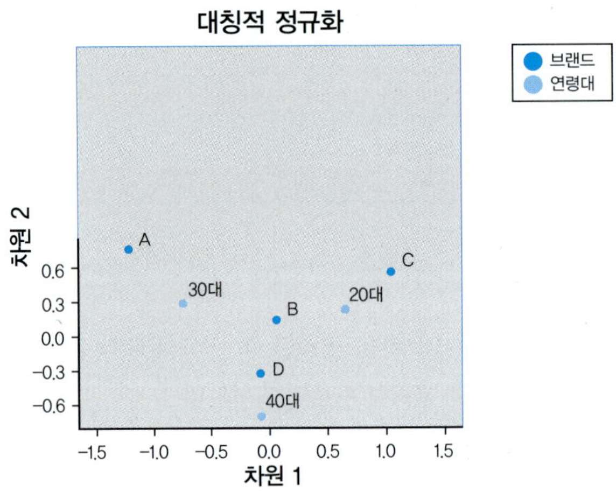

| 그림 6.A.3.4 | '대응일치분석'의 출력결과(일부)

② 대응일치분석 대화상자에서 행(W)과 열(C) 변수를 선택한 후 각각에 대하여 범위지정(D)과 범위지정(F) 버튼을 클릭하고 범주의 범위를 지정한다(그림 6.A.3.5).

③ 대응일치분석 대화상자에서 모형(S) 버튼을 클릭한 후, 거리 측정 란의 유클리디안(E)을 선택하고 적절한 표준화 방법(예컨대, 이 예에서는 행 전체 균등화 및 평균 제거(W))을 선택한다(그림 6.A.3.6).

④ 대응일치분석 대화상자에서 통계량(S) 버튼을 클릭한 후, 대응일치표(C) 등을 체크한다(그림 6.A.3.2 참조).

| 표 6.A.2.2 | 문항별 브랜드의 평가점수 평균

문항 \ 브랜드	A	B	C	D
1. 광고가 시선을 끈다	3.53	2.97	3.94	2.64
2. 광고가 독창적이다	3.58	2.81	3.56	2.64
3. 광고가 기억에 남는다	3.41	2.79	3.99	2.46
4. 광고 내용이 이해하기 쉽다	3.85	3.51	3.42	2.87
5. 광고 내용에 공감이 간다	3.44	3.26	3.17	2.71
6. 즉석 요리제품 제조사 광고로서 잘 어울린다	3.69	2.52	3.12	2.63
7. 광고를 보고 브랜드 이미지가 좋아졌다	3.68	3.05	3.58	2.86
8. 광고를 보고 해당브랜드를 이용하고 싶어졌다	3.66	2.96	3.51	2.75
9. 광고모델이 브랜드와 잘 어울린다	3.41	3.19	3.72	2.98
10. 광고가 전체적으로 마음에 든다	3.53	3.16	3.56	2.76

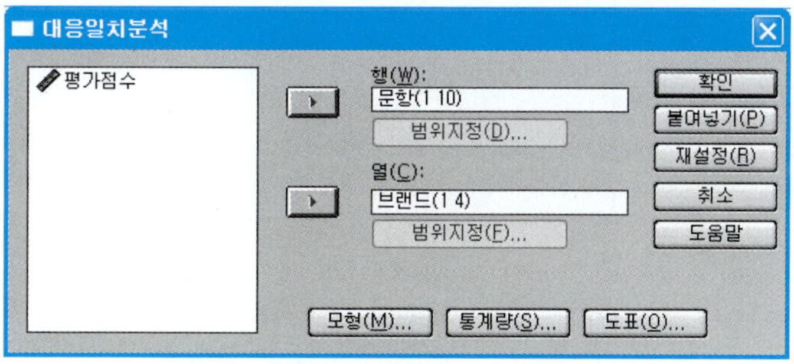

| 그림 6.A.3.5 | '대응일치분석' 대화상자

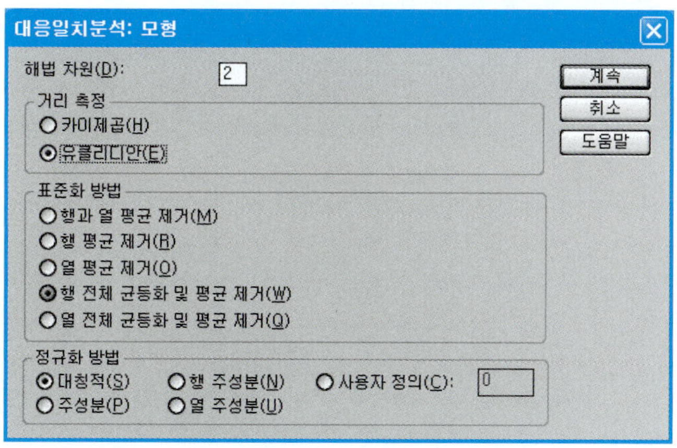

| 그림 6.A.3.6 | '모형' 대화상자

요약

차원	비정칙값	요약 관성	관성비율		신뢰 비정칙값	
			설명됨	누적	표준편차	상관계수 2
1	.117	.014	.859	.859	.019	.445
2	.039	.002	.094	.953	.030	
3	.027	.001	.047	1.000		
요약 전체		.016	1.000	1.000		

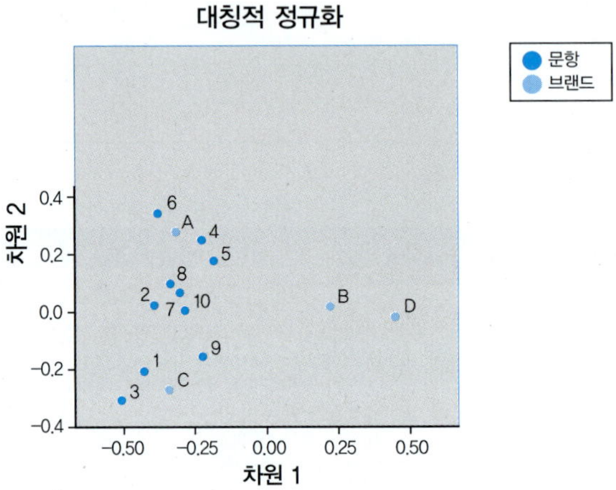

| 그림 6.A.3.7 | '대응일치분석'의 출력결과(일부)

⑤ 대응일치분석 대화상자에서 도표(O) 버튼을 클릭한 후, Bi-플롯(B) 등을 체크한다(그림 6.A.3.3 참조).

⑥ 대응일치분석 대화상자에서 확인을 클릭하여 출력결과를 얻는다.

7

CHAPTER

컨조인트(Conjoint) 조사

복잡한 소비자 구매행동 속에서 제품과 관련된 각각의 속성들이 얼마나 중요하게 작용을 하는지를 소비자의 구매선택이라는 결과적 행동에서 유추하는 것이 컨조인트분석(conjoint analysis)이며, 소비자들이 머릿속에서 생각하고 답하는 이성적 중요도가 아니라 소비자도 인식하지 못하는 구매행동 속에서의 감성적 구매요인들을 도출하는 것이다.

7.1 컨조인트조사의 개요

소비자가 제품을 구매할 때는 제품의 여러 가지 속성들을 종합적으로 고려하여 가격 대비 최대의 가치를 제공하는 제품을 구매하게 된다. 예를 들어, 여행상품을 구매할 때 여행지, 숙소, 가격, 항공사 등 여러 가지 속성을 종합적으로 고려하여 여행사 및 여행 패키지 상품을 결정하게 된다. 한편, 소비자에게 이와 같이 여행상품의 속성들을 각각 어느 정도의 비중으로 중요하게 고려했는가를 질문하면 대부분이 명쾌하게 대답하지 못하며, 설혹 대답한다고 해도 머릿속에서 생각하는 지극히 이성적인(감성적인 부분이 제외된) 대답이 되기 쉽다.

소비자의 구매 시 제품선택은 다양한 속성들이 서로 복합적으로 상호영향을 미치며, 이성적인 잣대로는 설명하지 못하는 감성적 요인들이 구매행동에 결정적 역할을 하고 특히 저관여 제품의 경우에 이성적 구매요인보다는 감성적 구매요인의 영향이 더 크게 작용한다.

이같이 **복잡한 소비자 구매행동 속에서 제품과 관련된 각각의 속성들이 얼마나 중요하게 작용을 하는지를 소비자의 구매선택이라는 결과적 행동에서 유추하는 것이 컨조인트분석(conjoint analysis)이며, 소비자들이 머릿속에서 생각하고 답하는 이성적 중요도가 아니라 소비자도 인식하지 못하는 구매행동 속에서의 감성적 구매요인들을 도출**하는 것이다. 또한, 제품의 각 속성들은 여러 가지 수준을 가지고 있는데(예를 들면, 여행지의 장소, 숙소 유형, 항공사 브랜드 등) 컨조인트조사는 이러한 각 속성들의 수준들 중에서 소비자가 어느 수준을 가장 선호할 것인지를 예측하게 한다. 즉, **컨조인트조사는 소비자가 제품구매 시 제품의 각 속성들을 어느 정도 중요하게 고려하며, 각 속성의 수준들 중에서 가장 선호하는 수준을 예측**하는 것이다.

한편, 대부분의 설문조사가 전체 또는 부분 집단별로 분석을 하는 반면, 컨조인트조사는 응답자 개인별로 분석을 하게 된다. 즉, **응답자 개인 단위로 각 속성의 중요도와 각 속성별 수준의 선호도를 분석**하게 되는데, 이러한 특성이 뒤에 설명하게 되는 컨조인트조사의 표적집단 선정, 표적집단의 포지셔닝 및 제품 최적화, 판매량 및 시장점유율 예측 등에 유용하게 사용된다.

7.1.1 컨조인트분석의 기본원리

컨조인트분석(conjoint analysis)은 제품 선호도 데이터를 분석하여 소비자의 구매 의사결정에 영향을 주는 요인들을 연구하기 위해 사용된다. 하나의 제품은 가격, 색상, 기능, 환경적 요소, 신뢰성 등 다양한 속성을 가지고 있으며, 일반적으로 소비자는 모든 속성에 대해 최상의 제품을 선택할 수 있는 기회를 가지지 않는다(예를 들어, 최하의 가격으로 최상의 기능과 디자인을 가진 제품을 구입할 수는 없다). 따라서 소비자가 구입할 제품을 결정하기 위해서는 소위 트레이드-오프(trade off)를 고려해야만 한다. 예를 들어, 소비자가 자동차를 구입하는 경우를 생각해 보자. 일반적으로 자동차의 크기가 커질수록 안정성과 편리성은 증가하지만 그 반대급부로서 구입비용이 증가하는 것을 감수해야만 한다.

컨조인트분석은 널리 사용되는 마케팅리서치 기법 중 하나로써 이러한 트레이드-오프를 분석하기 위해 사용된다. 여기에는 새로운 제품의 디자인, 기존 제품의 변화와 포지셔닝, 구매의향에 대한 가격효과의 추정, 시장점유율에 대한 모의실험 등이 포함된다.

(1) 컨조인트분석 모형

컨조인트분석은 일반적으로 반응변수(선호도)에 대한 설명변수(속성)들의 결합효과(joint effect)를 분석하기 위해 사용된다. 예를 들어, 표 7.1과 같은 네 가지 속성에 의해 세탁기에 대한 선호도를 조사하는 경우를 생각해 보자. 이 경우 색상, 브랜드, 창의 모양, 창의 위치 등을 속성(attribute; 또는 요인(factor), 설명변수(explanatory variable), 독립변수(independent variable)라고도 한다)이라고 하며, 각 속성에 대해서 선택된 항목들을 수준(level)이라고 한다. 컨조인트분석에서는 속성수준의 가능한 조합 중 일부에 대해서 소비자(고객)들에게 반응변수(response variable; 또는 종속변수(dependent variable)라고도 한다)를 얻게 되는데, 일반적으로 반응값은 선호순위 또는 선호정도를 측정하게 된다.

| 표 7.1 | 세탁기의 속성과 수준

속성	수준	수준의 수
색상	푸른색(1), 검은색(2), 붉은색(3)	3
브랜드	브랜드 R(1), 브랜드 S(2), 브랜드 Q(3)	3
창의 모양	둥근 모양(1), 타원형 모양(2), 사각 모양	3
창의 위치	제품 윗부분(1), 제품 옆부분(2), 제품 앞부분(3)	3

| 표 7.2 | 세탁기의 프로파일과 응답된 선호순위의 예

프로파일 번호	색상	브랜드	창의 모양	창의 위치	선호순위
1	3	2	3	1	6
2	3	1	2	2	10
3	3	3	1	3	4
4	3	1	1	3	11
5	1	2	2	2	1
6	1	3	3	1	3
7	1	3	2	1	8
8	1	1	3	3	12
9	2	2	1	2	9
10	2	2	2	2	2
11	2	3	1	3	5
12	2	1	3	1	7

표 7.2는 81(=3×3×3×3)개의 가능한 조합(프로파일 또는 보기카드라고 한다) 중 12개의 조합을 선택하여 한 명의 소비자로부터 선호하는 순위를 측정한 것이다(보기카드의 선택에 대해서는 다음 소절과 이 장의 부록을 참조하여라). 여기서는 가장 선호하는 프로파일에 12(가장 큰 수), 가장 낮게 선호하는 프로파일에 1(가장 작은 수)의 값이 부여되도록 코딩하였다.

컨조인트분석은 주효과(main effect) 분산분석(ANOVA, Analysis of Variance) 모형에 기초를 두고 있으며, 측정된 선호도를 제품의 질적(또는 양적) 속성에 기초한 구성요소로 분해한다. 이러한 분해를 통해 **효용(utility)** 또는 **부분가치효용(part-worth utility)**이라고 하는 값이 각 속성의 각 수준에 대해서 계산되는데, 보다 선호되는 수준에 큰 효용값이 부여되고 덜 선호되는 수준에 작은 효용값이 부여된다. 컨조인트분석 모형은 선호도 평가를 직접적으로 모형화하며, 이론적으로 일반선형모형의 하나인 분산분석 모형과 동일하다. 예를 들어, 위의 예에 대하여 (계량적)컨조인트분석 모형은 다음과 같이 표현할 수 있다.

선호도 평가값(i, j, k, l) = 상수항(intercept, constant)
+ 색상의 i번째 수준의 부분가치
+ 브랜드의 j번째 수준의 부분가치
+ 창의 모양의 k번째 수준의 부분가치
+ 창의 위치의 l번째 수준의 부분가치

| 표 7.3 | 추정된 부분가치의 예

속성	수준	부분가치
상수항		2.823
색상	푸른색 검은색 붉은색	1.478 −0.924 −0.553
브랜드	브랜드 R 브랜드 S 브랜드 Q	2.390 0.435 −2.826
창의 모양	둥근 모양 타원형 모양 사각 모양	−0.243 1.337 −1.094
창의 위치	제품 윗부분 제품 옆부분 제품 앞부분	1.847 −0.263 −1.584

예를 들어, 표 7.2의 데이터로부터 표 7.3과 같이 부분가치(효용)의 값들이 추정되었다고 하자(부분가치의 추정에 대해서는 이 장의 부록을 참조하여라). 그러면 '색상: 푸른색, 브랜드: 브랜드 R, 창의 모양: 둥근 모양, 창의 위치: 제품 앞부분' 이라는 프로파일에 대한 선호도 평가값은 다음과 같이 추정될 수 있다.

$$\begin{aligned}\text{선호도 평가값}(1, 1, 1, 3) &= 2.823 + 1.478 + 2.390 - 0.243 - 1.584 \\ &= 4.864\end{aligned}$$

또한, 추정된 각 속성의 수준별 부분가치를 통하여 상대적으로 더(덜) 선호되는 수준들을 파악할 수 있다. 예를 들어, 색상의 각 수준별 부분가치를 살펴보면 푸른색은 검은색에 비하여 $1.478-(-0.924)=2.402$만큼, 푸른색은 붉은색에 비하여 $1.478-(-0.553)=2.031$만큼, 붉은색은 검은색에 비하여 $-0.553-(-0.924)=0.471$만큼 더 선호됨을 알 수 있다. 즉, 색상에 대하여 더 선호되는 수준은 '푸른색 > 붉은색 > 검은색' 순서이다.

(2) 직교배열(Orthogonal Array)

예를 들어, 요인(속성)의 수가 5개이고 각 요인의 수준수가 모두 2개라고 하자. 그러면 가능한 프로파일의 개수는 $2^5=32$개이다. 만약 각 요인의 수준수가 3이면 프로파일의 개수는 $3^5=243$개이다. 이처럼 프로파일의 수가 많아지면 시간적·경제적 이유로 조사가 불가능할

| 표 7.4 | 부분요인설계의 예

(a) 직교배열의 경우

프로파일 \ 속성	A	B	C	D	E
1	−1	−1	+1	−1	+1
2	−1	−1	+1	+1	−1
3	−1	+1	−1	−1	+1
4	−1	+1	−1	+1	−1
5	+1	−1	−1	−1	−1
6	+1	−1	−1	+1	+1
7	+1	+1	+1	−1	−1
8	+1	+1	+1	+1	+1

(b) 직교배열이 아닌 경우

프로파일 \ 속성	A	B	C	D	E
1	−1	−1	−1	−1	−1
2	−1	−1	−1	+1	−1
3	−1	−1	+1	−1	−1
4	−1	−1	+1	+1	−1
5	+1	−1	−1	−1	+1
6	+1	−1	−1	+1	+1
7	+1	+1	+1	−1	+1
8	+1	+1	+1	+1	+1

수도 있고, 조사의 정밀도가 나빠질 수도 있다. 따라서 컨조인트분석에서는 모든 가능한 프로파일 중에서 응답자가 응답 가능한 정도의 일부를 뽑아서 조사하는 방식(이러한 방식을 실험설계 용어로 부분요인설계(fractional factorial design)라고 한다.)을 흔히 사용한다.

예를 들어, $2^5=32$개의 가능한 프로파일 중에서 8개만을 골라내어 실험을 설계하는 경우를 생각하자. 이때 32개의 처리조합 중 어떻게 8개를 선택하는 것이 좋을까? 먼저 표 7.4의 (a)와 같이 8개의 조합이 선택되었다고 하자. 이 표에서 임의의 두 열을 곱하여 합을 구하면 0이 되는데 이러한 경우 두 열이 직교한다고 하며, 직교하는 열들만으로 이루어진 실험배치를 직교배열이라고 한다. 직교배열에 의해 실험을 실시하게 되면 한 요인의 효과를 구할 때 다른 요인의 효과에 의한 편향(bias)이 발생하지 않는다. 이와 같이 실험배치가 직교하지 않으면 한 요인의 효과를 구할 때 다른 요인의 효과가 섞여 들어가게 되므로 실험결과에 대한 해석이 곤란하게 된다. 예컨대, 표 7.4의 (b)에서 요인 A와 E의 경우에는 두 열이 완전히 동일하므로 두 요인의 주효과를 전혀 구별할 수 없게 된다. 즉, A의 두 수준별 반응값의 평균과 E의 두 수준별 반응값의 평균이 동일하게 되어 반응값에 미치는 두 요인의 효과를 구별할 수 없게 된다.

또한, 주어진 속성의 수와 각 속성의 수준수에 따라서 직교배열을 만족하기 위한 최소의 프로파일의 수가 존재하는데, SPSS와 같은 통계 소프트웨어를 이용하면 이러한 점들을 고려하여 직교배열을 쉽게 골라낼 수 있다(이 장의 부록을 참조하여라).

이와 같이 컨조인트조사에서는 직교배열을 통해 모든 가능한 프로파일 중에서 응답자가 응답 가능한 정도의 일부를 뽑아서 조사할 수 있으며, 추정된 부분가치들을 이용하여 응답되지 않은 프로파일에 대해서도 선호도 평가값을 추정할 수 있다.

(3) 중요도(Importance)

각 속성 내에서 개별 수준들의 최대 부분가치와 최소 부분가치의 차이를 부분가치의 범위(range)라고 하는데, 컨조인트분석에서는 이러한 범위를 각 속성이 가지는 중요도로 사용한다. 즉, 부분가치의 범위가 가장 큰 속성이 구매행동에 가장 중요한 영향을 미치는 속성이 되는 것이다.

표 7.5와 7.6은 표 7.3의 예에 대하여 범위와 중요도를 계산한 것이다. 여기서 볼 수 있는 바와 같이 이 응답자는 세탁기를 구매할 때 '브랜드 > 창의 위치 > 창의 모양 > 색상'의 순으로 중요하게 고려하는 것으로 나타났다.

이와 같이 각 속성내 부분가치가 가장 높은 개별 수준이 해당 응답자가 선호하는 속성의 수준이며, 속성내 범위의 상대적 크기가 해당 속성의 중요도로 사용되는 것이다.

컨조인트분석에서는 이러한 속성의 중요도와 수준들의 부분가치를 개별 응답자마다 도출한다. 즉, 100명을 대상으로 조사를 진행하면 100번의 속성 중요도와 수준의 선호도를 측정하는 것이다. 이러한 개별 응답자 기준의 분석은 제품 믹스(mix)의 최적화, 구매 시 중요하게

| 표 7.5 | 각 속성에 대한 부분가치의 범위

개별 속성의 수준	부분가치	부분가치의 범위 = 최대 부분가치 − 최소 부분가치
푸른색 검은색 붉은색	1.478 −0.924 −0.553	범위 = 1.478 − (−0.924) = 2.402
브랜드 R 브랜드 S 브랜드 Q	2.390 0.435 −2.826	범위 = 2.390 − (−2.826) = 5.216
둥근 모양 타원형 모양 사각 모양	−0.243 1.337 −1.094	범위 = 1.337 − (−1.094) = 2.431
제품 윗부분 제품 옆부분 제품 앞부분	1.847 −0.263 −1.584	범위 = 1.847 − (−1.584) = 3.431

| 표 7.6 | 각 속성의 중요도

속성	부분가치의 범위	속성의 중요도
색상	2.402	2.402/(2.402 + 5.216 + 2.431 + 3.431) = 17.8%
브랜드	5.216	5.216/(2.402 + 5.216 + 2.431 + 3.431) = 38.7%
창의 모양	2.431	2.431/(2.402 + 5.216 + 2.431 + 3.431) = 18.0%
창의 위치	3.431	3.431/(2.402 + 5.216 + 2.431 + 3.431) = 25.5%

고려하는 속성에 의한 고객 세분화 및 표적집단 선정, 표적집단을 효율적으로 소구할 수 있는 포지셔닝 컨셉의 수립, 매출 및 점유율 예측을 가능하게 한다.

7.1.2 컨조인트분석의 마케팅 활용

| 제품 최적화 Product Optimize 한 가전제품 회사에서 세탁기 신제품을 출시하려고 하는데 색상, 용량, 창의 모양, 창의 위치 등의 속성들을 어떠한 수준으로 조합할 것인지를 고민하고 있다고 하자. 이에 대한 의사결정을 하기 위하여 컨조인트분석 결과 표 7.7과 같이 속성들의 중요도와 개별 수준의 부분가치가 추정되었다고 가정하자. 즉, 전체 응답대상자 집단은 '푸른색의 색상으로 용량은 중간 정도, 사각형의 창이 제품의 윗부분에 있는 세탁기'를 가장 선호하는 것으로 나타난 것이다.

이와 같이 각 속성별로 가장 선호되는 수준으로 제품을 조합하면 가장 이상적인 속성의 수준들로 구성된 제품을 최적화할 수 있을 것이다. 또한, 만약 고객 세분화 및 세분집단의 구조에 대한 분석의 결과 '세분 집단 1'을 표적시장으로 하여 제품을 출시하고자 한다면 해당 세분집단에 가장 선호될 것으로 예측되는 제품의 조합인 '푸른색의 색상과 용량은 작고, 둥근 모양의 창이 제품의 앞부분에 위치한 세탁기'를 출시하는 것이 효율적일 것이다. 즉, '세분집단 1'에 속한 응답자들의 개별 수준에 대한 부분가치의 평균이 가장 높은 수준을 최적의 조합으로 결정하는 것이다. 이와 같이 세분집단에 따라 가장 선호될 것으로 예측되는 제품의 조합을 각각 최적화시킬 수 있는 것이 컨조인트분석이 가진 또 하나의 장점이다.

| 시장 세분화 제품을 구성하는 여러 가지 속성 중 개별 소비자들이 가장 중요하게 고려하는 속성을 기준으로 전체 시장을 세분화할 수 있다면, 각 세분시장별로 적합한 제품구성 및 그에 따른 커

| 표 7.7 | 세분 집단별 속성 중요도와 수준별 부분가치

	색상				용량				창의 모양				창의 위치			
	부분가치			중요도	부분가치			중요도	부분가치			중요도	부분가치			중요도
	푸른색	검은색	붉은색		대	중	소		둥근형	타원형	사각형		위부분	옆부분	앞부분	
전체	**3.2**	1.3	−4.5	10.0	−2.0	**3.2**	−1.3	**40.0**	3.2	−7.3	**4.1**	20.0	**3.1**	1.0	2.1	**30.0**
세분집단 1	**2.1**	−0.2	0.9	20.0	1.1	−3.5	**2.4**	30.0	**5.1**	−1.6	−3.6	15.0	3.2	−0.2	**3.5**	35.0
세분집단 2	2.3	−1.2	−1.1	15.0	2.1	0.2	−2.4	5.0	2.2	−2.6	0.4	**50.0**	2.1	−2.2	0.5	**30.0**
세분집단 3	0.0	−3.2	3.2	**30.0**	−5.6	2.3	3.3	10.0	2.4	3.4	0.1	20.0	4.2	−5.5	1.5	**40.0**

뮤니케이션 전략을 수립할 수 있을 것이다. 컨조인트분석에서는 개별 응답자들의 속성별 중요도를 각각 계산하므로 이것이 가능하다.

앞의 세탁기 예에서 개별 응답자별로 가장 중요하게 고려하는 속성을 기준으로 분류한다면 '색상을 가장 중요하게 고려하는 집단', '용량을 가장 중요하게 고려하는 집단', '창의 모양을 가장 중요하게 고려하는 집단', '창의 위치를 가장 중요하게 고려하는 집단'으로 구분할 수 있을 것이다. 이렇게 구분된 집단의 규모, 구매력, 마케팅 활동의 용이성 등을 고려하여 표적집단을 선정하고, 집단의 특성에 적합한 제품조합 및 마케팅 활동을 할 수 있을 것이다.

| 시장 점유율 예측 앞에서 설명하였듯이 컨조인트분석에서 제품에 대한 선호도는 개별 속성의 각 수준들에 부여되는 부분가치의 합으로 정의가 된다. 예를 들어, 표 7.8과 같은 세 가지 유형의 세탁기가 있다고 가정할 때, 앞의 표 7.3과 같은 부분가치를 부여하는 응답자의 '세탁기 1', '세탁기 2', '세탁기 3'에 대한 선호도는 표 7.9와 같이 각각 0.118, 2.087. 6.264로 추정된다. 따라서 세 가지의 세탁기 중에서 '세탁기 3'을 가장 선호할 것으로 예측할 수 있다.

같은 방식으로 모든 응답자의 가장 선호하는 세탁기를 예측하는 것이 가능하고, 이를 다

| 표 7.8 | 경쟁 세탁기의 유형

세탁기 1	⇒	푸른색	브랜드 Q	사각형의 창	제품 옆부분에 위치
세탁기 2	⇒	검은색	브랜드 S	타원형의 창	제품 앞부분에 위치
세탁기 3	⇒	붉은색	브랜드 R	둥근형의 창	제품 윗부분에 위치

| 표 7.9 | 경쟁 세탁기의 유형별 선호도

세탁기 1에 대한 선호도 = 상수항 + 푸른색의 부분가치 + 브랜드 Q의 부분가치 + 사각형 창의 부분가치 + 제품 옆부분의 부분가치
= 2.823 + 1.478 − 2.826 − 1.094 − 0.263 = 0.118

세탁기 2에 대한 선호도 = 상수항 + 검은색의 부분가치 + 브랜드 S의 부분가치 + 타원형 창의 부분가치 + 제품 앞부분의 부분가치
= 2.823 − 0.924 + 0.435 + 1.337 − 1.584 = 2.087

세탁기 3에 대한 선호도 = 상수항 + 붉은색의 부분가치 + 브랜드 R의 부분가치 + 둥근형 창의 부분가치 + 제품 윗부분의 부분가치
= 2.823 − 0.553 + 2.390 − 0.243 + 1.847 = 6.264

시 브랜드별로 분류하면 시장 점유율을 예측할 수 있다. 앞에서 설명한 것과 같이 컨조인트분석에서는 모든 응답자별로 개별 속성에 대한 각 수준의 부분가치를 도출하기 때문에, 각 제품에 대한 선호도를 개별 응답자 기준으로 계산하고 경쟁이 예상되는 모든 제품(출시를 검토하는 제품이나 시장에서 경쟁할 제품 대안)들을 대상으로 선호도를 계산하고 점유율을 예측할 수 있다. 경쟁제품에 대한 선호도 계산 및 브랜드별 점유율 예측에 대한 SPSS 사용방법에 대해서는 이 장의 부록을 참고하기 바란다.

포지셔닝 포지셔닝은 6장에서 설명한 것과 같이 고객의 인식 속에 제품의 위치를 원하는 방향으로 지각시키는 것이다. 포지셔닝의 방향은 **이미 고객의 인식 속에 경쟁 브랜드보다 우리의 제품이나 브랜드가 더 우수하다고 지각되어 있는 점을 찾아서 이를 다시 고객들의 인식 속에 강화시키는 방안이 있고, 또 다른 하나는 고객들에게 중요하게 인식되는(그러나 아직 포지셔닝되어 있는 브랜드가 없는) 포인트를 찾아서 고객들에게 소구하는 방안**이 있다. 표 7.7에서 전제 응답자를 대상으로 할 때는 세탁기의 용량과 창의 위치가 가장 중요한 속성이며, '중간 정도의 용량과 창이 제품의 윗부분에 위치해 있다는 것'이 잠재 소비자들에게 선호되는 것으로 나타나 바로 이 점을 포지셔닝 컨셉으로 할 수 있다. 또한, 여러 가지 세분 집단의 특성상 '세분집단 2'가 표적시장으로 선정되었다면 '둥근 창의 모양과 제품의 윗부분에 창이 있다는 것'을 장점으로 소구할 수 있다.

컨조인트분석은 세탁기 예제와 같은 제품의 외형에 국한되지 않고 다양한 제품과 서비스의 믹스(mix)에도 적용할 수 있다. 예를 들어, 여행상품의 경우 숙박호텔의 등급, 가격, 이용 항공기의 등급, 여행 중 먹는 음식의 종류, 여행장소 등의 속성이 있다고 하자. 물론, 호텔과 항공기의 등급은 높을수록 좋고 가격은 저렴할수록 좋지만 상호 상충적인 관계이기 때문에, 어느 속성이 더 잠재고객들에게 중요한가를 파악하여 여행상품의 특성으로 포지셔닝시킬 수 있을 것이다. 예를 들면, 고급스럽고 격조 있는 숙박호텔을 차별화시킨다던지 아니면 다른 속성들은 일정 수준을 양보하고 가격을 저렴하게 포지셔닝시킬 수도 있다. 물론, 표적집단에 따라서 중요하게 고려되는 속성과 속성 내 선호되는 수준은 다르므로 표적집단의 특성을 잘 파악하여 효과적으로 소구될 수 있는 포지셔닝 방향을 설정해야 하며, 컨조인트분석의 개인별 분석이 이것을 가능하게 하는 것이다.

7.2 주요 이슈별 마케팅리서치 진행 및 분석방법
컨조인트조사의 진행 및 유의사항

7.2.1 조사준비

| 자료수집 방법의 결정 자료수집 방법은 **일대일 면접조사, CLT, 갱서베이(Gang Survey) 등이 사용될 수 있으며, 가장 바람직한 방법은 갱서베이**이다. 컨조인트조사에서는 여러 개의 제품 프로파일을 제시하고 선호도를 질문하게 되는데, 제품 프로파일은 실제 제품이나 사진 또는 프로파일 카드의 형태로 주로 제시되며, 보통 10개 이상 프로파일들의 선호도를 응답하려면 주위의 방해를 받지 않고 조사를 진행할 수 있는 장소가 좋다. 그런데 실제 일대일 면접조사의 경우 이렇게 안정된 분위기에서 조사를 진행하기는 어려운 현실이다.

CLT는 일대일 면접조사에 비해서 상대적으로 안정적인 분위기에서 조사를 진행할 수는 있으나 짧은 시간에 조사를 끝내야 한다는 한계를 가지고 있다. 컨조인트조사는 기본적으로 20분 이상의 시간이 필요한데, CLT로 진행을 하면 응답자의 불성실한 응답에 의한 비표본오차 발생이나 중간거절의 가능성이 높은 점을 주의하여야 한다.

컨조인트조사를 진행하려는 상품이 서비스 상품이 아닌 다른 유형의 제품이라면 제시되는 프로파일을 실제 제품으로 제시하는 것이 가장 이상적이며, 그것이 불가능하다면 제품의 모형인 목업(mock-up)을 제시하는 것이 좋다. 이렇게 (1) **실제 제품이나 목업을 제시하려는데 현실적으로 조사원들이 가지고 다니기가 어려울 경우** 갱서베이를 이용할 수 있다. (2) 또한, 갱서베이는 일단 참석자가 조사에 응하려는 마음을 가지고 조사에 응하기 때문에 **상대적으로 긴 설문지를 집중하여 성실하게 응답을 받을 수 있다는 장점**이 있다. (3) 컨조인트조사를 진행하는 제품은 아직 시장에 출시하지 않은 신제품인 상황이 많은데, **신제품의 실물이나 모형, 심지어는 사진 등이 외부로 유출될 경우 보안상의 문제**가 발생될 수 있어 갱서베이를 통해서 조사를 진행하면 이러한 보안상의 문제를 해결할 수 있다. 그러나 앞에서 언급한 것과 같이 갱서베이는 비용과 시간이 많이 소요된다는 단점이 있다.

| 속성 및 수준의 결정 컨조인트조사는 속성과 수준을 효과적으로 추출하는 것이 가장 중

요하다고 할 수 있다. 이 단계에서 잘못 설계가 되면 데이터 수집이나 분석이 무의미해 지기 때문이다. (1) 우선 제품 개발자가 통제불가한 속성은 포함시키지 말아야 한다. 예를 들면, 금융상품의 경우 관계기관이나 법규정의 문제, 또는 소비재 제품이 내포하고 있는 함유성분에 대한 소비자들의 환경의식에 대한 문제 등은 제품 개발자나 마케터가 통제할 수 없는 속성들이다. (2) 어떤 속성이 제품의 특성을 가장 잘 대표하는지를 결정하기가 어려울 경우도 있다. 즉, 소비자들이 구매 시 중요하게 고려하는 핵심구매요인(Key Buying Factor)을 잘 파악할 수 없는 경우가 있을 수 있으며, 반대로 고려해야 할 속성의 수가 너무 많아서 어떤 속성을 추려내야 할지 혼동스러울 경우도 있다. 이럴 때는 심층좌담회 등의 사전 조사를 통해서 소비자 구매 시 고려요인을 도출하거나 속성의 수가 너무 많을 때는 요인분석, 군집분석 등을 통해서 속성의 수를 줄일 수도 있다. (3) 수준을 정할 때는 현실적으로 상품화가 가능한 수준을 정해야 한다. 제품의 크기, 가격, 부가 서비스 등 현실적으로 기업이 감당할 수 없는 상품을 가지고 조사를 진행하는 것은 의미가 없다. (4) 속성별 수준의 수는 비슷하게 선정해야 한다. 수준의 수가 많으면 부분가치의 범위가 커질 수 있고 이는 제품 구매 시 고려하는 중요도의 추정값이 커진다는 것을 의미하기 때문이다. 실제로는 중요하지 않은 속성임에도 불구하고 다른 속성에 비해서 많은 수준으로 조사를 진행하면 그 중요도가 왜곡되어 높게 나타날 수 있는 것이다. (5) 개별 속성 내 수준 간의 차이를 뚜렷하게 구분할 수 있어야 한다. 예를 들어, 가격의 차이가 극히 미비하거나 포장지의 색상이 거의 비슷하여 응답자가 그 차이점을 쉽게 구별할 수 없는 수준은 배제하여야 한다. (6) 속성과 수준의 수를 너무 많지 않게 하여야 한다. 속성이나 수준의 수가 많다는 것은 그만큼 추정해야 할 모수의 수가 많다는 것이고 프로파일의 수에 비해서 모수의 수가 많으면 계수 추정값이 불안정하기 때문이다. 일반적으로 속성의 수는 5～6개를 넘지 않는 것이 좋으며, 만일 이보다 많은 속성이 사용되면(실질적으로 이렇게 고려해야 할 속성의 수가 많은 경우가 현실에서는 많이 발생한다) 보다 개선된 다른 컨조인트 방법들이 사용될 수도 있는데, 이는 본서의 수준을 벗어나므로 설명하지 않는다.

| 프로파일 추출 앞에서 설명한 것과 같이 일반적으로 컨조인트분석에서는 전체 프로파일의 조합에서 일부를 추출하여 사용하는데, 이때 추출될 수 있는 프로파일의 조합은 여러 개이다. 예를 들면, 앞의 세탁기의 예에서 전체 81개의 프로파일 중 12개의 프로파일을 추출하는 조합과 24개의 프로파일을 추출하는 조합이 있을 수 있다. 어느 조합을 선택하는

가는 우선, 조사 대상자가 응답 가능한 정도의 프로파일이어야 하고, 추정될 계수의 수와 프로파일의 수를 고려하여 결정한다. (1) 프로파일의 수에 비해서 추정해야 할 계수의 수가 너무 많으면 계수의 추정값이 불안정해지는데, 일반적으로 추정계수의 수에 비해 프로파일의 수가 1.5~2배 이상이 되는 것이 좋다. (2) 추출된 프로파일이 시장의 상황과 전혀 맞지 않는 것이 있으면 현실에 맞게 조정을 해주어야 한다. SPSS와 같은 통계 소프트웨어를 이용하여 직교배열을 추출하다 보면 실제 시장의 상황이나 현실과 전혀 어울리지 않는 프로파일이 추출될 수 있다. 따라서 추출된 프로파일은 조사를 진행하기 이전에 반드시 확인을 하고 비현실적인 프로파일은 그 수준을 조정하여야 한다. 물론, 이러한 조정의 작업과정 중에서 직교배열의 성질이 다소 훼손되어 추정값의 편향이 커질 수 있으므로 지나친 조정은 바람직하지 않다. (3) 통상 프로파일은 계획(design) 프로파일과 검정(hold-out) 프로파일을 구분하여 추출하는데, 계획 프로파일은 컨조인트 모형의 계수(즉, 부분가치)를 추정하기 위하여 사용이 되며, 검정 프로파일은 컨조인트 모형의 계수들이 타당하게 추정되었는가를 검증하기 위해 사용된다. 검정 프로파일은 계획 프로파일과는 구분되어 추출하며 프로파일의 현실적인 경쟁력이 서로 비슷하게 2~6개 정도를 추출하여 사용한다.

| 프로파일 제시 앞에서 언급한 것처럼 프로파일은 실제 제품이나 모형 또는 컨셉카드로 제시될 수 있는데, 갱서베이로 조사를 진행하는 경우는 실제 제품이나 모형을 사용할 수도 있지만, 면접조사나 CLT의 경우는 비용 등의 이유 때문에 현실적으로 실제 제품이나 모형을 사용하는 것이 어려울 수 있다. 한편, 프로파일 카드를 보고 응답하는 것과 실제 제품이나 모형을 보고 응답하는 것은 느낌이 많이 다르므로, 프로파일을 컨셉카드의 형태로 제시하고 조사를 진행하는 것은 최대한 지양하는 것이 좋다. 저자가 생각하기에 가장 효과적인 방법은 가능하면 추출된 프로파일에 의한 모형을 만들고 사진을 찍어서 제시하는 방법을 사용하고, 그것도 어려운 상황이라면 컴퓨터 그래픽을 이용하는 방법이 대안이 될 수 있다. 즉, 추출된 속성과 수준에 따라 컴퓨터 그래픽으로 제품을 표현하고 사진을 찍어서 제시하면서 조사를 진행하는 것이다. 또한, 만약 컴퓨터를 이용한 CAPI(Computer Aided Personal Interview; 컴퓨터에 설문지를 제시하면서 조사를 진행하여 현장에서 바로바로 데이터를 입력하고 논리적 오류, 펀칭 오류 등을 최소화시키는 시스템으로 동영상 등을 보여주면서 조사를 진행하는 경우에 유용하게 사용된다.) 시스템에 의하여 조사를 진행하는 경우에는 컴퓨터 그래픽을 이용하여 입체적으로 제품을 보여주면서 조사를 진행하는 것이 좋다. 물론, 금융상품

이나 서비스 상품 등의 무형상품일 경우는 예외이다.

7.3 주요 이슈별 마케팅리서치 진행 및 분석방법
설문지 작성

컨조인트조사의 설문지는 포함되는 설문항목이나 물어보는 방법의 몇 가지 특성이 있으며, 이를 반드시 지켜야 하고 일반적으로 다음의 순서에 의하여 설문지를 작성한다.

| 구매 및 사용행태 우선 해당 제품이나 산업에 대한 일반적인 인식이나 구매과정, 사용행태에 대한 항목을 질문하는데, 이는 (1) **향후 세분시장의 특성에 대한 분석 및 표적시장을 선정하는 기준이나 참고자료**로 사용하기 위함과 (2) 해당 제품에 대한 인식을 상기시켜서 바로 뒤에 나오는 **프로파일들의 선호도를 응답하기 위한 일종의 워밍업(warming up) 차원**에서도 사용된다.

| 사전 프로파일에 대한 선호도 분석대상이 될 프로파일의 선호도를 측정하기 이전에 일종의 연습으로 2~3개 정도의 프로파일을 제시하고 선호도를 응답하게 하는데, 이 데이터는 실제 분석에 사용되지 않는 정보이며 제시되는 프로파일은 연구자가 임의로 구성하여 사용한다

| 계획 프로파일에 대한 선호도 본격적인 컨조인트조사 설문항목으로 추출된 프로파일에 대한 선호도를 질문하는 것이다. 많은 연구자들이 추출된 프로파일에 대해서 직접적으로 선호도를 질문하는데 이는 조사대상자로 하여금 상당한 부담감을 줄 수 있으며, 불성실한 응답을 초래할 수도 있다. 예를 들어, 도출된 계획 프로파일이 12개가 있다고 가정할 때 일반적으로는 그림 7.1과 같이 질문하는 방법이 사용된다. 그러나 12개의 제품 프로파일을 살펴보고 이를 순서대로 선호도를 응답하는 것은 상당히 집중해야 제대로 응답을 할

문) 다음 12개의 제품 대안들을 살펴 보시고 마음에 드시는 순서대로 그 선호 순서를 응답해 주십시오.

프로파일 번호 ⇒	①	②	③	④	⑤	⑥	⑦	⑧	⑨	⑩	⑪	⑫
	↓	↓	↓	↓	↓	↓	↓	↓	↓	↓	↓	↓
선호 순서 ⇒	( )	( )	( )	( )	( )	( )	( )	( )	( )	( )	( )	( )

| 그림 7.1 | 일반적인 선호도 질문 방법

문1) 다음 12개의 제품 대안들을 살펴 보시고 우선 가장 마음에 드시는 것을 6개만 골라 프로파일의(제품 대안) 번호를 응답하여 주십시오.

마음에 드는 제품 번호 ⇒	( )	( )	( )	( )	( )	( )
마음에 들지 않는 제품 번호 ⇒	( )	( )	( )	( )	( )	( )

문2) 이제 마음에 드신다고 응답하신 제품 6개를 가장 선호하시는 순서대로 프로파일(제품) 번호를 응답하여 주십시오.

선호순서 ⇒ ( ) ( ) ( ) ( ) ( ) ( )

문3) 이번엔 문1에서 마음에 들지 않는다고 응답하신 6개 제품의 상대적으로 선호하시는 순서대로 프로파일(제품)의 번호를 응답하여 주십시오.

선호순서 ⇒ ( ) ( ) ( ) ( ) ( ) ( )

☞ 코딩가이드 : 문2와 문3에서 응답된 순서를 참고하여 다음 프로파일의 선호 순서를 기록하시오.

프로파일 번호 ⇒	①	②	③	④	⑤	⑥	⑦	⑧	⑨	⑩	⑪	⑫
	↓	↓	↓	↓	↓	↓	↓	↓	↓	↓	↓	↓
선호 순서 ⇒	( )	( )	( )	( )	( )	( )	( )	( )	( )	( )	( )	( )

| 그림 7.2 | 대안적인 질문 방법

수 있을 것이다. 그러나 아쉽게도 실제 설문조사에 응하는 응답자들은 그렇게 깊숙이 몰입하여 조사에 응하지 않는다.

따라서 다른 대안으로 그림 7.2에서와 같이 몇 단계로 나누어서 질문을 하면 응답자가 좀 더 수월하게 응답을 할 수 있을 것이다. 프로파일의 수나 제품의 관여도에 따라서 3단계 이상으로 나누어 질문할 수도 있다.

| 응답자 특성 응답자 특성은 대부분의 설문지에서 맨 뒷부분에 위치하는 것이 일반적이지만, 컨조인트조사에서는 검증 프로파일의 선호도의 바로 앞에서 질문한다. 이는 계획

프로파일의 제품들에 대해서 응답을 하고 난 뒤, 머릿속에 남아 있는 기억들을 없앤 다음 검증 프로파일의 선호도를 질문하기 위함이다. 응답자 특성은 세분시장의 특성을 파악하기 위한 자료로 활용된다.

| 검증 프로파일에 대한 선호도 질문 추정된 계수의 타당성을 검토하기 위하여 검증 프로파일에 대한 선호도를 질문한다.

7.4 주요 이슈별 마케팅리서치 진행 및 분석방법
컨조인트조사 사례

본 사례는 과거(약 10여 년 전) 외제차가 본격적으로 수입되기 이전에 외제차가 국내시장에 진입하면 어느 정도의 시장점유율을 차지할 것인가를 예측하고, 외제차를 주로 구매할 표적집단은 어떤 집단인가를 사전에 파악하기 위하여 진행한 프로젝트이다.

실제로는 세 가지의 분석방법으로 예측을 하였으며, 그중 한 가지 방법이 컨조인트분석이었고, 분석결과가 나머지 두 가지 방법에 의한 결과와 유사함을 볼 수 있었다.

(1) 컨조인트분석

먼저 컨조인트조사의 속성으로 브랜드, 스타일, 배기량을 고려하였고 각 속성의 수준을 'A 브랜드, B 브랜드, C 브랜드, 수입차', '세단, 지프, 미니밴', '2,000cc, 2,500cc, 3,000cc, 3,500cc 이상'으로 설정하였다. 점유율 모의실험(simulation)의 결과 각 브랜드의 점유율은 'A 브랜드 55%, B 브랜드 14%, C 브랜드 12%, 수입차 19%'로 예측되었으며, 다시 브랜드별로 스타일과 배기량의 점유율을 예측한 결과 표 7.10, 표 7.11과 같이 수입차는 3,000cc 이상의 지프형 차종에서 강한 경쟁력을 보일 것으로 예측되었다.

한편, 각 브랜드별로 구매가 예측되는 집단의 특성을 살펴본 결과 표 7.12와 같이 현재 2,500cc 이상의 고급차를 타고, 외국 거주경험이 있으며, 연소득 8천만원 이상의 자영업자들

| 표 7.10 | 각 브랜드별 스타일의 점유율 예측

	사례수	지프	미니밴	세단	계
전체	400	19.8%	12.8%	67.5%	100.0%
A	220	16.4%	10.5%	73.2%	100.0%
B	56	14.3%	14.3%	71.4%	100.0%
C	48	25.0%	16.7%	58.3%	100.0%
수입차	76	30.3%	15.8%	53.9%	100.0%

| 표 7.11 | 각 브랜드별 배기량의 점유율 예측

	사례수	2000cc	2500cc	3000cc	3000cc 이상	계
전체	400	26.3%	28.5%	18.8%	26.5%	100.0%
A	220	20.9%	35.0%	18.2%	25.9%	100.0%
B	56	39.3%	23.2%	14.3%	23.2%	100.0%
C	48	43.8%	14.6%	10.4%	31.3%	100.0%
수입차	76	21.1%	22.4%	28.9%	27.6%	100.0%

이 수입차를 주로 구매할 표적집단으로 예측되었다.

(2) 요인/군집분석

이번에는 두 번째 방법으로 자동차 구매와 운전에 대한 행태 및 가치관에 대해서 5점척도로 질문을 한 후, 이를 요인분석한 결과 '자동차 구매 시 브랜드와 품위를 중시하고 외제차를 수용하며 고가격을 지불할 가치가 있는' 공통요인과 '자동차 구매 시 실용성을 중시하고 운전 자체를 즐기며 상대적으로 저렴한 가격을 수용하는' 공통요인이 도출되었다(표 7.13). 도출된 2개의 공통요인을 기준으로 하여 군집분석을 수행하여 각 군집의 평균 요인점수를 정리하면 표 7.14와 같다. 이제 각 군집에 속한 응답자들의 평균 요인점수를 좌표로 하여 그 상대적 크기를 원의 크기로 표현하면 그림 7.3과 같다.

즉, 그림 7.3에서 자동차의 브랜드와 품위를 중시하고 고가격 지불의사가 있는 요인(수평축)의 점수가 높고, 실용성을 중시하며 운전 자체를 즐기는 요인(수직축)의 점수가 낮은 4사분면에 있는 세분집단 3과 세분집단 5가 수입차의 잠재적 수용자들이며, 이들의 시장규모는 각각 21.3%와 13.8%로 예측된다. 특히, 세분집단의 규모와 표 7.15의 세분집단별 특성을 고려할 때 '세분집단 3'이 일차적인 수입차의 수용집단이며, '세분집단 5'가 이차적인 수용집단이 될 것으로 예측되었다. 이는 앞의 컨조인트 모의실험에 의하여 예측한 수입차 수용집단의

| 표 7.12 | 컨조인트 시뮬레이션에 의한 브랜드별 표적집단의 특성

	사례수	구매 예측 브랜드			
		A	B	C	수입차
■ 전체	400	55.0	14.0	12.0	19.0
□ 성별					
남자	286	53.8	14.3	11.5	20.3
여자	114	57.9	13.2	13.2	15.8
□ 연령별					
30대	90	53.3	15.6	7.8	23.3
40대	180	50.0	16.1	16.1	17.8
50대	90	66.7	6.7	8.9	17.8
60대	40	55.0	17.5	10.0	17.5
□ 차종별					
중형	236	59.7	15.7	11.0	13.6
대형	111	55.0	9.0	9.0	27.0
고급형	17	29.4	23.5	11.8	35.3
지프형	31	38.7	16.1	22.6	22.6
미니밴	4	25.0	0.0	75.0	0.0
□ 수입차 경험					
경험 있음	58	51.7	10.3	8.6	29.3
경험 없음	342	55.6	14.6	12.6	17.3
□ 본인 직업별					
자영업자	198	54.5	13.6	14.1	17.7
경영/관리직	83	60.2	10.8	9.6	19.3
전문직	71	50.7	16.9	8.5	23.9
전업주부	31	54.8	19.4	6.5	19.4
기타	17	52.9	11.8	23.5	11.8
□ 가구주 직업별					
자영업자	211	53.6	14.7	14.2	17.5
경영/관리직	106	62.3	11.3	7.5	18.9
전문직	69	49.3	15.9	8.7	26.1
기타	14	50.0	14.3	28.6	7.1

	사례수	구매 예측 브랜드			
		A	B	C	수입차
■ 전체	400	55.0	14.0	12.0	19.0
□ 연간 가구 소득					
6천~8천만원	31.5	55.9	14.6	13.7	15.9
8천~1억원	57	49.1	15.8	53	29.8
1억 이상	28	57.1	3.6	7.1	32.1
□ 현차종배기량					
2,000cc 이하	235	54.5	17.0	13.2	15.3
2,500cc 이하	74	59.5	10.8	9.5	20.3
2,500cc 초과	91	52.7	8.8	11.0	27.5
□ 차량 고체 시기					
1년 이내	45	42.2	15.6	11.1	31.1
2~3년	146	55.5	15.1	10.3	19.2
4~5년	119	65.5	14.3	8.4	11.8
5년 이후	73	45.2	11.0	23.3	20.5
모르겠다	17	52.9	11.8	5.9	29.4
□ 외제차 개방 인지					
인지	33.4	52.4	14.1	12.3	21.3
비인지	66	68.2	13.6	10.6	7.6
□ 외제차 경험					
운전 경험 있다	58	51.7	10.3	8.6	29.3
운전 경험 없다	342	55.6	14.6	12.6	17.3
□ 학력별					
고졸 이하	116	56.9	12.9	16.4	13.8
전문대졸	33	42.4	27.3	15.2	15.2
대졸	207	55.1	12.6	10.6	21.7
대학원졸	44	59.1	13.6	4.5	22.7
□ 외국 거주 경험					
거주 경험 있다	82	51.2	14.6	8.5	25.6
거주 경험 없다	318	56.0	13.8	12.9	17.3

잠재 점유율(19%)과 비슷한 규모이며, 주수용 집단의 특성도 유사하게 나타남을 알 수 있다.

(3) 구매의향 조사

다음 세 번째 방법으로 단순히 향후 자동차 구매 시 수입차 구매의향을 5점척도로 질문하였다(① 수입차 구매를 반드시 고려하겠다. ② 수입차 구매를 고려할 의향이 약간 있는 편이다. ③ 보통이다. ④ 수입차 구매를 고려할 생각이 없는 편이다. ⑤ 수입차 구매를 고려할 생각이

| 표 7.13 | 자동차 라이프스타일 및 가치관에 의한 요인적재값

	공통 요인 1 ㅇ 고가격 수용 ㅇ구매 시 회사/품위 중시 ㅇ 외제차 수용	공통 요인 2 ㅇ 저가격 수용 ㅇ구매시 실용성 중시 ㅇ운전자체 즐김
승용차는 자신의 센스나 삶을 나타내는 상징	0.59260	−0.02965
향후 승용차 구매할 시는 현재보다 큰 차	0.57294	0.09276
다소 돈을 더 지출하더라도 안전한 차	0.56756	0.32293
승용차는 그 사람의 신분을 상징	0.54664	−0.00926
예전의 차보다는 새로 나오는 차가 우수	0.52014	0.04294
디자인과 스타일이 마음에 들면 가격 감수	0.51098	−0.29141
연비보다는 주행성능과 엔진의 동력 중시	0.45460	0.11632
큰 회사의 자동차라야 믿고 탈 수 있음	0.43165	0.37951
생활에 중요하므로 상당 부분의 투자가치	0.40767	0.19242
구매 시 타인의 의견보다는 자신의 의견 존중	0.39290	0.17764
승용차보다는 제조회사가 마음에 들어야 구매	0.35428	−0.18451
외제차는 국산차와 다른 것이 있음	0.32351	0.00176
승용차에 대한 자신의 의견에 자신감 있음	0.32147	−0.04634
작은 차는 불안해서 안탐	0.25970	−0.01347
승용차는 가능한 경제적인 차 선호	−0.12357	0.05640
승용차는 꼭 필요할 시만 이용	0.09359	−0.06932
운전하는 일을 즐기지 않음	0.03149	−0.59790
다른 사람보다 직접 운전하는 것 선호	0.01247	0.58659
운전은 스트레스 해소, 기분전환에 도움	0.13542	0.57332
마음에 들어도 가격이 비싸면 주저	−0.12091	0.51390
가족과의 여가생활을 위하여 승용차는 반드시 필요	0.39818	0.47042
다양하게 사용할 수 있는 승용차 선호	0.29931	0.37106
디자인과 스타일보다는 구입조건 중요하게 고려	−0.12008	0.31967
승용차 구매 시 다른 사람의 의견 경청	0.26854	0.30427
승용차 선택 시 가격 최우선 고려	0.01585	0.26206
특정목적보다는 다양한 용도에 사용 가능	0.23296	0.23646
승용차 관련 잡지나 기사 자주 봄	0.03555	−0.05491

| 표 7.14 | 요인/군집분석에 의한 세분집단의 평균 요인점수

	세집단 1	세집단 2	세집단 3	세집단 4	세집단 5
시장 규모	29.8%	21.1%	21.3%	%14.0	13.8%
공통 요인 1	−0.5482	0.4807	1.0727	−1.2076	0.1098
공통 요인 2	−0.2579	1.0234	−0.2089	0.9515	−1.5844

※ 공통 요인 1: 고가격 수용, 구매 시 회사/품위 중시, 외제차 선호
※ 공통 요인 2: 저가격 수용, 구매 시 실용성 중시, 운전자체 즐김

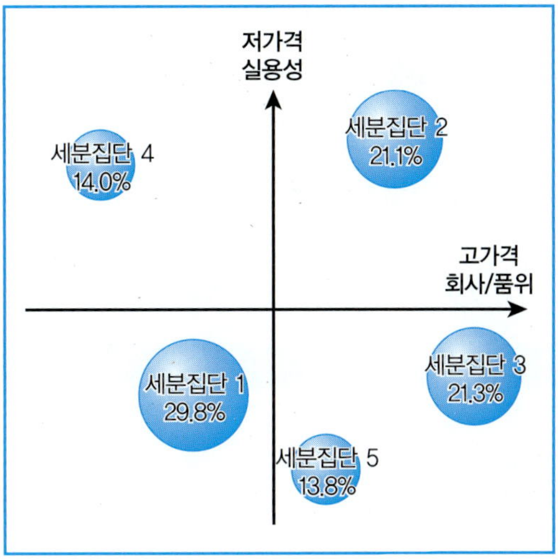

| 그림 7.3 | 요인/군집분석에 의한 고객 세분화 도표

| 표 7.15 | 라이프스타일 분석에 의한 세분집단의 특성

	사례수	세집단1	세집단2	세집단3	세집단4	세집단5
■ 전체	399	29.8	21.1	21.3	14.0	13.8
□ 성별						
남자	285	30.5	18.6	24.2	12.6	14.0
여자	114	28.1	27.2	14.0	17.5	13.2
□ 연령별						
30대	90	32.2	26.7	24.4	6.7	10.0
40대	180	28.3	22.8	18.3	15.6	15.0
50대	89	28.1	13.5	25.8	15.7	16.9
60대	40	35.0	17.5	17.5	20.0	10.0
□ 차종별						
중형	235	28.1	20.4	20.0	15.7	15.7
대형	111	32.4	21.6	23.4	10.8	11.7
고급형	17	17.6	17.6	35.3	5.9	23.5
지프형	31	38.7	25.8	16.1	16.1	3.2
미니밴	4	50.0	0.0	25.0	25.0	0.0
□ 수입차 경험						
경험 있음	58	31.0	17.2	34.5	10.3	6.9
경험 없음	341	29.6	21.7	19.1	14.7	15.0
□ 연간 가구 소득						
6천~8천만원	31.4	30.9	22.9	18.5	15.0	12.7
8천~1억원	57	26.3	12.3	33.3	10.5	17.5
1억 이상	28	25.0	17.9	28.6	10.7	17.9

	사례수	세집단1	세집단2	세집단3	세집단4	세집단5
■ 전체	399	29.8	21.1	21.3	14.0	13.8
□ 현차종배기량						
2,000cc 이하	234	29.1	22.2	19.2	15.4	14.1
2,500cc 이하	74	37.8	20.3	20.3	10.8	10.8
2,500cc 초과	91	25.3	18.7	27.5	13.2	15.4
□ 외제차개방인지						
인지	333	31.2	17.7	22.8	14.1	14.1
비인지	66	22.7	37.9	13.6	13.6	12.1
□ 외제차 경험						
운전 경험 있다	58	31.0	17.2	34.5	10.3	6.9
운전 경험 없다	341	29.6	21.7	19.1	14.7	15.0
□ 학력별						
고졸 이하	115	33.0	21.7	14.8	15.7	14.8
전문대졸	33	33.3	27.3	9.1	15.2	15.2
대졸	207	28.0	20.8	26.1	14.5	10.6
대학원졸	44	27.3	15.9	25.0	6.8	25.0
□ 인터넷 사용 여부						
사용함	186	28.5	20.4	23.1	12.9	15.1
사용 안함	213	31.0	21.6	19.7	15.0	12.7
□ 외국 거주 경험						
거주 경험 있다	82	30.5	14.6	34.1	8.5	12.2
거주 경험 없다	317	29.7	22.7	18.0	15.5	14.2

전혀 없다). 수입차 구매를 긍정적으로 검토하겠다는 ① 또는 ②를 응답한 사람들이 전체 응답자의 26%로서 앞의 두 가지 방법에 의한 수입차의 잠재적 점유율과 큰 차이가 없으며, 표 7.16에서 보는 것과 같이 주 수용집단의 특성도 유사하게 나타남을 발견할 수 있다.

앞의 세 가지 분석방법에 의한 수입차 수용집단의 잠재규모는 표 7.17과 같이 20%~25%

| 표 7.16 | 5점척도 질문의 외제차 수용집단 특성

	비수용 집단	수용 집단	P-value
전체	48.3%	26.0%	
연령	○50대(62.2%) ○60대(60.0%)	○30대(34.4%)	0.011
현 보유 차종	○중형(54.2%)	○고급형(47.1%) ○지프형(38.7%)	0.001
외제차 운전 경험	○없음(50.9%)	○있음(36.2%)	0.013
연간 가구 소득	○8천만원 이하(52.1%)	○8천~1억(42.1%) ○1억 이상(50.0%)	0.002
현 보유 차량 배기량		○2500cc 이상(36.3%)	0.011
수입차 개방 인지	○비인지(62.1%)	○인지(28.4%)	0.005
학력	○전문대(57.6%) 고졸 이하(56.0%)	○대학원 졸(34.1%)	0.074
인터넷 사용 여부	○비사용(55.6%)	○사용(29.6%)	0.019
외국 거주 경험	○없음(49.7%)	○있음(32.9%)	0.013

※ P-value: 수용 집단과 비수용 집단의 판별할 수의 유의성

| 표 7.17 | 분석방법별 외제차 수용집단 규모 및 특성

	Conjoint Simulation (외제차 선택 집단)	수용 의사 질문법 (외제차 구매 의사)	자동차 가치관 및 L/S의 군집분석	
			세시장3(Main Target)	세시장5(Sub Target)
전체	19.0%	26.0%	21.3%	13.8%
성별	○남자(20.3%)		○남자(24.2%)	
연령	○30(23.3%)	○30대(34.4%)	○30대(24.4%) ○50대(25.8%)	
현 보유 차종	○고급형(35.3%)	○고급(47.1%) ○지프(38.7%)	○고급형(35.3%)	○고급형(23.5%)
외제차 운전 경험	○경험 있음(29.3%)	○경험 있음(36.2%)	○경험 있음(34.5%)	
가구주 직업	○전문직(26.1%)			
연 가구 소득	○8천만원 이상(30.6%)	○8천만원 이상(44.7%)	○8천만원 이상(31.8%)	○8천만원 이상(17.6%)
보유 차종 배기량	○2500cc 이상(27.5%)	○2500cc 이상(36.3%)	○2500cc 이상(27.5%)	
일본차 개방 인지	○인지(21.3%)	○인지(28.4%)	○인지(22.8%)	
학력	○대졸 이상(21.9%)	○대학원 졸(34.1%)	○대졸 이상(25.9%)	○대학원 졸(25.0%)
인터넷 사용 여부	○사용(21.0%)	○사용(29.6%)	○사용(23.1%)	
외국 거주 경험	○경험 있음(25.6%)	○경험 있음(32.9%)	○경험 있음(34.1%)	

정도로 예측되며 주 수용집단의 특성도 공통적으로 유사하게 나타남을 볼 수 있다. 각각 다른 질문 항목과 다른 분석방법을 통하여 분석하였으나 모두 유사한 결과를 나타낸 것이다. 정말 재미있는 마케팅리서치의 세계이다.

부록 7.A.1 직교배열의 생성

여기서는 표 7.A.1.1과 같은 속성과 수준을 고려하는 경우를 예로 하여 설명하도록 하겠다. SPSS에서 직교배열을 생성하는 절차는 다음과 같다.

① 풀다운 메뉴에서 데이터(D) → 직교계획(H) → 생성(G)을 클릭한다.

② 직교계획 생성 대화상자에서 요인이름(N)과 요인설명(L)을 입력하고 추가(A) 버튼을 클릭한다(그림 7.A.1.1). 이러한 과정을 모든 속성(요인)에 대하여 계속한다.

③ 직교계획 생성 대화상자에서 각 속성들에 대하여 값 정의(D) 버튼을 클릭한 후, 각 수준의 변수값과 설명을 차례로 입력한다(그림 7.A.1.2).

④ 직교계획 생성 대화상자에서 옵션(O) 버튼을 클릭한 후, 생성에 필요한 최소 케이스의 수(M)와 검정용 케이스의 수(N)를 입력한다(그림 7.A.1.3).

참조 생성에 필요한 최소 케이스의 수를 입력하지 않으면 주어진 속성과 수준에 대하여 최소 케이스의 수가 계산되어 진행된다.

| 표 7.A.1.1 | 타이어의 속성과 수준

속성(Attribute)	수준(Level)
Package	A*, B*, C*
Brand	K2R, Glory, Bissell
Price	$1.19, $1.39, $1.59
Seal	No, Yes
Money	No, Yes

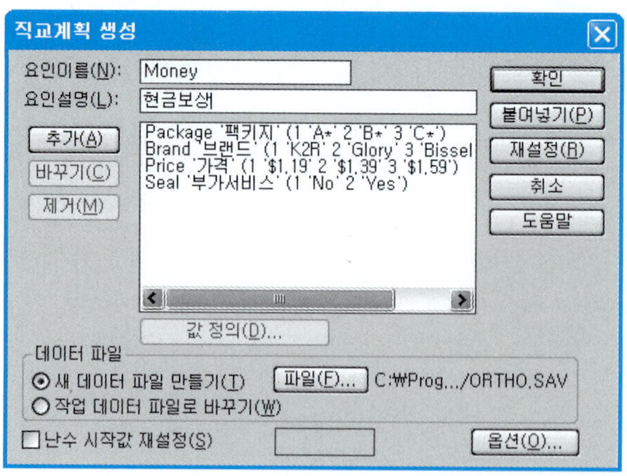

| 그림 7.A.1.1 | 직교계획 생성 대화상자

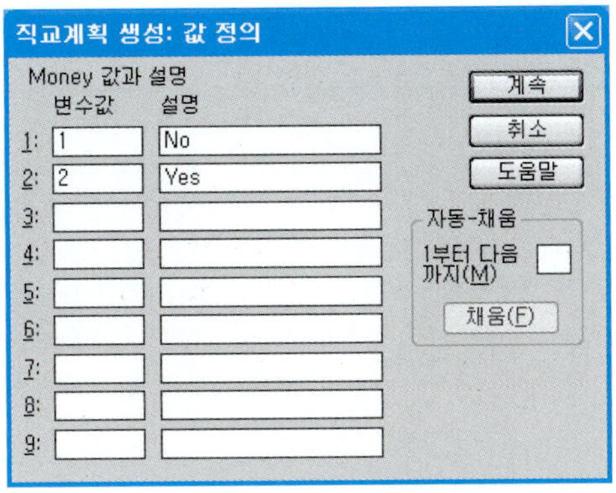

그림 7.A.1.2 '값 정의' 대화상자

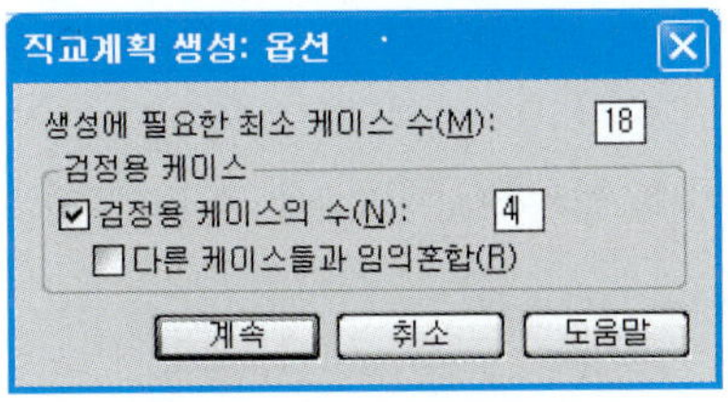

| 그림 7.A.1.3 | '옵션' 대화상자

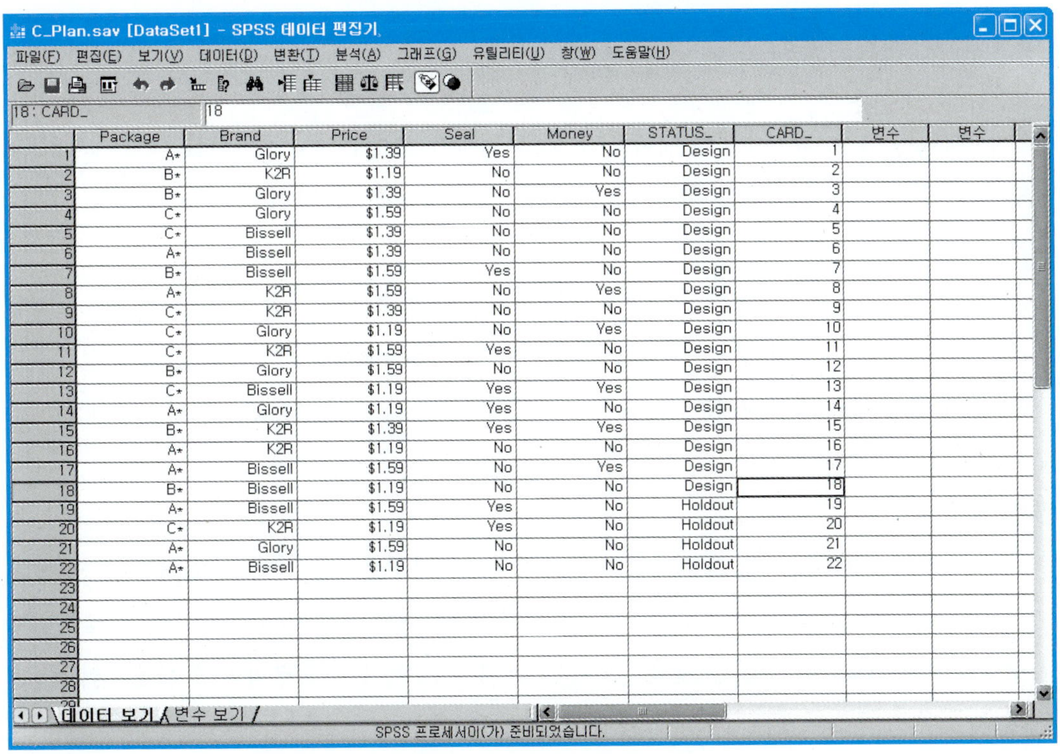

	Package	Brand	Price	Seal	Money	STATUS_	CARD_	변수	변수
1	A*	Glory	$1.39	Yes	No	Design	1		
2	B*	K2R	$1.19	No	No	Design	2		
3	B*	Glory	$1.39	No	Yes	Design	3		
4	C*	Glory	$1.59	No	No	Design	4		
5	C*	Bissell	$1.39	No	No	Design	5		
6	A*	Bissell	$1.39	No	No	Design	6		
7	B*	Bissell	$1.59	Yes	No	Design	7		
8	A*	K2R	$1.59	No	Yes	Design	8		
9	C*	K2R	$1.39	No	No	Design	9		
10	C*	Glory	$1.19	No	Yes	Design	10		
11	C*	K2R	$1.59	Yes	No	Design	11		
12	B*	Glory	$1.59	No	No	Design	12		
13	C*	Bissell	$1.19	Yes	Yes	Design	13		
14	A*	Glory	$1.19	Yes	No	Design	14		
15	B*	K2R	$1.39	Yes	Yes	Design	15		
16	A*	K2R	$1.19	No	No	Design	16		
17	A*	Bissell	$1.59	No	Yes	Design	17		
18	B*	Bissell	$1.19	No	No	Design	18		
19	A*	Bissell	$1.59	Yes	No	Holdout	19		
20	C*	K2R	$1.19	Yes	No	Holdout	20		
21	A*	Glory	$1.59	No	No	Holdout	21		
22	A*	Bissell	$1.19	No	No	Holdout	22		
23									
24									
25									
26									
27									
28									

| 그림 7.A.1.4 | 생성된 직교배열 프로파일과 검증 프로파일

| 표 7.A.1.2 | 직교배열을 얻기 위한 명령문

```
ORTHOPLAN
/ FACTORS=Package          '패키지'        (1 'A*' 2 'B*' 3 'C*')
Brand                      '브랜드'        (1 'K2R' 2 'Glory' 3 'Bissell')
Price                      '가격'          (1 '$1.19' 2 '$1.39' 3 '$1.59')
Seal                       '부가서비스'    (1 'No' 2 'Yes')
Money                      '현금보상'      (1 'No' 2 'Yes')
/ OUTFILE='c:\temp\C_Plan.sav'
/ MINIMUM 18
/ HOLDOUT 4
/ MIXHOLD NO.
```

⑤ 직교계획 생성 대화상자에서 파일(F) 버튼을 클릭한 후, 직교배열 프로파일이 저장될 경로와 파일이름을 지정한다.

⑥ 직교계획 생성 대화상자에서 확인을 클릭하여 직교배열 프로파일을 저장한다. 저장된 데이터를 열면 직교배열 프로파일을 볼 수 있다(그림 7.A.1.4)

이상의 과정은 표 7.A1.2와 같이 명령문(syntax)을 이용하여 일괄 처리할 수도 있다.

부록 7.A.2 전체 응답자에 대한 분석

추출된 계획과 검정 프로파일에 대하여 선호도 조사가 수행된 후, 데이터를 그림 7.A.2.1과 같이 입력한다. 이때 데이터를 입력하는 방식은 다음과 같은 세 가지가 가능하다.

❶ Sequence 방식

개별 응답자에 대하여 가장 순위가 높은 프로파일의 번호부터 가장 순위가 낮은 프로파일의 번호를 차례로 입력한다. 예컨대, 그림 7.A.2.1이 Sequence 방식으로 입력된 경우라면 첫 번째 응답자의 경우 가장 선호순위가 높은 프로파일은 13번이고, 그 다음은 15번, 그 다음은 1번 프로파일이다.

❷ Rank 방식

개별 응답자에 대하여 각 프로파일의 번호에 대한 선호순위를 차례로 입력한다. 예컨대, 그림 7.A.2.1이 Rank 방식으로 입력된 경우라면 첫 번째 응답자의 경우 1번 프로파일의 선호순위는 13번이고, 2번 프로파일의 선호순위는 15번, 1번 프로파일의 선호순위는 1번이다.

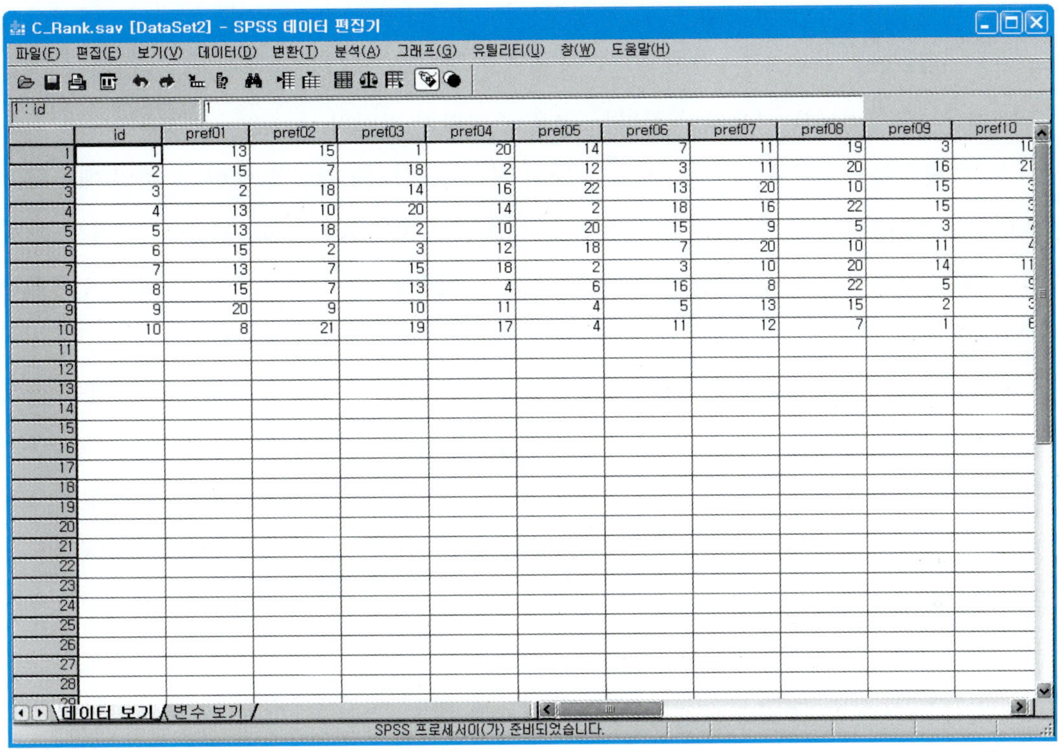

| 그림 7.A.2.1 | 각 프로파일에 대하여 선호도가 입력된 데이터

| 표 7.A.2.1 | 평균 부분가치와 중요도를 산출하기 위한 명령문

```
CONJOINT
PLAN = 'c:\temp\C_Plan.sav'
/ DATA = *
/ SEQUENCE = pref01 TO pref22
/ FACTORS = Package Brand (DISCRETE) Price (LINEAR LESS)
            Seal (LINEAR MORE) Money (LINEAR MORE)
/ PLOT = SUMMARY.
```

❸ Score 방식

선호순위가 아닌 선호점수로 평가가 되었을 경우(예컨대, 10점 만점 혹은 100점 만점), 각 프로파일의 번호에 대한 선호점수를 차례로 입력한다.

입력된 SPSS 데이터를 열고, 표 7.A.2.1과 같은 명령문을 작성하여 실행시키면 전체 응답자를 대상으로 평균 부분가치와 중요도가 출력된다.

위의 명령문에서 'SEQUENCE =' 부명령문은 데이터의 입력 방식이 Sequence 방식이라는 것을 나타낸다. 만약 Rank 방식으로 입력되어 있다면 'SEQUENCE =' 부명령문 대신 'RANK =' 부명령문을 사용해야 한다는 것을 주의하기 바란다.

FACTORS 부명령문에는 각 속성(요인)들의 이름과 척도를 지정해야 한다. 위의 예에서는 Package, Brand 속성은 이산형(DISCRETE)임을 그리고 Price, Seal, Money 속성은 선형(LINEAR; 연속형)임을 지정한 것이다(사실, 수준이 2인 속성에 대해서는 DISCRETE와 LINEAR 중 어떤 것을 지정해도 동일한 부분가치와 중요도가 산출된다).

선형 척도의 경우 MORE 또는 LESS 옵션을 추가로 지정하여 개별 응답의 일관성을 검토할 수 있다(MORE, LESS 옵션은 부분가치와 중요도의 계산에는 아무런 영향을 주지 않는다). 위의 예에서는 Price 속성의 경우 가격이 낮을수록 선호도가 크다는 것을, Seal과 Money 속성의 경우 Yes일 때 선호도가 크다는 것을 가정한 것이다. 컨조인트분석에서는 전체 및 개별 응답자들에 대하여 이러한 가정에 위배되는 패턴으로 응답한 경우 이를 파악할 수 있다(부록 7.A.3 참조).

그림 7.A.2.2에는 전체 응답자에 대하여 계산된 평균 부분가치효용(Utilities)과 중요도

Model Description

	N of Levels	Relation to Ranks or Scores
Package	3	Discrete
Brand	3	Discrete
Price	3	Linear (less)
Seal	2	Linear (more)
Money	2	Linear (more)

Imp_Val

Package	39,870
Brand	6,969
Price	21,556
Seal	19,449
Money	12,156

Averaged Importance Score

Utilities

		Utility Estimate	표준 오차
Package	A*	-2,233	,192
	B*	1,867	,192
	C*	,367	,192
Brand	K2R	,367	,192
	Glory	-,350	,192
	Bissell	-,017	,192
Price	$1,19	-1,108	,166
	$1,39	-2,217	,332
	$1,59	-3,325	,498
Seal	No	2,000	,287
	Yes	4,000	,575
Money	No	1,250	,287
	Yes	2,500	,575
(Constant)		7,383	,650

Coefficients

	B
	추정값
Price	-1,108
Seal	2,000
Money	1,250

상관계수[a]

	값	유의확률
Pearson R	,982	,000
Kendall tau	,892	,000
Kendall tau for Holdouts	,667	,087

a. correlations between observed

| 그림 7.A.2.2 | '컨조인트분석'의 출력결과

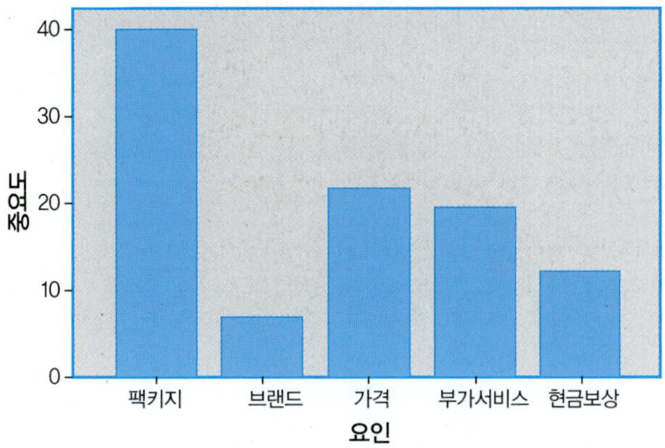

| 그림 7.A.2.3 | '중요도' 도표

| 표 7.A.3.1 | 개별 부분가치와 중요도를 산출하기 위한 명령문

```
CONJOINT
PLAN = 'c:\temp\C_Sim.sav'
/ DATA = *
/ SEQUENCE = pref01 TO pref22
/ SUBJECT = id
/ FACTORS = package brand (DISCRETE) price (LINEAR LESS)
seal (LINEAR MORE) money (LINEAR MORE)
/ PRINT = ALL
/ UTILITY = 'c:\temp\C_Util.sav'
/ PLOT = ALL.
```

(Imp_Val)가 출력되어 있다(중요도의 크기는 그림 7.A.2.3과 같이 도표의 형식으로도 출력된다). 또한 선호순위의 관측값과 예측값 사이의 피어슨(Prerson)의 상관계수와 켄달(Kendall)의 τ(타우)-계수 및 검증 프로파일에 대한 τ-계수 등이 출력되어 있다(이러한 상관계수 측도들은 0과 1 사이의 값을 가지며 1에 가까울수록 관측값과 예측값 사이의 일치도가 높다는 것을 나타낸다).

부록 7.A.3 개별 응답자에 대한 분석 및 모의실험

(1) 모의실험(simulation) 프로파일의 입력

개별 응답자에 대하여 예상되는 경쟁 프로파일들에 의한 시장점유율 모의실험을 하고자 한다면, 먼저 그림 7.A.3.1과 같이 모의실험의 대상이 될 프로파일들을 추가로 입력하여 데이

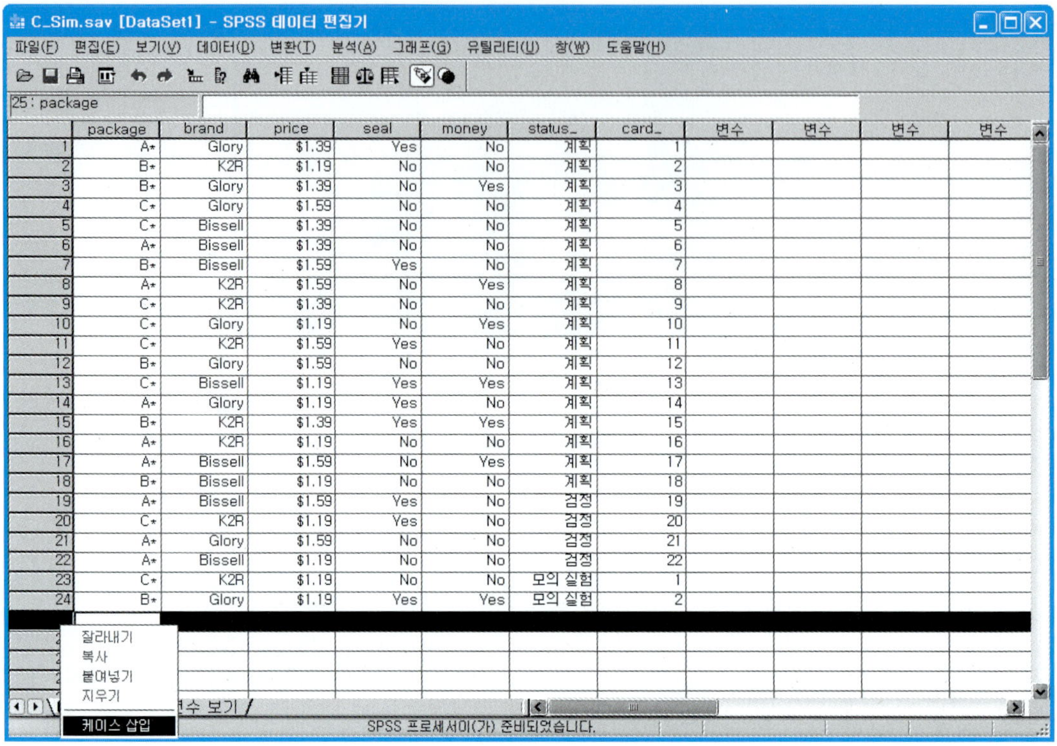

	package	brand	price	seal	money	status_	card_
1	A*	Glory	$1.39	Yes	No	계획	1
2	B*	K2R	$1.19	No	No	계획	2
3	B*	Glory	$1.39	No	Yes	계획	3
4	C*	Glory	$1.59	No	No	계획	4
5	C*	Bissell	$1.39	No	No	계획	5
6	A*	Bissell	$1.39	No	No	계획	6
7	B*	Bissell	$1.59	Yes	No	계획	7
8	A*	K2R	$1.59	No	Yes	계획	8
9	C*	K2R	$1.39	No	No	계획	9
10	C*	Glory	$1.19	No	Yes	계획	10
11	C*	K2R	$1.59	Yes	No	계획	11
12	B*	Glory	$1.59	No	No	계획	12
13	C*	Bissell	$1.19	Yes	Yes	계획	13
14	A*	Glory	$1.19	Yes	No	계획	14
15	B*	K2R	$1.39	Yes	Yes	계획	15
16	A*	K2R	$1.19	No	No	계획	16
17	A*	Bissell	$1.59	No	Yes	계획	17
18	B*	Bissell	$1.19	No	No	계획	18
19	A*	Bissell	$1.59	Yes	No	검정	19
20	C*	K2R	$1.19	Yes	No	검정	20
21	A*	Glory	$1.59	No	No	검정	21
22	A*	Bissell	$1.19	No	No	검정	22
23	C*	K2R	$1.19	No	No	모의 실험	1
24	B*	Glory	$1.19	Yes	Yes	모의 실험	2

| 그림 7.A.3.1 | 모의실험 프로파일이 입력된 데이터

터 파일을 저장해 두어야 한다. 모의실험의 대상이 될 프로파일들은 계획이나 검정 프로파일에 속할 수도 있고 그렇지 않을 수도 있다.

(2) 개별 응답자에 대한 분석

개별 응답자에 대한 분석을 수행하기 위해서는 'SUBJECT' 부명령문을 이용하여 응답자의 고유번호를 나타내는 변수를 지정하면 된다. 또한 'UTILITY' 부명령문을 이용하여 개별 응답자들의 부분가치들이 저장될 파일을 지정할 수 있다.

그림 7.A.3.2에는 첫 번째 응답자에 대하여 계산된 평균 부분가치효용(Utilities)과 중요도(Imp_Val)가 출력되어 있으며, 중요도 표에는 MORE 또는 LESS 가정에 위배되는(Reversed) 속성이 표시되어 있다. 예를 들어, 이 응답자는 Price의 속성에 대하여 가격이 높을수록 부분가치가 높게 추정되어 있으므로(부분가치효용 표를 살펴 보아라) LESS 가정에 위배됨을 볼 수 있다. 또한 두 개의 모의실험 프로파일에 대하여 이 응답자의 예측 선호도는 각각 3.750, 18.750으로서 후자의 프로파일을 더 선호할 것으로 예측된다고 하겠다.

Subject 1: 1

Utilities

		Utility Estimate	표준 오차
package	A*	,000	,630
	B*	-,667	,630
	C*	,667	,630
brand	K2R	-1,333	,630
	Glory	1,000	,630
	Bissell	,333	,630
price	$1,19	,417	,546
	$1,39	,833	1,092
	$1,59	1,250	1,637
seal	No	9,000	,945
	Yes	18,000	1,891
money	No	5,000	,945
	Yes	10,000	1,891
(Constant)		-10,000	2,137

Coefficients

	B Coefficient	
	추정값	표준 오차
price	,417	,546
seal	9,000	,945
money	5,000	,945

상관계수[a]

	값	유의확률
Pearson R	,962	,000
Kendall tau	,869	,000
Kendall tau for Holdouts	,667	,087

a. correlations between observed

Pref_Scores[a]

Card Number	ID	Score
1	1	3,750
2	2	18,750

a. E14460

Imp_Val[b]

package	7,207
brand	12,613
price[a]	4,505
seal	48,649
money	27,027

a. Reversed

b. 1 reversals

| 그림 7.A.3.2 | '컨조인트분석'의 출력결과 (첫 번째 응답자)

Preference Probabilities of Simulations[b]

Card Number	ID	Maximum Utility[a]	Bradley-Terry-Luce	Logit
1	1	30,0%	43,1%	30,9%
2	2	70,0%	56,9%	69,1%

a. Including tied simulations

b. y out of x

| 그림 7.A.3.3 | 모의실험 결과

그림 7.A.3.3에는 모의실험 프로파일들에 대한 예측 점유율이 출력되어 있다. 일반적으로 컨조인트분석에서는 Maximum Utility, BTL(Bradley-Terry-Luce), Logit 등 세 가지 통계적 모형에 의하여 점유율이 산출된다(Maximum Utility와 Logit 모형이 BTL 모형에 비해 한쪽으로 더 치우치는 점유율을 산출하는 경향이 있다. 이들 모형에 대한 자세한 내용은 관련 서적을 참조하기 바란다).

컨조인트분석에서 얻은 개별 응답자들에 대한 부분가치를 이용하여 세분화를 수행할 수

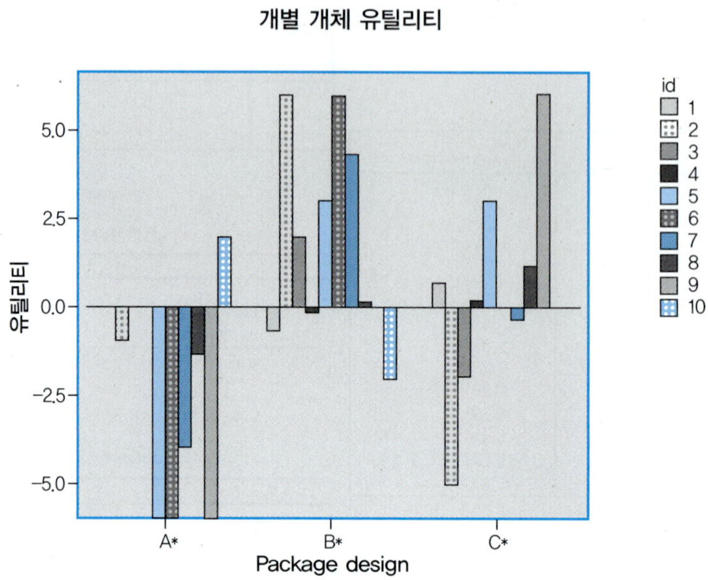

| 그림 7.A.3.4 | 개별 응답자들에 대한 부분가치 도표(Package 속성)

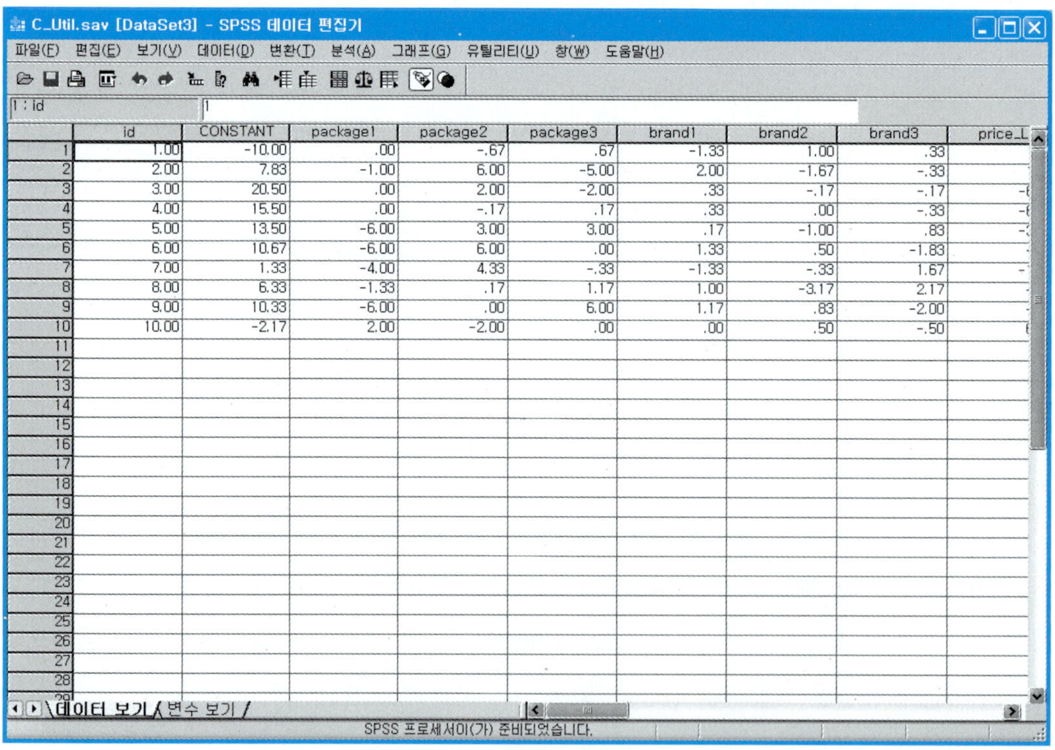

	id	CONSTANT	package1	package2	package3	brand1	brand2	brand3	price_L
1	1.00	-10.00	.00	-.67	.67	-1.33	1.00	.33	
2	2.00	7.83	-1.00	6.00	-5.00	2.00	-1.67	-.33	
3	3.00	20.50	.00	2.00	-2.00	.33	-.17	-.17	
4	4.00	15.50	.00	-.17	.17	.33	.00	-.33	
5	5.00	13.50	-6.00	3.00	3.00	.17	-1.00	.83	
6	6.00	10.67	-6.00	6.00	.00	1.33	.50	-1.83	
7	7.00	1.33	-4.00	4.33	-.33	-1.33	-.33	1.67	
8	8.00	6.33	-1.33	.17	1.17	1.00	-3.17	2.17	
9	9.00	10.33	-6.00	.00	6.00	1.17	.83	-2.00	
10	10.00	-2.17	2.00	-2.00	.00	.00	.50	-.50	

| 그림 7.A.3.5 | 개별 응답자들에 대한 부분가치가 저장된 데이터

도 있다. 예를 들어, 그림 7.A.3.4는 Package 속성에 대한 개별 응답자들의 부분가치를 도표로 보여주고 있다(이를 통해 어떤 응답자들이 A* 패키지를 선호하는지 아니면 B* 또는 C* 패키지를 선호하는지를 파악할 수 있다). 또한 그림 7.A.3.5와 같이 개별 응답자들에 대한 부분가치를 데이터로 얻을 수도 있으므로, 이에 대하여 어떤 직관적인 기준 혹은 군집분석과 같은 통계적 분석을 통해 세분화를 수행하고 표적집단을 선정할 수 있다.

8

CHAPTER

광고효과 측정조사

광고를 방송(on-air)하기 전에 그 효과를 진단하고 개선점을 발견하기 위한 사전 광고효과 조사와 광고를 방송한 이후에 광고가 브랜드와 매출에 얼마나 영향을 미치었는가를 측정하는 사후 광고효과 측정조사로 나누어서 설명하겠다. 또한, 사후 광고효과 조사는 방송 후 1~3개월 후에 광고나 브랜드의 인지도 등과 같은 단기적인 지표 중심의 효과를 측정하는 단기적 사후 광고효과 조사와 1년이나 2년 이상의 광고집행 후 그 누적효과와 이월효과를 반영한 광고효과를 측정하는 장기적 사후 광고효과 조사가 있다.

주요 이슈별 마케팅리서치 진행 및 분석방법

8.1 광고효과 측정조사의 개요

광고효과 조사란 크게 얘기하면 커뮤니케이션 할 내용의 방향을 수립하는 마케팅 전략 부분, 전달하고자 하는 내용을 설득력 있게 전달하기 위한 크리에이티브(creative) 그리고 효과적으로 목표 청중 집단에 전달할 수 있도록 매체계획을 수립하고 실행하는 것의 세 가지 사안에 대한 효율성의 검증으로 요약될 수 있다. 실질적으로 많은 광고대행사들이 AE 부서를 중심으로 제작, 마케팅, 매체 플래닝이 메인 부서로 구성되어 있다.

우선, 마케팅 전략과 관련하여 시장환경과 내부환경을 고려한 커뮤니케이션 내용과 목표 청중의 설정 그리고 제품과 목표집단의 특성을 고려하여 내용을 전달하는 방향(컨셉)이 합리적이고 총체적인 일체감을 가지고 효과적으로 수립되었는가에 대한 검증이 이루어져야 한다.

두 번째, 크리에이티브에 대하여 전달하고자 하는 내용과 목표대상 그리고 전달방향이 결정되었으면 구체적으로 전달하는 방법이 효율적인가에 대한 검증이다. 즉, 광고제작의 분위기나 모델, 배경음악, 카피(copy) 등이 얼마나 설득력 있고 신뢰성 있게 목표청중들에게 전달할 수 있도록 제작이 되었는가에 대한 검증을 하는 것이다.

마지막으로, 매체 플래닝이란 마케팅 전략과 그에 의한 광고물이 제작되면 이를 집행하는 광고매체를 결정하는 일이다. 예를 들어, 40대 전업주부를 대상으로 한 여성용품의 경우 인쇄매체로서 여성잡지라든가, TV 광고는 가정주부들이 즐겨 보는 저녁이나 오전의 드라마 시간대, 구체적으로는 여성들의 시청률이 높은 프로그램을 선정한다든지 등의 광고매체를 결정해야 할 것이다. 이와 같이 광고를 집행하는 매체를 얼마나 효율적으로 결정했는가에 대한 검증이 이루어져야 할 것이다. 과거에는 주로 4대 매체(TV, 신문, 잡지, 라디오)에 로 의존하였으나 최근에는 인터넷과 옥외광고의 비중이 점점 커져서 다양하고 폭넓은 매체수립의 타당성을 검증하는 조사가 학계와 업계에서 연구 및 시도되고 있다. 예를 들면, 고속도로와 전철 등에서 집행되고 있는 다양한 광고매체에 대한 효율성 조사가 진행되고 있으며, 인터넷 광고효과를 측정하는 독립적인 시장이 별도로 형성되어 많은 회사들이 경쟁을 하면서

비지니스를 하고 있는 상황이다.

본서에서는 이 중에서 TV 광고(CF)에 대한 효과를 측정하는 방법에 대해서 주로 논의할 것이며, 광고를 방송(on-air)하기 전에 그 효과를 진단하고 개선점을 발견하기 위한 사전 광고효과 조사와 광고를 방송한 이후에 광고가 브랜드와 매출에 얼마나 영향을 미치었는가를 측정하는 사후 광고효과 측정조사로 나누어서 설명하겠다. 또한, 사후 광고효과 조사는 방송 후 1~3개월 후에 광고나 브랜드의 인지도 등과 같은 단기적인 지표 중심의 효과를 측정하는 단기적 사후 광고효과 조사와 1년이나 2년 이상의 광고집행 후 그 누적효과와 이월효과를 반영한 광고효과를 측정하는 장기적 사후 광고효과 조사가 있는데, 대부분의 광고업체와 조사업체가 사전 광고효과와 단기적 사후 광고효과 조사를 진행하지만 장기적 사후 광고효과를 진행하는 경우는 흔하지 않은 실정이다. 이는 장기적으로 광고효과를 측정하기 위한 조사 모델이 별로 없다는 점과 광고주들의 의식부족 그리고 장기적으로 주기적인 조사를 진행하여 데이터를 구축해야 한다는 점에 의한 예산의 문제 등이 그 이유이다. 한편, 장기적으로 광고의 효과를 평가받는 것은 광고대행사의 입장에선 결코 즐거운 일이 아니므로, 그 필요성에 대해서 광고주들이 먼저 느끼고 광고대행사들이나 조사업체에게 서비스를 요구해야 진정한 광고효과 조사라고 할 수 있는 사후 광고효과에 대한 측정이 이루어질 것으로 생각한다. 장기적 사후광고 효과가 중요한 이유는 뒤에서 저자가 진행하여 광고 크리에이티브 기준치(creative norm)까지 구축한 사례를 들어서 구체적으로 설명하도록 하겠다.

| **사전 광고효과 조사**는 광고물의 제작 정도 단계에 따라 크게 '컨셉(concept) 테스트' →

| 표 8.1 | 광고효과 조사의 유형

사전 광고효과 조사	사후 광고효과 조사	
광고시안 진단	단기적 효과 측정	장기적 효과 측정
• Concept Test – 소구 Point의 타당성 – Ideal 소구 포인트 • Animatic Test – Concept 소구력 – Copy – 전반적 선호도 • 사전 시안 테스트 – Creative Impact – Creative 속성 – 개선점	• 브랜드/광고 지표 – 최초(비보조)상기 – 보조인지 • 광고/브랜드 태도 변화 – 호감도 – 친밀도 – 구매의향 • 커뮤니케이션 효과 – 전달내용 – Copy 신뢰성/설득성 – Creative 속성	• 광고량 → 광고지표 → 광고 Index → 브랜드 이미지 → 브랜드 태도 → 구매의향 → 매출의 일련과정 구조관계 분석 • 매출 영향요인 도출 – 광고량, 매체계획, creative, 브랜드 파워 등 • 광고 Creative Norm 구축 – 모델, 배경음악, 광고유형, COPY 등

'애니매틱(animatic) 테스트' → '사전시안 테스트'로 나눌 수 있다. 먼저 (1) 컨셉 테스트는 광고제작의 초기 단계에서 전달하고자 하는 커뮤니케이션의 내용과 방향에 대한 타당성을 검토하는 단계로서, 소구점(appeal point)이 목표 청중집단에게 합리적이고 설득력 있게 수용되는지의 여부와 제품과 표적집단의 특성을 고려할 때 가장 이상적인 커뮤니케이션 방향은 무엇인가를 파악하여, 현재 광고컨셉의 타당성과 효율성을 검증하고 개선점을 찾고자 하는 목적으로 진행된다. (2) 이렇게 해서 광고제작의 컨셉이 결정되면 실질적인 시안을 제작하기 이전에 만화영화의 형식으로 제작한 광고필름으로 다시 한 번 사전진단을 하는 과정을 애니매틱 테스트라고 한다. 즉, 모델이나 배경 등의 구체적 배경은 만화영화의 형태를 빌려서 표현하지만 성우의 목소리나 배경음악 그리고 카피(copy) 등을 동일하게 제작하여, 실질적으로 돈이 들어가는 시안을 제작하기 이전에 다시 한 번 개선사항이 없는가를 진단하는 과정이다. 이 단계에서는 전달하고자 하는 내용이 소비자들에게 설득력이 있고 의도한 바가 제대로 전달되고 있는가에 대해서 검증을 한다. 실제로 특정 광고를 인지한(광고를 접촉하고 그 광고를 기억하는) 사람들이 느끼고 생각하는 광고의 전달내용과 제작자가 전달하고자 하는 내용이 전혀 다른 경우가 수많은 광고물들에서 나타나고 있다. 광고의 궁극적 목적인 제품이나 서비스의 판매를 위한 광고가 아닌 광고제작자들의 자기만족적인 영화제 출품을 위한 광고가 아닌가를 검증하는 것이다. 이렇게 해서 다시 한 번 개선사항을 도출하면 마지막 단계인 (3) 사전시안을 제작하여 최종 필름의 상태로 방송(on-air) 이전에 마지막 진단을 한다. 이 단계에서는 광고가 얼마나 강하게 청중들에게 영향을 주는지 그리고 광고를 보고난 후의 신뢰성, 호감도, 설득력, 브랜드 태도, 구매의향 등 크리에이티브와 관련된 속성에 대한 평가를 통해 최종 개선사항을 도출한다.

| **단기적 사후 광고효과의 측정**은 광고 방송 이후 1~3개월 정도의 비교적 짧은 시간이 경과한 이후에 (1) 브랜드나 광고의 최초(비보조)상기나 보조인지도와 같은 인지도를 측정하고, (2) 광고를 접한 다음에 해당 브랜드나 광고에 대한 호감도, 친밀도, 구매의향 등 광고에 의하여 브랜드에 대한 태도가 얼마나 변화하였는가를 파악하며, (3) 광고를 본 청중들이 광고에 대해서 기억하는 내용과 느끼는 내용이 무엇인지(즉, 전달하고자 하는 내용이 제대로 전달되고 있는지), 광고의 카피(copy; 전달 내용)가 신뢰성이나 설득력을 담보하고 있는지 그리고 광고의 크리에이티브에 관련된 속성들에 대해서 평가를 받는 것이 주된 내용이다. 실질적으로 현업에서는 광고 방송 직후에 광고 및 브랜드에 대한 인지도나 태도변화뿐 아니라 시장에 대한 일반적인 경쟁상황이나 사용행태에 대한 질문들도 같이 포함하여 시장상황 진단을

위한 조사를 병행하는 경우가 많은데, 설문지의 길이와 응답의 몰입정도에 의한 응답자 오류를 감안할 때 주객이 바뀌는 경향을 조심해야 한다.

장기적 사후 광고효과의 측정은 (1) 광고비가 투입이 되면 그 반응은 GRP(gross rating point; 종합 시청률)나 도달률(reach)[1] 등의 광고지표로 나타나게 되며, 이는 광고매체를 얼마나 효율적으로 집행하고 있는가에 대한 매체 플래닝을 평가하게 된다. 그 다음 광고가 청중들에게 도달이 되면(표적청중들이 광고를 접하게 되면) 광고 인지도가 올라가고 광고 인지도는 다시 브랜드 인지도에 영향을 미친다. 만일, 광고가 목표청중들에게 효율적으로 전달이 되고 있음에도 불구하고 광고나 브랜드의 인지도가 증가하지 않는다면 이는 광고의 크리에이티브를 검토해 보아야 한다. 브랜드를 인지하게 되면 광고 등에 의해서 브랜드에 대한 이미지를 형성하게 되고, 브랜드 이미지는 결국 구매의향이라는 태도와 최종적으로 구매행위를 유발하는 동력으로 작용하게 된다.

즉, **'광고량 → 광고지표 → 광고 이미지 → 브랜드 이미지 → 브랜드 태도 → 구매의향 → 매출'과 같은 일련의 과정들이 각각 어느 정도의 인과관계를 갖는지를 파악하여, 집행되고 있는 광고의 매체 타당성과 크리에이티브 등의 효율성을 평가하는 것이 장기적 광고효과 조사의 첫 번째 목적**이다. (2) **두 번째 목적**은 광고에 의한 매출효과의 파악이다. 매출에 영향을 미치는 요인은 얼마만큼 많은 광고를 투입했는가 하는 광고량, 표적집단의 특성에 맞는 효율적인 매체집행 그리고 소비자에게 설득력과 신뢰성을 강하게 전달할 수 있는 크리에이티브, 광고와는 별개로 해당 브랜드 자체가 가지고 있는 브랜드 파워(power) 등 수많은 요인이 작용하여 매출이 결정된다. 그렇다면 **이러한 수많은 요인들 중에서 각각의 요인들이 매출에 기여하는 고유치는 어느 정도인가를 추정하는 것이 장기적 광고효과 조사의 두 번째 목적**이다. (3) 광고모델의 유형, 배경음악, 광고유형, 카피 등 제작과 관련된 크리에이티브 속성들은 결국 광고의 목적인 '인지도 → 브랜드 태도 → 매출'에 영향을 미치는 설명변수(독립변수)들로 작용한다. 그렇다면 **이러한 광고 크리에이티브 관련 변수들 중에서** 어떤 변수들이 가장 영향력 있는 설명변수이며, 각 변수 내에서는 어떤 유형(예를 들면, 광고모델이 연예인, 스포츠 스타, 사회인사 중 누구인가? 또는 배경음악의 종류가 어떤 종류인가 등)이 가장

1) 광고를 통해 도달한 시청자의 수를 판단하는 한 가지 기준. 방송의 경우 일정기간 내에 몇 개의 광고를 통해 시청이 가능한 지역 안의 총세대수(또는 개인) 가운데 몇 퍼센트에 대해 몇 차례나 도달되었는가를 나타낸다. 도달률과 빈도가 함께 표시되므로 'reach and frequency'라 한다. 즉, 'reach'와 'freguency' 이 두 요소는 일련의 광고활동으로 그 광고가 어느 정도 침투하였는가를 측정할 때 사용된다.

효율적으로 광고를 인지시키고 소비자의 구매행동을 유발시키는가에 대한 기준을 파악하는 것이 장기적 광고효과 조사의 세 번째 목적이다. 물론, 산업이나 제품의 유형에 따라서 최적의 광고제작 크리에이티브 기준이 다를 것이며, 해당 산업의 기준치(norm)를 형성하기 위해서는 장기적이고 주기적인 조사와 데이터베이스의 축적 및 관리가 필요하다. 이제 각각의 조사에 대한 구체적인 설문항목이나 분석방법에 대해서 설명하도록 하겠다.

8.2 주요 이슈별 마케팅리서치 진행 및 분석방법 사전 광고효과 조사

8.2.1 광고 컨셉 테스트

광고를 제작할 때는 가장 먼저 무엇을 전달할 것인가를 결정하고, 그 다음에 어떻게 표현할 것인가에 대한 커뮤니케이션 전략을 수립한다. 즉, 광고의 전반적인 색조(tone)와 분위기(mood), 주 표현방법, 강조점 등에 대한 컨셉을 수립하게 되는데, 이와 같은 컨셉이 타당하게 설정이 되었는가를 점검하고 효율적으로 커뮤니케이션되기 위해서 주로 소구해야 할 방향이나 개선방향을 찾는 것이 컨셉 테스트의 주목적이다.

조사방법으로는 일대일 개별면접 조사나 그룹 심층좌담회가 주로 사용되는데, 컨셉에 대한 응답자들의 깊은 이해와 그에 따른 반응을 파악한다는 점을 고려할 때 좌담회로 진행하는 것이 타당하다. 때로는 면접조사를 진행하는 사례들이 있는데, 거의 확정적인 컨셉에 대하여 잠재고객들에 대한 반응을 정량적으로 파악하고 싶거나 또는 광고대행사들이 컨셉의 진단뿐 아니라 시장상황이나 경쟁상황 등에 대한 일반적인 항목들도 포함시켜서 광고주에게 서비스하려는 목적으로 진행될 때이다. 이 경우 '컨셉카드'라고 하여 컨셉을 정리한 카드를 가지고 다니면서 응답자들에게 보여 주고 그 반응을 체크하는데, 실사가 진행되는 현장의 현실적인 요인들을 감안할 때 정확한 조사가 이루어지기를 기대하기는 어려운 것이 사실이다. 따라서 컨셉 테스트의 본원적인 목적을 고려할 때 가능하면 좌담회의 방식으로 진행하는 것이 좋다.

좌담회 진행순서나 내용은 진행하는 기관이나 해당 산업에 따라 다소 차이는 있지만 전반적인 흐름을 설명하면 다음과 같다. (1) 먼저 워밍업 단계로서, 처음 만나는 참석자들의 어색함을 풀어주고 자연스럽게 이야기하는 분위기를 만들기 위해서 자기소개와 진행방법, 좌담회의 취지 등에 대해서 가볍게 얘기한다. (2) 다음은 **기존 시장의 경우 해당 제품을 소비자들이 어떻게 사용하고 있는지에 대한 사용행태**(TPO(Time, Place, Occasion)와 구매행태(구매발의, 정보탐색, 구매여부 의사결정, 구매장소, 구매자, 최종 구매 의사결정자) 등)에 대해서 간단하게 얘기를 하는데, 이는 계량적인 시장진단 목적보다는 제품에 대한 소비자들의 인식과 니즈에 대한 심층적인 정보를 얻어서 컨셉의 타당성과 개선방향을 진단하기 위한 근거자료로 활용하기 위하여 사용된다. 기존에 존재하는 시장이 아닌 경우에도 유사시장이나 대체 제품군에 대한 사용행태와 구매행태에 대한 탐색을 거치는 것이 일반적이지만, 컨셉 테스트와 제품테스트가 병행되는 등 시간이 길어지는 경우에는 생략할 수도 있다. (3) 다음 단계는 **기존 시장에 출시되어 있는 브랜드 이미지**에 대한 소비자 인식에 대해서 이야기를 진행한다. 우선 각각의 브랜드 이미지가 어떻게 소비자의 지각 속에 인식되고 있는지에 대해서 탐색을 하는데, 사용자의 개성에 대한 이미지나 속성, 편익 등에 대해서 각각의 브랜드가 어느 정도 일치하는가를 질문하는 방법 등이 사용되며, 형용사 단어나 꼴라쥬 등의 보조도구가 사용되기도 한다. 현재의 각 브랜드에 대한 소비자 인식이 파악되면 이를 기준으로 출시하려는 브랜드나 제품을 어떤 위치로 포지셔닝시킬 것인가에 대한 차별점을 찾기 위해서 소비자 지각 속에 빈 공간을 탐색하는 과정을 거치게 된다. (4) 다음 단계로 **본격적인 컨셉 수용도를 진단**하는데, 보통의 경우 컨셉보드(concept board; 컨셉의 내용을 요약한 판)를 참석자들에게 제시하고 이에 대한 반응을 살펴본다. 컨셉진단의 내용은 역시 조사 기관에 따라 다소 차이가 있지만 일반적으로 **'컨셉에 대한 전반적 평가, 장점, 단점, 이해 용이성, 독특성, 메시지의 전달 내용에 대한 인식, 나와의 관계에 대한 인식 및 이유, 새로움, 신뢰성, 선호도, 설득력, 구매의향 및 이유'** 등의 내용을 질문하여 그 반응을 살펴본다. 무형재(금융, 유통, 서비스 등)가 아닌 유형재(생활용품, 내구재 등) 특히 생활용품이나 식품의 경우 신규 컨셉의 시제품이 준비되어 있다면 제품을 직접 경험하는 제품 테스트를 현장에서 동시에 진행하는 경우도 많으며, 이때 브랜드에 대한 노출의 여부나 경쟁제품 동시 테스트에 대해서는 〈제5장 제품 테스트〉를 참고하기 바란다. (5) 본 컨셉을 전달하기 위해서 어떻게 표현하면 좋을지 또는 어디에 강조점을 두고 커뮤니케이션하면 좋을지 등에 대한 **이상적인(ideal) 소구점(appeal point)을 탐색**하고, (6) 최종적으로 **컨셉 중에서 개선해야 할 사항 등에 대한 전반적인 의견을 자유스럽게 수렴**하는 순서로 진행한다.

8.2.2 애니매틱 테스트

애니매틱 테스트(animatic test)는 결정된 컨셉으로 광고시안을 제작하기 이전에 소구력을 진단하기 위하여 진행된다. 즉, 전달하고자 하는 내용이 정확하게 전달되고 있는지, 청중들에게 강한 이미지와 연상을 남길 수 있도록 전달되고 있는지, 연상내용이 청중들의 지각에 긍정적인 영향을 미치는지 등에 대해서 점검을 하고 전반적인 광고제작의 개선점을 찾기 위함이 그 목적이다.

조사방법으로는 CLT(central location test)와 홀테스트(hall test) 방법이 가장 많이 쓰이고, 때때로 노트북을 이용하여 면접조사로 진행되기도 하는데(노트북으로 동영상을 보여 주고 조사를 진행하는 방법으로, 설문지도 화면상으로 제시하고 응답을 클릭하여 입력하고 실사가 끝남과 동시에 바로 분석을 할 수 있는 CATI 방법이 주로 사용된다.) 일상생활에서의 광고시청 상황과 면접조사의 실사 진행상황을 비교할 때 면접조사를 진행하는 것은 가급적 피하는 것이 좋다. CLT의 방법은 지나가는 사람을 유치(intercept)해서 카페나 빵집 등의 업소에서 진행하는 경우가 많은데, 주변의 방해를 받지 않고 독립된 공간의 분위기를 유지하면서 조사를 진행하기 위하여 조사업체에서 최대한 노하우를 발휘하여 노력하겠지만, 실제로 광고를 보고 연상내용 등에 대한 질문의 응답을 받기에는 실사현장의 분위기가 적절하지 않은 점이 많아서 홀테스트로 진행하는 것이 가장 바람직하다. 응답자 참석비 등의 비용이 상대적으로 많이 든다는 한계점이 있으나, 광고제작의 방향에 따라서 매출이 절대적 영향을 받는다는 점을 감안할 때 다소 비용을 지출하더라도 정확한 조사를 위해서 홀테스트로 진행하는 것을 권장한다. 또한, 면접조사와 CLT의 경우 외부에서 조사를 진행하는 반면 홀테스트는 내부에서 조사를 진행하고 애니매틱 테스트 단계는 아직 극도의 보안이 요구되는 단계라는 점을 고려할 때도 가능한 홀테스트를 진행하는 것이 좋다.

조사의 순서는 역시 기관에 따라 차이가 있지만 한 예를 들면 '사전조사' → '애니매틱 평가' → '스토리보드(story board) 평가'의 순서로 이루어진다. (1) 사전조사는 응답자의 주의를 환기시키고 여기서 얻어진 자료를 이후 분석의 기본 데이터로 사용하기 위하여 진행하며, 주로 해당 제품군에 대한 사용행태 및 구매행태, 브랜드에 대한 일반적 인식 등에 대해서 질문한다. 브랜드에 대한 인식은 광고를 보여 주고 나서 동일한 질문을 반복하여, 광고노출 전후의 브랜드 인식(제품의 기능적 특성과 브랜드 이미지 등)이나 태도의 변화를 비교하여 광고효과를 분석한다. (2) 애니매틱 평가 단계는 애니매틱 필름을 보여 주고 나서 '광고 중에서 기억나는 연상 내용(장면, 브랜드, 모델, 카피 등) → 호감이 가는 내용 → 광고 속성의 평가(흥미성, 이해 용이성, 설득력, 모델 적합성, 독특성, 관심 유발력, 집중도, 구매 유발력 등) → 전반적 선호도 → 브랜드 평가(제품 속성에 대한 인식 상의 평가를 질문하여 사전조사와 비교) → 카피 평가(영향력(impact), 상황 묘사, 나와의 적합성, 전반적 호감도, 신뢰성 등) → 개선 사항' 등의 순으로 질문하여 전달하고자 하는 내용이 타당성이 있는지(소구점에 대한 타당성 검토), 전달하고자 하는 내용을 제대로 표현하고 있는지(소구점의 전달방법에 대한 타당성), 강하게 인상을 남기고 있는지(소구력), 최종적으로 구매의향이나 브랜드의 태도에 긍정적인 변화를 유발하는지(브랜드 전달력)에 대해서 진단하고 마지막으로 개선방향을 찾는다. (3) 광고라는 것이 일반적으로 관심을 가지고 몰입하여 시청을 하는 것이 아니며, 필름을 한 번 보여 주고 나서 피응답자는 대략적인 느낌을 기준으로 응답을 할 수밖에 없다. 즉, 광고의 각 장면에 대해서 심도 있는 구체적인 느낌이나 인상을 응답받을 수는 없는 것이다. 그러나 지극히 짧은 각 장면은 인간의 무의식 속에 자리를 잡고 브랜드 태도에 대한 인식과 구매라는 행위에 결정적 영향을 미친다. 따라서 전반적 평가뿐 아니라 스토리보드 테스트를 통해 각 장면에 대한 정밀한 소비자의 반응을 파악하여 최종 시안제작에 반영을 하여야 한다. 스토리보드는 광고를 6~10개의 장면으로 나누어서 해당 화면의 그림과 카피를 각 장면으로 구성한다. 스토리보드의 각 장면을 하나씩 피응답자에게 제시하여 각 장면에 대한 선호도와 비선호도 및 그 이유와 개선사항, 선호하는 장면과 선호하지 않는 장면, 기억에 남는 장면, 카피의 구체적인 인식 등에 대해서 자세하게 질문하는 단계를 마지막으로 애니매틱 테스트를 마무리한다.

8.2.3 광고 시안 테스트

컨셉 진단과 애니매틱 테스트 과정을 거쳐서 광고를 방송하기 이전에 최종적으로 제작된 시안을 테스트하게 되는데, 마지막으로 수정할 사항이 없는가를 파악하기 위하여 또는 두 개 이상의 시안 중에서 실제로 방송할 시안을 선택하기 위한 목적으로 진행한다.

조사방법은 애니매틱 테스트와 마찬가지로 면접조사, CLT, 홀테스트 방법이 사용되지만 가능한 홀테스트의 방법으로 진행하는 것이 좋다.

진행의 흐름은 (1) 애니매틱 테스트와 마찬가지로 사전조사를 먼저 진행하며 조사문항도 거의 유사하다. 이때 테스트하고자 하는 광고의 브랜드뿐 아니라 경쟁 브랜드의 제품속성에 대한 사전평가도 같이 진행하여, 테스트하고자 하는 브랜드를 응답자가 눈치채지 못하도록 해야 한다. (2) 다음은 테스트하고자 하는 광고와 다른 광고를 섞어서 피응답자에게 1차 노출한다. 이때 다른 광고를 섞어서 함께 보여 주는 이유는 테스트하고자 하는 광고에 집중하여 발생하는 오류를 줄이고 일상생활과 유사한 환경에서 광고를 노출시키기 위함이며, 조사기관에 따라서 보통 6~10개 정도의 광고를 섞어서 노출한다. 1차 노출한 후에 '기억나는 광고 및 상기 내용 → 기억나는 브랜드 → 전달 내용에 대한 인식 → 제품속성에 대한 브랜드 평가' 등을 질문하여 광고의 주목률과 브랜드에 대한 소비자 태도 및 인식이 광고에 의해서 얼마나 변화하였는가를 분석한다. (3) **다음은 테스트하고자 하는 광고만 반복하여 다시 한 번 보여 주고 해당 광고에 대한 심층적인 소비자 반응**을 살펴본다. 애니매틱 평가와 유사한 문항들을 질문하여 구매를 유발하는 광고속성의 도출, 크리에이티브의 영향력(impact) 추정, 모델 평가, 소구력 진단, 개선안에 대한 구체적인 진단과 최종안을 결정한다.

여기서 **크리에이티브 영향력은 크리에이티브가 광고의 궁극적 목적인 구매의사에 얼마나 영향을 미쳤는가를 측정하는 일종의 척도**로서, 광고속성에 대한 응답자들의 평가치와 중요도를 가중평균하여 도출한다. 이때 광고속성의 중요도는 CSI 조사의 중요도와 유사하게 **'속성별 평가치'와 '광고를 보고 난 이후의 구매의사'** 간의 상관계수를 이용하여 계산할 수 있으며, 〈제9장 고객만족도 조사〉를 참고하면 쉽게 이해할 수 있을 것이다. 즉, 개별 광고속성들에 대한 평가와

| 표 8.2 | 크리에이티브 속성과 요인적재값의 예

광고 Creative 속성	광고 Creative 요인			
	전달력 요인	모델 요인	돌출 요인	배경음악 요인
전달하고자 하는 내용이 잘 이해됨	0.830			
어떤 제품의 광고인지 잘 이해됨	0.794			
설득력이 있음	0.736			
제품과 광고가 어울림	0.655			
신뢰감이 생김	0.643			
모델이 제품과 어울림		0.864		
모델이 마음에 듬		0.846		
모델이 연기를 잘함		0.794		
광고가 독특함			0.829	
광고가 주목이 됨			0.788	
광고가 기억에 남음			0.675	
배경 음악이 적합함				0.887
배경 음악이 광고에 어울림				0.895
배경 음악이 마음에 듬				0.849

가중치(구매유발력)를 이용하여 크리에이티브 영향력 지수를 다음과 같이 계산할 수 있다.

Creative Impact Index

$$= \sum_i (i\text{번째 광고속성에 대한 평가}) \times (i\text{번째 광고속성의 구매유발력})$$

한편, 각 광고속성들의 평가치를 요인분석하여 표 8.2와 같은 요인적재값을 얻었다고 가정하면, 이때 각 요인들의 요인점수와 구매의사와의 상관계수를 중요도(구매유발력)로 하여, 각 요인에 해당하는 속성들의 평균 평가치의 가중평균으로 다음과 같이 크리에이티브 영향력 지수를 구할 수도 있다.

Creative Impact Index

$$= \sum_i (i\text{번째 요인에 해당하는 속성들의 평균평가치}) \times (i\text{번째 요인의 구매유발력})$$

크리에이티브 영향력 지수를 산출할 때는 광고에 의한 구매의향을 준거변수로 이용하고 고객만족 지수를 산출할 때는 전반적 만족도를 준거변수로 이용한다는 점만 다르며, 속성변수들과 준거변수의 상관계수를 계산하여 그 상대적 영향력을 도출하고 중요도로 사용하는 알고리즘은 동일하다고 할 수 있다.

이때, 각 속성들의 평가치를 기준으로 산출할 것인가 아니면 요인을 기준으로 산출할 것인가에 대한 결정은 해당 산업에 따라 다르기 때문에 일반화시키기 어려우며, 지속적인 조사에 의한 데이터베이스를 축적하여 의사결정하여야 한다.

광고시안이 두 개 이상의 복수일 경우 어느 것을 최종적으로 선택할 것인가를 결정하기 위해 크리에이티브 영향력 지수를 유용한 참고자료로 사용할 수 있으며, 광고 크리에이티브에 대한 속성들은 항상 정해져 있는 것이 아니라 조사기관이나 제품 및 산업에 따라 조정될 수 있다. 그러나 전반적인 큰 틀은 크게 다르지 않을 것이다.

한편, 대부분의 광고평가는 리커트척도(5점척도, 7점척도, 11점척도 등)를 사용하게 되는데 평균점수의 의미에 대한 논란이 꾸준히 제기된다. 예를 들면, 광고의 전반적 선호도를 7점척도로 질문한 결과 평균점수가 5.2점으로 나타났다면 이 수치가 과연 긍정적인 것인가 아니면 부정적인 의미를 나타내는 수치인가에 대한 문제이다. 이에 대한 대답으로 몇몇 국내 조사기관들은 오랫동안 진행해온 프로젝트의 데이터를 축적하여 평균수치(norm; 기준치)를 구축하고 이 기준치와 비교하여 광고의 여러 가지 속성 및 전반적 선호도를 평가하고는 있으나, 대부분의 외국계 조사기관들은 글로벌 차원의 프로젝트를 통하여 구축한 데이터베이스를 근거하고 있다. 그러나 설문조사 참여에 대한 전반적 인식이나 척도에 대한 인식에 대해서 우리나라 사람들과 글로벌 차원의 외국인들과 동일하게 적용해도 되는가에 대한 의문이 제기된다. 가장 바람직한 것은 우리나라 사람들을 대상으로 프로젝트를 진행한 데이터베이스를 구축하여 사용하는 것이지만, 아쉽게도 아직은 이에 대한 데이터베이스가 충분하지 못한 현실이다.

8.3 단기적 사후 광고효과 조사

주요 이슈별 마케팅리서치 진행 및 분석방법

8.3.1 전반적 프레임웍

단기적 사후 광고효과 조사는 앞에서 잠시 언급한 것과 같이 광고 방송(on-air) 이후 1달에서 3달 정도에 표적청중들이 광고를 얼마나 기억하고 있는지, 이에 따라 **브랜드 상기와 브랜드 태도가 얼마나 변화했으며, 전달하고자 하는 내용이 제대로 전달되고 있는지를 파악하여, 향후 커뮤니케이션 전략수립을 위한 기초자료로 사용**하기 위해서 진행한다. 그러나 몇몇 광고대행사들이 이러한 본연의 목적이 아니라 지표의 변화를 광고주에게 보여 주기 위해 생색내기를 위한 목적으로 조사를 진행하는 경우도 있다.

조사방법은 일대일 개별 면접조사를 사용하는 경우가 가장 많으며 때에 따라서는 전화조사로 진행하는 경우도 많은데, 전화조사는 설문항목의 양을 고려할 때 상당히 무리한 조사방법이며 실질적으로 정확한 데이터를 얻기가 힘들다고 볼 수 있다. 여러 가지 현실적인 여건상 전화조사로 진행을 해야만 한다면 설문항목의 양을 최대한 줄여서 광고와 브랜드 지표 및 상기내용 정도만 질문하는 선에서 끝내야 한다.

주요 조사내용과 목적은 (1) **시장지표와 경쟁상황을 파악**하고, (2) **커뮤니케이션 컨셉의 타당성을 진단**하며, (3) **광고의 크리에이티브 방향이 적절하고 효과적으로 전달이 되고 있는**가, (4) 마지막으로 **매체의 집행이 효율적으로 이루어지고 있는가를 확인**하는 것이 주된 목적이다.

시장상황과 관련된 질문항목은 해당 제품이나 브랜드의 구매경험, 향후 구매의향 등을 통하여 시장에 대한 몰입도나 브랜드 충성도 등을 분석의 기초 변수로 사용하고, 제품에 기대하는 본원적 편익 및 대체상품에 대한 인식진단을 통하여 소구하고자 하는 방향의 타당성을 검토한다. 이는 현재 시장의 경쟁상황을 간략하게 살펴보고 현재의 방향이 맞는가를 확인하는 것이지 제품의 사용행태를 살피는 U&A(Usage & Attitude) 조사가 아니므로, 이 부분의 설문항목이 너무 길어져서 주객이 전도되는 경향을 주의하여야 한다.

컨셉의 타당성은 광고를 통해서 전달하고자 하는 내용과 청중들이 지각하는 내용이 일치하는가를 확인해야 하는데, 광고를 제작한 사람이 전달하고자 하는 내용과 광고 인지자가 느끼는 내용이 전혀 다른 경우가 많이 발생하기 때문이다. 광고는 궁극적으로 해당 브랜드를 판매하기 위함이 그 목적인데 가끔은 영화제에 출품하기 위한 광고인 듯한 느낌이 드는 광고가 종종 있다. 또한, 광고를 기억하는 응답자에게 "어느 브랜드의 광고인지 아십니까?" 하고 질문하면 과반수 정도의 응답자가 다른 브랜드를 대답하는 경우가 있다. 즉, 엄청난 광고비를 쏟아 부으면서 광고를 집행하는데 결과적으로는 경쟁 브랜드의 인지를 올려주는 웃지 못할 상황이 벌어지는 것이다. 따라서 광고 상기자들이 해당 브랜드를 얼마나 연결하여 제대로 인지하는가를 파악하고, 광고 인지와 브랜드 인지를 연결시키기 위해서는 광고를 어떤 방향으로 제작해야 하는지에 대한 연구가 필요하며, 이는 뒤에 언급하는 장기적 광고효과 조사에서 자세히 설명하겠다.

크리에이티브에 대한 평가는 광고의 신뢰성, 호감도, 이해 용이성 등 속성에 대한 응답자의 평가를 순서형 척도로 질문하는 것이 일반적인 경향이다. 이 결과는 응답자들의 평균점수나 긍정적으로 응답한 사람들의 비율로 주로 분석하는데, 평균점수의 경우 그 수치의 의미하는 바가 주관적이어서 조사업체들이 가지고 있는 기준치(norm)와 비교하여 해당 광고를 평가하지만, 기준치라는 것이 수많은 조사를 통하여 축적되는 데이터베이스에 의해서 도출되는 것이라 국내 몇몇 대형 조사기관만이 이를 가지고 있으며, 이 또한 글로벌 차원의 데이터베이스라는 한계가 있다. 이러한 경우에 평균 평가치가 아니라 긍정적으로 응답한 사람의 비율을 사용하여 크리에이티브에 대한 반응을 살펴보기도 한다. 한편, 크리에이티브는 인지도와의 상관관계를 분석하기도 하는데, 여기서 중요한 것은 광고의 인지도가 광고에 의한 구매의향 유발로 반드시 연결되지는 않는다는 것이다. 물론 브랜드를 판매하기 위해서는 먼저 광고를 전달하여 상기시키고, 그에 의해서 브랜드를 인지시키고, 브랜드에 대한 태도를 변화시켜야 하지만, 광고만 인지한다고 그것이 구매로 연결되지 않는 경우도 많다는 점을 명심해야 한다. 아주 극단적인 경우 광고는 강하게 상기되고 있지만 해당 브랜드의 이미지가 부정적으로 형성되어 있을 수도 있다는 것이다. 따라서 크리에이티브의 평가와 구매의향과의 상관관계를 반드시 살펴보고, 단순히 크리에이티브 자체에 대한 평가뿐 아니라 어떤 크리에이티브가 구매에 긍정적인 태도를 형성하는지에 대한 분석이 반드시 필요하다.

매체의 집행에 대한 질문은 많은 광고효과 조사에서 생략하는 경우들이 많은데, 이것은 매체집행의 효율성을 측정하기 어렵다는 문제도 있지만 조사기관, 광고대행사, 광고주들의 인식의 문제도 크다는 것이 저자의 생각이다. 그러나 광고제작 및 집행에 들어가는 비용 중에서 매체비의 비중과 광고의 전달(reach)이라는 문제를 고려할 때 매체의 효과를 측정하기 위한 방법론의 활발한 연구가 시급하다. 도달률(reach)이나 GRP와 같은 광고지표로 살펴보기도 하지만, 응답자들이 해당 광고를 어디서 보거나 들었는지, 해당 브랜드를 처음에 어떻게 알게 되었는지 그리고 각 접촉 매체별로 어떤 내용이 기억나는지, 구매과정 중 정보를 어디서 탐색하고 각 정보전달 매체를 어느 정도 크게 고려하는지 등을 질문하여, 광고를 하고자 하는 브랜드의 특성, 목표집단, 커뮤니케이션 컨셉에 따라 효율적으로 매체계획을 수립하고 집행하여야 할 것이다. 매체계획을 하는 실무자들이 소비자들의 지각 데이터에 의한 의사결정보다는 자체적으로 가지고 있는 내부자료와 감각으로 의사결정을 하는 현실이 개선되어야 한다.

8.3.2 단기적 사후 광고효과 조사의 한계

단기적 사후 광고효과 조사는 방송 이후의 광고나 브랜드의 인지도 변화, 브랜드의 태도 변화, 상기 내용, 소구 포인트에 대한 인식 등 단편적이고 분절적인 항목을 체크하고 있다. 그러나 최초상기, 보조인지도 등의 지표에 대한 변화가 구체적으로 시장에서 어떤 의미를 설명하는지가 명확하지 않으며, 브랜드의 태도에 대한 변화가 커뮤니케이션 방향, 크리에이티브, 매체집행, 브랜드 파워 등 수많은 요인들 중 어디에서 얼마만큼 영향을 받는지 등에 대한 사후 행동을 취할 수 있는 구체적인 가이드를 제공하지 못하고 있다. 또한, 매출이나 시장점유율 등에 변화가 발생할 경우 이것이 광고 자체의 영향인지 아니면 광고 물량인지, 브랜드 파워의 영향인지, 시장상황의 변화에 의해서 어부지리로 얻은 결과인지에 대한 분석이 전혀 이루어지지 않고 있다. 이는 매출과 시장점유율 등에 대한 시장반응 자료와 GRP 및 도달률(reach) 등과 같은 광고지표 그리고 광고에 대한 소비자들의 지각을 파악한 조사자료가 총체적으로 분석되지 않고 각각의 부서에서 분절적으로 분석되고 관리되기 때문이다. 따라서 이제 광고효과 조사는 리서치기관에서 설문조사의 분석에 그치지 말고 조사기관, 광고대행사, 광고주가

| 표 8.3 | 단기적 사후 광고효과 조사의 내용

진단 내용/목적	시장 경쟁상황	컨셉 타당성	크리에이티브	매체집행
조사 항목	– 구매 경험 – 향후 구매 의향 및 이유 – 제품의 기대 편익 – 대체 상품에 대한 인식 – 브랜드 인지도 – 브랜드 이미지 – 브랜드 호감도 – 주사용 브랜드 및 이유 – 향후 구매의향 브랜드 및 이유 – 브랜드 로얄티 – 핵심구매요인 – 구매 의사결정 및 구매 행동 과정 – 사용 TPO	– 주요 전달내용에 대한 인식 – 브랜드 linkage – 제품 특성 전달력 – 소구 포인트에 대한 목표청중의 인식 – 소구 포인트의 소구력 – 향후 소구 포인트 방향 – 시장내 바람직한 포지셔닝 위치 – concept에 대한 전반적 수용도	– 신뢰성 – 호감도 – 독특성 – 이해 용이성 – 모델 적합성 – 모델 호감도 – 창의성 – 설득력 – 흥미 유발 – 주목도 – 기타 creative 속성 – 경쟁사 대비 creative impact – 구매 유발력	– 광고 접촉 매체 – 브랜드 인지 경로 – 구매 시 정보탐색 경로 – 매체별 상기 내용

각각 관리하고 있는 자료들을 통합하여 (1) 광고 집행 → 인지 → 태도 → 행동의 각 단계에 대한 입력(input) 대비 출력(output)의 효율성 평가는 물론 구체적인 기준을 제시하고, (2) 시장반응을 가져올 수 있는 광고 크리에이티브 방향에 대한 구체적인 가이드를 제공하여야 하며, (3) 광고의 이월효과와 누적효과가 같이 분석하여야 한다.

8.4 장기적 사후 광고효과 조사

주요 이슈별 마케팅리서치 진행 및 분석방법

8.4.1 총괄적 데이터베이스 관리

장기적인 광고효과 조사를 진행하기 위한 설문항목은 단기적 광고효과 조사와 큰 차이는 없으나 다만 (1) 광고 지표나 마케팅 지표, 광고유형에 대한 정보를 통합하여 분석한다는 점과 (2) 주기적이

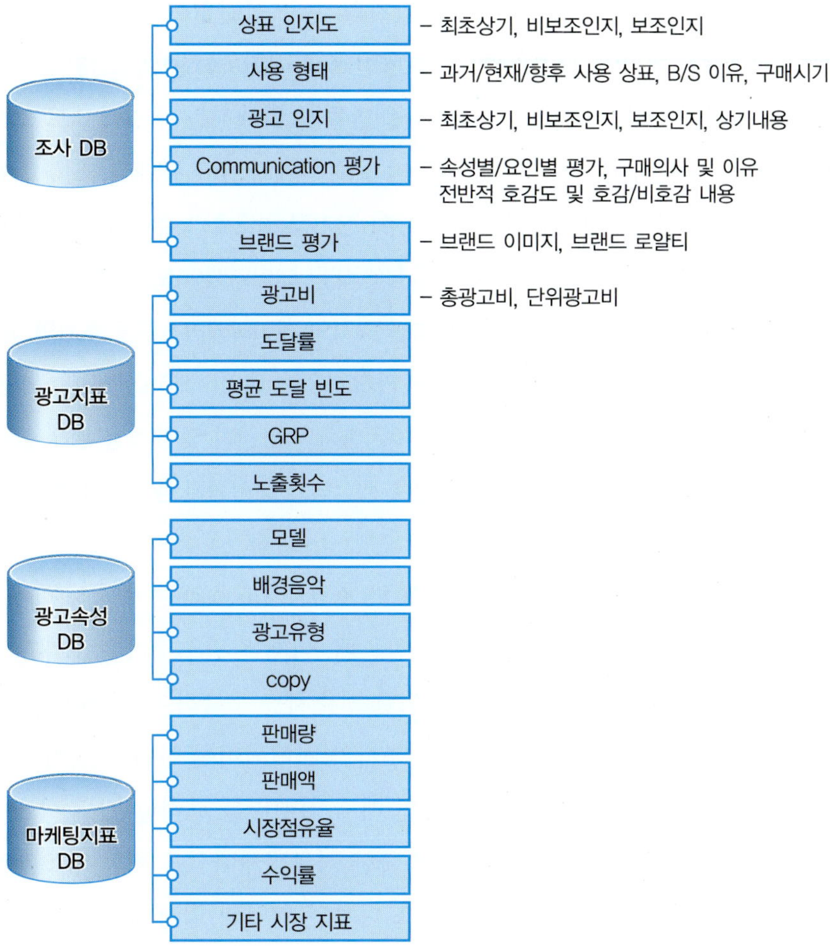

| 그림 8.1 | 장기적 광고효과 조사의 데이터베이스 구조

고 지속적으로 광고를 진행하여 데이터베이스를 구축하여야 한다는 점이 다른 점이다. 그림 8.1과 같이 먼저 브랜드와 광고 인지도, 브랜드에 대한 이미지 및 태도 변화, 커뮤니케이션 평가와 같은 ① 단기적 광고효과 조사항목을 질문한다. 그 다음에는 광고대행사나 광고주들이 지속적으로 체크하는 도달률, 평균 도달빈도, GRP나 광고비와 같은 ② 광고지표 데이터베이스를 통합한다. ③ 광고 크리에이티브에 대한 기준치(norm) 구축을 위하여 광고 유형에 대한 정보들을 입력해야 하는데, 모델의 유형(개그맨, 가수, 연기자, 사회명사, 스포츠 스타, 일반 소비자 등)이나 배경음악의 종류, 광고형태, 주 카피(main copy)의 위치 등과 같은 광고제작과 관련된 요인들을 범주화하여 입력해야 하며, 이는 조사업체보다는 광고를 제작한 광고대행사에서 직접 분류하여 데이터베이스를 전달하는 것이 효율적이다. 이와 같은 광고제작과

관련된 요인들의 데이터는 한 번 조사할 때 응답자의 수와 상관없이 피평가된 광고의 수만큼이 사례수가 된다. 즉, 피평가 광고가 어떤 유형인가에 대한 자료이므로 피평가 광고수가 사례수가 되는데, 평가기준이 될 수 있는 기준치를 만들기 위해서는 주기적으로 조사를 진행해서 데이터베이스를 구축하여야 한다. ④ 마지막으로 판매량이나 판매액, 시장점유율 등과 같은 마케팅 지표의 정보들을 입력한다. 이와 같이 장기적 광고효과 측정을 위해서는 조사자료 데이터베이스, 광고지표 데이터베이스, 광고제작 유형에 대한 데이터베이스, 마케팅 지표에 대한 데이터베이스 등이 통합되어 분석이 이루어져야 하는데, 각각의 데이터베이스들은 추가의 비용이 소요되는 것이 아니라 대부분의 광고주와 광고대행사들이 가지고 있는 데이터베이스들이다. 다만, 각각의 부서나 실무자들이 분절적으로 관리하는 것을 통합하여, 총체적인 관리 및 분석을 통해 실무부서에서 구체적인 행동을 취하는데 가이드를 제공할 수 있는 본질적이고 장기적인 광고효과 측정조사를 진행하는 것이다.

광고대행사에서 광고를 제작하여 집행하고 또한 스스로 그 효과를 측정하여 광고주에게 보고하는 다소 우스운 사례들이 종종 발견되곤 하는데, 이제는 광고주가 광고대행사의 성과를 직접 평가하고 관리하여야 하며, 그 평가를 위한 기준치를 구축하여야 한다. 한 가지 문제점은 기준치 구축을 위해서 일정 정도의 주기적 조사가 진행되어야 한다는 것이지만, 엄청난 비용이 소요되는 광고의 제작과 기하학적 숫자인 매체 집행비를 고려할 때 조사에 소요되는 비용과 시간은 충분히 투자할 가치가 있으며, 정확한 커뮤니케이션을 위한 광고제작과 효율적인 매체집행에 의해서 얻어지는 부가가치를 고려하면 기업의 입장에서는 반드시 추진되어야 할 업무인 것이 분명하다. 그럼에도 불구하고 많은 광고주나 광고대행사들이 장기적 광고효과 조사에 대한 시도는 물론 개념도 제대로 인식하지 못하고 있는 것이 안타까운 현실이다.

8.4.2 정보처리 단계별 효과 측정

소비자가 광고를 접하여 정보를 인지(인식)하고, 태도(감성)를 형성하여 행동(구매)으로 옮기는 과정에는 여러 가지 주장이 있다. 즉, 가장 먼저 인식을 하고 그것이 감성 → 태도로 이루어진다는 '학습반응 모델', 행동 → 감성 → 인지의 순서로 이루어진다는 '부조화-귀인 모델' 그리고 인식 → 행동 → 태도의 순서로 정보처리가 된다고 주장하는 '저관여 반응 모델' 등이 있다. 소비자들이 광고를 접하고 행동으로 옮기거나 태도를 형성하는 과정에는 이러한

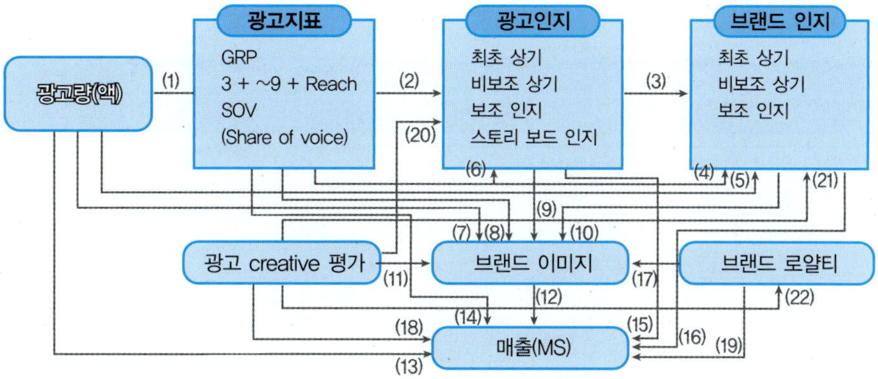

| 그림 8.2 | 광고정보 인지 및 처리 경로

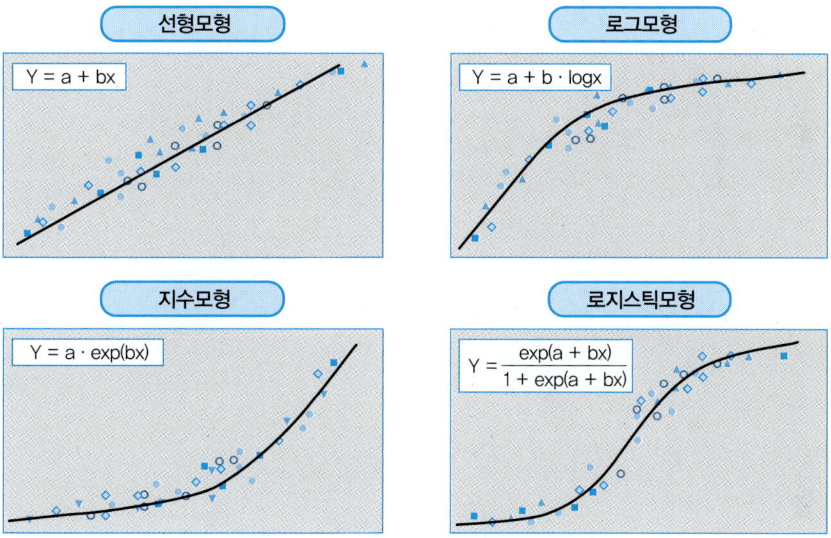

| 그림 8.3 | 두 변수 간의 일대일 함수의 유형

여러 가지 정보처리 과정이 있으며, 이는 그림 8.2와 같이 대단히 다양하고 복잡한 경로로 형성된다.

한편, 변수와 변수 간의 일대일 관계는 일반적으로 그림 8.3과 같이 크게 선형모형, 로그모형, 지수모형, 로지스틱모형 등으로 분류할 수 있다. 이제 그림 8.2의 각 경로별로 네 가지 모형을 모두 분석하면 표 8.4와 같은 형태로 정리되고 각 함수의 설명력(결정계수)을 고려하여 각 경로간 최적함수의 유형을 결정할 수 있다. 예를 들면, '광고량 → GRP'의 관계모형 네 가지 중에서 결정계수가 가장 큰 것은 로지스틱모형이며, 따라서 광고량 투입에 대한 GRP의 변화를 설명하는 모형으로 로지스틱모형이 하나의 대안이라는 것을 볼 수 있다. 이

| 표 8.4 | 각 경로별 모형의 결정계수에 대한 예

step	변수구문		결정계수 R^2			
	종속변수	독립변수	선행회기	지수변환	로그함수	로지스틱 모형
1	GRP	광고량(액)	0.49	0.67	0.54	0.81
2	매출	광고량(액)	0.74	0.68	0.87	0.74
3	최초상기	광고량(액)	0.82	0.72	0.57	0.84
4	브랜드로얄티	브랜드상기	0.56	0.84	0.73	0.79
5	브랜드로얄티	GRP	0.72	0.79	0.84	0.67
6	브랜드로얄티	광고 Creative	0.57	0.87	0.74	0.73
7	브랜드최초상기		0.92	0.56	0.82	0.84
8	브랜드비보조상기		0.84	0.82	0.79	0.79

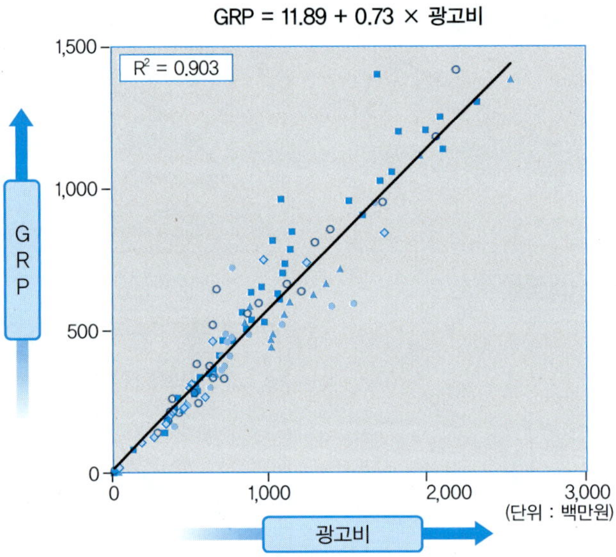

| 그림 8.4 | '광고비 → GRP' 함수관계의 예

들 모형의 적합에 관한 내용은 이 장의 부록을 참조하기 바란다. 표 8.4의 각 함수에 대한 결정계수들은 임의의 수치이므로 실제로는 최적함수가 달라질 수 있다.

이제 각 경로들을 설명할 수 있는 최적의 함수가 결정되면 순차적으로 그 의미를 살펴보기로 하겠다. 이제부터 제시하는 데이터는 생활용품 시장의 사례를 통해 얻어진 것이며, 구체적인 함수와 수치는 설명을 쉽게 하기 위하여 저자가 임의로 수정했음을 밝혀둔다. 우선 가장 먼저 '광고비 → GRP'의 함수관계가 그림 8.4와 같이 선형모형의 형태를 나타낸다고 하자. 결정계수도 90.3%로 대단히 높은 편이며 모형의 추정식을 따라 데이터가 거의 일치하

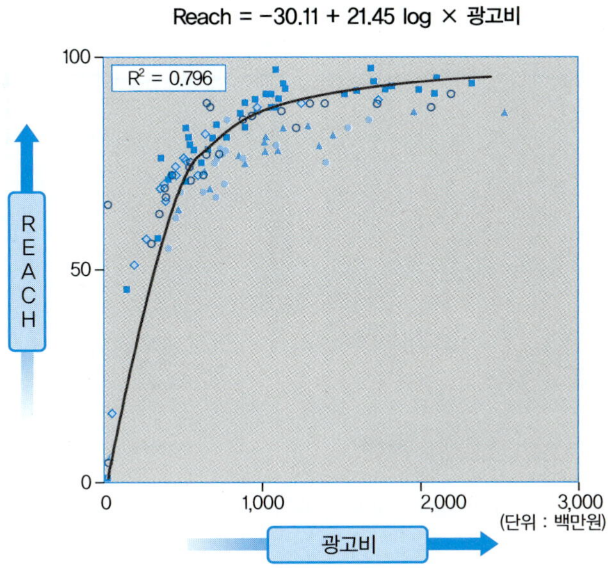

| 그림 8.5 | '광고비 → Reach' 함수관계의 예

고 있음을 볼 수 있는데, 이는 GRP와 광고비의 함수라는 점을 염두에 두면 당연한 결과일 것이다. 물론 표적집단의 특성과 전혀 어울리지 않는 매체계획을 수립하고 집행하였다면 이와 같은 수치가 타나나지 않을 수도 있을 것이다.

그림 8.5는 '광고비 → Reach' 함수관계의 예이다. 전형적인 로그모형의 형태를 나타내고 있어 광고의 도달률이 일정 정도 수준이 되면 광고비를 아무리 쏟아부어도 도달률이 크게 증가하지 않는 것을 볼 수 있다. 즉, 광고의 도달률이 수평선을 이루기 시작하는 시점부터는 무작정 광고비를 증가하는 것이 비효율적임을 알 수 있으며, 수평선을 이루기 전에 광고비 대비 도달률의 평균 증가율을 추정할 수 있어 특정 광고매체가 효율적으로 집행되고 있는지를 점검할 수도 있는 기준으로 사용할 수 있다.

다음 'GRP → 광고인지' 함수관계를 살펴보면 그림 8.6과 같이 기울기가 낮은 선형모형이며, 결정계수는 56% 정도로 그다지 높지 않음을 볼 수 있다. 그러나 모형의 결정계수는 낮지만 함수식의 통계적 유의성을 의미하는 *p*-값(*p*-value)은 0.0001로서 광고인지를 설명하는데, GRP는 통계적으로 유의함을 볼 수 있다. 즉, 그림 8.6에서 나타난 두 변수 간의 선형모형은 통계적으로 유의하기는 하지만 광고인지의 정도를 결정하는 데 있어서 GRP는 56% 정도만 기여할뿐 수많은 다른 변인들이 광고의 인지도에 영향을 미친다고 할 수 있는 것이다.

광고가 인지되고 되면 다음은 그 광고에 의해서 브랜드 인지가 얼마나 향상되었는가에 대

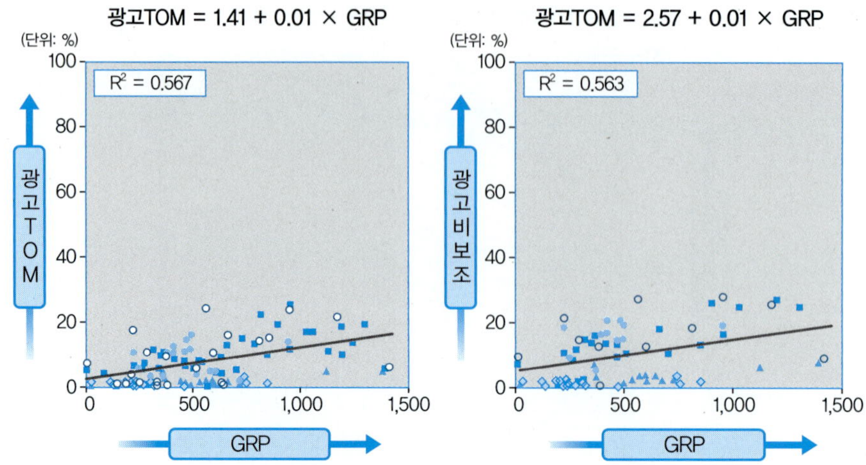

| 그림 8.6 | 'GRP → 광고인지' 함수관계의 예

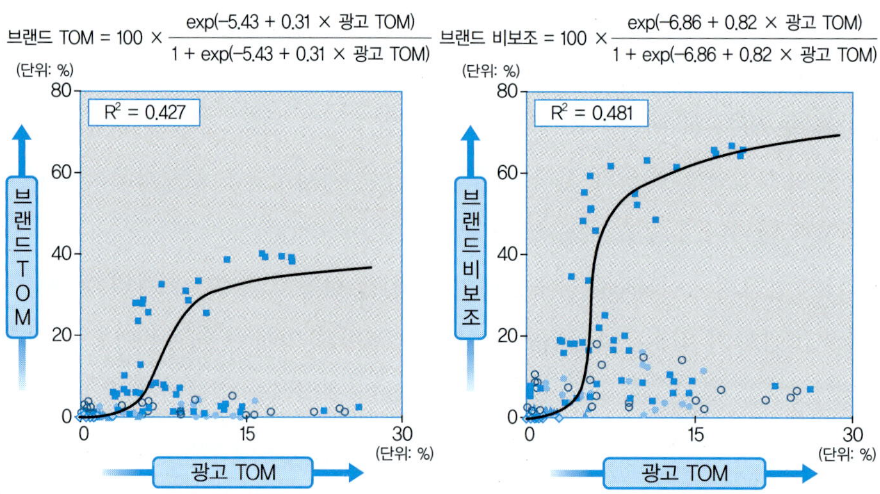

| 그림 8.7 | '광고인지 → 브랜드 상기' 함수관계의 예

한 분석이 진행되어야 한다. '광고 최초상기 → 브랜드 최초상기(또는 비보조상기)'와의 함수관계를 살펴보면 그림 8.7과 같은 로지스틱모형으로서 광고 상기가 증가함에 따라 브랜드 상기가 처음에는 천천히 증가하다가 갑자기 급상승하고 다시 수평선을 이루는 형태를 볼 수 있다. 즉, 브랜드 상기율이 급상승하는 시점까지는 일정 정도의 광고 상기가 필요하며, 이 시점이 최소한의 광고 상기율 목적치가 된다고 할 수 있다. 또한, 브랜드 상기율의 증가가 완만해지기 시작하는 시점부터는 광고 상기를 아무리 증가시켜도 브랜드 상기가 크게 증가하지 않아서, 더 이상의 광고 상기를 높이기 위해서 마케팅 자원을 소요하는 것은 비효율적이라 할 수 있다. 한편, 광고 상기의 증

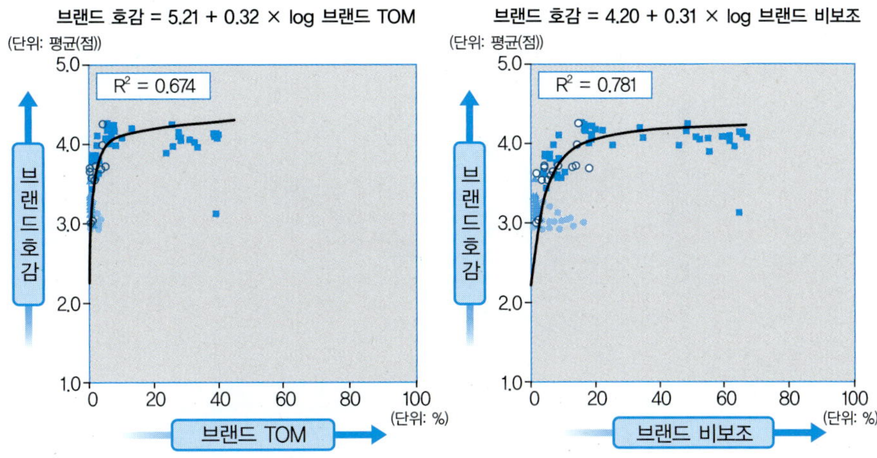

| 그림 8.8 | '브랜드 상기 → 브랜드 호감(태도)' 함수관계의 예

가 대비 브랜드 상기 평균 증가치를 추정할 수 있어서 집행하고 있는 광고의 크리에이티브 등을 평가할 수도 있다. 광고 상기의 증가분 대비 브랜드 상기 증가분의 평균치(예측치)만큼 브랜드 상기가 증가하지 못한다면 광고의 브랜드 연결(linkage)에 상당한 문제가 있는 것으로서 크리에이티브의 수정이 필요한 것이다.

여기서도 p-값은 0.0001로 나타났으나 결정계수가 낮으므로 브랜드 상기에 광고 상기가 유의한 영향을 미치기는 하지만, 기타 수많은 요인들이 브랜드 상기에 상호 복합적으로 영향을 미친다는 사실을 알 수 있다. 그러나 광고 상기가 42~48% 정도의 영향력을 가지고 있으므로 무시할 수는 없는 요인으로 고려되어야 한다.

브랜드가 소비자들의 지각 속에 상기되기 시작하면 다음 단계는 소비자들이 해당 브랜드에 얼마나 호감을 갖는가가 중요한 문제가 된다. 즉, '브랜드 상기 → 브랜드 호감'의 관계식을 추정하게 되는데 그림 8.8과 같이 전형적인 로그모형의 형태를 나타낸다고 하자. 앞에서 설명한 것과 같이 브랜드 상기가 증가함에 따라 브랜드에 대한 호감이 증가하다가, 브랜드 상기가 일정 정도 수준이 되면 브랜드 호감의 증가가 수평선을 나타내는 것이다. 따라서 이 시점 이상의 브랜드 상기를 높이기 위한 비용의 투자는 비효율적이라고 볼 수 있으며, 마찬가지로 브랜드 상기의 증가 대비 브랜드 호감의 증가에 대한 평균치를 추정하여 브랜드 호감의 증가에 대한 기여의 정도를 비교/평가할 수 있다.

다음은 브랜드 호감이 최종적으로 구매의향에 어느 정도의 관계식을 갖느냐가 관심사가 될 것이다. '브랜드 호감 → 구매 의향'의 관계식은 그림 8.9와 같이 선형모형을 나타냈으며,

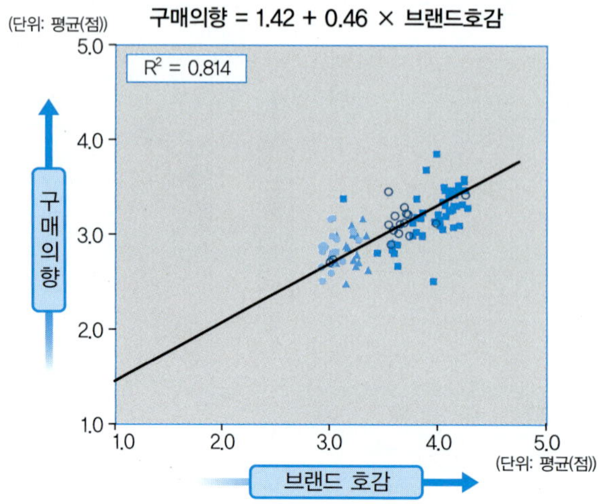

| 그림 8.9 | '브랜드 호감 → 구매의향' 함수관계의 예

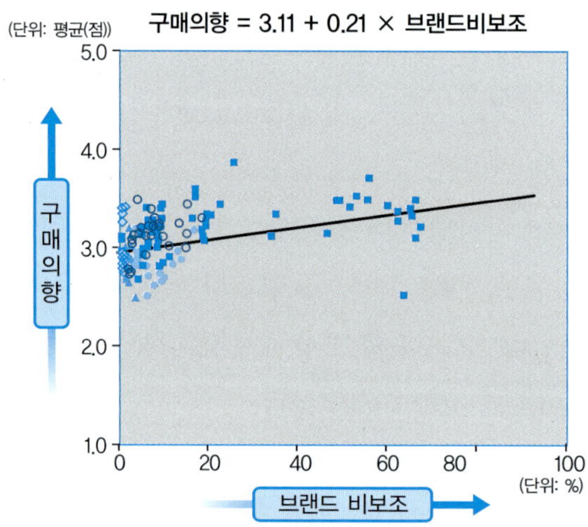

| 그림 8.10 | '브랜드 상기 → 구매의향' 함수관계의 예

결정계수가 81.4%이고 p-값이 0.0001인 것으로 보아 광고에 의한 브랜드 호감의 증가가 구매의향에 미치는 영향력이 상당한 수준임을 알 수 있다. 한편, 그림 8.10의 '브래드 상기 → 구매의향'은 결정계수가 64.8% 정도로 나타나 구매의향은 브랜드 상기 보다는 브랜드 호감이 결정적인 영향을 미치고 있음을 알 수 있다. 또한 브랜드 상기 대비 구매의향 증가가 평균치보다 낮게 나타날 경우 브랜드 자체에 대한 문제점이 없는가를 점검해 보아야 한다는 것도 암시할 수 있다.

이상과 같이 광고집행부터 구매의향까지의 각 단계별 함수식을 도출할 수 있으며, 그 예측치를 기준으로 하여 현재 집행하고 있는 광고의 효율성을 평가하기 위한 기준치(norm)는 제품군별로 다르므로 주기적으로 조사를 진행해서 데이터베이스를 구축해야 하지만 그 효율성을 고려한다면 더 이상 주저할 일이 아니다.

8.4.3 브랜드 연결을 위한 광고 크리에이티브

앞에서 잠시 언급하였듯이 특정 브랜드의 광고를 상기하는 사람들에게 그 광고가 어느 브랜드의 광고인지 질문하면 거의 절반 정도의 사람들이 다른 경쟁 브랜드를 대답한다. 즉, 청중들의 지각 속에 광고는 인식이 되지만 그 광고가 다른 브랜드를 연상시키는 결과를 가져와 엄청난 비용의 광고비가 결국은 경쟁 브랜드를 홍보해 주거나 아니면 허공에 대고 외치고 있는 꼴이 되는 것이다. 표 8.5는 생활용품 브랜드들의 광고를 (브랜드를 감추고) 보여 준 후 해당 광고를 본 적이 있다고 응답한 사람들에게 어느 브랜드의 광고냐고 질문하여 얻은 결과이다. 표에서 보는 바와 같이 브랜드 C의 경우 광고 인지자의 브랜드 정인지 비율이 26.4%인 반면 55.0%는 아무 브랜드도 기억하지 못하고 있다. 즉, 광고가 임팩트가 강해서 청중들의 기억 속에는 있지만 실제로 정작 중요한 브랜드는 연상시키지 못하고 있는 것이다. 한편, 브랜드 F의 경우 해당 브랜드를 정확하게 연상하는 사람과 다른 브랜드를 연상하는 사람들의 비율이 비슷한 것을 볼 수 있다. 이는 어떤 브랜드를 인지하지 못하는 경우보다 더 나쁜 상황으로서, 결국은 경쟁 브랜드의 홍보를 위한 광고를 집행하고 있는 셈이다. 저자의 경험으로 볼 때 광고 인지자의 브랜드 정인지율은 평균 50~60% 정도에 미쳐 광고의 브랜드 연결을 높이기 위한 연구가 시급한 상황이다.

그렇다면, 광고의 브랜드 연상률을 높이기 위해선 광고를 어떻게 만들어야 하는가에 대한

| 표 8.5 | 광고 인지자의 브랜드 연상률의 예

		광고를 한 브랜드							
		브랜드 A	브랜드 B	브랜드 C	브랜드 D	브랜드 E	브랜드 F	오인지	비인지
연상 브랜드	브랜드 A	56.7		5.2	10.7		5.4	21.3	22.0
	브랜드 B	2.4	76.4		3.2	7.7		13.3	10.3
	브랜드 C	2.4	4.3	26.4		7.3	4.6	18.6	55.0
	브랜드 D	2.3	3.4		47.3		4.3	10.0	42.7
	브랜드 E		2.6		30.1	56.2	4.2	36.9	6.9
	브랜드 F	10.1		10.4		20.4	43.2	40.9	15.9

	중요도(%)	계수	P-Value	오즈비
임팩트	33.4	0.126	0.001	1.14
독특/차별성	16.8	0.070	0.001	0.93
광고 적합성	5.2	0.021	0.327	1.02
모델적합성	17.3	0.068	0.001	1.07
구매욕구 유발	22.0	0.085	0.001	1.09
호감도	5.2	0.021	0.397	1.02

$$\ln\left(\frac{\text{정인지}}{\text{오/비인지}}\right) = 0.5127 + 0.126 \cdot \text{임팩트} + 0.070 \cdot \text{독특성} + 0.021 \cdot \text{광고 적합성} + 0.068 \cdot \text{모델 적합성} + 0.085 \cdot \text{구매욕구} + 0.021 \cdot \text{호감도}$$

| 그림 8.11 | 크리에이티브 속성의 브랜드 정인지 분석표

과제를 풀어야 할 것이다. 일단 광고의 크리에이티브 속성이 어떤가에 따라 브랜드 정인지율이 달라질 수 있다는 가정하에, 광고 인지자들에게 광고의 임팩트, 독특/차별성, 광고 적합성, 모델 적합성, 구매욕구 유발, 전반적 호감도 등 속성을 평가하게 하여, 이를 독립변수로 하고 광고의 브랜드 정인지 여부를 종속변수로 하여 로짓분석(로지스틱 회귀분석)을 함으로써 그림 8.11과 같은 결과를 얻었다고 하자(로짓분석에 대해서는 이 장의 부록을 참조하기 바란다). 그림에서 보면 우선 광고의 브랜드 정인지 여부에 통계적으로 유의한 영향을 미치는 변수는 임팩트, 모델 적합성, 구매욕구 유발, 독특/차별성의 속성이고, 그중에서 임팩트의 속성이 가장 영향력이 큰 것으로 나타났다. 즉, 광고의 임팩트가 강하고, 구매 욕구를 유발하며, 모델이 적합하고, 독특한 광고일수록 브랜드를 정인지할 가능성이 높은 것이다. 그림 8.11의 크리에이티브 속성들은 저자가 임의적으로 몇 가지 예를 든 것이며, 실제로 광고의 크리에이티브 속성항목들에 대해서 좀 더 구체적으로 평가받고 분석하면 더 효율적으로 브랜드를 연상시킬 수 있는 광고를 제작할 수 있을 것이다.

이번에는 광고의 유형에 따라서 브랜드 정인지율이 다를 수 있다는 가정하에 모델의 유형, 모델 성별, 모델 연령, 배경음악 종류, 소구 유형을 독립변수로 하고, 광고 인지자의 브랜드 정인지율을 종속변수로 하여 분석한 결과 그림 8.12와 같은 결과를 얻었다고 가정하자. 그림을 살펴보면 모델의 연령과 배경음악이 브랜드 정인지율에 가장 중요한 영향력을 미치며, 30대의 모델과 소프트한 배경음악이 정인지율을 높이는데 도움을 주는 것을 알 수 있다.

본 사례는 저자가 예를 들기 위하여 몇 개의 광고제작과 관련된 항목들을 가지고 조사하

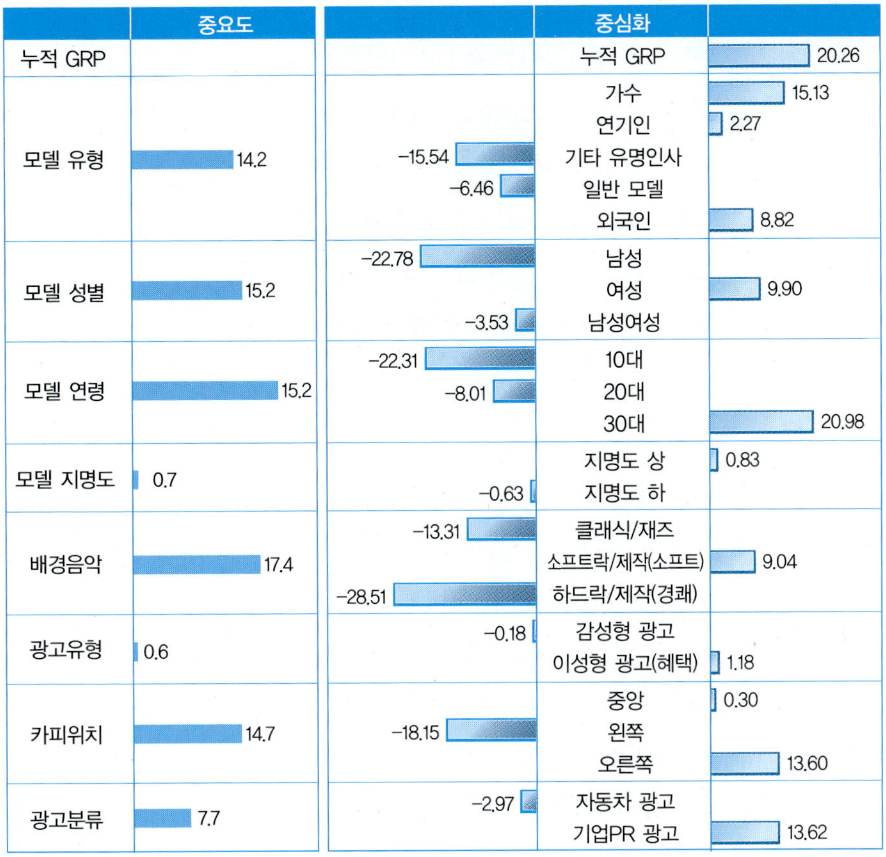

| 그림 8.12 | 광고유형에 의한 브랜드 정인지율 분석의 결과

여 분석한 것이고, 실제로는 많은 광고제작과 관련된 변수들을 대상으로 분석하면 브랜드 정인지율을 높이기 위한 광고를 제작하는데 크게 도움이 될 것이다. 문제는 한 개의 광고를 한 번에 걸쳐서 조사를 진행하면 사례수가 한 개밖에 되지 않는다는 것이다. 즉, 응답자수 기준이 아니라 광고의 기준으로 광고유형이 독립변수가 되며 전체 응답자의 정인지율이 종속변수가 되어 분석이 되므로, 일정 정도 이상의 광고평가에 대한 데이터가 축적이 되어야 기준치를 만들 수 있다는 것이다. 그러나 앞에서 살펴본 바와 같이 광고 인지자의 브랜드 정인지율이 절반이 되지 않는 경우가 많은 점과 엄청난 광고비를 고려할 때 이러한 기준을 쌓기 위한 노력과 투자는 매우 시급한 과제이다.

8.4.4 이월 및 누적효과를 고려한 매출효과 추정

광고의 최종목표인 매출에는 광고나 브랜드 인지도, 호감도와 같은 소비자들의 브랜드에 대한 인식과 태도뿐 아니라 광고비나 GRP 등의 기업 커뮤니케이션 활동이 상호작용을 하며 복합적으로 영향을 미칠 것이다. 그러나 총체적인 커뮤니케이션을 하는 기업의 입장에서는 어떤 변수가 어느 정도 매출에 영향을 미치는가를 파악하는 것이 가장 궁금한 사항일 것이다.

또한, 매출은 광고와 광고에 의한 브랜드 인지도 등 브랜드 인식의 이월효과 및 누적효과가 크게 영향을 미친다. 이는 과거 수십 년 동안 소비자들의 사랑을 받아온 새우깡과 그 광고의 집행을 생각해 보면 쉽게 이해가 될 것이다. 이러한 이월효과와 누적효과를 고려하여 매출에 영향을 미치는 변수들을 어떻게 찾을 것인가에 대한 연구가 진행된다면 광고를 제작하고 집행하는 광고주와 광고대행사 입장에서는 큰 도움이 될 것이다.

먼저 이월효과와 누적효과를 포함한 매출의 추정식은 그림 8.13과 같이 직선형, 수정지수형, 로지스틱형 등이 있으며, 각각 시차분포 모형과 일반회귀 모형이 있을 수 있다(이러한 모형을 SPSS에서 적합시키는 처리과정에 대해서는 이 장의 부록을 참조하기 바란다).

매출에 영향을 미치는 독립변수는 브랜드 최초상기, 비보조상기, 보조인지, 광고 최초상기, 광고 비보조상기, 광고 보조인지, 브랜드 선호도, 광고 호감도, 광고 속성별 평가 등과 같은 소비자 조사자료 항목들이 있고, 자사 브랜드 및 경쟁 브랜드의 광고비, 광고 도달률, 광고 평균 도달률, 노출 횟수, GRP, 경쟁 광고수와 같은 광고지표 항목들이 포함될 수 있다.

먼저 이렇게 매출에 영향을 미칠 수 있는 독립변수들을 나열했으면 그 다음에는 그림 8.13에 제시되어 있는 모형들이 얼마나 설명력을 가지고 매출을 설명하는가를 분석한다. 예를 들

▪ 시차분포 모형

① 직선형 : $Y_t = b_0 + aY_{t-1} + b_1X_{1t} + \cdots + b_pX_{pt}$

② 수정지수형 : $Y_t = S[1 - \exp(-b_0 - aY_{t-1} - b_1X_{1t} - \cdots - b_pX_{pt})]$

③ 로지스틱형 : $Y_t = S/[1 + \exp(-b_0 - aY_{t-1} - b_1X_{1t} - \cdots - b_pX_{pt})]$

단, S는 잠재적인 포화수준.

▪ 일반회귀 모형

① 직선형 : $Y_t = b_0 + aCZ_t + b_1X_{1t} + \cdots + b_pX_{pt}$

② 수정지수형 : $Y_t = S[1 - \exp(-b_0 - aCZ_t - b_1X_{1t} - \cdots - b_pX_{pt})]$

③ 로지스틱형 : $Y_t = S/[1 + \exp(-b_0 - aCZ_t - b_1X_{1t} - \cdots - b_pX_{pt})]$

단, $CZ_t = Y_{t-1} + 2Y_{t-2} + \cdots = Y_{t-1} + CZ_{t-1}$.

| 그림 8.13 | 이월 및 누적효과를 포함하는 매출 추정식

| 표 8.6 | 모형 설명력의 예

	평균오차	최대오차	R^2	Adj-R^2	이월효과(α)
시차분포 로지스틱	0.28	0.90	0.975	0.969	0.28
시차분포 직선	0.28	0.87	0.973	0.964	0.28
시차분포 수정지수	0.29	0.87	0.973	0.963	0.29
일반회귀 로지스틱	0.50	1.18	0.919	0.910	0.70
일반회귀 직선	0.58	1.26	0.898	0.886	0.80
일반회귀 수정지수	0.49	1.30	0.895	0.883	0.80

| 표 8.7 | 독립변수들에 대한 계수 추정값의 예

독립변수	추정값	표준화 추정값	p-값
상수항 (b_0)	0.0784	0.1616	0.0000
Y_{t-1} (a)	−5.1994	0.5315	0.0000
광고 보조인지 (b_1)	0.0156	0.0873	0.0001
광고 비보조인지 (b_2)	−0.0095	−0.0067	0.5470
광고비 (b_3)	0.0002	0.0630	0.0017
GRP (b_4)	0.0023	0.0165	0.0894

어, 매출을 종속변수로 하고 광고 보조인지, 광고 비보조인지, 광고비, GRP를 독립변수로 하여 모형에 적용하면 표 8.6에서와 같이 각 모형의 설명력을 파악할 수 있고, 결정계수가 가장 큰 시차분포 로지스틱 모형이 가장 좋은 모형임을 알 수 있다. 다음 단계는 결정된 모형에서 종속변수에 유의한 독립변수는 어느 것인가 하는 문제이다. 표 8.7은 각 독립변수들에 대한 계수 추정값과 p-값(p-value)을 정리한 것이며, 예컨대 유의수준 10%하에서 비보조인지는 유의하지 않음을 알 수 있다. 결론적으로 시차분포 로지스틱형을 이용하여 분석하였을 때 t 시점의 매출에 영향을 미치는 변수로는 $t-1$ 시점의 매출, 광고 보조인지, 광고비, GRP 등임을 알 수 있다.

이와 같이 시장점유율이나 매출은 광고와 이에 의한 인지도 등의 이월효과와 누적효과에 영향을 많이 받으며, 각 독립변수들의 상대적인 중요도를 파악할 수 있으면 커뮤니케이션 정책을 수립하는데 상당한 도움이 될 것이다. 물론, 추정에 사용될 모형이나 독립변수는 앞에서 언급한 것 이외에도 수많은 모형이 있을 수 있고 그 분석이 복잡한 것 또한 사실이다. 그러나 대부분의 광고주들이 매출에 영향을 주는 변수들 중에서 광고에 의한 기여도를 간절히 알고 싶어 하고, 광고집행에 있어서의 중요성을 생각할 때 더욱 심도 있는 연구가 활발히 진행되어야 할 것이다.

이제 단순히 인지도나 구매의향 등을 청중들에게 묻는 정도의 단편적이고 일시적인 광고효과 조사를 벗어나, 커뮤니케이션 방향의 가이드를 제공하고 광고제작 및 집행에 실질적으로 도움을 줄 수 있는 광고효과 조사가 진행되어야 하는 것이다. 본서에서는 이와 같은 문제 의식을 가지고 저자가 시도해 본 접근방법에 대해서 간략히 소개를 했지만, 좀 더 구체적이고 실증적인 학계와 업계의 연구와 노력이 필요하다.

부록 8.A.1 선형 회귀분석(Linear Regression Analysis)

선형 회귀분석은 선형(직선) 형태의 모형을 통해 독립변수(설명변수)들과 종속변수(반응변수)의 관계를 해석하는 통계분석 방법이다. 여기서는 다음과 같은 선형모형을 이용하여 처리 과정을 설명하도록 하겠다.

$$\text{브랜드 최초상기율} = b_0 + a \text{ 전시점 브랜드 최초상기율} + b_1 \times \text{광고 최초상기율} + b_2 \text{ 광고 비보조상기율}$$

이때 Y_{t-1}(전시점 브랜드 최초상기율)은 '변환(T) → 변수계산(C)' 메뉴에서 LAG(1) 함수를 이용하여 미리 생성하여 두었다. 선형 회귀분석을 SPSS에서 처리하는 과정은 다음과 같다.

① 풀다운 메뉴에서 분석(A) → 회귀분석(R) → 선형(L)을 클릭한다.

② 선형 회귀분석 대화상자에서 종속변수(D)와 독립변수(I)란에 변수들을 선택한다(그림 8.A.1.1). 필요한 경우 통계량(S), 도표(L), 저장(A) 버튼을 클릭하여 추가적인 출력물들을 체크한다.

③ 선형 회귀분석 대화상자에서 확인을 클릭하여 출력결과를 얻는다.

그림 8.A.1.2의 출력결과에서 R^2(결정계수) = 99.4%이고, 광고 최초상기율에 대응되는 t-값 = 7.270, p-값 = 0.0001이므로 유의수준 5%하에서 광고 최초상기율이 브랜드 최초상기

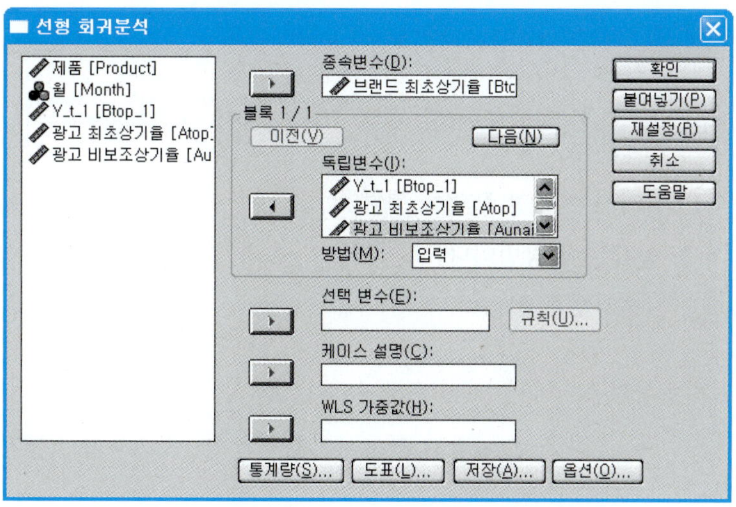

| 그림 8.A.1.1 | 선형 회귀분석 대화상자

모형 요약[b]

모형	R	R 제곱	수정된 R 제곱	추정값의 표준오차
1	.997[a]	.994	.993	2.5498

a. 예측값: (상수), 광고 비보조상기율, Y_t_1, 광고 최초상기율

b. 종속변수: 브랜드 최초상기율

분산분석[b]

모형		제곱합	자유도	평균제곱	F	유의확률
1	선형회귀분석	31545.572	3	10515.191	1617.400	.000[a]
	잔차	188.537	29	6.501		
	합계	31734.110	32			

a. 예측값: (상수), 광고 비보조상기율, Y_t_1, 광고 최초상기율

b. 종속변수: 브랜드 최초상기율

계수[a]

모형		비표준화 계수		표준화 계수	t	유의확률
		B	표준오차	베타		
1	(상수)	.482	2.417		.199	.843
	Y_t_1	.153	.117	.152	1.311	.200
	광고 최초상기율	.871	.120	.845	7.270	.000
	광고 비보조상기율	.002	.049	.001	.032	.974

a. 종속변수: 브랜드 최초상기율

| 그림 8.A.1.2 | '선형 회귀분석'의 출력결과

율에 미치는 효과가 유의함을 볼 수 있다.

부록 8.A.2 비선형 회귀분석(Nonlinear Regression Analysis)

비선형 회귀분석은 주어진 비선형 모형을 통해 독립변수(설명변수)들과 종속변수(반응변수)의 관계를 해석하는 통계분석 방법이다. 여기서는 다음과 같은 일반회귀 로지스틱모형을 이용하여 처리과정을 설명하도록 하겠다.

$$\text{브랜드 최초상기율} = S/[1+\exp(-b_0 - a \times CZ - b_1 \times \text{광고 최초상기율} - b_2 \times \text{광고 비보조상기율})]$$

단, $CZ_t = Y_{t-1} + 2Y_{t-2} + \cdots = Y_{t-1} + CZ_{t-1}$.

일반회귀 모형에서는 이월효과 α와 다른 계수들을 동시에 추정할 수 없다. 따라서 α를

0.1(0.01)부터 0.9(0.99)까지 변화시켜 가면서 CZ_t를 먼저 생성시켜 둔 다음 각 CZ_t에 대하여 회귀분석을 수행하고, R^2(결정계수)이 가장 큰 경우에 해당되는 α와 계수 추정값을 최종 결과로 산출하는 방법 등을 사용할 수 있다. 여기서는 $\alpha=0.1$인 경우만 다루도록 하겠다 ($CZ_t=0.1\times Y_{t-1}+0.12\times Y_{t-2}+\cdots=0.1\times Y_{t-1}+0.1\times CZ_{t-1}$은 EXCEL에서 함수를 이용하여 미리 생성하여 두었다). 비선형 회귀분석을 SPSS에서 처리하는 과정은 다음과 같다.

① 풀다운 메뉴에서 분석(A) → 회귀분석(R) → 비선형(N)을 클릭한다.

② 비선형 회귀분석 대화상자에서 종속변수(D) 란에 변수를 선택하고, 모형 표현식(M) 란에 모수(계수)와 독립변수들을 포함하는 모형식을 입력한다(그림 8.A.2.1). 필요한 경우 저장(A) 버튼 등을 클릭하여 추가적인 출력물들을 체크한다.

③ 비선형 회귀분석 대화상자에서 모수(A) 버튼을 클릭하고, 모수의 이름(N)과 시작값(S)을 차례로 추가한다(그림 8.A.2.2). 이 예에서는 S, b_0, a, b_1, b_2가 모수이다(한편, 브랜드 최초상기율은 100을 넘을 수 없으므로 모형 표현식에 S를 100으로 고정하는 것도 시도해 볼 수 있겠다). 또한 시작값은 가능한 범위 내에서 여러 개의 값을 시도해 보는 것이 좋다.

④ 비선형 회귀분석 대화상자에서 확인을 클릭하여 출력결과를 얻는다.

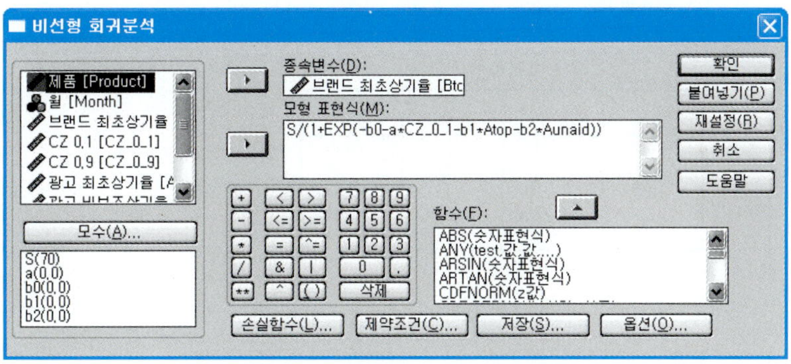

| 그림 8.A.2.1 | '비선형 회귀분석' 대화상자

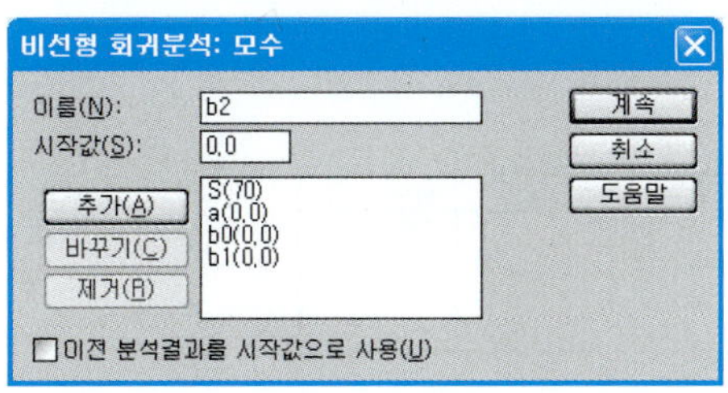

| 그림 8.A.2.2 | '모수' 대화상자

반복계산 정보[b]

반복계산 수[a]	잔차 제곱합	모수 S	a	b0	b1	b2
1,0	32139,060	70,000	,000	,000	,000	,000
1,1	254640,600	-53,621	,056	1,562	,052	9,87E-005
1,2	20104,174	64,254	,067	-,164	,008	5,03E-005
2,0	20104,174	64,254	,067	-,164	,008	5,03E-005
2,1	9276,780	59,908	,189	-,714	,022	-,002
3,0	9276,780	59,908	,189	-,714	,022	-,002
3,1	228,894	85,063	,165	-2,545	,045	-,002
4,0	228,894	85,063	,165	-2,545	,045	-,002
4,1	267,329	76,980	-,089	-2,608	,084	,000
4,2	221,514	78,589	-,047	-2,604	,077	-4,3E-005
5,0	221,514	78,589	-,047	-2,604	,077	-4,3E-005
5,1	164,181	81,119	-,176	-2,744	,091	,002
6,0	164,181	81,119	-,176	-2,744	,091	,002
6,1	162,633	79,750	-,297	-2,817	,107	,004
7,0	162,633	79,750	-,297	-2,817	,107	,004
7,1	162,316	79,756	-,308	-2,844	,109	,004
8,0	162,316	79,756	-,308	-2,844	,109	,004
8,1	162,313	79,705	-,310	-2,848	,109	,004
9,0	162,313	79,705	-,310	-2,848	,109	,004
9,1	162,312	79,691	-,311	-2,850	,109	,004
10,0	162,312	79,691	-,311	-2,850	,109	,004
10,1	162,312	79,687	-,311	-2,850	,110	,004
11,0	162,312	79,687	-,311	-2,850	,110	,004
11,1	162,312	79,686	-,312	-2,850	,110	,004
12,0	162,312	79,686	-,312	-2,850	,110	,004
12,1	162,312	79,686	-,312	-2,850	,110	,004

도함수가 숫자로 계산됩니다.

a. 주 반복계산 수는 소수점 왼쪽에 표시되고 보조 반복계산 수는 소수점 오른쪽에 표시됩니다.

b. 연속적인 잔차 제곱합 간 상대적 축소가 최대 SSCON = 1,00E-008이기 때문에 26번의 모형 평가 및 12번의 도함수 평가 후 실행이 중지되었습니다.

모수 추정값

모수	추정값	표준 오차	95% 신뢰구간 하한	상한
S	79,686	2,632	74,295	85,077
a	-,312	,253	-,830	,207
b0	-2,850	,331	-3,529	-2,171
b1	,110	,033	,042	,177
b2	,004	,007	-,009	,018

모수 추정값의 상관관계

	S	a	b0	b1	b2
S	1,000	,476	,384	-,639	-,282
a	,476	1,000	,472	-,971	-,431
b0	,384	,472	1,000	-,425	-,968
b1	-,639	-,971	-,425	1,000	,348
b2	-,282	-,431	-,968	,348	1,000

분산분석[a]

소스	제곱합	자유도	평균 제곱
회귀분석	64309,748	5	12861,950
잔차	162,312	28	5,797
비수정 합계	64472,060	33	
수정 합계	31734,110	32	

종속변수: 브랜드 최초상기율

a. R 제곱 = 1 - (잔차 제곱합) / (수정된 제곱합) = ,995입니다.

| 그림 8.A.2.3 | '비선형 회귀분석'의 출력결과

그림 8.A.2.3의 출력결과에서 R^2(결정계수) = 99.5%이고, 광고 최초상기율에 대응되는 t-값(추정값/표준오차) = 3.33(= 0.110/0.033)이고 95% 신뢰구간 (0.042, 0.177)이 0을 포함하고 있지 않으므로 유의수준 5%하에서 광고 최초율이 브랜드 최초상기율에 미치는 효과가 유의함을 볼 수 있다(t-값이 대략 1.96보다 큰 경우 유의수준 5%하에서 유의하다고 할 수 있다).

부록 8.A.3 로지스틱 회귀분석 (Logistic Regression Analysis)

로지스틱 회귀분석은 종속변수가 범주형(이산형)일 경우 사용할 수 있는 비선형 회귀분석 방법이다. 로지스틱 회귀분석은 이분형(이항형), 순서형, 다항형 종속변수를 모두 처리할 수 있으나 여기서는 이분형인 경우를 설명하도록 하겠다. 이 예에서 종속변수는 y(추천의향; 1 = 예, 0 = 아니오)이고 독립변수는 x_1(성별; 1 = 남자, 0 = 여자), x_2(나이), x_3(사용기간; 월)이다. SPSS에서 로지스틱 회귀분석을 처리하는 과정은 다음과 같다.

① 풀다운 메뉴에서 분석(A) → 회귀분석(R) → 이분형 로지스틱(G)을 클릭한다.

② 로지스틱 회귀분석 대화상자에서 종속변수(D) 란에 변수를 선택하고 공변량(C) 란에 독립변수들을 모두 선택한다(그림 8.A.3.1). 필요한 경우 저장(A) 버튼 등을 클릭하여 추가적인 출력물들을 체크한다.

③ 로지스틱 회귀분석 대화상자에서 범주형(G) 버튼을 클릭하고, 독립변수들 중에서 범주형 속성을 가지는 변수들을 모두 선택한다(그림 8.A.3.2).

④ 로지스틱 회귀분석 대화상자에서 확인을 클릭하여 출력결과를 얻는다.

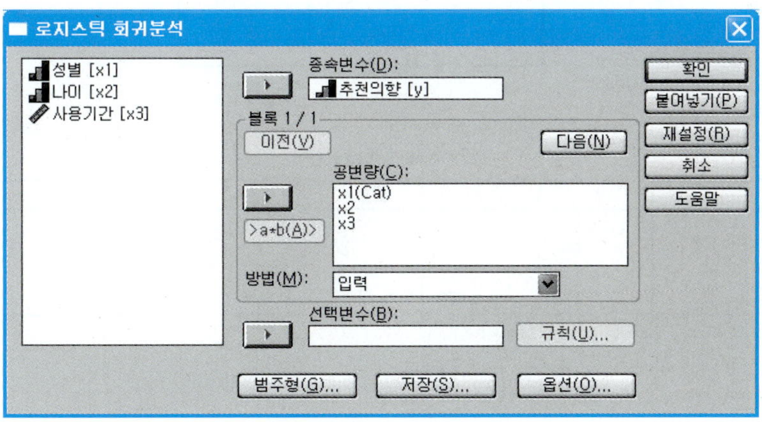

| 그림 8.A.3.1 | 로지스틱 회귀분석 대화상자

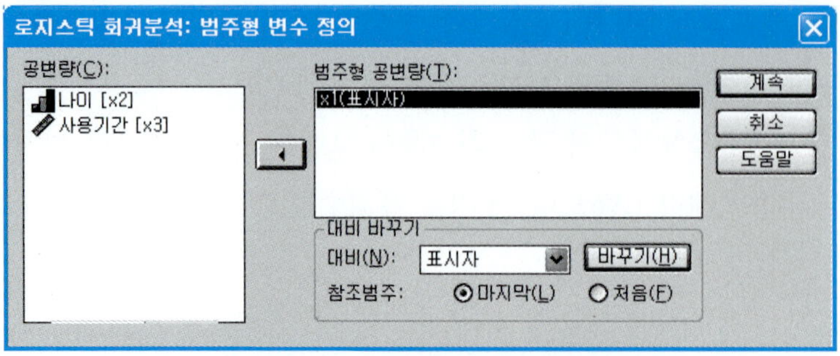

| 그림 8.A.3.2 | '범주형 변수 정의' 대화상자

모형 계수 전체 테스트

		카이제곱	자유도	유의확률
1 단계	단계	13,079	3	,004
	블록	13,079	3	,004
	모형	13,079	3	,004

모형 요약

단계	-2 Log 우도	Cox와 Snell 의 R-제곱	Nagelkerke R-제곱
1	68,424[a]	,196	,264

a. 모수 추정값이 ,001보다 작게 변경되어 계산반복수 4에서 추정을 종료하였습니다.

분류표[a]

			예측값		
			추천의향		
관측			아니오	예	분류정확 %
1 단계	추천의향	아니오	27	8	77,1
		예	11	14	56,0
	전체 %				68,3

a. 절단값은 ,500입니다.

방정식에 포함된 변수

		B	S,E,	Wald	자유도	유의확률	Exp(B)
1 단계[a]	x1(1)	-1,166	,590	3,913	1	,048	,312
	x2	,142	,062	5,241	1	,022	1,153
	x3	-,018	,027	,464	1	,496	,982
	상수	-9,476	4,476	4,482	1	,034	,000

a. 변수가 1: 단계에 진입했습니다 x1, x2, x3.

| 그림 8.A.3.3 | '로지스틱 회귀분석'의 출력결과(일부)

그림 8.A.3.3의 출력결과에서 독립변수 x_1(성별)과 x_2(나이)에 대응되는 p-값이 각각 0.048과 0.022로서 유의수준 5%하에서 추천의향에 미치는 효과가 유의함을 볼 수 있다.

9 CHAPTER

고객만족도 조사

현대 마케팅과 시장관리에서 고객지향적이고, 고객과의 관계를 중시하며, 사회발전에 기여를 지향하는 경영관리가 될 때 고객에게 사랑을 받고, 나아가서 수익을 창출할 수 있는 경영이 될 수 있다. 이를 위해서 항상 고객의 소리에 귀를 귀울여 고객과 밀접한 관계를 유지하고자 하는 것이 고객만족 경영을 위한 고객만족도 조사라고 할 수 있다

9.1

주요 이슈별 마케팅리서치 진행 및 분석방법

고객만족도 조사의 개요

80년대 미국에서 시작된 고객만족도(CSI; Customer Satisfaction Index) 조사는 90년대 초에 국내 몇 개 기업에서 시작하여, 90년대 후반에는 고객접촉이 빈번한 금융업을 중심으로 한 사기업은 물론 공공기관까지 광범위하게 확산되었으며, 이제는 민간기관, 공공기관, 지방 행정 자치단체 등에서 서비스 개선 및 평가의 기준으로 폭넓게 적용되고 있다.

고객만족도 조사는 본래 **고객의 불편사항 및 충족되지 않은 니즈를 발견하여 고객 서비스 및 제품개발, 개선을 위하여 고객(소비자)의 소리를 듣고자 하는 목적으로 실시가 되었으나, 다양한 산업분야로 확대 및 적용되면서 지수 관리 위주의 조사로 변질**되었음도 부인할 수 없는 현실이다.

특히, 국내 고객만족도 조사가 한참 확산되기 시작한 90년도 중반에 국내 대기업의 경우 전 계열사의 고객만족도 조사를 실시하여 계열사별 직원들의 상여금을 결정하는데 중요하게 반영하는 사례도 있었다.

금융기관이나 유통기관처럼 지점의 개념이 있는 산업의 경우 지점별 또는 본부별, 더 나가서 지역별로 고객만족도 조사를 진행하여 그 점수로서 해당 조직 책임자의 인사에 반영하는가 하면 주요 임원들의 상벌까지도 언급되는 기업(기관)들도 있다. 또한, 여러 컨설팅 기관들에서는 산업별로 기업(브랜드)의 고객만족도 조사를 실시하여 그 순위를 발표하고, 높은 순위를 받은 기업(브랜드)은 그 사실을 적극 홍보하는 등 고객만족도 조사의 서열 매기기는 이제 소비자(고객)들의 인식에 자연스러운 정도까지 온 것 같다.

이는 앞에서 설명한 표본조사에서 발생하는 표본오차와 사회과학 특성상 발생하는 비표본오차 그리고 통계적 유의수준이라는 측면에서 볼 때 매우 왜곡된 고객만족도 조사의 적용 가능성이 있으나(물론 모집단을 대표할 수 있는 표본추출과 통계적 유의성을 고려한 순위 매기기 및 발표라면 문제가 최소화되겠지만), 이러한 서열 매기기를 위한 고객만족도 조사의 진행으로 인해 대고객 접점 서비스의 품질이 크게 향상된 것 또한 부정할 수 없는 사실이다. 실질적으로 과거 공공기관이나 금융기관들의 고압적 자세와 현재의 대고객 접점 서비스를 비교하면 이러한 서열 매기기 식의 고객만족도 조사가 서비스 향상에 나름대로의 중요한 역할을 한다고 볼 수 있겠다. 결론적으로 고객만족도 조사는 '고객의 소리(VOC; voice of customer) 수렴'과 '순위 매기기'의 두 가지를 모두 쫓는 토끼몰이 조사가 되어서, 경영학의 한 분야를 넘어서 기업과 고객이 같이 공유하고 해당 사회에서 인정이 되는 하나의 지표가 되었다고 해도 과언이 아닐 것이다.

이렇게 고객만족도 조사가 중요하게 성장하게 된 주요배경으로는 고도로 성장하는 시장하에서 소비자의 다양한 선택권 부여 및 이로 인한 시장의 주도권 전환(생산자 주도의 시장에서 소비자 주도의 시장으로)과 소비자 주권의식 확산으로 설명되는 '시장 환경적 요인', 일차원적 기본욕구 해소를 위한 소비가 아닌 자아 및 소속 집단의 개성을 표현하기 위한 '소비 행위적 요인' 그리고 새로운 '마케팅 패러다임의 변화'(생산 개념 → 제품 개념 → 판매 개념 → 마케팅 개념)를 들 수 있다. 즉, 현대 마케팅과 시장관리에서 고객지향적이고, 고객과의 관계를 중시하며, 사회발전에 기여를 지향하는 경영관리가 될 때 고객에게 사랑을 받고 나아가서 수익을 창출할 수 있는 경영이 될 수 있다. 이를 위해서 항상 고객의 소리에 귀를 귀울여 고객과 밀접한 관계를 유지하고자 하는 것이 고객만족 경영을 위한 고객만족도 조사라고 할 수 있다(고객만족도 조사의 마케팅 측면에 대한 자세한 이론적 근거는 경영학 관련 서적을 참고하기 바란다).

한편, 일반 사기업뿐 아니라 공공기관의 민원행정 서비스에 대한 고객만족도 조사도 광범위하게 진행되고 있는데, 1996년에 한국행정연구원에서 진행한 정부 행정부처의 민원인 서비스 만족도 조사를 시작으로 점차 그 영역이 확대되어 이제는 공공기관, 주요 정부산하기관, 지방 행정 자치단체까지 행정서비스 만족도 조사를 실시하고 있으며, 국가가 기업이 되고 국민을 고객으로 간주하여 대국민 서비스 향상을 모색한다는 점에서 고무적이라 볼 수 있다. 실질적으로 공공기관에 민원업무를 경험한 사람은 과거에 비해 공무원들의 서비스 품질이 엄청나게 달라진 것을 체험할 수 있을 것이며, 이 또한 전사회적으로 조성된 고객만족 개념의 성과라 할 수 있을 것이다.

이처럼 고객만족도 조사는 국내 조사업계에 중요한 한 축을 차지하고 있으며, 기업 및 공공기관의 서비스 품질관리에 중요한 역할을 하고 있다.

그러나 순위 매기기를 위한 지표 중심의 고객만족도 조사가 본연의 목적을 퇴색하지 않도록 유념하여야 하며, 통계적 유의성에 대한 문제, 고객접점 현장의 실질적인 가이드 제공, 궁극적인 기업의 수익성을 위한 고객만족 경영 등의 문제에 대해서 철저하게 관리가 되어야 한다. 이러한 문제들에 대해서는 뒤에서 다시 설명하도록 하겠다.

9.2 주요 이슈별 마케팅리서치 진행 및 분석방법
고객만족도 조사의 종류

일반적으로 고객만족도는 기업이나 기관의 최종고객(개인, 단체, 기관)인 외부고객이 그들이 제공하는 제품이나 서비스 및 전반적인 제도 등에 대해서 얼마나 만족 또는 불만족하는지를 측정하는 것으로 인식되고 있다. 그러나 기업의 대고객(소비자) 만족도를 높이기 위해서 뿐만 아니라 기업의 경쟁력 향상을 위하여 내부고객(종업원 등의 내부 이해자)의 중요성이 커지면서 내부고객 및 협력업체에 대한 만족도 측정도 시행되고 있다.

구체적으로는 내부고객만족도(ESI), 협력업체 만족도(FSI), 지점 만족도(BSI), 대리점/유통업체 만족도(DSI), 부서간 만족도(ICSI), 고객중심지수(COI) 등 기업의 경쟁력 향상과 관련된 각 집단들을 대상으로 다양한 만족도 조사가 진행되고 있다.

이는 그 무엇이 더 중요하고 덜 중요하고의 문제가 아니라 조직의 정신력과 기술력, 생산력, 고객관계관리 능력 등 고객만족 경영에 필요한 상호결합적인 요인들로서 종합적으로 분석되고 관리되어야 하는 조사들의 총체적인 결합체이다. 각 조사에 대한 구체적인 설문항목과 조사방법, 실사관리 상의 세부적인 사항에 대해서 논의하면 범위가 너무 넓어지는 경향이 있어서 여기서는 각 조사의 간략한 개요에 대해서만 설명한다.

9.2.1 외부고객만족도 조사(CSI; Customer Satisfaction Index)

기업의 경우 개인이나 법인 등의 최종고객은 물론 공공기관의 민원서비스를 제공받은 고객, 크게는 국가(브랜드)의 각종 기능에 대한 수혜자인 국민(소비자)도 고객이라고 간주할 수 있을 것이다. 한편, 기업의 고객만족도 조사는 물론이고, 1996년부터 공공기관 및 지방 자치단체 등의 대국민 민원행정 서비스에 대한 만족도를 측정하기 시작한 것은, 국가가 각종 행정서비스 및 국가의 기능을 수행함에 있어서 국민을 그 존립의 근거가 되는 소비자로 인식하고, 국민(소비자)이 무엇을 원하고 또한 얼마나 해당 국가의 서비스 품질에 대해서 만족하고 있는가를 측정한다는 입장에서 대단히 고무적이라 할 수 있다. 저자가 1990년 중반에(행정서비스 업무에 대한 대국민 만족도 조사가 시작할 무렵인) 행정부처 서비스 만족도 조사를 수행하면서 "향후에는 소비자가 브랜드를 선택하듯이 국민이 국가를 선택하는 세상이 올 것이다. 따라서 국가가 국민을 고객(소비자)으로 인식하고 그들이 원하는 서비스를 제공하며, 서비스 품질 및 만족도 수준을 관리해 나가는 것은 필연적인 추세가 될 것이다"라는 행정기관 관계자의 말을 들은 적이 있는데, 당시 상당히 앞서 나가는 얘기이면서도 매우 공감을 했던 기억이 난다.

현재 국내 고객만족 전문 컨설팅 기관들에서 각종 행정부처 및 공공기관, 국가 산하기관에 대한 고객만족도 조사를 진행하여 그 서비스 품질을 관리하고 있으나, 앞에서 언급한 것처럼 지수(index) 위주의 조사를 진행하다 보니 통계적 유의성을 고려하지 않은 서열 매기기 등의 부작용도 다소 우려되고 있는 상황이다.

한편, 각종 경제신문이나 일간지 그리고 컨설팅 기관 등에서 고객만족도 조사를 진행하여, 우수한 점수를 받은 기업이나 브랜드는 그 결과를 대대적인 홍보자료로 활용하는 것을 많이 볼 수 있다. TV나 라디오 등의 지상파 광고, 잡지나 신문 등의 인쇄매체 광고, 심지어는 각종 옥외 광고 등을 통해서 '무슨무슨 컨설팅기관(또는 무슨무슨 신문)이 선정한 올해의 고객만족도 대상! ○○○'와 같은 광고 홍보물을 거의 대부분의 독자들은 접해본 경험이 있을 것이다. 그러나 심히 우려스러운 것은 통계적 유의성을 고려하지 않은 채 극히 적은 점수 차이를 가지고 순위를 매기거나, 아니면 통계적 유의성을 고려한다 하더라도 학문적 근거 없이 다분히 임의적인 기준으로 순위를 매겨서 발표하는 사례들이 종종 발견된다는 것이다. 이는 통계적 유의성을 고려할 때 서비스나 제품의 만족도 차이가 없음에도 불구하고, 즉 동일한 조사를 동일한 집단에 다시 진행하면 결과가 다르게 나올 가능성도 있음에도 불구하고(이 역시 통계적 유의성은 없겠지만) 무리하게 서열을 매겨서 발표되는 심각한 오류를 범하는 것이다. 이는 결과적으로 소비자가 왜곡된 정보를 가지고 브랜드의 구매를 결정하고, 왜곡된 조사 발표에 의한 왜곡된 정보가 소비자들에게 중대한 피해를 주는 결과로 나타날 수 있다는 점에서 심히 유감스러운 일이라 할 수 있다.

9.2.2 내부고객만족도 조사(ESI; Employee Satisfaction Index)

내부고객만족도는 말 그대로 기업이나 조직의 내부인, 즉 임직원들이 소속한 기업(조직)에 대해서 얼마나 만족 또는 불만족하는가를 측정하는 것으로, 세부항목으로는 조직의 비전, 근무환경, 복지제도, 임금, 조직 커뮤니케이션, 교육 및 개인의 발전, 인사제도, 직무만족도, 상하 및 동료 관계 등 조직의 각종 소프트웨어적인 측면과 하드웨어적인 제도에 대한 만족도를 측정하는 것이다. 이는 기업의 정신력에 중요한 영향을 미치는 요인으로, 소속조직에 강한 자긍심과 충성도를 가진 사람들이 생산하고 제공하는 제품 및 서비스의 품질은 물론 조직의 효율성과 강한 연관관계를 가지고 있는 것이다.

즉, 임직원들을 단순히 고용자와 근로자의 관계에서 접근하는 것이 아니라 외부고객에게 만족스러운 품질을 제공해야 하는 고객접점에 있는 근원적인 내부의 고객으로 간주하고, 외부고객을 만족시키는 선행요인으로서 내부고객의 만족을 우선시한다는 기업철학에서 발전이 되었으며, 최근에는 거의 상식적인 기업관리의 방침으로 인식되어 가고 있다.

실질적으로 내부고객의 만족도와 외부고객만족도와는 강한 양의 상관관계를 나타내는 경우들이 많다. **한 마디로 소속 기업(이나 기관)에 강한 자부심과 충성도를 가지고 있는 조직원들이 제공하는 서비스나 제품의 품질이 우수할 수밖에 없고, 이러한 제품이나 서비스 고객들의 만족도를 높이는 고객만족 경영**을 지향하는 것이다.

구체적인 조사항목은 기업(이나 기관)의 규모, 업종 등의 특성과 최고경영자의 기업철학 등에 따라서 조금씩 달라질 수 있으므로, 여기서는 구체적으로 언급하지 않겠으나 기본적인 항목구성은 앞에서 언급한 바와 크게 다르지 않다.

조사방법으로는 과거에는 조직 내 문서수발 라인을 이용하여 설문지를 배포하고 자기기입식으로 작성하여 다시 회수하는 방법 또는 대회의실이나 강당 같은 장소에 모이게 한 후 연구자의 주관하에 자기기입식으로 설문지를 작성하는 갱서베이 방법을 많이 사용하였으나, 최근에는 이메일이나 웹 기반의 조사를 많이 사용하고 있다.

9.2.3 협력업체 만족도 조사(FSI; Family Satisfaction Index)

협력업체는 쉽게 얘기해서 기업이나 기관의 하청을 받아서 서비스나 부품 등을 공급(납품)하는 업체라고 이해하면 될 것이다. 이러한 **협력업체들이 수주를 받는 과정과 계약의 과정, 업무진행이나 납품의 과정 그리고 협력업체 관리의 과정 등 발주기업의 업무처리 방법 및 태도, 공정성, 대금지불 등 협력업체 입장에서 제품이나 서비스를 발주하는 기업에 대한 만족도를 측정**하는 것이다. 이는 기업에 대한 협력업체의 만족도와 충성도를 향상시키고, 이를 기반으로 양질의 서비스나 품질을 공급받으며, 궁극적으로 발주기업의 경쟁력 및 최종 외부고객의 만족도를 향상시킨다는 취지에 의해 도입되었다. 또한, 협력업체 만족도 조사에서 업무진행의 공정성 부분이 파생되어 사기업이나 국가청렴위원회 같은 일부 기관에서 공공기관의 청렴도 조사라는 별도의 조사를 진행하기도 한다.

한편, 보험회사의 설계사(재무(생활) 컨설턴트) 등 영업 조직원의 회사에 대한 만족도를 측정하는 것을 FSI라고 명칭하기도 하나, 이는 정규 직원이 아니거나 임금 급여체계가 본사의 직원들과 다른 점을 고려해 기업에 따라서 임의적으로 명칭을 한 것이지, 개인과 조직의 비전 관계나 근무조건에 의한 근무의욕 향상이라는 측면에서 볼 때 내부고객만족도 조사(ESI)와 동일한 맥락에서 봐야 한다는 것이 저자의 견해이다.

9.2.4 지점 만족도 조사 (BSI; Branch Satisfaction Index)

은행과 같이 지점에서 고객접점의 서비스가 제공되는 영업조직의 경우 각 지점의 서비스 경쟁력은 해당 지점장의 관리도 중요하지만, 본사 차원의 제도적인 영업지원과 정책 및 지점 직원들의 회사에 대한 충성도가 중요한 영향을 미친다. 이와 같이 **지점의 입장에서 볼 때 본사의 정책이나 제도에 대한 만족도**를 지점 만족도라 한다.

9.2.5 유통업체 만족도 조사 (DSI; Dealer/Distributor Satisfaction Index)

유통업체는 제조업체의 제품을 판매하는 중간 유통기관으로서 기업에서 직접적으로 관리하지는 않는 이해기관이다. 이러한 **유통기관들이 제품을 공급하는 기업과 거래를 하면서 판매수익이나 대금결제 방법 등 각종 규정, 판촉지원, 영업직원의 서비스 등에 대한 유통업체의 만족도를 평가**하는 것으로서, 지점 만족도 조사(BSI)와 유사하다고 볼 수도 있지만, 응답 대상자가 기업 외부의 고객이라는 측면에서 볼 때 다른 조사로 분류하는 것이 맞다.

9.2.6 부서간 만족도 조사(ICSI; Internal Customer Satisfaction Index)

요즘은 많이 개선이 되었으나 과거 사기업이나 공공기관의 부서 이기주의와 부서간 장벽은 전체 조직의 생산적이고 효율적인 활동을 저해하는 큰 장애요인 중 하나였다. 저자가 과거에 ○○○ 이동통신 회사와 프로젝트를 진행하던 중, 마케팅부서로부터 자사의 고객들이 많이 사용하고 선호하는 부가 서비스가 무엇인가에 대해서 전화조사를 해달라는 요청을 받았다. 이동통신 회사와 제휴되어 서비스를 제공하는 미용실, 극장, 식당 등의 부가서비스 중에서 통신사 고객들이 선호하는 서비스 사용실태를 파악하자는 것이었다. 저자가 "CRM(Customer Relation Management, 고객관계관리)팀에 요청해서 고객들의 부가서비스 사용실태 데이터베이스를 분석하면 정보가 다 나올 것이니 CRM팀에 요청을 하십시오. 돈과 시간을 들여서 조사를 하는 것보다 더 정확한 정보가 분석될 것입니다"하고 제안을 했더니 담당자가 "타 부서에 협조를 얻으려면 결재를 받아야 하고 여러 가지 번거롭고 귀찮은 일이 많으니 그냥 조사를 진행해 주십시오"하고 대답하는 것을 보고 "아직도 우리나라 대기업의 문화와 업무진행 실태가 이정도구나"하고 씁쓸했던 적이 있다. 마케팅 부서와 CRM부서 그리고 리서치 관련 부서의 비효율적인 운영실태와 이에 따른 통합운영의 필요성에 대해서는 나중에 언급하겠지만, 이처럼 부서간의 장벽이 아직도 높고, 업무협조 과정 중 불필요한 힘겨루기 등의 관행이 형성되어 있는 것이 우리나라 사기업 및 공공기관의 현실이다.

그러나 조직이란 각 부서의 독립적이고 전문적인 업무들이 상호협조를 바탕으로 조직화되어 한 가지 목적과 방향으로 나아갈 때 건강하고 생산적인 조직이 되는 것이다. 이러한 관점에서 **조직내 각 부서간의 업무협조나 전문성, 성실성, 조직적 마인드 등의 평가를 하는 것이 부서간 만족도 조사이다. 이러한 부서간 만족도 조사를 통해서 전사적인 조직적 관점에서 막힌 곳이 어디인가를 파악하고, 비효율적으로 운영되는 부서 또는 개선되어야 하는 부서 등을 진단하고 관리하는 조사**를 부서간 만족도 조사라고 한다. 실질적으로 이러한 부서간 만족도 조사를 진행하는 기업이나 기관이 많지는 않지만 건강하고 생산적인 조직관리를 위해서 외부고객만족도 조사만큼이나 중요하게 고려되어야 할 부분이라 생각된다.

9.2.7 고객중심지수 조사 (COI; Customer Oriented Index)

현대사회가 아무리 메마른 세상이라 해도 '인간의 진실은 통한다.'는 말이 있다. 상대방을 향하여 정말로 신실한 마음과 진실한 태도로 대하면 언젠가는 그 진솔한 마음이 전달되고, 서로의 마음이 전달된다는 말로서 연인들 관계에 흔히 사용하고 있다. 이러한 말은 드라마에서 짝사랑하는 연인이 있는 사람들의 자기최면에만 사용하는 대사가 아니다. 고객에게 제품이나 서비스를 제공하는 사람(조직)과 고객과의 관계에서도 가장 적절하게 적용될 수 있는 말인 것이다. 고객을 향한 진실된 마음과 진정으로 고객의 권익과 이익을 우선으로 생각하고, 눈앞에 있는 기업의 이익보다는 항상 고객을 먼저 생각하는 마음과 태도가 형성되어 있다면, 이러한 마음과 태도는 본인도 모르게 행동으로 나타나게 되어 있고, 그 태도와 행동은 고객의 감동으로 전달될 수밖에 없는 것이다. 따라서 고객을 접할 때의 순간적이고 포장된 고객응대가 아니라, 평상시에 항상 고객들을 생각하고 고객들의 편익을 고민하는 고객위주의 생활, 고객중심의 사고를 몸에 습관화시키는 것이 중요하다. 이처럼 평상시 얼마나 고객중심의 생각과 태도 그리고 생활하는가를 측정하는 것을 고객중심지수 조사라 한다. 이 조사는 고객들에게 응답을 받는 것이 아니라 평소 고객관리와 관련된 자신의 생활습관에 대한 항목들을 자기기입식으로 응답하는 방법으로 진행된다.

9.3 고객만족지수의 산출 유형

주요 이슈별 마케팅리서치 진행 및 분석방법

앞서 언급한 것처럼 고객만족도 조사는 '고객의 니즈 발견 및 서비스 개선'과 '고객만족지수의 관리'라는 두 마리 토끼를 다 잡아야 한다. 국내 기업들의 무리한 고객만족지수의 계량적 서열화 및 무분별한 순위 사용의 문제점이 있기는 하지만, 그래도 고객만족지수를 정량화시키고 이를 관리하는 것의 중요성은 무시할 수가 없는 것이다. 여기서 고객만족지수를 잘 사용하는 것만큼 중요한 것이 정확하고 과학적인 방법으로 고객만족정도를 측정하는 것이다. 이 절에서는 다양한 고객만족도 측정 방법들에 대해서 설명하겠다.

9.3.1 고객만족지수 평가항목

고객만족도 조사항목의 유형은 크게 세 가지 정도로 분류할 수 있다. 첫 번째는 가장 단순한 형태로서 해당 제품이나 서비스를 측정할 수 있는 문항들을 병렬적으로 늘어놓고 질문하는 방법이다. 즉, 뒤에서 설명하는 차원이나 요인 등의 상 · 하위 범주의 개념 없이, 동일한 차원에서 항목들을 측정하는 방법으로 전 항목이나 주요 항목들의 산술평균이나 전반적 만족도와의 상관관계를 그 중요도로 가중평균하여 종합 만족도를 산출하는 방식이다. 두 번째는 차원이나 요인 등과 같이 상위개념의 범주에 대한 질문과 각 상위범주 밑에 하위개념의 세부

| 표 9.1 | 고객만족도 조사의 주요 항목

- 응답자 선정질문	- 인지도 및 이용행태
- 각 차원 및 차원별 세부항목에 대한 만족도	- 차원별 중요도
- 전반적 만족도(체감만족도)	- 재거래 의향
- 타인추천의향	- 고객지불가치
- 이상치 대비 만족도	- 기대 대비 만족도
- 총체적 건의 사항	

항목을 질문하고, 각 차원별 응답에 대한 이유나 개선사항을 질문하는 유형으로 전반적 만족도와 차원 만족도와의 관계를 수량화하여 중요도를 사용하는 방법이다. 세 번째는 하위개념들에 대한 질문항목을 임의적으로 배열하여 하위개념들을 총칭할 수 있는 변수를 찾아내고, 상·하위 개념 항목들에 대한 관계를 통계적 인과관계로 추정하여 중요도로 사용하는 이른바 통계학의 구조방정식모형(structural equation model)을 사용하는 방법이다.

고객만족도 조사 설문항목은 구성방법이나 측정방법에 따라 다소 차이가 있지만 크게는 표 9.1의 항목들을 크게 벗어나지 않는다고 보아도 무방할 것이다. 즉, 각 조사기관이 가지고 있는 측정모형에 따라 추가되거나 빠지는 항목들이 있고, 구성의 차이가 있지만 표 9.1의 설문항목들이 대부분의 고객만족 설문지를 커버하고 있다고 보아도 크게 무리는 없을 것이다.

이제, 각 항목에 대해서 간략하게 살펴보겠다.

| 선정질문 연구자가 설정한 응답자의 정의에 맞는가를 체크하는 항목으로, 예를 들면 "귀하께서 현재 3개월에 한 번 이상 거래하시는 은행이 있으십니까?"와 같이 연구자가 정의한 응답자의 적격여부를 분별하는 질문으로 설문지의 맨 앞부분에 위치한다.

| 인지도 및 이용실태 본격적인 만족도를 측정하는 설문항목 이전에 일종의 응답자 워밍업이나 분석변수로서 사용하기 위한 질문으로, 예를 들면 "은행하면 어느 은행이 가장 먼저 생각나십니까", "귀하께서 주로 거래하시는 은행은 어느 은행입니까", "대출, 펀드, 급여이체 등 거래목적별로 주로 이용하시는 은행은 어느 은행입니까" 등과 같이 질문을 하여 표본모집단의 은행이용 실태를 파악하고, 각 이용유형에 따라 만족도를 도출하기 위한 분석변수로 사용한다.

| 표 9.2 | 차원 및 세부항목 설문의 예시(은행)

1. 먼저 귀하께서 주로 이용하시는 ㅁㅁ 은행의 대출 서비스에 대해서 몇 가지 여쭙겠습니다. ㅁㅁ은행의 대출 과정 중 다음의 각 세부항목에 대해서는 얼마나 만족 또는 불만족하십니까?
   1-2. 대출 서비스 신속성
   1-3. 준비 서류의 간편성
   1-4. 자격조건 심사 과정
   1-5. 이상의 과정을 종합적으로 고려할 때 ㅁㅁ은행의 대출서비스에 대해서는 전반적으로 얼마나 만족 또는 불만족 하십니까?
   1-6. 그렇게 말씀하신 이유가 무엇입니까? 무엇이든지 좋으니 구체적으로 말씀해 주십시오.

2. 다음은 ㅁㅁ 은행의 펀드에 대해서 여쭙겠습니다.
   2-1. 펀드상품의 다양성
   2-2. 상담 직원의 전문성
   2-3. 상품의 수익성
   2-4. 상담 편리성
   2-5. 이상의 세부항목을 고려할 때 ㅁㅁ은행의 펀드상품에 대해서 전반적으로 얼마나 만족 또는 불만족하십니까?
   2-6. 그렇게 말씀하신 이유가 무엇입니까? 구체적으로 말씀해 주십시오.

   (동일한 방식으로)

3. 창구직원 응대 서비스
4. 상품

의 순서대로 "각 차원별 세부항목 만족도 → 차원 만족도 → 차원만족도 평가 이유" 등을 모든 차원에 각각 질문한다.

| 각 차원과 세부항목에 대한 만족도 고객만족도 설문이 차원(상위개념)과 각 차원의 세부항목(하위개념) 만족도로 구성되어 있다면 "첫 번째 차원의 세부항목들에 대한 만족도 → 첫 번째 차원의 전반적 만족도 → 첫 번째 차원 만족도 응답의 이유 또는 개선 건의사항 → 두 번째 차원의 세부항목들에 대한 전반적 만족도 → 두 번째 차원의 만족도 → 두 번째 차원 만족도 응답의 이유 또는 개선 건의사항"과 같은 순서로 마지막 차원까지 반복하여 질문한다. 물론 반드시 이 순서를 교과서처럼 따라야 하는 것은 아니지만, 각 차원의 세부항목들에 대해서 응답을 하게 하고 그 응답한 내용들을 염두에 두고 해당 차원의 전반적 만족도를 응답하게 한 다음, 그 이유를 질문하는 순서가 응답자의 사고를 논리적으로 정리하여 응답하게 하는 관점에서 합리적이라 할 수 있다. 예를 들면, 은행 고객만족도 설문지의 '대출', '펀드', '창구 직원 응대 서비스', '상품' 등의 차원이 있다고 가정할 때 표 9.2와 같은 순서로 질문을 하는 것이다.

또한, 만족도 질문을 할 때 **"다음의 항목에 대해서 얼마나 만족하십니까?"**하고 질문하는 경우들을 종종 볼 수 있는데, 이는 응답자로 하여금 불만족보다는 만족을 전제하거나 강요하는 왜곡된 질문형태로서 극히 조심하여야 한다. 보통의 경우는 **"다음의 각 항목에 대해서 얼마나 만족 또는 불만족하십니까?"** 형태의 질문이 객관적 형태라 볼 수 있겠다.

| 중요도 고객만족도 측정은 각 항목이나 차원(또는 연구자에 따라 요인, 부문, 요소 등으로 명칭한다)의 만족도와 중요도의 가중평균으로 계산되는 것이 일반적이다. 즉, 각 항목의 만족도와 그 항목의 중요도를 곱하여 그 합으로서 종합 만족도 지수를 측정한다. 물론, 평가기관마다 가지고 있는 고객만족지수 측정방법에 따라서 산술식과 중요도를 산출하는 방식이 다르기는 하지만, 중요도라고 불리우는 가중치와 만족도와의 가중평균 원칙에는 크게 벗어나지 않는다.

한편, 중요도는 전반적 만족도와 각 항목 간의 통계적 상관관계 등을 통하여 도출하기도 하지만 응답자에게 직접 중요도를 질문하여 사용하기도 한다. 즉, 제품이나 서비스의 종합만족도를 구성하는 요인들 중에서 각 항목이나 차원이 얼마나 중요하게 고려되는지를 응답자에게 직접 질문하는 방법으로, 주로 소비재보다는 내구재나 고관여 제품군에 많이 사용된다. 중요도에 대해서는 9.3.3절(중요도의 산출 유형)에서 자세히 설명하겠다.

| 전반적 만족도(체감만족도) 조사를 진행하는 기관에 따라 전반적 만족도, 종합 만족도, 체감 만족도 등 여러 가지로 명명하고 있으나, 한 마디로 간단하게 얘기하면 특정 기업이나 브랜드가 제공하는 서비스 또는 제품에 대해서 고객이 느끼는 총체적인 만족도라고 생각하면 된다. 즉, 설문지의 앞 부분에서 각 차원의 세부항목 및 차원에 대한 전반적 만족도와 그 이유에 대해서 차례로 만족 정도를 평가하고 나서, 그 모든 차원 및 세부항목에 대한 만족 정도를 총체적으로 고려할 때 기업이나 브랜드에 대해서 종합적으로 얼마나 만족 또는 불만족하는가에 대한 질문으로, 흔히 **"고객님께서 지금까지 응답해 주신 모든 차원 및 세부항목의 만족도와 중요도를 종합적으로 고려할 때 OO 브랜드(또는 기업)에 대해서 전반적으로 얼마나 만족 또는 불만족하시는 편입니까?"**하는 형태로 질문하는 것이 일반적이다.

이 전반적 만족도는 각 차원의 중요도를 도출할 때 각 차원 만족도와의 상관관계를 구하는 문항으로서 중요하게 사용되며, 기업이나 브랜드가 제공하는 서비스/제품의 객관적인 수준이 아니라 고객이 느끼는 고객의 주관적인 만족도라는 측면에서 '체감만족도'라고 불리기도 한다.

따라서 실질적인 서비스 수준이 아니라 브랜드 이미지 및 브랜드 충성도에 따른 인식의 만족도라는 측면에서 브랜드 마케팅과의 연관성이 밀접하나, 본 장에서는 브랜드 관리에 대한 별도의 언급은 하지 않겠다.

| 재거래 의향 **제품이나 서비스를 한 번 사용해 본 고객이 해당 브랜드나 기업과의 재거래 의향이 얼마나 있는가에 대한 척도로서 고객만족도 측정에 매우 중요하게 사용된다.** 즉, 특정 브랜드의 제품이나 서비스를 처음 사용해 보는 것은 브랜드나 해당 기업의 이미지 그리고 좀 더 세부적으로는 제품/서비스 컨셉의 타당성 및 다양한 커뮤니케이션 활동(구전, 광고, PR 등)에 의해서 좌우된다고 볼 수 있으나, 실제로 한 번 사용해 본 고객들이 반복해서 사용하는가 아니면 첫 사용 후 반복구매를 하지 않는가는 제품이나 서비스에 대해서 얼마나 만족을 느끼는가에 의해서 거의 결정이 된다고 할 수 있으므로, 이 재거래 의향이 고객만족도에 결정적인 영향을 미치는 중요한 변수인 것이다. 실제로 매년 우리나라의 고객만족도 대상을 발표하는 여러 기관에서 전체 고객만족지수를 산출하는 중요한 가중치의 변수로서 사용하고 있다. 질문의 형태는 **"고객님께서는 다시 본 제품이나 서비스를 구매/이용하셔야 한다면 OO 브랜드의 제품/서비스를 다시 이용할 의향이 얼마나 있으십니까? 보기의 척도에 의해서 말씀하여 주십시오"**의 형태로서 흔히 사용된다. 물론 질문에 따라서 표현이나 형태가 조금씩 다르게 질문한다.

| 타인 추천의향 우리나라 옛날 속담에 "세상 참 좁다."라는 말이 있다. 이처럼 인간은 넓은 세상인 것 같으면서도 한편으로는 강한 인적교류를 하면서 서로 가깝게 엉켜서 살고 있다. 또한, 상대적으로 고가의 물품이나 서비스를 구매하거나 사용해보지 않은 혁신제품을 구매할 때는 주위의 사람들에게 정보나 의견을 구하는 경험이 있었을 것이다.

특히, 요즘처럼 브랜드에 따른 제품/서비스 품질수준의 차별화가 거의 없고 다양한 매체를 통한 정보의 홍수 속에서 주위 사람들에 의한 구매 의사결정 영향력은 점차로 커질 수밖에 없는 것이다. 이처럼 특정 브랜드나 기업의 서비스를 먼저 사용해 본 사람들이 주위의 사람들에게 그 브랜드를 어떻게 얘기하는가는 마케팅에서 중요한 관리지표이며, 고객만족도 측정에도 재구매 의향과 함께 중요한 변수로 다루어진다. 질문형태로는 "고객님 주위에 '□□'(해당 제품이나 서비스군)를 구입하려는 분이 계신다면 고객님께서 사용해

보신 'OO 브랜드'의 제품이나 서비스를 추천하실 의향이 얼마나 있으십니까?"의 식으로 흔히 질문된다.

| 고객 지불가치 이 항목은 가격정책과 다소 상관이 있는 질문으로서 고객이 제품이나 서비스를 사용해 본 후 그 가격 가치에 대해서 어떻게 느끼는가를 측정하여 고객만족도 평가에 포함하는 것이다. 실질적으로 고객 지불가치 항목을 고객만족도 측정 자체에 포함시키는 경우는 많이 보지 못했으나, 기업이나 브랜드가 제공한 제품/서비스의 가격 대비 품질의 가치를 측정한다는 측면에서 참고적으로 질문하는 경우가 많은 편이다. 그런데 한 가지 유의해야 할 사항은 고객 지불가치란 주제를 가지고 다양한 관점에서 다양한 형태로 질문을 한다는 것이다. 구체적으로 여행 서비스를 예로 들면, ① "고객님께서 사용하신 OO 여행사의 서비스 가격은 얼마가 적당하다고 생각하십니까?"와 같이 직접적으로 그 가치를 질문하는 방법, ② "만약 추가로 서비스 가격이 오른다면 어느 정도의 가격을 더 지불하실 의향이 있으십니까?"와 추가 지불가치를 질문하는 방법, ③ "고객님께서는 OO 여행사의 서비스 수준이 고객님께서 지불하신 가격과 비교해서 어느 정도의 수준이라고 생각하십니까?"처럼 지불가격 대비 서비스 품질을 질문하는 방법 등이 있고, 이 밖에도 가격수립 관련 조사 시 질문되는 항목들이 혼재되어서 사용되는 경우들이 있으며, 교과서식으로 "어떤 것이 정답이다"하고 얘기하기보다는 정보를 어떤 관점과 목적으로 사용하는가에 따라서 질문형태를 결정하는 것이 보통이다.

| 이상 대비 만족도 해당 제품/서비스의 가장 이상적인 품질수준을 100으로 할 때 특정 브랜드나 기업이 제공하는 서비스/제품의 상대적인 품질을 평가하는 것으로, 고객들이 인식하는 품질이 고객들의 희망하는 이상치와 비교하여 어느 정도의 차이(gap)가 있는지를 측정하여 서비스 제공자가 지향하는 목표치를 설정하는 데 사용된다.

| 기대 대비 만족도 퇴근길 사무실 주변의 복잡한 선술집에서 소주를 한잔하면서 우리는 서빙해주는 종업원들에게 아주 정중하고 고급스러운 서비스를 기대하지는 않는다. 그러나 기대하지도 않은 값싼 술집에서 기대한 것 이상의 서비스와 음식을 저렴한 가격에 제공받는다면, 일부 당황할 수도 있지만 기본적으로는 아주 흡족해 하고 "어? 이 집 참 좋네!"하며 만족을 하고 주변 사람들에게 추천을 하며 본인도 다시 이 집을 찾을 것이다. 반

면에 비싼 돈을 지불하고 최고급 음식과 품격 있는 분위기, 최상의 서비스를 기대하며 유명 음식점을 방문하였는데 기대 이하의 서비스를 제공받는다면, 다시는 그 집을 찾지 않는 것은 물론 주변사람들에게도 악의적인 구전활동을 할 것이다.

고객은 특정 브랜드가 제공하는 제품/서비스의 품질수준에 대한 일정 정도의 기대수준을 가지고 있으며, 객관적인 품질의 수준과 별개로 고객의 기대치에 얼마나 부응하는지에 따라서 만족도가 결정된다는 관점에서 기대 대비 만족도라는 개념이 사용된다. 동일한 품질의 서비스 수준이더라도 고객이 해당 브랜드에 가지고 있는 기대치가 어느 정도의 수준인가에 따라서 만족(불만족)여부가 결정된다는 관점으로, '기대불일치'라는 이론이 고객만족도를 측정하는 하나의 지표로 만들어져 사용되기도 하지만 국내에서 자주 사용되지는 않는다. 이 '기대불일치' 이론에 의하면 동일한 품질을 제공한다고 해도, 고객(소비자)들의 기대치가 높은 유명 브랜드의 경우 그렇지 않은 브랜드에 비해 상대적으로 만족도가 낮아질 수밖에 없다는 단점이 있다. 즉, 좋은 이미지와 인지도를 가지고 있는 브랜드에는 높은 기대치가 형성되어 있기 때문에 동일한 품질이지만 낮은 만족도를 느낄 수 있는 것이다. 요즘과 같이 브랜드 이미지 관리에 의한 브랜드 마케팅이 활성화된 시절에는 다소 적당하지 않을 수도 있다. 질문방법은 "고객님께서 ○○ 브랜드에 기대하셨던 것과 실제로 경험해보고 나서 느끼신 것을 비교할 때 ○○ 브랜드의 서비스 품질에 대해서는 기대치 대비 얼마나 만족 또는 불만족하시는 편입니까?" 식의 형태가 많이 사용된다.

총체적 건의 사항 각 차원의 세부항목 및 전반적 만족도 그리고 중요도와 기타사항에 대해서 순차적으로 응답을 하다 보면, 일정 정도의 학습이나 사고의 정리가 이루어지면서 고객입장에서 하고 싶은 말이나 앞 단계에서 미처 생각나지 못했던 점들이 생각날 수 있다. 이러한 관점에서 설문지의 맨 마지막에 "그밖에 건의하고 싶으신 점이나 희망하시는 점이 있으면 무엇이든지 좋으니 구체적으로 말씀해 주십시오"하는 질문을 하며, 실제로 이 개방형 질문으로부터 고객들의 참신한 아이디어나 소중한 고객의 소리가 많이 발견되기도 한다. 가능한 코딩팀의 축약된 형태보다는 고객의 응답을 있는 그대로 기록하여 연구자가 고객의 소리를 가감없이 그대로 듣고 업무에 반영하는 것이 바람직하다.

9.3.2 척도 및 환산

앞에서 언급한 것처럼 설문조사는 동일한 질문도 어떻게 표현을 하느냐에 따라 그 대답이 극단적으로 다르게 나타날 수 있다. 고객만족도 조사는 일반적으로 리커트척도를 사용하여 응답을 받고 있다. 즉, 3점, 5점, 7점척도 등과 같은 리커트척도로 응답을 받는다. 연구자의 조사의도나 산업군에 따라서 중간점수(neutral)가 없는 4점이나 6점척도가 사용되기도 하며, 척도의 폭을 좀 더 넓혀 놓은 11점 척도가 사용되기도 한다.

구체적으로 고객만족도 조사에서 많이 논의되는 각 척도의 특징 그리고 100점으로의 환산 및 표현 문제를 간략하게 설명하겠다.

| 척도 문제

❶ 3점척도는 '긍정－중간－부정'의 가장 간단한 형태로서 긍정과 부정의 비율(%) 파악에 중점을 두는 경우에 많이 사용된다. 특히, 고객접점의 서비스 품질을 관찰하는 서비스 모니터링(일반 독자들에게는 '미스테리 쇼핑' 이라는 용어가 더 친숙하겠다) 등에 많이 사용되며 '100점(긍정)－50점(보통)－0점(부정)'의 방식으로 점수를 산출한다. 서비스 모니터링의 경우에는 그 정도가 덜 하지만 일반 고객만족도 조사에 사용할 때는 중간 점수에 응답이 몰려 평가 대상별 변별력이 극히 떨어진다는 단점이 있다.

❷ 5점척도는 '매우 긍정－(약간)긍정－보통－(약간)부정－매우 부정'의 형태로 응답을 받으며, 연구자에 따라 '(약간)'이라는 표현을 붙이기도 하고 생략하기도 한다. 이러한 5점척도는 일반적으로 많이 사용되고 있기는 하지만 3점척도와 마찬가지로 변별력이 떨어진다는 단점이 있다. 특히 우리나라 사람들의 경우 5점척도로 질문하면 양 극단치('매우 긍정'과 '매우 부정')를 제외한 세 가지 척도로 응답이 몰리는 경향이 강하며, (약간)이라는 단어를 붙이면 그러한 경향이 더 강하게 나타난다. 조사목적과 이슈에 따라 차이와 예외는 있지만 고객만족도 조사뿐 아니라 일반 시제품 테스트나 기타 조사에서도 가운데 3개 포인트가 보통 40%～60%로 응답되는 것이 일반적인 현상이다. **신제품의 컨셉이나 어떤 의견에 대한 긍정과 부정의 비율에 관심이 주로 있는 경우는 5점척도의 사용이 좋으나, 우리나라처럼 서열 매기기 목적의 고객만족도 조사를 진행하는 경우는 5점척도보다는 상대적으로 분산이 큰(분포의 넓이가 큰) 7점척도를 사용**하는 것이 바람직하다.

❸ 7점척도는 만족 정도의 구체적 측정, 표현의 현실성 등 그것을 사용하는 이유에 대한 언급

들이 많지만, 기본적으로는 5점척도의 변별력을 높이기 위해서 사용되는 것이 가장 솔직한 이유이다. '매우 긍정 – 긍정 – 약간 긍정 – 보통 – 약간부정 – 부정 – 매우 부정'의 표현으로 사용되며, 국내 주요 기업들의 고객만족도 평가 설문지에 가장 많이 사용되고 있는 것으로 보인다.

❹ 11점척도는 가장 부정적인 0점부터 가장 긍정적인 점수 10점까지 총 11점척도로 사용하는 것으로, 10점 만점에 익숙한 사람들에게 평가가 용이하며 또한 변별력이 높아진다는 장점이 있다. 일반적으로 0점(매우 부정)과 10점(매우 긍정)만 표현(wording)을 주고 사용하는 경우가 많은데, 이는 11개의 척도에 모두 표현을 붙이기가 쉽지 않기 때문이다. 그러나 이렇게 **양 극단치에만 표현을 주어서 평가할 경우 응답자에 따라서 척도의 주관성 문제가 발생**한다. 즉, 응답자의 주관에 따라 동일한 7점이 어떤 응답자에게는 높은 점수로 사용되는 반면 어떤 응답자에게는 낮은 점수의 척도로 사용될 수 있는 것이다. 우스운 말로 과거에 학교 다닐 때 공부를 잘한 사람은 '7점'이라는 척도가 낮은 의미로 사용될 것이고, 공부를 못해서 70점이라는 점수를 받아 본 적이 별로 없는 사람의 경우 '7점'이라는 척도가 높은 의미로 사용될 것이다. 이러한 척도의 주관성 문제를 극복하기 위해서 저자가 나름대로 다음과 같이 11점 척도에 표현을 붙여 보았으나 좀 더 세련된 표현의 개발이 필요하다.

0	1	2	3	4	5	6	7	8	9	10
□	□	□	□	□	□	□	□	□	□	□
최상의 만족	매우 만족	만족	약간 만족	만족 하는편	보통	불만족 하는편	약간 불만족	불만족	매우 불만족	최상의 불만족

| 100점 만점의 환산 5점척도, 7점척도 등의 자료는 우리에게 익숙치 않은 수치여서 평균점수가 산출되었을 때 그 점수가 높은 것인지, 아니면 낮은 것인지에 대한 식별이 일반인들에게는 어려운 측면이 있다. 예를 들어, 7점척도로 조사한 고객만족도 조사의 평균점수가 4.23점이라 할 때 이 점수가 주는 의미의 파악이 어려운 것이다. 이러한 어려움을 해소하고자 척도 점수를 우리에게 익숙한 100점으로 환산하여 사용하는 경우가 많다. 즉, 5점척도의 경우 그림 9.1과 같이 척도의 제일 낮은 점수(1점)를 0점으로 하고 가장 높은 점수(5점)를 100점으로 고정하고, 척도의 각 간격을 100점을 기준으로 동일한 간격으로 나누어 그 점수를 할당하는 것이다. 여기서 5점척도와 같이 쉽게 구간을 나눌 수 있는 경우도 있지만, 7점척도나 또는 다른 척도의 경우 100을 등간격으로 나누기가 쉽지 않을 수 있

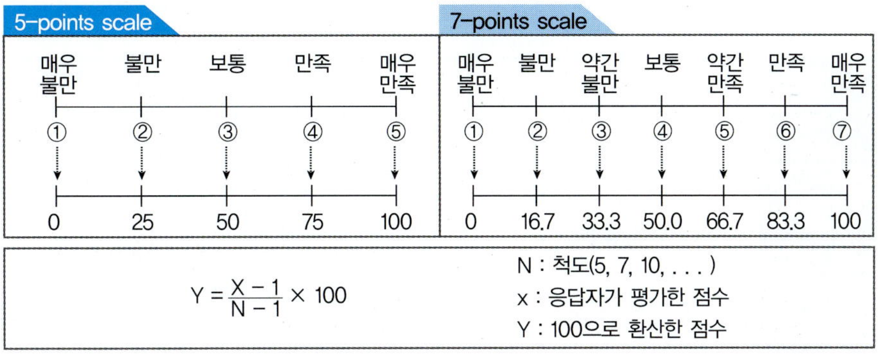

| 그림 9.1 | 리커트척도의 100점 환산

다. 이럴 경우 그림 9.1의 공식을 사용하면 어떤 척도이던지 100을 기준으로 등간격 분할한 100점 환산점수를 산출할 수 있다.

예를 들어, 5점척도의 경우 '{(응답자 점수 − 1)/4} × 100'의 방식으로, 7점척도이면 '{(응답자 점수 − 1)/6} × 100'의 방식으로 산출되는 것이다.

9.3.3 중요도 산출의 유형

대부분의 고객만족도는 평가기관이나 사용하는 모형에 따라서 각 항목의 가중치를 할당하는 방식이 다르기는 하지만, 기본적으로 각 항목의 평가치와 그 평가항목의 중요도(가중치)를 곱하는 가중평균의 방법을 따르는 것은 크게 다르지 않다고 보아도 무방할 것이다.

즉, 평가항목(또는 차원)의 수가 p이고 W_i를 각 평가항목 X_i의 중요도(가중치)라 할 때 종합 만족도는 다음과 같이 산출된다.

$$\text{종합 만족도(CSI)} = \sum_{i=1}^{p} (W_i \times X_i)$$

물론, 모든 고객만족도 지수의 산출방법이 위와 같은 모형의 형태로 구조화되는 것은 아니다. 개별 연구기관이 가지고 있는 모형에 따라 각 서비스 차원의 평가치와 중요도의 함수에 타인 추천의향이나 재거래 의향 등을 포함하여 산출식을 도출하는 유형, 구조방정식모형에 의하여 각 항목의 중요도와 함수의 형태를 결정하여 산출식을 도출하는 방법 등 다양한 방법이 사용되고 있으나, 항목의 평가와 중요도를 가중평균하여 종합 만족도를 산출한다는 점에서는 크게 다르지 않다.

| 표 9.3 | 중요도 산출의 유형

고객평가	통계적 산출 (감성적 중요도)	상관분석(Correlation Analysis)
		회귀분석 (Regression Analysis)
		요인/회귀분석(Factor/Regression Analysis)
		구조방정식모형(Structural Equation Model)
	직접평가 (이성적 중요도)	자기평가(Self-Rated)
		닻내림척도(Anchored Measures)
		일정합척도 (Constant-sum Measures)
관리자 평가		
동일 배분		

가장 보편적으로 사용되는 중요도 산출의 유형은 표 9.3과 같이 구분할 수 있으며, 각각의 개념과 사용방법에 대해서 간략하게 설명하도록 하겠다.

우선, 중요도 산출의 유형을 크게 나누면 고객들이(응답 대상자) 각 항목의 중요도를 응답하는 고객평가, 제품 담당자가 중요도를 할당하는 관리자 평가 그리고 동일배분의 방식으로 구분할 수 있다.

첫 번째, 고객평가는 다시 통계적 분석을 걸쳐 산출하는 방법과 고객들이 직접적으로 중요도를 할당하는 방법으로 나눌 수 있으며, 뒤에 자세히 설명하겠다.

두 번째, 관리자 평가 방법은 해당 제품이나 서비스의 담당자가 각 항목/차원별 중요도를 직접 할당하는 방법이다. 이는 고객중심의 경영이라는 철학에는 다소 어긋나기는 하지만 구매과정에 여러 사람이 관여하거나 여러 부서가 관계되는 B2B(Business to Business) 산업이나 고객만족도 설문을 구성하는 차원들의 중요도를 일반고객들이 평가하기에 다소 어려움이 있는 첨단제품 등의 고객만족 평가에 종종 사용된다.

세 번째, 동일배분 방법은 각 차원이나 항목의 평가점수를 단순히 산술평균하는 방법이다. 모든 차원이나 항목의 중요도를 동일하게 배분하는 것으로서 가장 단순한 CSI 산출방법이다. 이는 논리적으로나 수리적으로 옳고 그름을 따지기보다는 고객만족 경영을 실천하는 과정에서 모든 서비스 부분이나 측면을 무엇이 더 중요하고 덜 중요한 것이 아니라, 똑같이 중요하게 다루어져야 한다는 고객만족 경영의 실천에 대한 철학적 개념에서 바라보아야 한다. 한편, 차원의 수나 항목의 수가 아주 많아지면 통계적 산출 등의 다른 방법으로 중요도를 구해도 결국은 동일배분의 방법과 비슷하게 수렴되는 경향이 있어서, 서비스 차원의 수가 많은 산업의 고객만족도 평가에 사용되기도 한다.

이제 다시 고객평가 방법으로 돌아가서 우선 고객들이 각 항목(또는 차원)의 중요도를 할당하는 직접평가의 방법과 차원 간의 상관관계를 분석하여 통계적으로 중요도를 산출하는 통계적 산출방법으로 나눌 수 있다. 전자를 이성적 중요도라 하면 후자는 감성적 중요도라 할 수 있는데, 이는 마케팅에서 얘기하는 제품의 구매유발요인(Buy Motivating Power)이나 핵심구매요인(Key Buying Factor)을 이성적 요인과 감성적 요인으로 나누는 것과 그 맥을 같이 한다고 볼 수 있다. 실제로 고객(소비자)이 제품이나 서비스를 구매하는 요인은 이성적으로 판단하여 구매를 결정하는 것과 구매자 본인은 전혀 의식하지 못하는 감성적이고 심리적인 요인에 의해서 구매를 결정하게 되는 요인으로 나뉘어서 작용한다. 구매 시 영향을 미치는 이러한 요인 중 어느 측면이 더 강한가에 따라서 중요도를 산출하는 방법을 사용하는 것이다.

저자가 과거에 신사복의 구매요인에 대한 조사를 진행했을 때, 신사복 시장의 구매를 결정하는 가장 중요한 요인으로 가격, 브랜드, 색상 등 품질과 관련된 항목들을 응답자들이 주로 언급하였다. 그러나 순위상관계수라는 통계적 방법을 사용하여 각 항목들 간의 인과구조를 분석한 결과 신사복 시장에서 구매여부를 결정하는 가장 중요한 요인은 매장의 판매직원이라는 결과를 도출하였다. 즉, 고객들이 이성적인 판단으로는 가격, 브랜드, 색상 등 제품과 관련된 부분을 가장 중요하게 고려한다고 말을 하지만, 실질적으로 구매를 결정하는 요인은 매장직원들의 서비스나 태도가 결정적으로 영향을 미친다는 사실을 발견한 것이다. 그렇다면 당연히 어떤 경우에 어떤 유형의 중요도를 사용해야 하는가에 대한 질문이 뒤따를 것이다. 이에 대한 정확한 정답은 없지만 일반적으로는 구매결정 시 관여도가 높고 가격이 높거나 제품의 이미지가 아니라 기능이 주된 구매요인으로 소구되는 제품/서비스의 경우에 직접평가의 방법을 사용하고, 브랜드 간 기능의 차이가 크지 않고 구매결정 과정이 저관여 제품으로서 이미지에 의한 감성적인 소구를 하는 제품/서비스 군에 통계적 산출 방법을 사용하는 것이 타당하다고 본다. 즉, 감성적 구매 제품의 경우 고객이 머리와 입으로 중요하다고 생각하는 것보다는 감성적으로 고객들의 구매를 결정하는 요인을 우선적으로 고려해야 하므로, 고객들이 중요하다고 얘기하는 요인들보다는 실질적으로 전반적 만족도에 높은 상관관계를 갖는 요인들을 종합만족도 산출에 높게 반영하는 관점이다.

| 상관분석 고객만족도 조사의 중요한 통계적 산출 방법으로 가장 단순한 방법이기도 하면서 가장 널리 사용하는 방법이다. 상관분석 및 상관계수의 산출에 대해서는 이 장의 부록을 참고하기로 하고, 여기서는 상관계수를 이용한 중요도 산출 방법만 설명하겠다.

X_1과 Y의 상관계수를 r_1,	$r_1/\Sigma r_i = r_1^*$	: 차원 1의 중요도
X_2과 Y의 상관계수를	r_2, $r_2/\Sigma r_i = r_2^*$	: 차원 2의 중요도
⋮	⇒	
X_p와 Y의 상관계수를 r_p,	$r_p/\Sigma r_i = r_p^*$	: 차원 p의 중요도
상관계수의 합을 Σr_i	즉, $\Sigma r_i^* = 1$	

| 그림 9.2 | 상관계수를 이용한 중요도 산출 방법

평가항목의 대상인 차원의 수가 p개라 하고, 평가할 각 차원의 만족도 평가 점수를 X_1, X_2, . . . , X_p라 정의하자. 전반적 만족도(체감 만족도)를 변수 Y라고 정의할 때, 특정 변수 X_i와 Y와 상관관계가 높다는 것은 X_i가 다른 변수를 보다 전반적 만족도에 영향을 중요하게 미친다는 것을 의미한다. 이러한 의미를 염두에 두고, 전반적 만족도와 각 차원의 만족도의 상관계수(r_i) 합을(Σr_i) 기준으로 하여 상관계수의 상대적 크기를(r_i^*) 계산하면 바로 각 차원의 중요도가 되는 것이다. 수리적으로 살펴보면 그림 9.2와 같이 r_i^*를 계산하여 i번째 차원의 중요도로 사용하는 것이다.

이와 같이 상관계수를 이용하여 중요도로 산출하는 것은 계산방법이 간단하고, 각 개별 서비스/제품의 차원(항목)들이 종합 만족도에 미치는 영향을 명확하게 측정할 수 있으며, 독립적인 항목의 구체적인 TO-DO 리스트를 작성하기 용이하다는 장점이 있다. 그러나 여러 항목들이 서로 연관성(상관성)을 갖는 경우 이를 고려할 수 없다는 한계가 있다. 또한, 항목의 수가 많아질 경우 항목 간 중요도가 비슷하게 수렴되는 경향이 다른 통계적 산출 방법에 비해 높게 나타나는 단점이 있기도 하다. 그러나 고객만족도가 처음 국내에 도입되는 90년도 초반 대기업의 고객만족도 평가에 많이 사용되었으며, 현재도 자체적으로 평가를 진행하는 기업이나 기관 등에서 많이 사용되고 있다.

| **회귀분석** 회귀분석에서 도출되는 회귀계수의 상대적 크기를 중요도로 사용하는 방법이다. 선형 회귀분석을 통한 회귀계수의 산출에 대해서는 제8장의 부록을 참고하기 바란다.

기본적으로 앞에서 설명한 상관계수를 이용하여 각 항목별 중요도를 산출하는 방식과 회귀계수를 이용하여 중요도를 산출하는 방식 자체는 동일하다. 그러나 상관계수를 이용하는 경우 개별 항목과 전반적 만족도의 개별적인 상관관계를 이용하지만, 회귀계수에 의한 중요도 산출 방법은 여러 항목들 간의 연관성을 고려하여 각 항목이 전반적 만족도

에 미치는 영향을 파악한다는 장점이 있다. 즉, 고객만족이란 특정 항목이 개별적으로 작용하는 것이 아니라 여러 항목들(즉, 고객과 접점하는 여러 서비스 차원들이나 제품의 측면들)이 복합적으로 영향을 미친다는 점에서 상관계수를 이용하는 것보다 현실적이기는 하다(이 경우 자주 제기되는 문제는 다중공선성의 문제인데, 이에 대해서는 회귀분석 관련 서적들을 참조하기 바란다).

고객만족도 조사란 응답자의 심리상 한두 개의 일부 문항에 만족하면 전반적으로 만족하는 경향이 강하고, 반대로 한두 개의 문항에 강한 불만족을 느끼면 전반적으로 불만족하는 경향이 있다. 물론 특정 문항에 대해서 만족과 불만족이 나뉘는 드문 경우도 예외적으로 있기는 하겠지만, 일반적으로는 각 항목 간 평가치의 상관성이 높게 나타나는 것이 보통의 경우이다.

| 요인/회귀분석 전반적 만족도에 적용할 변수(차원)의 수가 매우 많을 경우(이러한 경우 다중공선성의 문제가 흔히 발생한다) 중요도가 가지는 의미 및 전반적 만족도의 산출과정을 쉽게 이해하기 위하여 자주 사용하는 방법이다(요인분석의 절차에 대해서는 제6장의 부록을 참조하기 바란다). 변수(각 항목 또는 차원)들을 공통요인으로 묶은 다음, 도출된 요인점수(factor score)를 독립변수로 하고 전반적 만족도를 종속변수로 하여 회귀분석을 수행한 후 도출된 회귀계수의 상대적 크기를 해당 공통요인의 중요도로 산출하는 방법이다. 이는 요인분석을 통해서 도출된 각 요인들이 서로 독립이라는 성질을 이용하기 위해 서로 상관성이 높은 차원(또는 항목)들을 묶어서 서로 독립적인 공통요인들을 도출하는 것이다. 그런 다음 각 요인에 해당하는 항목들의 산술평균점수로 그 요인의 만족도 점수를 산출하고(때로는 요인적재값의 상대적 크기를 이용하여 가중평균하기도 한다), 이렇게 계산된 요인의 만족도 점수와 요인의 중요도를 가중 평균하여 종합만족도를 산출하는 방식이다.

예를 들어, 그림 9.3에서와 같이 만족도 평가항목이 $X_1 \sim X_{20}$까지 20개 있다고 하고, 이것을 요인분석한 결과 $F_1 \sim F_5$까지 총 5개의 공통요인이 도출되었다고 하자. 이 5개의 공통요인을 독립변수로 하여 회귀분석한 결과 회귀계수가 $\beta_1 \sim \beta_5$로 추정되었다고 할 때, 각 중요도를 계산하는 절차는 앞에서 설명한 상관계수를 이용하여 중요도를 산출하는 절차와 동일하다.

이 방법은 각 서비스 차원이나 고객접점의 유형, 제품의 각 측면들에 대한 개별적인 중요도를 파악하기 어렵다는 단점이 있어서 실질적으로 현업에서는 잘 사용되지 않고 있다.

만족도 평가항목(차원) $\Rightarrow$ $X_1, X_2, X_3, \ldots, X_{20}$

도출된 공통 요인 $\Rightarrow$ $F_1, F_2, F_3\ F_4, F_5$

각 요인에 포함된 항목 $\Rightarrow$ $F_1 : X_1, X_2, X_3, X_4, X_5$

$F_2 : X_6, X_7, X_8, X_9, X_{10}, X_{11}$

$F_3 : X_{12}, X_{13}$

$F_4 : X_{14}, X_{15}, X_{16}, X_{17}, X_{18}$

$F_5 : X_{19}, X_{20}$

전반적 만족도 $Y = \alpha + \beta_1F_1 + \beta_2F_2 + \beta_3F_3 + \beta_4F_4 + \beta_5F_5 + \varepsilon$의 회귀분석결과

$\beta_1/\Sigma\beta_i$ $\Rightarrow$ 요인 F_1의 중요도 W_1

$\beta_2/\Sigma\beta_i$ $\Rightarrow$ 요인 F_1의 중요도 W_2

$\beta_3/\Sigma\beta_i$ $\Rightarrow$ 요인 F_1의 중요도 W_3

$\beta_4/\Sigma\beta_i$ $\Rightarrow$ 요인 F_1의 중요도 W_4

$\beta_5/\Sigma\beta_i$ $\Rightarrow$ 요인 F_1의 중요도 W_5이고

$F_1^* = (X_1 + X_2 + X_3 + X_4 + X_5)/5$

$F_2^* = (X_6 + X_7 + X_8 + X_9 + X_{10} + X_{11})/6$

$F_3^* = (X_{12} + X_{13})/2$

$F_4^* = (X_{14} + X_{15} + X_{16} + X_{17} + X_{18})/5$

$F_5^* = (X_{19} + X_{20})/2$

종합만족도 $CSI = \Sigma\ W_i\ F_i^*$로 산출한다.

| 그림 9.3 | 요인/회귀분석을 이용한 종합 만족도 산출방법

예를 들어, 어떤 가전제품의 'AS'라는 항목과 '판매원의 서비스'라는 항목이 '인적 서비스'라는 공통요인으로 묶였을 때, 종합 만족도의 산출은 '인적 서비스'라는 독립변수를 사용하면 되지만 실질적인 CS 경영관리 측면에서 'AS'와 '판매원 서비스'는 분명히 개별적이고 독립적인 서비스 관리의 영역이기 때문이다.

| **구조방정식모형** 구조방정식모형은 그림 9.4와 같이 종합 만족도에 영향을 미치는 각 변수들의 복합적인 상호/인과관계 구조를 모형화하고, 이를 이용하여 추정된 경로계수들의 상대적 크기를 중요도(가중치)로 사용하여 종합 만족도를 산출하는 방식이다(이 장의 부록에는 이에 대한 간단한 사례가 소개되어 있다).

현재 일부 국내기관의 고객만족도 평가와 정부기관이나 사기업에서 진행하는 고개만족도 지수의 산출 등에 사용되고 있으며, 일반적인 개념의 다차원성과 설문조사에서 발생하는 측정오차에 관한 문제 등을 보완할 수 있어서 최근 여러 분야에서 중요한 고객만족 측정도구로 그 적용이 확대되어 가고 있다. 그러나 분석에 있어서 통계 비전문가가 접근

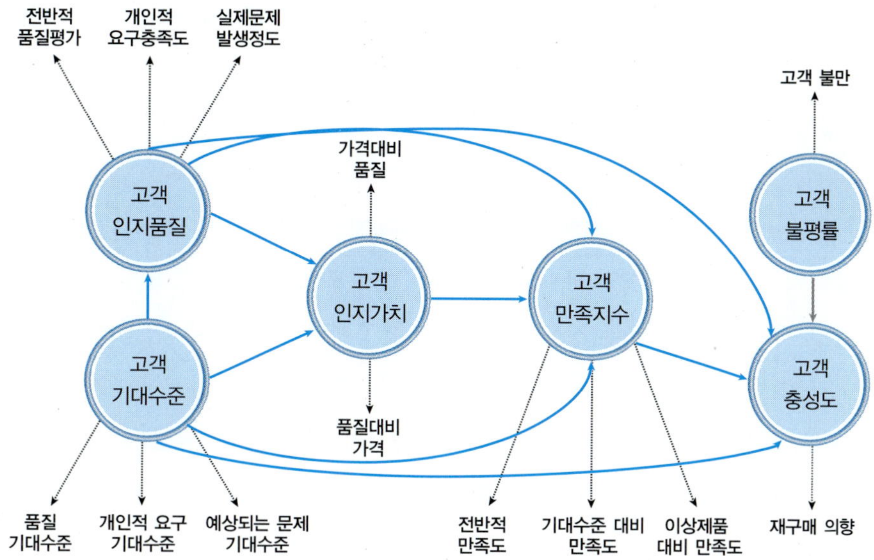

| 그림 9.4 | 고객만족도 측정을 위한 구조방정식모형의 예

하기에 다소 어려움이 있으며, 모형의 설정에 연구자의 주관성이 개입된다는 단점도 가지고 있다.

지금까지는 통계적 방법에 의한 응답자의 감성적인 중요도를 산출하는 방법에 대해서 설명하였다. 이제 이성적 중요도라 할 수 있는 응답자의 직접평가 방법에 대해서 설명하겠다.

| 응답자 자기평가 Self-rated 각 항목마다 그 중요도를 응답자가 직접 평가하는 방법으로서 5점이나 7점 또는 11점 등의 척도가 많이 사용되며, 척도의 주관성 문제(동일한 포인트를 응답자에 따라서 다른 의미의 척도로 이해하고 사용하는 문제로서, 예를 들어 동일한 5점이라 해도 응답자에 따라서 높은 점수로 이해되기도 하고 낮은 점수로 사용되기도 하는 문제)가 제기되어 척도에 구체적인 표현을 명명하거나 각 응답자 내에서 통계적 표준화를 취하여 사용하기도 한다. 중요도(가중치)는 각 항목마다 평가받은 평균수치의 상대적 크기를 합이 1이 되도록 보정하여 산출된다.

| 닻내림척도 Anchored Measures 모든 항목(차원) 중에서 가장 중요하다고 생각되는 항목에 100점을 할당한 후 그 항목을 기준으로 나머지 항목의 상대적 중요도를 1점~99점 사이에서 할당하는 방법으로, 각 항목이 받은 평균수치를 중요도로 전환하는 방법은 앞에서의

다른 방법들과 동일하다. 질문 방법으로는 "다음의 각 서비스 속성들 중에서 가장 중요하다고 생각되시는 항목에 100을 주고, 나머지 항목의 상대적 중요도를 고려하여 1~99점의 점수로 평가하여 주십시오"와 같은 형식으로 질문한다.

| 일정합척도Constant-Sum Measures 주어진 점수(예를 들면, 10이나 100점)를 가지고 각 항목의 상대적 중요성에 따라 나누어 할당하는 방식으로, 별도의 중요도를 계산하는 과정이 없이 바로 사용할 수 있다는 장점이 있으나, 항목이나 차원의 수가 많을 경우 응답하기에 짜증이 날 수 있고 이로 인해서 불성실한 응답자 오류를 야기할 가능성이 높은 것이 단점이다. 또한, 질문의 특성상 전화조사를 사용하기가 쉽지 않다. 질문의 방법은 "다음의 서비스나 제품의 항목별로 합이 100이 되도록 그 상대적 중요성을 할당하여 주십시오"와 같은 식의 형태가 사용된다.

9.4 고객만족도 조사진행 및 활용 시 유의사항

주요 이슈별 마케팅리서치 진행 및 분석방법

9.4.1 보고서 작성 시 유의사항

고객만족도 조사의 보고서 작성 방향은 크게 두 가지 정도로 요약할 수 있는데, 첫 번째는 점수에 의한 서열화이고, 두 번째는 고객만족을 높이기 위한 전략수립과 관련된 내용이다. 은행, 보험회사 등의 각 지점이나 더 상위 개념의 본부 등과 같이 조직의 관리단위별 고객만족 점수의 순위나 자사와 경쟁사와의 점수와 순위 등을 작성하는 것이 전자이고, 고객의 니즈를 발견하여 고객의 니즈에 대비하여 기업이나 브랜드가 개선해야 할 사항이 무엇인지를 분석하는 것이 후자라고 할 수 있다.

그런데 전자의 경우 통계적 유의성을 무시하고 적은 점수 차이에도 불구하고 서열을 결정하며, 이에 의하여 해당 부서(또는 지점, 본부)장의 인사에까지 결정적으로 반영하는 기업들이 많다는 것이 문제이다. 예를 들어, 어떤 은행의 독립문 지점과 남대문 지점의 표본에 대한 CSI 점수가 각각 67.2와 67.5점으로 나타났다고 가정하자. 지점의 전 고객을 대상으로 조사를 진행한 것이 아닌 표본조사이기 때문에 표본오차가 발생하고, 두 지점 고객만족점수의 평균차이인 0.3점이 오차한계 내에 들어간다면 두 지점의 모집단 점수는 실질적으로 차이가 난다고 할 수 없는 것이다. 즉, 동일한 조사항목과 동일한 대상으로 조사를 반복했을 경우 반대의 점수가 나타날 수도 있는 것이고, 이는 바꾸어 말하면 두 지점의 점수가 동일함에도 불구하고 두 지점의 고객만족점수가 차이가 난다고 결정을 하고 최고경영층에 보고가 될 가능성도 있는 것이다. 이런 경우 두 지점의 평균점수 차이가 통계적으로 유의한 차이인지를 검증할 수 있는 통계적 방법론이 있지만, 이 또한 신뢰수준의 정도에 따라 통계적 유의성 여부가 달라질 수 있으므로 피평가대상과 신뢰수준에 대한 합의나 원칙이 명확하게 공유된 다음에 신중하게 서열을 매기는 것이 중요하다.

조직의 부서뿐 아니라 특정 산업의 브랜드나 회사에 대한 고객만족도를 측정하여 발표하는 일부 고객만족 평가기관의 경우 순위 매기기의 남용은 더욱 심각하다. 예를 들어, A 보험사의 고객만족점수와 B 보험사의 고객만족점수의 평균차이가 극히 미비해 통계적 유의성을 보이지 못하는 경우에도 불구하고 임의적으로 순위를 발표하고, 이러한 순위에서 1위를 한 기업은 '○○ 기업 고객만족도 1위'라는 대대적인 홍보를 한다. 고객에게 만족을 주고, 감동을 주기 위한 고객만족 경영과 그에 대한 평가가 아니라 전문적 지식이 없는 고객을 기만하는 경영행위이며, 평가기관의 무책임한 '코미디' 라 아니할 수 없는 것이다.

두 번째는 고객만족 조사의 결과를 분석하여 향후 활동에 대한 실행계획(action plan)을 작성하는 과정에서 기계적인 데이터 해석의 문제이다. 일반적으로 마케팅리서치를 진행할 때 연령, 성별, 학력, 주거형태, 가구소득 등의 인구통계학적 변수와 해당 산업의 기본 거래형태(예를 들어, 보험의 경우 가입기간, 가입상품, 가입경로 등)에 대한 정보를 질문하거나 기업이 가지고 있는 데이터를 이용하여 모든 항목과 교차집계하여 분석하는 것이 일반적이다. 이는 데이터의 전반적인 흐름을 이해하고 또 고객의 특성별로 각 항목에 대해서 어떻게 응답하였는가를 파악하기 위한 기초분석인 것이다. **문제는 특정 항목과 전혀 상관이 없는 분석변수임에도 불구하고 통계적 유의성이 있다고 중요한 발견이라도 한 것처럼 보고서에 제시**를 하는 것이다. 예를 들어, TV의 고객만족도 조사를 진행한 결과 연예 프로그램을 주로 시청하는 집단은 L 전자 TV에 대한 고객만족도 점수가 상대적으로 높고, 시사 프로그램을 좋아하는 사람은 S 전자 TV에 대한 고객만족도 점수가 높게 나타났다고 가정하자. 이는 우연일 가능성이 높고, 만약 우연이 아니라면 TV 제조회사의 변수와 주시청 프로그램 유형의 변수 중간에 두 변수의 인과관계를 연결하는 또 다른 매개변수가 있을 수 있다. 그럼에도 이에 대한 분석이나 언급은 전혀 없이, L 전자는 연예 프로그램 그리고 S 전자는 시사 프로그램에 대한 관계를 보고서에 작성하는 유형이다. 이렇게 한 번 분석변수를 정하면 모든 항목에 대해서 동일하게 교차분석을 하고 그것이 통계적으로 의미가 있든 없든 간에 상관없이 보고서에 제시하는 우를 범하는 경우가 많다. (1) 해당 항목에 논리적 연관성이 있고, (2) 통계적으로 유의한 차이를 보이며, (3) 실무자들이 구체적으로 실행할 수 있는 정보에 한해서 보고서를 작성하여야 한다.

고객만족도 보고서에서 작성기관에 상관 없이 흔히 볼 수 있는 결과물 중의 하나가 '항목별 만족도×중요도'의 포트폴리오 분석이다. 즉, 중요도의 높고 낮음과 만족도의 높고 낮음으로 구분하여 4개의 영역으로 구분하고 각 영역에 해당하는 항목들의 실행가이드(action guide)를 제시하는 형식이다. 만족도는 객관적으로 높고 낮음으로 제시하거나 아니면 경쟁사 대비 높고 낮음의 정도로 구분하여 제시하는 두 가지 형태가 사용된다. 구체적으로는 '(1) 중요도가 높고 만족도가 낮으면 긴급개선 항목, (2) 중요도가 낮고 만족도가 낮으면 개선권장 항목, (3) 중요도가 높고 만족도가 높으면 적극권장 항목, (4) 중요도가 낮고 만족도가 높으면 현상유지 항목'과 같은 방식으로 구분하는 것이다. 문제는 이러한 식의 분류가 과연 현업의 실행 가능성 및 수익성의 측면에서 보았을 때 유용한 분석방법이며, 합리적인 경영행위를 하기 위한 정보를 제공하는 것인가에 대한 고려가 전혀 없다는 것이다. 예를 들면, 고객가치 차원에서 볼 때 우수고객(기업에 수익성을 올려 주는 고객)이 만족을 느끼는 항목과 우수고객이 중요하게 느끼는 항목이 비우수고객이 만족하는 항목이나 중요하게 느끼는 항목과 차이가 있지 않겠는가에 대한 문제제기이다. 만약 고객의 등급에 따라 만족하는 항목과 중요하게 느끼는 항목이 다르다면 분명 우수고객의 니즈부터 충족시켜야 하는 것이다. 또한, 개선과제가 발견되었다면 개선에 의한 수익의 증가 및 이에 소요되는 투자 비용도 비교되어서 검토되어야 할 것이다. 이 점에 대해서는 '9.5절 CS 경영 및 수익의 창출을 위한 CSI 조사'에서 자세히 설명하겠지만, 실무에 대한 적용 및 기업의 수익창출에 대한 신중한 고려가 없이 기계적으로 정해진 양식을 채워 넣는 식의 고객만족도 조사의 보고서 작성이 되지 않도록 유의해야 한다.

9.4.2 조사진행의 주기

고객만족도 조사의 세 가지 원칙으로 정량적, 지속적, 정기적 조사를 들 수 있다. 즉, 조사결과를 계량적으로 수치화해서 지속적으로 관리를 하되, 정기적인 기간을 주기로 조사를 진행해야 한다는 것이다. 그렇다면 얼마 정도의 기간마다 조사를 진행해야 하는가에 대한 의문이 제기된다. 결본부터 얘기하면 해당 기업이 제공하고 있는 서비스나 제품의 성격과 기업의 의사결정 구조 및 집행의 신속성 등 기업의 특성에 따라 조사주기가 관리되어야 한다. 물론, 비용이나 기타 업무 담당자, CS 관리부서의 현실적인 여건 등도 고려가 되어야 하지만 기본적으로 중요한 것은 산업과 해당 기업의 특성인 것이다. 즉, 그림 9.5에서와 같이 조사가 기획되어 진행되고, 분석 보고서가 작성되어 그에 대한 실행계획이 수립되어 현업부서에 고객응대 가이드가 하달되면, 이를 시행하기 위해서 필요한 조직개편 및 서비스 교육 등의 구조적 변화와 기업 자원의 배분 문제 등에 필요한 조직의 변화를 준비하는데 1년 정도의 시간이 필요하다고 가정하자. 이런 경우 조사를 6개월에 한 번씩 진행한다면 CS 담당부서는 조사결과에 따른 후속 작업을 엄두도 못내고 조사진행 자체에만 급급하기가 쉽다.

따라서 이러한 서비스의 개선에 필요한 주기를 반영하여 그에 맞게 조사주기를 관리해야 하는 것이다. 현재 많은 기업들이 고객의 니즈를 반영한 고객만족 경영을 하기 위한 조사가 아니라 계량적인 수치의 관리를 위한 조사를 진행하는 사례들이 적지 않고, 이러한 경우 조사주기에 대한 개념이 없이 조사진행 및 고객만족도 점수의 산출만을 확인하기 위한 조사를 진행하는 것을 자주 볼 수 있는데, 조사진행에 필요한 인적 및 금전적 기회비용을 감안할 때 너무도 비효율적인 안타까운 모습이다.

조사결과에 따른 향후 대책수립 및 집행 그리고 최대한 신속한 의사결정을 위한 최고경영

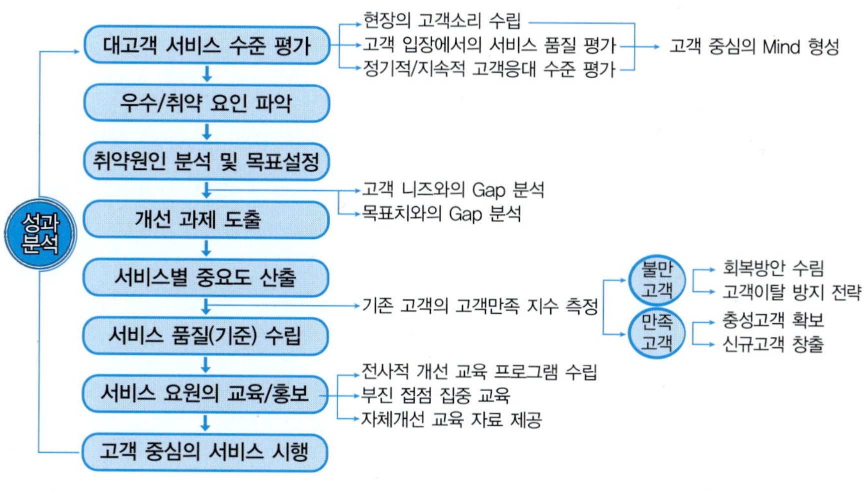

| 그림 9.5 | 고객만족도 조사의 운영 프레임

층을 중심으로 한 마인드와 조직문화, 결정된 방향이 신속하고 효율적으로 집행될 수 있는 전사적인 문화와 그에 부합되는 그리고 고객의 만족을 향상시켜서 기업과 고객과의 관계를 강화하고 최종적으로 기업의 수익을 극대화하기 위한 주기로 고객만족도 조사를 진행해야 하는 것이다.

그러나 특정 기업이나 조직의 현재 고객응대 서비스 수준 그리고 전사적인 고객만족 마인드 고취를 위하여 경우에 따라서는 월 단위 심지어는 주 단위로 고객만족 조사를 진행해야 할 필요성이 있을 수도 있다. 실제로 저자가 국내 고객만족도 조사가 처음 도입되는 90년도 초반에 ○○시스템 회사와 격주 단위로 조사를 진행했던 사례가 있다. 이 회사의 경우 팀 단위로 외부고객사에 파견이 되거나 아니면 본사가 아닌 별도의 공간에서 프로젝트팀으로 작업을 많이 하는 B2B(Business to Business) 서비스 회사였다. 본사가 아닌 별도의 공간에서 업무를 하다 보니 아무래도 고객응대 서비스가 매우 불량하여 시급하게 개선이 필요한 상황이었다. 이러한 상황에서 주 단위 고객만족도의 수치적 관리와 고객의 니즈를 반영한 고객만족 서비스 개선이라는 두 마리 토끼를 다 잡기 위해 빠른 주기의 조사를 진행하였다.

즉, 주 단위의 전화조사를 통해 간단하게 고객만족 점수를 산출하기 위해서 관련된 항목만(보통 5문항 이하)을 질문하여 고객만족 점수를 도출하였다. 실사가 완료된 직후 보고서 작업과 별도로 주요 문항에 대한 고객응답의 빈도를 도출하고, 만족도 점수가 하위 5%~10%의 응답자에게 다시 전화를 해서 구체적으로 어떤 부분이 불만족하였는가를 심층 인터뷰하여 불만족 고객의 구체적 응답사례를 생생하게 녹취하였다. 이러한 내용을 고객접점의 직원들에게 전파하고 동일한 고객 불만족 소리들이 나오지 않도록 교육시키는 방식을 반복하였다.

결과적으로 주 단위 고객만족도의 수치적 관리와 고객의 니즈를 반영한 서비스 개선이라는 두 가지의 목적을 모두 해결하였고, 그 결과 고객만족점수가 일정 정도까지 거의 수직으로 상승하는 결과를 얻은 적이 있다. 이렇게 필요한 경우에는 빠른 주기의 조사를 통한 단기적 주기의 고객만족도 조사를 목적과 기업의 상황에 맞게 약식으로 설계하여 진행하는 방법을 고려할 수도 있다.

9.5 주요 이슈별 마케팅리서치 진행 및 분석방법
수익률 극대화를 위한 고객만족도 조사

앞에서 잠깐 언급을 했었지만 현재 국내 많은 기관의 고객만족 조사가 지표관리 중심적이며, 기계적이고, 현실적이지 않은 고객의 니즈 분석에 국한되어 효율적이지 못하게 진행되고 관리되는 경우가 많다. 즉, 전체 기업(또는 기관)이나 본부별, 부서별 고객만족지수 도출을 위한 조사를 진행하지만, 이 경우에 그 결과로서 현업의 실무자들에게 무엇을, 누구에게, 어떻게하라는 구체적인 실행가이드(action guide)는 전혀 제시되지 못하고 있다. 또한 성, 연령, 직업 등의 인구특성이나 거래유형에 의한 집단별 고객만족지수를 관리하지만 이 역시 영업일선에 구체적인 실행가이드를 제공하지 못하는 것이다.

또는 고객만족도 점수에 의해서 우수고객이나 이탈가능고객 등의 고객등급과 유형을 분류하고 관리하는데, 과연 높은 고객만족지수의 고객이 기업의 높은 수익으로 연결되는가에 대한 부분도 회의적으로 검토가 되어야 한다.

한편, 앞에서 언급한 것처럼 만족도 대비 중요도를 분석하는 포트폴리오 분석에서 도출되는 중점 개선사항의 가치와 고객의 니즈도 수익성의 관점에서 다시 검토가 되어야 한다.

즉, **단순히 지수관리 중심의 고객만족 조사에서 이제는 진정한 고객의 니즈를 반영한 고객만족 경영을 통해서 수익성 극대화를 위한 고객만족 조사가 진행 및 관리**되어야 하는 것이다.

예를 들면, 그림 9.6에서 고객만족도가 낮더라도 구매빈도가 강한 타성적/습관적 충성고객이 있을 수 있고, 만족도는 높지만 구매는 거의 일어나지 않는 잠재적 충성도를 가진 고객

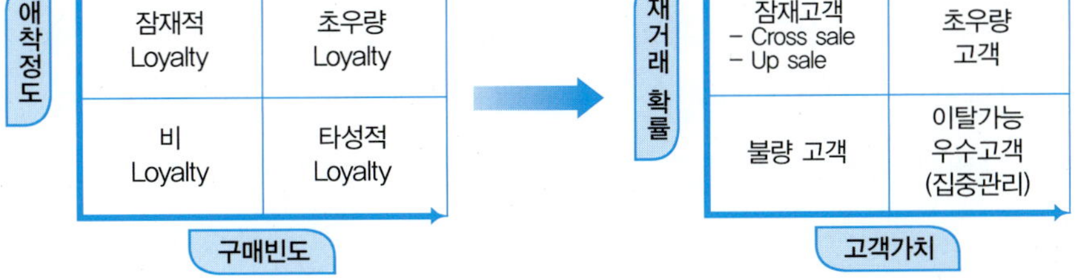

| 그림 9.6 | 재거래 점수 vs. 고객가치 점수

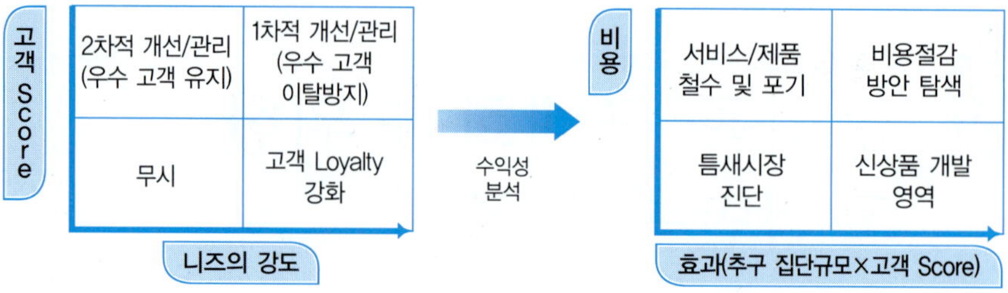

| 그림 9.7 | 수익률을 극대화하기 위한 고객의 니즈 분석

집단도 있는 것이다. 전자의 경우 해당 브랜드의 만족도에 의한 애착을 높여 초우량 고객집단으로 전이시키고, 후자의 경우 높은 만족도를 실질적인 구매로 전환시키기 위한 전략이 수립되어야 할 것이다. 또한, 한 발 더 나가서 기업의 입장에서 볼 때 고객가치와 재거래 확률의 포트폴리오 분석을 통한 고객관리도 필요한 것이다. 여기서 고객가치는 구매단위, 구매의도, 최근 구매시기 등의 거래정보 관련 변수들의 함수가 될 것이고, 재거래 확률은 거래정보, 고객특성 정보, 만족도, 재거래 의사 등의 함수가 될 것이다. 즉, **단순히 고객만족도 점수의 결과만 관리하는 것이 아니라, 재거래 의향이나 고객만족도와 같은 조사결과와 고객 거래정보 데이터베이스을 통합하여 분석해 내고, 실질적인 수익창출을 위한 고객만족도 조사와 고객관계관리(CRM) 관점에서의 데이터마이닝을 통합하는 시도**가 필요하다.

고객만족 조사의 또 다른 큰 축인 고객의 니즈 분석도 항목의 중요도와 만족도 점수만을 단순히 교차분석하는 것에 그치지 말고 그림 9.7과 같이 니즈의 강도와 그러한 니즈들을 가지고 있는 해당 고객들의 가치를 분석하여야 한다. 즉, **기업에 수익을 가져다주는 우수고객이 원하는 것이 무엇이며, 무시하거나 크게 투자하는 것을 지양해야 할 니즈가 무엇인지를 분석**해야 한다. 만약 기존의 방식대로 분석결과 중요도가 높고 만족도가 낮다고 해도 해당 니즈를 가지고 있는 고객이 과연 투자할 가치가 있는 집단인가를 고객가치점수의 측면에서 분석해야 하는 것이다.

또한, 고객점수(customer score)와 니즈의 강도에 의해서 개선해야 할 과제가 정해진 다음에도 개선을 위해서 필요한 투자비용의 정도와 그로 인한 매출이나 수익 효과의 측면도 고려해서 최종적으로 개선해야 할 방향과 목표를 설정해야 하는 것이다. 여기서 특정한 과제의 개선 효과는 그러한 니즈를 희망하고 있는 고객집단의 규모 그리고 그러한 고객들의 가치점수를 종합적으로 분석하여야 하고, 이 역시 고객만족 조사의 결과와 고객의 거래정보 데이터베이스를 통합한 접근방식에서 진행된다.

이처럼 이제 고객만족도 조사는 더 이상 서열 매기기와 그를 통한 고객의 눈을 가리는 홍보를 위한 자료로 활용되는 것이 아니라, 실질적인 고객의 만족을 관리하기 위한 고객만족 경영정책 수립과 궁극적으로 수익률을 창출하기 위한 경영행위로서 접근되고 시행되어야 한다. 또한 이를 위해서는 조사자료 데이터베이스와 고객 거래정보 데이터베이스의 통합 및 분석이 필요하나 현재 많은 기업들이 리서치 팀과 데이터마이닝 팀 또는 고객관계관리(CRM) 팀이 별도로 운영되고 있으며, 가지고 있는 데이터베이스도 공유가 되지 않고 개별적이고 분절적으로 관리되는 상황이다. 또는 서로의 업무에 대해서 잘 알지 못하거나 심지어는 부서별 파워게임 등 조직 내 정치적 문제 때문에 협조가 이루어지지 않거나, 동일한 프로젝트를 각자의 팀에서 중복하여 진행하는 안타까운 경우도 종종 발견된다.

수익성 극대화를 위한 고객만족 조사를 진행하기 위해서는 무엇보다 이러한 조직적 장벽과 배타적 문화를 일소하고, 관련된 정보를 통합하여 같은 시각과 목적을 가지고 관리할 수 있는 부서나 팀이 필요할 것이다. 가장 중요한 것은 현재의 문제점을 인식하고 실질적이고 효율적인 정보의 활용을 기반으로 한 고객만족도 조사를 진행하려는 최고경영자의 이해가 우선되어야 한다.

부록 9.A.1 상관분석 (Correlation Analysis)

상관계수(correlation coefficient)는 두 연속형(구간형 혹은 비율형) 변수들에 대한 연관성을 재는 측도이다. SPSS에서 상관분석을 수행하는 과정은 다음과 같으며, 여기서는 피어슨(Pearson)의 상관계수, 스피어만(Spearman)의 순위상관계수, 켄달(Kendall)의 타우(τ)-계수 등을 구할 수 있다.

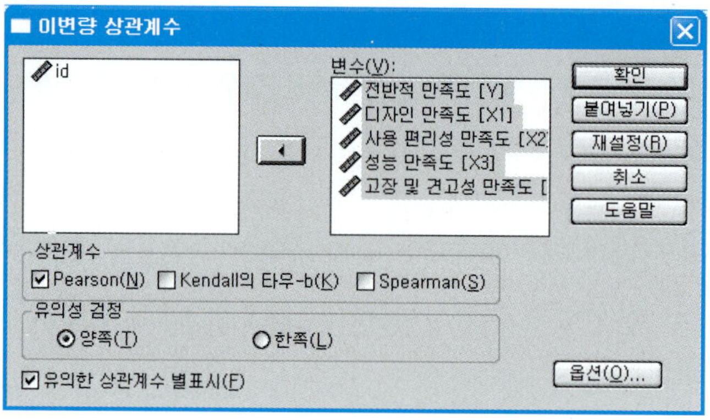

| 그림 9.A.1.1 | '이변량 상관계수' 대화상자

상관계수

		전반적 만족도	디자인 만족도	사용 편리성 만족도	성능 만족도	고장 및 견고성 만족도
전반적 만족도	Pearson 상관계수	1	.417**	.48**	.571**	.507**
	유의확률 (양쪽)		.000	.000	.000	.000
	N	691	690	689	688	677
디자인 만족도	Pearson 상관계수	.417**	1	.429**	.473**	.390**
	유의확률 (양쪽)	.000		.000	.000	.000
	N	691	696	696	696	685
사용 편리성 만족도	Pearson 상관계수	.487**	.429**	1	.627**	.478**
	유의확률 (양쪽)	.000	.000		.000	.000
	N	689	696	694	697	683
성능 만족도	Pearson 상관계수	.571**	.473**	.627**	1	.549**
	유의확률 (양쪽)	.000	.000	.000		.000
	N	688	696	694	697	683
고장 및 견고성 만족도	Pearson 상관계수	.507**	.390**	.478**	.549**	1
	유의확률 (양쪽)	.000	.000	.000	.000	
	N	677	685	683	683	686

**. 상관계수는 0.01 수준(양쪽)에서 유의합니다.

| 그림 9.A.1.2 | '상관분석'의 출력결과

① 풀다운 메뉴에서 분석(A) → 상관분석(C) → 이변량 상관계수(B)를 클릭한다.
② 이변량 상관계수 대화상자에서 변수(V)에 분석대상이 되는 변수들을 모두 선택한다(그림 9.A.1.1). 필요한 경우 Kendall의 타우-b(K), Spearman(s)에 체크한다.
③ 이변량 상관계수 대화상자에서 확인을 클릭하여 출력결과를 얻는다.

그림 9.A.1.2의 출력결과에서 전반적 만족도와 다른 항목(차원) 변수들과의 상관계수는 각각 0.417, 0.487, 0.571, 0.507이며, 모든 상관계수들이 유의수준 5%하에서 유의함을 볼 수 있다.

부록 9.A.2 카이제곱검정 (Chi-square Test)

카이제곱검정은 두 이산형(명목형 혹은 순서형) 변수들에 대한 연관성을 재는 측도이다. SPSS에서 카이제곱검정을 수행하는 과정은 다음과 같으며, 여기서는 명목형 대 명목형(또는 순서형) 변수의 연관성을 측정하는 람다(lambda; λ) 계수와 크래머(Cramer)의 V-계수 ,순서형 대 순서형 변수의 연관성을 측정하는 감마(gamma; γ) 계수, 명목형 대 등간형(구간형) 변수의 연관성을 측정하는 에타(eta; η) 계수 등을 구할 수 있다.

① 풀다운 메뉴에서 분석(A) → 기술통계량(E) → 교차분석(C)을 클릭한다.
② 교차분석 대화상자에서 행(O) 변수와 열(C) 변수들을 모두 선택한다(그림 9.A.2.1). 필요한 경우 셀(E) 버튼을 클릭하여 행 퍼센트 등에 체크한다.
③ 교차분석 대화상자에서 통계량(S) 버튼을 클릭한 후, 얻고자 하는 연관측도들(예컨대, 카이제곱, 파이

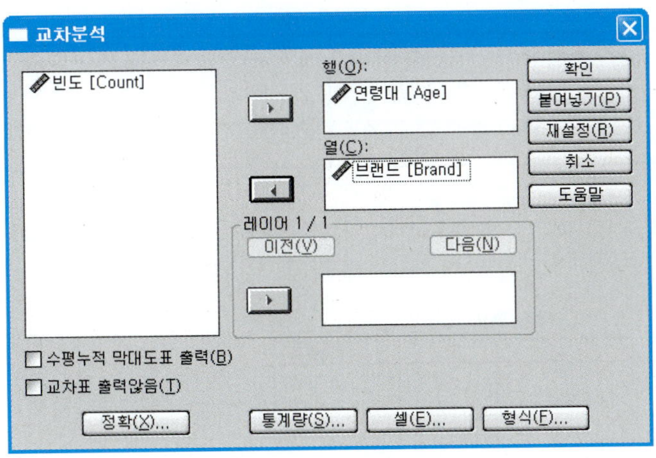

| 그림 9.A.2.1 | '교차분석' 대화상자

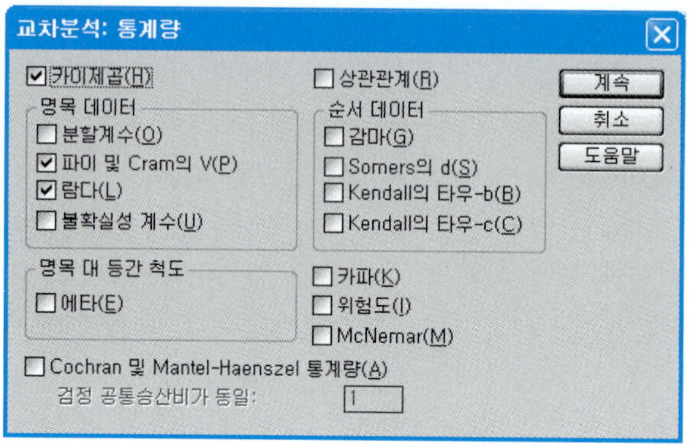

| 그림 9.A.2.2 | '통계량' 대화상자

연령대 * 브랜드 교차표

			브랜드				전체
			A	B	C	D	
연령대	20대	빈도	10	28	68	124	230
		연령대의 %	4.3%	12.2%	29.6%	53.9%	100.0%
	30대	빈도	50	22	12	116	200
		연령대의 %	25.0%	11.0%	6.0%	58.0%	100.0%
	40대	빈도	10	16	14	120	160
		연령대의 %	6.3%	10.0%	8.8%	75.0%	100.0%
전체		빈도	70	66	94	360	590
		연령대의 %	11.9%	11.2%	15.9%	61.0%	100.0%

카이제곱 검정

	값	자유도	점근 유의확률 (양측검정)
Pearson 카이제곱	96.420[a]	6	.000
우도비	92.971	6	.000
선형 대 선형결합	1.600	1	.206
유효 케이스 수	590		

a. 0 셀 (.0%)은(는) 5보다 작은 기대 빈도를 가지는 셀입니다. 최소 기대빈도는 17.90입니다.

방향성 측도

			값	점근 표준오차[a]	근사 T 값[b]	근사 유의확률
명목척도 대 명목척도	람다	대칭적	.068	.012	5.285	.000
		연령대 종속	.111	.020	5.285	.000
		브랜드 종속	.000	.000	.[c]	.[c]
	Goodman과 Kruskal 타우	연령대 종속	.087	.016		.000[d]
		브랜드 종속	.050	.011		.000[d]

a. 영가설을 가정하지 않음.

b. 영가설을 가정하는 점근 표준오차 사용

c. 점근 표준오차가 0이므로 계산할 수 없습니다.

d. 카이제곱 근사법을 기준으로

대칭적 측도

		값	근사 유의확률
명목척도 대 명목척도	파이	.404	.000
	Cramer의 V	.286	.000
유효 케이스 수		590	

| 그림 9.A.2.3 | '교차분석(카이제곱검정)'의 출력결과

및 Craner의 V, 람다)을 체크한다(그림 9.A.2.2).

④ 교차분석 대화상자에서 확인을 클릭하여 출력결과를 얻는다.

그림 9.A.2.3의 출력결과에서 카이제곱검정의 유의확률(p-값)이 0.0001로서 연령대와 브랜드는 연관성이 있음을 알 수 있다. 그러나 크래머의 V-계수 = 0.286(람다-계수 = 0.068)로서 연관성의 정도는 상당히 낮음을 볼 수 있다.

부록 9.A.3 사례: 구조방정식모형을 이용한 고객만족지수의 산출

앞의 그림 9.4는 보험회사의 고객만족지수 측정을 위해 구축된 구조방정식모형(structural equation model)의 구조이며, 이와 같은 측정모형(measurement model)과 구조모형(structural model)을 도출하기 위해 수차례에 걸친 전문가회의 및 예비조사를 통한 기초분석이 수행되었다. 그리고 본조사로서 한 보험회사의 고객 중 600명을 대상으로 일대일 면접조사를 실시하여 자료를 수집하였다.

수집된 자료에 대하여 그림 9.4의 모형을 적용하여 본 결과 적합도 통계량들은 대부분의 기준에서 적합도가 매우 좋음을 나타내고 있다(이 결과는 생략하였음). 그리고 표 9.A.3.1과 표 9.A.3.2는 각각 측정모형과 구조모형의 경로계수 추정값들을 제시한 것이다(이러한 분석결과는 LISREL 또는 AMOS 등과 같은 소프트웨어를 이용하여 얻을 수 있다).

각 잠재변수(차원)들에 대한 개별 추정값은 표 9.A.3.2의 가중치를 측정변수(항목)들에 적

| 표 9.A.3.1 | 구조모형에 대한 추정값

인과관계		경로계수	
		추정값	t-값
인지품질	← 기대수준	0.506	10.515
인지가치	← 기대수준	0.057	1.233
인지가치	← 인지품질	0.643	10.696
만족지수	← 기대수준	0.015	0.361
만족지수	← 인지품질	0.685	10.723
만족지수	← 인지가치	0.299	6.912
불평률	← 만족지수	−0.104	−2.041
충성도	← 기대수준	−0.189	−3.936
충성도	← 인지품질	0.507	5.280
충성도	← 만족지수	0.199	2.066
충성도	← 불평률	−0.049	−2.934

| 표 9.A.3.2 | 측정모형에 대한 추정값

측정변수	잠재변수	경로계수	
		추정값	가중치
품질대비 기대수준	← 기대수준	0.120	0.364
개인요구 기대수준	← 기대수준	0.115	0.348
예상되는 문제 기대수준	← 기대수준	0.095	0.288
전반적 품질평가	← 인지품질	0.161	0.366
개인적 요구충족도	← 인지품질	0.158	0.359
실제문제 발생정도	← 인지품질	0.121	0.275
품질대비 가격	← 인지가치	0.130	0.458
가격대비 품질	← 인지가치	0.154	0.542
전반적 만족도	← 만족지수	0.147	0.334
기대대비 만족도	← 만족지수	0.149	0.339
이상제품대비 만족도	← 만족지수	0.144	0.327
고객 불만	← 불평률	0.083	1.000
재구매 의향	← 충성도	0.228	1.000

* 가중치는 동일한 잠재변수에 대하여 합계가 1이 되도록 추정값을 조정한 것임.

| 표 9.A.3.3 | 잠재변수들에 대한 평균과 신뢰구간

변수	평균	95% 신뢰구간	
		신뢰하한	신뢰상한
고객기대수준	83.154	82.076	84.232
고객인지품질	74.800	73.466	76.135
고객인지가치	72.916	71.653	74.180
고객만족지수	71.657	70.354	72.959
고객불평률	1.833	0.757	2.910
고객충성도	61.833	59.932	63.735

용하여 계산된다. 예컨대, 고객만족지수는 다음과 같이 계산될 수 있다. 즉, CSI=(0.334*전반적 만족도+0.3390*기대대비 만족도+0.327*이상제품대비 만족도)*100. 표 9.A.3.3의 수치들은 이러한 방식으로 각 잠재변수(차원)들에 대한 개별 추정값을 계산하고 그들의 평균과 95% 신뢰구간을 구한 것이다.

10

CHAPTER

CRM의 한계와 리서치 통합

고객관계관리(CRM)는 고객의 거래 이력을 데이터베이스로 축적하고 분석하여 고객의 특성을 반영한 마케팅 활동을 하고자 하는 것이다. 예를 들면, 평소에 신규 부가서비스를 우선적으로 사용하는 이동통신 고객에게 적합한 새로운 부가서비스가 만들어지면 이들을 대상으로 가장 먼저 마케팅 활동을 하거나, 대출 연체가 빈번한 고객이 추가적인 대출을 신청할 때 엄격하게 검토하는 등 고객의 거래정보를 분석하여 고객과의 관계를 과학적이고 구체적으로 관리하는 것이다.

주요 이슈별 마케팅리서치 진행 및 분석방법

10.1 CRM의 한계와 리서치 통합

본서는 CRM(고객관계관리; Customer Relationship Management) 관련 서적이 아니므로 CRM의 개요나 방법론에 대해서 자세히 설명하지는 않는다. 이에 대해서는 관련 서적이 많으므로 참고하기 바란다. 다만, 현재 CRM의 한계에 대해서 언급을 하고 마케팅리서치와의 통합에 의하여 좀 더 구체적이고 효율적인 CRM에 접근할 수 있는 방향을 제시하고자 한다.

이 장은 CRM에 대한 기본 개요를 이해하고 있거나, 아니면 현업에서 관련 업무를 진행하면서 뭔가 부족함을 느꼈던 실무자, 대학에서 관련 분야를 공부하시는 분들이 한 번 읽어보고 저자가 고민하고 제시하고자 하는 방향을 같이 고민해 보기를 권한다. 또한, 이 장은 본서의 앞부분과는 달리 구체적인 조사방법이나 분석에 대한 설명은 하지 않는다. 이는 CRM과 관련된 방법론적인 내용에 대해서 설명하려는 것이 아니라, 그 한계와 마케팅리서치 정보의 통합에 의한 보다 구체적이고 실질적인 고객관계관리 방안을 제시하고자 하는 것이 이 장의 취지이기 때문이다.

CRM은 한마디로 얘기하면 고객과의 빈번한 거래 흔적(정보)을 데이터베이스로 축적하고 분석하여 고객의 특성을 반영한 마케팅 활동을 하고자 하는 경영철학의 한 영역이다. 예를 들면, 평소에 신규 부가서비스를 우선적으로 사용하는 이동통신 고객에게 적합한 새로운 부가서비스가 만들어지면 이들을 대상으로 가장 먼저 마케팅 활동을 하거나, 대출 연체가 빈번한 고객이 추가적인 대출을 신청할 때 엄격하게 검토하는 등 고객의 거래정보를 분석하여 고객과의 관계를 과학적이고 구체적으로 관리하는 것이다.

그런데 일반적인 CRM 방법론이 고객의 거래정보를 기반으로 향후 행동의 가능성을 예측하고 미래의 고객가치를 추정하는 등 고객의 미래행동을 예측하고 분류하는데 도움을 줄 수 있으나, 그러한 고객의 행동을 유발하는 심리적인 요인의 진단과 향후 대책에 대한 구체적인 가이드는 제공하지 못한다는 한계점이 있다. 즉, 고객이 어떻게 행동할 것인가에 대한 행위적인 예측이나 분류는 할 수 있으나 '왜 그러한 해동을 하는지', '그러한 행동을 방지하기 위해서는 어떻게 해야 하는지' 등에 대한 구체적인 솔루션을 제공하지 못하는 것이다. 조금 더 부정적으로 얘기하면 **많은 기업들이 CRM을 한다고는 하지만 고객의 거래정보를 관리하고 데이터를**

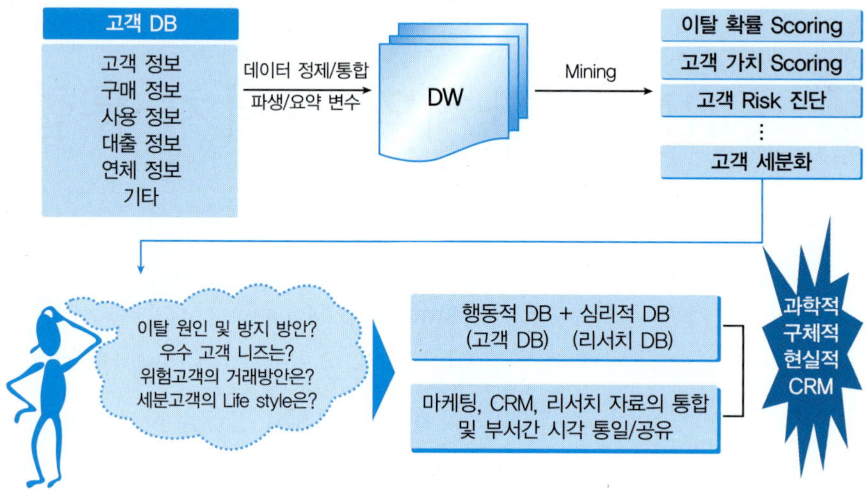

| 그림 10.1 | 일반적인 CRM의 한계

통합/정제하여 새로운 변수를 생성시킨 데이터웨어하우징 정도의 수준에 그치고 있으며, 진정으로 고객과의 관계를 좀 더 강화시키고 고객의 미래가치를 향상시키기 위한 구체적이고 실천 가능한 가이드를 제공하는 CRM이 이루어지지는 않고 있는 것이다.

이렇게 반쪽짜리 CRM이 도입되고 진행되다 보니 마치 기업경영의 모든 것을 해결해 줄 수 있을 것 같은 기대로 엄청난 시간과 돈을 투자하여 CRM을 도입한 기업은 물론 학계에서조차 그 유용성에 대해서 회의적인 시각이 많이 제기되고 있다. 물론 가장 많이 지적되는 것은 구체적인 실행가이드를 제공하지 못한다는 점과 투자 대비 효율성이 산출되지도 측정되지는 않는다는 점이다.

이는 CRM 도입 초기에 (1) 경영학적 관점에서 총체적인 방향을 설정하여 '고객관계관리'라는 궁극적 목적을 염두에 두고 데이터를 분석하는 것이 아니라, 일단 현재 분산되어 산발적으로 존재하는 데이터를 통합하고 정제하는 데이터베이스적 시각에서 시작되었다는 점과 (2) 마케팅 시각이 아닌 IT 중심의 관점에서 관리되었다는 점 그리고 (3) 전사적인 고객관계관리를 위한 조직과 마인드가 아니라 해당 부서만의 극히 부분적인 통계 방법론적인 접근이었다는 점 등이 그 원인이라 할 수 있을 것이다.

그림 10.1은 은행이나 신용카드와 같은 금융업종의 CRM 업무를 예로 든 것이다. 우선, 고객정보 데이터베이스에는 처음 거래 시에 입력된 고객정보, 카드를 이용하여 상품을 구매한 구매정보나 카드사용 관련 정보, 대출 및 연체에 대한 정보 등이 포함될 수 있을 것이다. 개별 거래에 대한 정보, 고객의 특성에 대한 정보 등을 통합하고, 이러한 통합 데이터베이스

의 변수들을 결합하거나 변환하는 등의 과정을 수행하고 요약변수나 파생변수를 만드는 과정을 거쳐서 데이터웨어하우스를 구축하고 나면 통계적 모델링(데이터마이닝) 작업 등을 하게 된다.

예를 들면, 현재 거래 중인 고객 중에서 이탈가능성이 있는 고객을 사전에 파악하기 위해서 고객 개인별로 해당 카드사와 거래를 중단할 확률을 추정하는 것이다. 이는 과거의 거래정보 데이터베이스와 고객특성 데이터베이스 그리고 이미 거래를 중단한 고객의 특성을 기준으로 하여 현재 거래고객의 거래중단 확률을 추정함으로써 이탈가능성이 있는 고객을 사전에 진단한다는 관점에서 그 중요성과 의미가 크다고 할 수 있다. 그러나 고객 개인별로 이탈가능성과 이탈 예상 고객집단의 특성을 파악할 수는 있지만, 그들이 왜 이탈하려 하는지에 대한 이탈의 원인과 그들의 이탈을 방지하기 위한 사전 이탈방지 방안을 제시하지는 못하고 있다.

다른 예를 들면, 과거의 거래유형과 고객특성을 기준으로 하여 개별고객들이 얼마나 기업에 가치가 있는지를 산출하여 고객가치에 대한 점수를 할당하고 우수고객이 누구인지와 우수고객의 특성을 파악하는 작업을 한다. 그러나 우수고객의 특성을 파악할 수는 있지만 그러한 우수고객과의 관계를 더욱 강화시킬 방안과 우수고객의 이탈을 방지할 수 있는 방안에 대한 구체적이고 영업현장에서 실천가능한 가이드를 제시하지는 못하고 있다.

고객의 직업이나 주거형태, 연령 등과 같은 인구통계 관련 데이터베이스와 최근 거래유형과 금액, 대출 관련 정보 등을 종합하여 신용거래에 대한 위험정도를 고객 개인별로 추정하는 리스크(risk) 진단을 대부분의 금융기관에서 진행하고 있다. 그러나 이 또한 고객 개개인에 대한 리스크의 정도는 추정할 수 있지만 그러한 위험의 단계별로 어떻게 관리를 하고 어떠한 유형의 거래관계를 유지해야 하는지에 대한 가이드 또한 제시되지 못하고 있는 것이 현실이다.

신용카드 회사에서는 라이프스타일이나 가치관, 지리적 요인, 상품에 대한 추구 편익, 인구특성 변수 등 일반적으로 사용하는 고객세분화 변수뿐 아니라 신용카드의 사용행태에 대한 고객세분화 작업을 진행하기도 한다. 예를 들면, 주로 어떠한 카테고리의 상품을 구매하는지, 주로 어느 시간대에 구매하는지, 신용카드를 주로 사용하는 상품군은 어떠한 상품군인지 등에 대한 카드 사용행태와 관련된 데이터베이스를 기준으로 하여 '밤문화 유형, 생필품 구매 유형, 문화생활 유형' 등과 같이 카드 사용행태에 의한 고객세분화 작업을 하고 있는데, 이 세분화 이후에 각 세분 고객집단들이 어떠한 니즈를 가지고 있고, 어떠한 불만들을 가지고 있으며, 주요 라이프스타일이나 여가생활 및 가치관 등이 어떤지를 파악해야 각 세분집단에 타당하고 효율적인 고객유지 및 강화를 위한 고객관계관리 활동을 할 수 있을 것이다.

이처럼 고객의 특성이나 거래정보를 분석하여 고객의 행동을 예측하는 차원의 CRM은 그러한 행동을 야기하는 심리적인 요인이나 이탈을 방지할 수 있는 본원적 원인을 제시할 수 없다는 한계를 가지고 있다. 이러한 한계에 부분적인 해결을 제시하기 위하여 고객행동의 정보인 고객 거래정보 데이터베이스와 그러한 행동을 야기하는 심리적 정보인 마케팅리서치 데이터베이스의 통합에 의한 가칭 TR(Transaction & Research) 데이터마이닝을 제안한다.

즉, CRM 부서에서 주로 분석하는 고객거래 데이터베이스와 마케팅 팀이나 리서치 팀에서 진행하는 리서치 데이터베이스를 통합하여 데이터웨어하우스를 구축하고, 고객의 행동과 원인을 분석하여 고객접점 현장에서 행동을 취할 수 있는 실질적이고 구체적인 고객관계관리를 지향하는 것이다.

현재 많은 기업들에서는 CRM 부서, 마케팅 부서, 리서치 부서가 각각 별개의 조직으로 독립적 업무를 진행하고 있으며, 심지어는 동일한 프로젝트를 각각 중복하여 진행하는 사례도 있다. 아주 극단적으로는 고객거래 데이터베이스를 분석하면 파악할 수 있는 정보(고객들이 주로 사용하고 있는 부가 서비스가 무엇인가하는 문제 등)에 대해서 고객들을 대상으로 설문 조사를 진행하는 사례도 있는 것이 현실이다.

마케팅 팀의 담당자들은 자신이 관리하는 프로젝트나 브랜드 이외에는 CRM 팀에 어떤 고객정보가 있으며, 어떻게 사용을 해야 하는지에 대해서 관심조차 없으며, 리서치 팀에서는 회사의 총체적인 고객관계관리 시각이 아니라 단순이 현업에서 의뢰하는 리서치를 진행하고 리서치 업체를 관리하는 수준에 머무르고, CRM 팀에서는 고객 정보를 단순히 기술적으로 분석하는 통계적 시각을 벗어나지 못하고, 자신들이 가지고 있는 정보를 어떻게 사용해야 할지에 대한 마케팅 시각을 전혀 가지지 못한 상태에서 각각 별도로 업무를 진행하고 있는 것이다.

TR 데이터마이닝을 통한 진정한 고객관계관리를 추진하기 위해서는 (1) 먼저 CRM과 마케팅 및 리서치 팀을 총괄하는 통합조직이 운영되어야 하고, (2) 실무자들은 서로의 업무에 대한 이해와 시각을 공유하여야 하며, (3) 데이터베이스를 통합하여 관리하는 시스템이 선행되어야 한다.

10.2 이탈고객 조기진단 및 방지

기업이나 브랜드의 고객이 거래를 중단하고 이탈하는 원인은 경쟁사로 이전이나 제품 및 서비스에 대한 불만, 주변의 부정적인 구전의 영향 그리고 고객에 대한 무관심 등이 있다. 한 연구에 의하면 이 중에서 고객에 대한 무관심이 고객 이탈 원인의 50% 이상이라고 한다. 이처럼 거래 중인 고객에 대한 관심과 관리가 고객강화 활동의 핵심적인 요인이라 할 수 있다. 이러한 맥락에서 기업들은 기존에 거래 중인 고객들의 이탈가능성을 예측하는 모형을 개발하는 등의 다양한 노력을 한다.

그러나 기존의 CRM은 이탈가능성을 예측할 수는 있지만 그들의 이탈을 방지하기 위한 가이드와 이미 이탈한 고객들의 원인과 재거래 방안에 대한 가이드를 제공하지 못하고 있는 것이 현실이다.

이 장에서는 고객의 이탈가능성을 사전에 진단하고, 이탈을 방지하기 위해서 고객 거래 정보 데이터베이스와 리서치 데이터베이스를 통합하여 분석하는 방안에 대해서 간략하게 설명하고자 한다.

그림 10.2에서 보는 바와 같이 현재 거래 중인 고객과 이미 이탈한 고객의 특성을 비교 분석하여 이탈모형을 수립하고, 그러한 이탈모형에 의하여 현재 거래 중인 고객들의 개인별 이

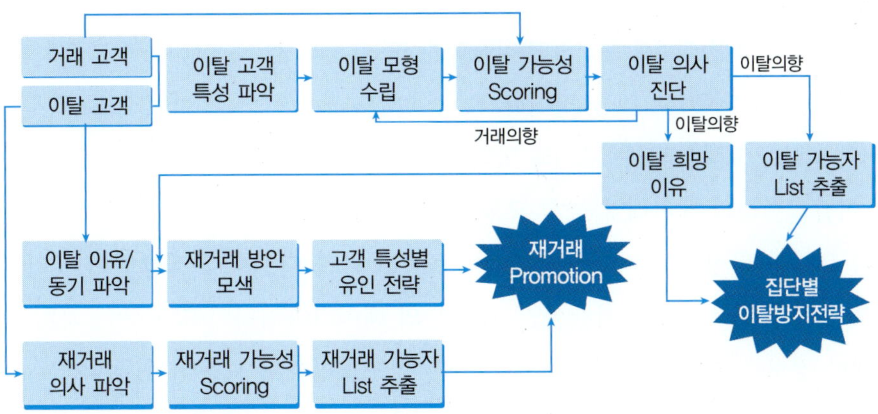

| 그림 10.2 | 이탈고객 조기진단 및 방지를 위한 프로세스의 예

탈가능 확률이나 스코어를 산출하여, 이탈가능성이 높은 고객이 누구인가를 파악하는 것이 현재의 CRM에서 진행하는 이탈고객관리와 관련된 업무일 것이다.

그러나 여기서 끝나는 것이 아니라 (1) 우선 추정된 이탈고객점수 모형의 정확성을 검증해 보아야 한다. 이탈가능성 추정모형은 거래를 유지하고 있는 고객과 이미 이탈한 고객의 여러 가지 특성을 비교/분석하고, 이를 통해 도출된 이탈고객의 특성을 정의하는 수리적/확률적 함수에 의해서 이탈가능성을 추정하는 것이다. 그러나 분석에 고려되지 않는 여러 가지 요인들에 의해서 이탈 여부가 영향을 받을 수도 있을 것이다. 따라서 수리적 모형에 의해서 이탈가능성이 높게 추정된 현재의 거래고객이 실질적으로 이탈의향이나 가능성이 높은가에 대한 확인 절차가 필요한 것이다. 즉, ① 이탈가능성 추정모형에 의해서 현재 거래 중인 모든 고객들의 이탈가능성을 산출하고 나면, ② 이탈가능성이 높게 산출된 고객들에게 이탈의향이나 가능성을 질문하여, ③ 수리적 모형과 고객들의 이탈의향에 대한 응답내용이 크게 다르면 이탈모형 수립 단계로 되돌아가서 다시 모형 수립을 해야 한다.

(2) 수리적 이탈모형에 의한 이탈가능성과 이탈의향을 비교한 결과가 유사하게 나온다면 이탈가능 추정모형을 확정하여 최종적으로 전 고객의 개인별 이탈확률을 추정하고 이탈이 예상되는 고객들을 분류한다. 이탈이 예상되는 고객들도 여러 가지 유형이 있을 것이다. 기업에서 분류하는 고객의 등급이나 가치 또는 거래유형, 인구통계 변수 등의 다양한 세분 집단별로 이탈가능 고객이 분류될 수 있으며, 이렇게 다양한 각각의 세분집단별로 이탈하려고 하는 원인을 분석하여 집단별로 이탈을 방지할 수 있는 대책을 수립하여야 한다.

한편, 이미 이탈한 고객들을 대상으로 이탈이유나 동기, 불만족 요인, 재거래 의향이나 재거래를 하기 위한 니즈 등에 대한 조사를 진행한다. 최종 이탈가능성 추정모형과 이탈 의향 질문에서 (3) 이탈예상자로 분류된 고객들의 이탈의향 이유에 대한 정보와 이미 이탈한 고객들의 이탈이유나 동기 등에 대한 정보를 통합하여 이탈고객들의 재거래 방안을 모색하여 고객 특성별로 재거래 유인 활동을 펼쳐 나갈 수 있을 것이다.

(4) 이미 이탈한 고객들에게는 재거래 의향을 질문하여 재거래 가능성에 대한 모델링도 진행할 수 있다. 이탈고객들의 재거래 가능성 모형의 추정방법은 거래 중인 고객의 이탈가능성 모형의 추정과 유사한 방식으로 이루어진다. 물론, 여러 가지 다양한 거래요인이나 마케팅 변수에 의해서 재거래 여부가 결정되겠지만, 대부분의 데이터마이닝이 그렇듯이 가지고 있는 고객들에 대한 정보를 최대한 이용하여 고객관리에 조금이라도 도움이 될 수 있는 정보를 제공할 수 있다면 고객접점에서 고객들을 접하는 실무자들과 고객 서비스를 지원하고 개발하

는 부서에서는 크게 도움이 될 것이다.

이렇게 기존의 이탈가능성 모형의 추정을 넘어서 ① 실질적으로 이탈의향을 질문하여 추정된 모형의 정확성을 검증하고, ② 이탈예상 고객들의 이탈 희망이유를 사전에 파악하여 이탈을 방지하며, ③ 이미 이탈한 고객들의 재거래 가능성을 진단하고, ④ 재거래 방안을 모색할 수 있는 세분집단별 또는 개인별 마케팅 활동을 해 나가는 것이 이탈고객 조기진단 모형이다.

이러한 작업은 기존의 고객 거래정보를 활용한 데이터마이닝이나 CRM에 비해서 별도의 시간과 비용이 크게 소요되는 것이 아니다. 많은 기업들이 거래고객들의 이탈가능성 점수화 작업은 물론 이탈고객들을 대상으로 한 이탈의 원인에 대한 리서치도 진행하고 있다. 다만, 별개의 부서에서 각각 별도로 단절되어 진행되고 있는 업무를 전사적으로 통합하고 시각을 공유하려는 조직적 노력과 지원만 있다면, 각각의 부서에서 진행하고 있는 반쪽짜리 고객관계관리 업무를 조립하여 총체적인 고객관계관리에 의한 고객강화를 이루어 나갈 수 있을 것이다.

주요 이슈별 마케팅리서치 진행 및 분석방법

10.3 우수고객 관리

"기업 매출의 80%는 상위 20%의 우수고객에 의해서 이루어진다" 또는 "회사 생산량이나 매출의 80%는 20%의 직원에 의해서 만들어 진다"는 이른바 파레토의 법칙이 있다. 물론 인터넷이 발전하면서 온라인 쇼핑몰 등 유통의 변화로 인해서 매출비중이 높은 소수가 아닌 매출비중이 낮거나 아주 미비한 다수의 고객에 의해서 회사의 전체 매출이 좌우된다는 '롱테일(long-tail) 법칙'이 최근에 탄력을 받고는 있지만, 그래도 아직까지 회사의 우수고객에 대한 가치는 경시할 수 없을 것이다. 특히 은행, 보험과 같은 금융업종에서 우수고객의 중요한 가치에 대해서는 절대적으로 주의와 관심을 가지고 관리되어야 하는 대상이다.

여기서는 고객의 가치를 점수화하여 우수고객이 누구인가를 파악하려는 기존의 CRM을 넘어서, 우수고객들의 불만사항이나 이탈의향 및 니즈 등에 대한 리서치를 통합하여 우수고객의 이탈가능성을 사전에 차단하고 고객관계를 강화하기 위한 일대일 마케팅 추진방안에 대해서 설명하고자 한다.

많은 기업에서는 고객의 RFM(CRM에서 고객가치나 등급을 분류할 때 흔히 사용하는 기준변수로서 가장 최근에 거래한 것이 언제이며(Recent), 얼마나 자주 거래를 하고(Frequent), 어느 정도의 구매를 하는가(Monetary)에 대한 정보를 말한다.)을 비롯한 거래정보를 분석하여 고객등급에 대한 점수화를 함으로써 우수고객의 특성을 파악하는 작업을 한다.

한편, 일반적으로 우수고객들은 자신의 존재에 대해서 기업으로부터 인정을 받고 자신이 우수고객으로서의 서비스를 받고 있다는 사실을 느끼면서 자부심을 가지려고 하는 속성이 강하다. 즉, 일반고객과는 차별화된 서비스를 받으며 자신이 기업으로부터 우수고객으로 분류되어 대접받고 있다고 느끼고 싶어하는 것이다.

그런데 기업에서 생각하는 고객의 니즈와 고객이 원하는 니즈, 특히 우수고객이 생각하는 니즈는 그 수준이나 방향에 있어서 많이 상이할 수가 있으며, 이렇게 고객의 니즈에 부합되는 적정한 서비스를 기업이 제공하지 못할 때 고객은 불만을 품고 이탈할 수 있다. 이것이 부정적 구전에 의한 우수고객의 연쇄적인 이탈로 이어질 경우 기업은 심각한 타격을 입을 수도 있다.

따라서 **고객 거래정보에 의한 고객등급의 점수화 작업에 의해서 우수고객이 분류되면, 거래나 서비스에 대한 전반적 만족도나 재거래 의향, 타인 추천의향 및 그 이유에 대하여 약식의 신속한 고객만족도 조사를 주기적으로 조사함과 동시에 우수고객의 니즈를 탐색하는 조사를 진행**하여야 한다.

일반적으로 고객만족도 조사를 진행하고 그 결과를 분석하여 현업에 반영하기 위해서는 짧게 6개월 정도가 소요된다. 따라서 정규 고객만족도 조사가 아니라 우수고객을 분류한 후

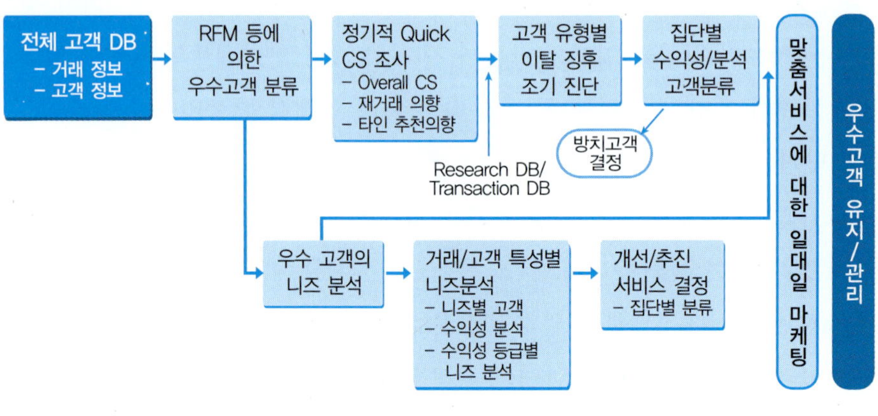

| 그림 10.3 | 우수고객에 대한 이탈방지 프로세스의 예

이들을 대상으로 전화조사 등을 이용한 간략한 문항만을 질문한다. 이렇게 우수고객을 대상으로 하는 약식의 조사는 조사업체에 의뢰하는 것보다는 자체의 고객서비스 지원 콜센터나 TM 조직 등을 이용해서 진행하는 것이 좋다.

이렇게 약식으로 진행한 **리서치의 정보와 거래정보를 통합하여 고객특성이나 거래유형별로 이탈의 징후를 조기에 발견하고 그 원인을 파악하여 사전에 이탈을 방지**하는 것이다. 물론 이때 세분고객집단 유형별로 희망하는 서비스의 제공에 소요되는 비용과 해당 고객집단의 현재 가치 및 사후 고객평생가치 등을 고려한 수익성을 분석하여 서비스 제공여부를 결정해야 한다.

우수고객의 거래 지속 의향에 대한 질문을 함과 동시에 개선되거나 새롭게 제공되기를 희망하는 니즈에 대한 질문을 진행하여야 한다. 고객의 거래유형별로, 고객의 특성별로, 또는 기업에서 자의적으로 분류하는 세분집단별로 희망하는 니즈는 각각 다를 수 있으며, 심지어는 개인별로 다를 수도 있을 것이다. 고객의 니즈에 대한 리서치 정보와 고객거래 및 특성에 대한 정보 데이터베이스를 통합하여 분석하면, 고객 유형별로 희망하는 니즈를 발견하거나 추정하여 전체 우수고객과의 관계를 강화하기 위한 일대일 맞춤 서비스를 제공할 수 있을 것이다.

즉, **우수고객의 이탈가능성을 사전에 진단하고 이탈징후가 보이는 고객들의 이탈방지 및 관계를 강화하기 위한 일대일 맞춤 서비스를 제공하기 위하여 마케팅리서치를 통합한 CRM을 추진해야 하는 것**이다.

10.4 교차판매

주요 이슈별 마케팅리서치 진행 및 분석방법

이미 한 개 이상의 보험상품에 가입한 고객에게 또 다른 보험상품을 판매하거나 이동통신사에서 제공하는 부가서비스 상품을 사용하고 있는 고객에게 또 다른 부가서비스 상품을 추가로 판매하는 등, 한 **기업에서 제공하는 제품이나 서비스 상품을 이미 구매하여 사용하고 있는 고객에게 그 기업에서 제공하는 또 다른 상품을 추가로 판매하는 것을 교차판매**라고 한다. 이러한 교차

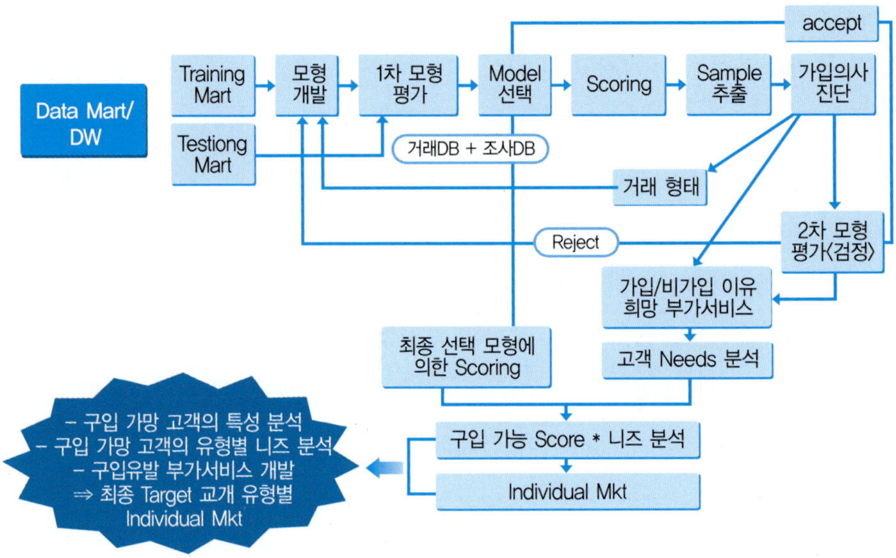

| 그림 10.4 | 교차판매를 위한 일대일 마케팅 프로세스의 예

판매는 보험, 카드, 은행 등의 금융산업뿐 아니라 호텔, 통신 등의 서비스 산업은 물론 각종 제조업체에서도 빈번하게 이루어지는 마케팅 활동이다.

이렇게 기업에서 기존의 고객에게 새로운 상품을 추가로 판매하고자 할 때는 과거 거래 행태에 대한 데이터베이스를 분석하여 새로운 상품을 구매할 가능성을 산출하는 수리적 모델을 개발하고, 교차판매의 가능성이 높은 고객을 파악하여 이들에게 적합한 판매 서비스 등의 마케팅 활동을 우선적으로 하는 경우가 많다.

우선, 그림 10.4에서 보는 것과 같이 (1) 전체 데이터웨어하우스에서 모형식을 개발하기 위하여 사용하는 훈련용(training) 데이터와 추정된 모형식을 검증하기 위해서 시뮬레이션에 사용될 테스트(test) 데이터를 생성한다. 이때 추출된 데이터에는 새롭게 판매하고자 하는 신상품을 구매한 고객들과 아직 구매하지 않은 고객의 거래정보가 섞여 있어야 한다. (2) 훈련용 데이터에 대하여 신상품을 구매한 고객의 정보(고객특성 및 거래행태 등)와 아직 구매하지 않는 고객의 정보를 비교/분석하여 신상품을 구매하지 않은 고객의 향후 구매확률을 추정할 수 있는 모형식을 개발한다. (3) 테스트 데이터의 고객거래 정보를 모형식에 시뮬레이션하여 모형의 적합성을 검증한다. (4) 이렇게 해서 1차 모형의 적합성에 대한 검증결과가 도출되면 전 표적고객(또는 전체 고객)을 대상으로 교차판매 점수를 산출하고, 그 가능성이 높은 고객들을 대상으로 신상품의 추가구매 의향에 대한 조사를 진행한다. (5) 교차판매 점수

모형에 대한 2차 검증의 조사결과가 모형식에 의한 추정의 결과와 크게 다르게 나타나면 1차 모형개발의 단계로 되돌아가서 다시 모델링을 해야 할 것이며, 조사결과와 모형식에 의한 추정의 결과가 유사하게 나타나면 최종적으로 모형을 확정하게 된다. (6) 추가구매 의향을 질문할 때 관련 상품의 일반적인 구매 사용(거래)행태, 가치관과 추가 (비)구매이유에 대한 질문을 동시에 진행한다. (7) 1차 선택된 모형이 리서치 결과에 의해서 부정확한 모형으로 판정된다면 관련 업종의 거래 및 가치관에 대한 정보들이 기존의 고객 거래정보와 통합되어 새로운 모형개발에 사용되어야 하며, (8) 최종 모형식이 확정되면 추가구매 및 비구매 이유에 대한 정보들이 종합적으로 분석되어 추가구매를 촉진하기 위한 고객의 니즈를 분석하기 위해 활용된다. 이때 (9) 개인별 추가구매 가능성의 확률과 그러한 확률에 해당하는 고객들의 니즈를 분석하여 각 고객들의 추가구매 가능성을 가장 높일 수 있는 일대일 마케팅 방안을 모색하여야 한다.

이렇게 단순히 추가구매 가능성을 추정하는 수준의 교차판매 모형개발이 아니라, ① 추정된 모형식의 적합성 검증, ② 관련 상품 거래정보의 통합에 의한 모형개발, ③ 추가구매 가능성이 높은 집단의 특성 분석 및 니즈 분석, ④ 추가구매 유발력이 높은 부가서비스 개발 등을 통하여, 최종 표적집단의 추가구매 유발을 위한 일대일 마케팅 활동의 가이드를 제공하는 것이 진정한 고객관계 강화를 통한 교차판매 활동이라고 할 수 있을 것이다. 즉, 마케팅리서치를 통합하여 이러한 효율적인 고객관계관리 활동을 모색하는 것이다.

물론, 마케팅리서치와 기존의 거래정보를 통합하여 분석하는 것으로서 CRM의 완성을 이룰 수 있다는 것은 아니다. 그러나 구체적인 마케팅 활동에 대한 가이드 제공이나 정제된 데이터의 활용방안에 대한 대안도 없이 단순히 데이터를 축적하여 통계분석이나 수리적 모형을 개발하는 식의 비효율적인 CRM 활동은 이제 지양되어야 할 것이다. 고객의 향후 행동에 대한 예측뿐 아니라 그러한 행동을 유발하는 심리적인 원인을 파악하고, 방지 또는 촉진할 수 있는 대안을 제시하는 효율적인 CRM이 될 때 비로소 신규 충성고객을 개발하고, 기존의 고객을 유지하며, 고객을 조직화시키고, 고객을 강화할 수 있는 진정한 고객관계관리가 될 것이다.

찾아보기

ㄱ

가이드라인 41
가중치 275
감성적 구매유발력 175
갱서베이 36, 37, 198
검증 89
경쟁분석 105
계통추출 12
고객 지불가치 271
고객관계관리 297
고객구조 분석 109
고객만족도 259
고객분석 104
고객세분화 159
고객의 소리 260
고객중심지수 조사 265
광고컨셉 116
광고효과 223
교차집계 통계표 94
교차판매 305
구간추정 7
구매유발력 174
구조방정식모형 280, 293
군집분석 165, 168, 180, 204
그룹 심층 좌담회 38
기능적 이미지 114
기대 대비 만족도 271
기술통계학 3

ㄴ

내부고객만족도 조사 262
누적효과 248
눈가림 테스트 131

ㄷ

다중비교 155
단순 모나딕 테스트 132
단순임의추출 11
닻내림척도 281
대상모집단 62

대응분석 172, 182
대응비교 테스트 132, 134
대응표본 비율차이 검정 153
대응표본 t-검정 135, 149
델파이 44
도달률 226
독립표본 비율차이 검정 133, 151
독립표본 t-검정 133, 147
동행조사 45

ㄹ

라틴방격법 142
로지스틱 회귀분석 255
롤플레이 87

ㅁ

맥니머 검정 135, 153
맨-휘트니 검정 133, 148
맹검법 131
면접조사 23
모나딕 테스트 132
모비율 11
모수 5
모의실험 215
모집단 5
모평균 8
목업 140, 198
목표표본수 29
무한모집단 5

ㅂ

반응변수 190
범위 194
보기카드 23, 191
보조인지도 118
부분가치효용 191
부분요인설계 193
부서간 만족도 264
분산분석 155, 191
브랜드 자산 115
브랜드 진단 112
브랜드 포트폴리오 112
비보조 총상기 118
비보조상기 17
비선형 회귀분석 252
비표본오차 8, 13

ㅅ

사용자 이미지 113
사전 광고효과 조사 224
사전 시험시장 130
사전시안 테스트 225
사회적 이미지 114
사후 광고효과 조사 233
산업분석 106
상관계수 290
상관분석 277, 290
상표명 테스트 132
상품 최적화 112

상호배타성 160
선형 회귀분석 251
설문지 72
소구 176
소구점 225
속성 190
수준 190
순차 모나딕 142
순차 모나딕 테스트 134
스토리보드 230
시장 세분화 195
시장 점유율 119
시장성 진단 109
시장세분화 159
시제품 테스트 130
시험시장 130
신뢰구간 7
신뢰수준 7
실질성 161
심층면접 43
쌍대 모나딕 테스트 133

ㅇ

애니매틱 테스트 225, 229
에디팅 18, 91
연습면접 88
예비조사 76
오차한계 7
온라인조사 48
외부고객만족도 261
요인분석 165, 168, 172, 177, 204
우수고객 303
우편조사 47
윌콕슨 검정 135, 150
유통업체 만족도 264
유한모집단 5
응답자 자기평가 281
이상 대비 만족도 271
이성적 구매유발력 175
이월효과 248, 252
이탈고객 301
인자분석 177
일기조사 44
일정합척도 282
임의번호 전화걸기 32

ㅈ

자료입력 18, 93
전반적 만족도 269
전화조사 29
점유율 196, 217
점추정 6
접근가능성 161
정량조사 23
정성조사 23, 38
정제 94
제품 도입기 116
제품 성숙기 122

제품 성장기 119
제품 쇠퇴기 124
제품 최적화 195
제품 테스트 111, 130
제품컨셉 테스트 108
좌담회 41
중요도 194, 269, 275
지점 만족도 264
직교배열 192
집락추출 13

ㅊ

체감만족도 269
초기 시장반응 진단 116
최초상기 17, 118
추정 6
추측통계학 3
측정가능성 160
층화추출 12

ㅋ

카이제곱검정 291
컨셉 테스트 225, 227
컨조인트분석 175, 189
코딩 18, 92
쿼터 141
크리에이티브 231, 245

ㅌ

트래킹조사 52

ㅍ

패널조사 52
포지셔닝 159, 172, 197
표본 5
표본구성표 66
표본모집단 62
표본설계 63
표본오차 7
표본크기 8, 65
표적시장 선정 159
프로파일 191, 199

ㅎ

핵심구매요인 174
협력업체 만족도 263
형용사 이미지 113
홈테스트 36, 37, 135, 140, 229
활동가능성 161
회귀분석 278
효용 191

A

anchored measures 281
animatic test 229
ANOVA 155, 191
appeal 176

appeal point 225
attribute 190

B

blind test 131
branch satisfaction index 264
branded test 132
buying motivating power 174

C

CAPI 28, 200
CATI 32, 229
Chi-square Test 291
Cleaning 94
CLT(central location test) 33, 135, 139, 198, 229
cluster analysis 165, 180
cluster sampling 13
coding 18, 92
computer aided personal interview 200
computer-assisted personal interview 28
computer-assisted telephone interview 32
confidence interval 7
confidence level 7
conjoint analysis 189
constant-sum measures 282
correlation analysis 290
correlation coefficient 290
correspondence analysis 172, 182
CRM(customer relationship management) 297
customer oriented index 265
customer satisfaction index 259, 261

D

delphi 44
diary study 44
distributor satisfaction index 264

E

editing 18, 91
employee satisfaction index 262

F

factor analysis 165, 172, 177
family satisfaction index 263
FGD(focus group discussion) 38
FGI(focus group interview) 38
fractional factorial design 193

G

gang survey 36, 37, 198
GRP(gross rating point) 226
guide line 41

H

hall test 36, 37, 135, 140
HUT(home used test) 35, 135, 136

I

importance 194

in-depth interview 43

independent sample *t*-test 133, 147

interval estimation 7

K

key buying factor 174

L

level 190

linear regression analysis 251

logistic regression analysis 255

M

Mann-Whitny's rank sum test 133, 148

margin of error 7

matched monadic test 133

McNemar test 135, 153

mock-up 140, 198

monadic test 132

multiple comparison 155

N

nonlinear regression analysis 252

O

orthogonal array 192

P

paired comparison test 132, 134

paired sample *t*-test 135, 149

parameter 5

part-worth utility 191

point estimation 6

population 5

positioning 159, 172

pre-test market 130

punching 93

Q

qualitative research 23

quantitative research 23

quota 29, 141

R

random digit dialing 32

range 194

ratin square method 143

reach 226

response variable 190

RFM 304

role play 87

S

sample 5

segmentation 159

self-rated 281

sequential monadic test 134, 142
show card 23
simple monadic test 132
simple random sampling 11
simulation 215
stratified sampling 12
structural equatiion model 293
systematic sampling 12

T

targeting 159
test market 130
TOP2 133

U

U&A 120
utility 191

V

voice of customer 260

W

Wilcoxn's signed rank test 135, 150

|저자 소개|

- **이은수**

고려대학교 대학원 통계학과 이학석사
삼성생명서비스(주) 리서치사업부 선임연구원
한승마케팅 책임연구원
밀워드브라운미디어리서치 이사
現 (주)트랜드엠알 연구이사

- **강현철**

고려대학교 대학원 통계학과 이학박사
밀워드브라운미디어리서치 연구개발 전문위원
現 호서대학교 정보통계학과 교수

실무자를 위한
마케팅리서치 매뉴얼 개정판

|저 자 이은수 · 강현철
|발 행 인 주 정 희
|발 행 처 자유아카데미
|주 소 경기도 파주시 교하읍 문발리 527-2
파주출판문화정보산업단지
|전 화 031-955-1321
|F A X 031-955-1322
|홈페이지 www.freeaca.com
|전자우편 main@freeaca.com(대표)
editor@freeaca.com(편집)
|등 록 제406-2003-017호, 1980. 7. 12
|제2판1쇄 2011년 5월 1일 발행
|정 가 23,000원

ISBN 978-89-7338-889-9 93310